한국이슬람연구소 창립 20주년 기념 논문집

이슬람 총서 1

이슬람 연구 1

이슬람 연구 1

초판 1쇄 찍은 날 · 2013년 10월 15일 | **초판 1쇄 펴낸 날** · 2013년 10월 18일
엮은이 · 김아영 | **펴낸이** · 김승태

등록번호·제2-1349호(1992. 3. 31) | **펴낸 곳** · 예영커뮤니케이션

주소 · (136-825) 서울시 성북구 성북1동 179-56 | **홈페이지** www.jeyoung.com
출판사업부 · T. (02)766-8931 F. (02)766-8934 e-mail: jeyoungedit@chol.com
출판유통사업부 · T. (02)766-7912 F. (02)766-8934 e-mail: jeyoung@chol.com

Copyright ⓒ 2013, 한국이슬람연구소
ISBN 978-89-8350-862-1 (94230)
　　　978-89-8350-861-4 (세트)

값 18,000원

이 도서의 국립중앙도서관 출판시도서목록(CIP)은 서지정보유통지원시스템 홈페이지(http://seoji.nl.go.kr)와 국가자료공동목록시스템(http://www.nl.go.kr/kolisnet)에서 이용하실 수 있습니다. (CIP제어번호: CIP2013018725)

이슬람 연구 1

김아영 엮음

예영커뮤니케이션

It is both a pleasure and a privilege to commend this excellent collection of papers celebrating the 20th anniversary of this important journal because I believe each one of them can help Christians in one way or another to address the enormous challenges that are presented by Muslims and Islam. If we ask what is involved in facing these particular challenges, there are at least five things that Christians need to do:

– *Know Muslims personally and develop relationships with them.* It is said that some of the Christians who have the most negative views about Islam have never actually met a Muslim. It's important therefore that we learn how to develop genuine personal relationships with them.

– *Learn more about Islam and Muslims.* When there is so much ignorance in our churches about Islam, we need to learn as much as we can about the beliefs and practices of Islam and understand the many different kinds of Muslims and Islam that we find in the world today.

– *Think biblically and theologically about Islam.* We need spiritual discernment in order to understand both the common ground and the significant differences between the two faiths, and this should drive us back to study the Bible and do our theology in new ways.

– *Deal with our fears and prejudices.* Sometimes our problems in understanding Islam and relating to Muslims lie within ourselves, and in this case we need to find ways of dealing with our deep-seated fears and prejudices.

– *Learning how to work together to relate to Muslims.* What are we going to do to face these challenges? This is where we need to develop realistic strategies which will enable us to work together.

I am very happy to commend this volume because I am confident that every paper can help us in one or more of these five different areas, and I congratulate the Torch Trinity Center for Islamic Studies on this important anniversary.

Colin Chapman
(Formerly lecturer, Islamic Studies, Near East School of Theology, Beirut, Lebanon)

I am very pleased to write this recommendation for the Torch Trinity Center for Islamic Studies. I first had contact with the Center in its early days through Professor Chun Chae Ok, with whom I shared a conference platform at London School of Theology in 1998. I subsequently visited the Torch Trinity Center for Islamic Studies in May 2000 and was very encouraged by what I found.

At that early stage, the Center had already acquired a significant library, it was teaching classes on various locations around Seoul and it was sending its staff abroad for postgraduate training. Indeed I served as supervisor for two Master of Theology dissertations that were written by staff of the Center.

Since that first visit to the Torch Trinity Center for Islamic Studies, I have watched its development with interest and admiration. It now produces highly professional publications, it is able to draw on highly trained and skilled staff, and it has a dynamic plan of action for the future by the leading of the current director of the Center, Dr. Ah Young Kim. I am also impressed by the breadth of the Center and am confident that it will serve for many years as a rich resource for the Korean churches as they engage with the world of Islam and with Muslims. The relationship between Christianity and Islam will be a crucial element in inter-religious relations during the 21st century. The Torch Trinity Center for Islamic Studies is now well equipped to make a significant contribution to the Christian-Muslim relationship in coming decades.

Peter Riddell
(Vice Principal for Academic Affairs, Melbourne School of Theology)

횃불트리니티신학대학원대학교 한국이슬람연구소에서 지난 20여 년 동안 발표된 논문과 서평을 모아 『이슬람 연구』라는 책을 출판하게 된 것을 크게 기뻐합니다. 한국 기독교계에 이슬람 연구가 부족한 상태에서 한국이슬람연구소에서 꾸준히 저널을 발행하고, 오랜 세월 발표된 여러 교수님과 전문가들의 좋은 자료들을 수집하여 한 권의 책으로 발간하여 신학교와 선교사 훈련을 위해, 또 목회자들의 길잡이를 위해 이슬람 연구의 교재로 사용할 수 있게 된 것은 아주 큰 성과라 여겨집니다. 이 책이 많은 분들에게 유익을 주고, 무슬림 선교에 눈을 뜨게 하는 계기를 만들어 주리라 믿으며 이 책을 추천합니다.

김상복 총장(횃불트리니티신학대학원대학교)

이슬람은 기독교 이외에 세계 선교를 꿈꾸는 유일한 종교입니다. 그러므로 이슬람은 기독교에 가장 가까운 종교이면서 동시에 선교에 있어서는 가장 커다란 장벽이 되어 있습니다. 어떤 면에서 이슬람 선교는 아는 만큼 기회를 얻을 수 있는 사역입니다. 생각보다 깊이 있는 이슬람 연구가 부족한 한국의 상황에서 이번 『이슬람 연구』가 출간되는 것은 또 하나의 열매라고 여겨집니다.

이 책이 이슬람 선교의 기회를 한걸음 더 넓힐 것이라 확신하며 적극 추천하는 바입니다.

이현모 교수(침례신학대학교 선교학)

하나님 사랑, 이웃 사랑(마 22:34-40)은 선지자와 율법의 핵심이며, 이 둘은 별개가 아니라 사실은 하나입니다. 그런데 이웃 종교인 이슬람과 무슬림을 알지 못한 채 어떻게 그들을 사랑할 수 있겠습니까?

한국이슬람연구소에서 발간하게 된 『이슬람 연구』의 진정한 가치가 여기에 있습니다.

1995년 이후 한국이슬람연구소의 저널을 통하여 발표된 이슬람과 관련된 다양한 논문들과 중요 저서들에 대한 서평이 이 책에 수록되어 있습니다. 이 글들의 필자들에게 박수를 보내며 그 귀한 글들을 모아 연구서로 발간한 한국이슬람연구소 연구원들과 스태프들에게 감사와 격려의 말씀을 전합니다. 무슬림들을 더 이해하고 사랑하고자 마음에 품고 기도하며, 또 실제 현장에서 사역하고 있는 모든 분들에게 필독을 권합니다.

정마태 교수(합동신학원 선교학)

한국이슬람연구소는 창립 이후 꾸준히 이슬람과 관련된 연구논문들을 모아 저널을 출판하였고, 횃불트리니티신학대학원대학교로 자리를 옮긴 후에는 *Muslim-Christian Encounter*라는 이름으로 재창간하여 이슬람의 정체성과 정신을 이해하여 이슬람 선교에 대한 안목을 높이고 넓히는 일에 노력해 왔습니다.

이제 한국이슬람연구소 창립 20주년을 기념하여 그간의 연구물들을 모아 『이슬람 연구』라는 이름의 연구총서를 발간하게 된 것을 기쁘게 생각하며 하나님께 감사를 드립니다.

이 책이 나오기까지 수고한 김아영 소장과 권지윤 책임연구원, 그리고 오랜 세월 함께 동역해 온 예영커뮤니케이션의 김승태 사장께 감사의 말씀을 전하며, 이 책이 이슬람 선교를 위한 건강한 방법론을 모색하는 일에 좋은 교재로 사용되기를 소망합니다.

전재옥 교수(이화여자대학교 명예교수, 한국이슬람연구소 명예소장)

한국이슬람연구소 창립 20주년 기념 논문집

발간사 ✳✳✳✳✳✳✳✳✳

2012년 9월 25일은 한국이슬람연구소를 섬겨온 사람들에게는 특별한 의미가 있는 날이었습니다. 한국이슬람연구소가 이슬람권 선교를 위한 벅찬 발걸음을 시작한지 20년이 되는 날이었기 때문입니다. 한국교회 이슬람권 선교의 선구자로, 은퇴 후에도 후배 선교사들을 위한 격려와 기도의 사역을 멈추지 않는 선교적 삶을 살고 계신 전재옥 이화여자대학교 명예교수님이 한국교회 이슬람권 선교의 성숙한 발전을 위해 동역자들, 제자들과 함께 시작한 한국이슬람연구소가 어느덧 성년을 맞이하게 된 것입니다.

이슬람에 대한 지식이 아라비안 나이트와 산유국이 전부였던 시절에 시작하여, 이슬라모포비아(islamophobia)가 그리스도인들의 마음마저 움츠러들고 냉정하게 만들었던 시기를 지나, 보다 객관적인 지식에 기반한 선교적 태도로의 전환이 요구되는 시기로 이어지는 변화를 겪으며, 한국이슬람연구소는 선교를 위한 이슬람 연구 공동체로서의 정체성을 유지하기 위해 성실한 노력을 이어 왔습니다.

한국이슬람연구소 설립 20주년을 맞이하며 그 세월 동안 보이지 않는 곳에서 한결같은 마음으로 연구와 섬김에 최선을 다해 준 고마운 분들을 기억하지 않을 수 없습니다. 이제는 이슬람과 관련된 학위를 받고 전문가로 활동하고 있는 연구원들, 혹은 지식과 경험을 두루 갖춘 전문 선교사로 세계 곳곳의 이슬람 선교 현장에서 활동하고 있는 연구원들, 그리고 연구소 내에서 최선을 다해 실무를 맡아 주고 있는 연구원들에게 이 지면을 빌어 감사한 마음을 전합니다.

또한 이슬람 (선교) 연구라고 하는 익숙치 않은 분야에 신뢰를 가지고 지난 세월 동안 후원과 기도를 아끼지 않은 후원 교회와 개인, 단체들, 그리고 이슬람 선교에 대한 깊은 관심과 기도로 격려를 아끼지 않으시는 햇불트리니티신학대학원대학교 김상복 총장님과 이형자 이사장님, 그리고 교직원 여러분께도 깊은 감사의 말씀을 드립니다. 또한 이슬람권 선교를 위한 협력사역의 필요성에 의해 설립된 이슬람 파트너십의 실행위원들은 한국이슬람연구소가 어려운 상황에 직면할 때마다 격려와 존재 이유를 분명히 알려 준 고마운 동역자들입니다.

한국이슬람연구소는 창립 20주년을 맞이하며 무엇으로 이 날을 축하(celebrate)할 것인가를 오랫동안 논의하였습니다. 그리고 떠들썩한 강연회나 축하 모임보다는 논문집을 발간하는 것이 지난간 20년의 연구활동을 기념하는 가장 뜻깊은 일이라는 것에 의견이 모아졌습니다. 이를 위해 그간 연구소의 소식지와 저널을 통해 이미 발표되었던 논문들을 추리는 작업을 시작하였고, 국내외의 학자들께 논문을 의뢰하여 "이슬람 연구 총서"로 묶어 발간하기까지 꼬박 1년의 시간이 걸렸습니다. 한국이슬람연구소가 성년으로 새로운 발걸음을 떼는 2013년에 이 뜻 깊은 논문집을 발간하게 된 것입니다.

20여 년의 세월이 흘렀으나 이슬람권 선교는 여전히 어려운 과제로 우리 앞에 놓여 있습니다. 무슬림들을, 이슬람이라고 하는 종교를 어떻게 규정하고 어떻게 다가가야 하는가 하는 문제를 두고 그리스도인들 사이에 의견이 여전히 분분하며, 배타적이고 폭력적인 일부 무슬림들의 변함없는 태도는 여전한 선교의 장애물로 남아 있습니다. 또한 아랍의 봄, 혹은 재스민 혁명으로 시작되어 세속적 이슬람과 이슬람주의의 대결로 이어지는 이슬람 내에서의 투쟁(struggle)은 이슬람 선교방법론, 그리고 건강한 기독교-이슬람 관계 모색을 연구 주제로 삼는 저희 한국이슬람연구소에게 끊임없는 도전과 연구과제를 제시해 주고 있습니다.

녹록지 않은 연구 환경 속에서 한국이슬람연구소에 속한 모든 연구원들이 세계 도처에서, 그리고 한국에서 끊임없는 연구와 성찰, 기도를 통하여 이 시대에 무슬림들을 향한 하나님의 마음과 뜻을 분별해 내고, 이를 확장하는 일에 최선을 다할 수 있게 되기를 간절히 소망합니다.

이제 이 연구서 발간을 계기로 한국이슬람연구소가 지나간 20년의 활동을 정리하고 새로운 한 세대를 내다보며 변화하는 세계 종교환경과 이슬람 선교환경 속에서 "우리 시대의 그리스도인들로 하여금 이슬람 세계를 이해하고 건강한 선교적 태도를 형성하여 기독교-이슬람 간의 바람직한 관계를 만들어가도록 영향력을 미치고자" 하는 한국이슬람연구소의 사명선언(mission statement)에 부합하는 연구활동을 지속적으로 수행하게 되기를 간절히 기원합니다.

어려운 출판환경 속에서도 흔쾌히 연구서의 출판을 허락해 주신 예영커뮤니케이션 김승태 사장님과 직원분들, 그리고 오랜 시간 편집을 위해 애써 준 권지윤 책임연구원에게 감사의 말씀을 전합니다.

이 모든 일의 동기와 목적이 되시는 하나님께 모든 영광과 감사를 올려드립니다.

2013년 한국이슬람연구소 "이슬람 연구 총서" 발간을 감사하며
한국이슬람연구소 소장 김 아 영

1권 차 례

2권 차 례

5부   무슬림 공동체의 다양성

3권 차 례

1부 기독교와 이슬람

역사신학적 관점에서 본 기독교와 이슬람
: 초기 압바스 시대 기독교인의 대응을 중심으로

서원모

I. 서론

기독교와 이슬람교의 관계는 과거와 현재와 미래의 모든 차원을 가지고 있으며 종교와 문명의 교류뿐만 아니라 인류의 공존과 평화를 위해서도 매우 중요한 주제다. 현재 우리나라에는 수많은 무슬림 노동자가 유입되어 사회의 일원으로 생활하고 있고, 2011년에는 수쿠크 법에 대한 논의가 활발하게 전개되었다.[1] 하지만 한국 사회, 특히 한국교회의 이슬람에 대한 인식은 너무나도 일천하다. 본고는 기독교와 이슬람의 관계를 보다 객관적으로 고찰하고, 기독교와 이슬람의 관계를 새롭게 정립하기 위한 역사인식을 제시하고자 한다.

---

[1] 이를테면 한반도평화연구원은 2011년 4월 13일에 청어람 소강당에서 "수쿠크 법의 쟁점 : 평화를 위한 정부, 미디어, 교회의 역할"이라는 주제로 학술포럼을 개최했다.

본고의 성격상 사료에 대한 엄밀한 분석보다는 이슬람과 기독교의 만남과 교류의 역사에서 우리에게 중요한 통찰을 제시해 줄 수 있는 하나의 주제를 개관하고, 그 의미를 고찰하는 것이 좋겠다고 생각한다. 이러한 관점에서 본고는 이슬람 세계 안의 기독교와 이슬람의 관계, 특히 초기 압바스 시대의 이슬람에 대한 기독교인의 대응에 초점을 두고자 한다. 이는 이 주제가 국내에서는 거의 소개되지 않았고, 세계 학계에서도 연구가 미진한 분야이기도 하지만, 이슬람과 기독교의 관계를 새롭게 조명할 수 있는 새로운 통찰을 제시할 수 있다는 확신 때문이다.[2] 비잔티움 제국[3]이나 중세 라틴 세계[4]와는 달리 이슬람 문명권 안에서는 '유대교, 기독교, 이슬람' 세 유일신 종교 간의 종교적인 대화와 논쟁, 학문적인 협력이 활발하게 전개되었다. 오늘날 이슬람과 기독교의 관계를 생각할 때, 이러한 대화와 협력과 공존의 역사가 존재했다는 것 자체가 신선한 충격을 줄 수 있다.

본고는 압바스 시대 초기 시리아와 메소포타미아를 중심으로 일어난 기독교와 이슬람의 만남과 교류의 역사를 개관하고자 한다.

750년 압바스 혁명 이후, 이슬람 세계는 새로운 학문의 등장, 그리스 서적의 번역, 이슬람 철학의 발전 등 학문과 문화가 개화되어 이슬람 고전 문명이 형성되었다. 이러한 상황에서 기독교인들은 기독교를 변증하고 교의

---

2) 이 분야의 대표적인 연구서로 Sidney H. Griffith, *The Church in the Shadow of the Mosque : Christians and Muslims in the World of Islam* (Princeton, Princeton University Press, 2008)가 있다

3) 비잔티움 제국의 이슬람과 기독교의 관계에 대한 개관적인 연구로는 John Meyendorff, "Byzantine Views of Islam," *Dumbarton Oaks Papers* 18 (1964), 115-132이 있다.

4) 중세 라틴 세계의 기독교와 이슬람의 관계에 대해서 고전적인 연구로는 R. W. Southern, *Western Views of Islam in the Middle Ages* (Cambridge : Harvard University Press, 1962)가 있고, 십자군과 무슬림 선교와 관련되어서는 Benjamin Z. Kedar, *Crusade and Mission: European Approaches toward the Muslims* (Princeton, N.J.: Princeton University Press, 1984)이 있다.

를 체계적으로 정리하는 한편, 아랍어로 성경을 번역하고 신학을 전개하고, 그리스 서적의 번역과 철학의 부흥에도 참여하면서 문화 발전에 기여했다.

본고는 압바스 시대 초기의 이슬람에 대한 기독교인의 문헌적이고 신학적인 대응에 초점을 둘 것이다. 무슬림의 기독교에 대한 대응과 비판은 다음 기회로 미루고자 한다.

이를 위해 본고는 먼저 이슬람 세계 안에서의 기독교와 이슬람의 만남과 교류의 역사적 조건을 다룰 것이다. 여기에는 꾸란의 기독교에 대한 이해, 딤미 제도, 칼리파의 이슬람 장려 정책, 이슬람 지식의 발전 등이 논의될 것이다. 그 다음에는 이슬람 세계 안의 기독교 여러 정파를 아랍어 신학의 발전과 함께 개관하고, 이어서 아랍족의 정복과 신앙에 대한 보도에서 시작하여 묵시문학, 변증서와 신학 교본, 아랍어 신학의 발전, 번역운동과 철학 등의 내용을 대표적인 인물과 문헌의 특징을 중심으로 개관할 것이다. 마지막으로 결론 부분에서는 이슬람 세계 안에서의 기독교와 이슬람의 만남과 교류가 지니는 역사신학적 통찰을 고찰할 것이다.

II. 역사적 조건

이슬람 세계 안에서의 이슬람에 대한 기독교의 대응을 논의하기 위해서는 먼저 이슬람과의 만남과 교류가 일어나는 역사적 조건을 규명할 필요가 있다. 이를 위해 본고는 우선 무슬림의 신앙과 행동의 원천이 되는 꾸란의 기독교 이해, 무슬림 정복 지역에서의 기독교인의 삶의 조건인 딤미 제도를 다루고 그 다음에는 칼리파의 이슬람화 정책과 이슬람 학문의 발전을 논의할 것이다.

1. 꾸란의 기독교 이해

먼저 꾸란에서 기독교와 기독교인을 어떻게 규정하고 있는지를 살펴보자. 꾸란에서는 "기독교인"이라는 단어는 나타나지 않는다. 기독교인들은 "경전의 백성"으로 일컬어지는 사람들 가운데 나타나는데, 이 명칭은 54번 정도 나오며, 기독교인 외에도 유대인과 조로아스터 교인을 포함한다. 또한 "복음서 백성"이라는 특별한 명칭은 단 한 번 나온다(5:47). 흥미롭게도 꾸란에서 14번 정도 사용되고 오늘날 "기독교인"으로 번역되는 단어는 "안 나싸라(an-Naṣārā)"이다. 이 단어의 기원과 의미에 대해서는 많은 논란이 있지만, 이 단어가 그리스어로 나사렛파로 알려진 "나조라이오이(Naζωραῖοι)," "나자레노이(Naζαρηνοί)"라는 단어[5]의 아랍어 형태라는 것은 분명하다. 이 그리스 단어는 고대 이단 논박자에 의해 "유대주의자" 혹은 "유대 기독교인"을 일컫는 말이 되었지만,[6] 꾸란에서 "안 나싸라"는 유대 기독교인이 아니라 7세기의 주류 기독교인을 가리킨다는 것은 분명하다.[7]

꾸란의 기독교 이해는 이중적이다. 한편으로 꾸란은 기독교인에 대해 긍정적인 평가를 내리며, 기독교에 고유한 믿음과 관행을 권한다. 이를테면

---

5) 이 단어는 이미 그리스도인을 가리키는 이름으로 신약성경에서 사용되었으며(행 24:5), 아랍어 기독교 공동체, 특히 시리아 기독교에서는 계속 사용되었다. 나사렛파라는 이름 이후에는 에피파니오스나 테오도레토스와 같은 이단 논박 저자들이 유대 기독교인들을 일컫는 이름이었다.

6) 이 유대주의자 혹은 유대 기독교인 집단에 대해서는 Ray A. Pritz, *Nazarene Jewish chrstianity: From the End of the New Testament Period until Its Disappearance in the Fourth Century* (Jerusalem: Magness Press and Leiden: Brill, 1988); Matt Jackson-McCabeed, *Jewish Christianity Reconsidered: Rethinking Ancient Groups and texts* (Minneapolis Fortress, 2007)을 보라.

7) 이 명칭은 이슬람 이전 시기에 페르시아 제국의 동시리아 교회 저자들이 쓴 시리아어 본문에서, 특히 비기독교인이 기독교인에 대해 언급하는 내용을 보도할 때 "기독교인"이란 뜻으로 사용되었다. F. De Blois, "Naṣrānī (ναζωραος) and ḥanīf(Θνικος): Studies on the Religious Vocabularry of Christianity and Islam,". *Bulletin of the School of Oriental and African Studies* 65 (2002), 1-30.

무슬림은 유대인과 다신교인을 만날 때보다 기독교인을 만날 때 더 우호적인 대우를 받을 것이다. 왜냐하면 기독교인 중에는 오만하지 않은 성직자와 수도사가 많기 때문이다(5:82). 무함마드(Muhammad, 571경-632년) 전기의 많은 구절에서는 무함마드가 기독교 수도사와 만나서 대화했다고 기록하며, 전승에 따르면 어떤 은수자가 무함마드의 청년 시절에 무함마드의 미래의 표징을 처음으로 알아보았다고 한다. 무함마드가 예언활동을 시작할 초기에는 한적한 곳에 가서 기도했는데, 이는 기독교 수도사를 생각나게 한다.

이와는 대조적으로 꾸란은 일부 기독교적 관행에 대해서는 날카롭게 비판한다. 꾸란은 기독교 성직자와 수도사가 재물을 축적한다고 비판하고(9:34), 수도 운동이 발전한 것은 하나님의 뜻이 아니라고 공격한다(57:27). 또한 꾸란에 따르면 무슬림은 기독교인으로부터 더 나은 환대를 기대할 수 있지만 유대인이나 기독교인을 친구나 보호자로 여기지는 말아야 한다(5:51). 그들은 무슬림에게 자신의 신앙을 따르라고 권유할 것이기 때문이다(2:120).

더 나아가서 꾸란의 일부 구절은 직접적으로 기독교 신앙의 핵심을 공격한다. 삼위일체설을 말해서는 안 된다(4:171). 하나님이 셋 중에 하나라고 말하는 것은 불경하며(5:73), 다신교의 오류에 빠지는 일이다(5:77). 꾸란은 예수가 메시아이며 동정녀 마리아의 아들이라는 것을 인정하면서도(3:45-49), 성육신을 부인하고 예수께서 완전한 인간이라는 것을 강조한다(3:59, 5:116-117). 또 예수의 승천은 받아들이지만(5:117, 4:157-159), 유대인들이 예수를 십자가에 못 박지 않았다고 선언한다(4:157-159).[8]

꾸란은 무함마드의 청중 가운데는 아랍어를 말하는 기독교인이 있었으

---

8) 무슬림은 이 구절에 근거하여 예수께서 십자가에 달려 죽지 않았다고 해석해 왔다. 꾸란에서 이 구절은 유대인에 대한 비판—유대인의 불경, 마리아에 대한 비난, 예수의 십자가형에 대한 자랑—의 맥락에서 나타나며, 예수의 십자가 죽음을 주장한다고 기독교인을 비판하지는 않는다. 그럼에도 초기 무슬림과 기독교인의 논쟁에서 십자가의 역사성이 문제가 되었다는 것은 인정해야 한다.

며,[9] 무함마드는 이들을 이슬람 신앙으로 인도하려고 했다는 것을 보여 준다. 기독교에 대한 날카로운 비판은 이러한 올바른 신앙으로의 부름(다와)의 맥락에서 이해될 수 있다.[10] 꾸란과 이슬람 전승은 무함마드 생전에 이미 무슬림과 기독교인의 만남이 있었다는 것을 알려 준다. 전승에 따르면 아랍 기독교의 중심지 중 하나였던 나즈란의 기독교 귀족들이 메디나에 있는 무함마드에게 사절을 보내 종교와 신앙에 대해 대화를 가졌다. 이때 무함마드에게는 거짓을 말하는 자에게 알라의 저주를 선언하는 계시가 주어진다 (3:61). 이것은 무슬림과 기독교인의 첫 만남이 우호적이지 않았다는 것을 보여 주며, 이는 역사를 통해 계속 반복되었다.

2. 딤미 제도

이슬람 신앙으로 무장한 아랍족은 무함마드 사후 정복 전쟁을 시도하여 시리아 지역을 탈취하고 페르시아 제국과 이집트를 정복하여, 656년 내란으로 정복을 중단할 때까지 서쪽으로는 북아프리카, 동쪽으로는 호라 산에 이르는 대제국을 건설했다. 이리하여 기독교의 다섯 개의 총주교좌 중에서 콘스탄티노플과 로마를 제외한 나머지 세 개의 총주교좌(예루살렘, 안티오케이아,[11] 알렉산드리아)에 속해 있던 모든 지역이 무슬림의 지배 아래 들어갔다. 7세기 중엽 무슬림이 지배하는 지역의 기독교인 수는 당시 모든 기

---

9) 이슬람 이전의 아랍 기독교인에 대한 연구로는 J. Spencer Trimingham, *Christianity among the Arabs in Pre-Islamic Times* (London and New York: Longman, 1979)가 있으며, 최근 연구로는 Theresia Hainthaler, *Christliche Araber vor dem Islam: Verbreirung undKonfessionelle Zugehörigkeit: Eine Hinführung* (Leuven-Paris-Dudley, MA:Peeters, 2007)가 있다.
10) Griffith (2008), 8.
11) 본고의 그리스, 라틴 인지명 표기는 한국교회사학회의 인지명 통일안을 따른다.

독교인 수의 절반에 해당하는 것으로 추정되고 있다.

이슬람 제국이 성립된 직후의 이슬람은 소수의 정복자, 정착민, 통치자의 종교에 불과했다. 이슬람 세력은 중앙정부와 피정복지의 중간 변경 지대에 암사르라는 병영도시를 설치하고 군대를 주둔시키며 정복지를 다스렸다. 소수 정예의 교역, 유목, 전사 집단이 주축이 된 이슬람 세력은 피정복지의 토착 세력과 결탁하여 정치적 지배와 조세 확보를 전제로 피지배 민족의 종교와 문화를 보호했다. 기독교인은 유대인, 조로아스터교인, 사비교인과 함께 "경전의 백성"에 포함되어 무슬림의 보호를 받는 보호민(딤미 혹은 아흘 알 딤마)이 되었다.

딤미의 지위는 무슬림 통치자와 비무슬림 공동체 간의 계약에 의해 결정되었다. 계약의 기본 골격은 딤미가 이슬람의 우위와 이슬람 국가의 지배를 인정하고, 나아가 일정한 사회적 제약이나 인두세(지즈야) 납부를 통해 종속적 지위를 받아들이는 것이다. 이러한 인두세의 부과는 무함마드의 선례를 따른 것으로 이는 꾸란에도 규정되어 있다(9:29).[12] 인두세에 대한 대가로 딤미는 생명과 재산의 안전, 외적의 침입으로부터의 보호, 신앙의 자유, 그리고 종교지도자에 의해 관장되는 독자적인 행정체제를 통한 광범위한 내적 자치 등을 보장받았다.

딤미는 노예보다는 유리한 상황에 있었지만, 무슬림보다는 훨씬 불리한 상황에 있었다. 우마르 1세(Umar ibn al-Khattāb, 634-644 통치)와 예루살렘의 총감독 소프로니우스(Sophronius)의 계약에 따르면 기독교인은 무슬림으로부터 신앙의 자유와 생명과 재산의 보호를 얻는 대신 예배당, 수도원, 암자 등을 신축하지 않고 무슬림 구역에 있는 경우에는 수리하거나 보수하지도

---

12) 인두세의 금액은 차이가 있었지만, 대략 금 4디나르 혹은 은 40디르함 정도였고, 빈부에 따라 금 1디나르에서 은 10디르함으로 세율을 낮출 수도 있었다. 또한 인두세는 성인 남성만 지불하며, 어린이, 가난한 자, 수도사와 은둔자는 면제되었다.

않으며, 무슬림에게 전도하지 않고 이슬람으로의 개종을 막지 않아야 했으며, 의복과 타는 것에서의 제약을 인정했다.[13] 그럼에도 딤미 가운데는 거대한 부를 축적하여 경제력과 정치적 권력을 행사하는 자도 있었다. 또한 처음 몇 세기 동안 무슬림 국가에서 유대인과 기독교인은 교사, 의사, 자문가, 행정가, 시인, 미술가로 칼리파를 섬겼으며, 그리스 서적의 번역운동에도 참여하여 이슬람 문명 창조에 동참할 수 있었다.

3. 칼리파의 이슬람화 정책

7세기 중엽에서 11세기 말까지 전 세계 기독교인의 약 50% 정도가 무슬림의 지배 아래 있었고, 무슬림 통치 첫 4세기 동안 칼리파 시대의 모든 곳, 심지어는 9세기 말까지 아랍어를 말하는 인구가 가장 많았던 메소포타미아, 시리아, 팔레스타나와 이집트에서도 무슬림은 인구의 절대적 다수를 차지하지 못했다. 아랍 정복 세력은 처음에는 기존 행정체계와 공용어를 유지했다. 하지만 칼리파 압드 알 말리크(Abd al-Malik, 685-705)와 그의 후계자들은 정복 지역에서 이슬람의 지배를 공개적이고 기념비적인 방식으로 나타내려고 노력했다. 압드 알 말리크가 세운 알 아크사 사원(Dome of Rock)은 이러한 시도 중 가장 대표적인 것으로 사원을 장식한 이슬람 문양은 당시의 시대정신을 잘 보여 준다.[14] 알 말리크는 도로 표지에도 이슬람의

---

13) 이른바 "우마르 계약"에 대해서는 A. S. Tritton, *The Caliphs and Their Non-Muslim Subjects: A Critical Study of the Covenant of 'Umar* (London: Oxford University Press, 1930); Antoine Fattal, *Le statut légal des non-musulammans en pays d'Islam* (Beirut: Imprimerie Catholique, 1958)을 참조하라.

14) 알 아크사 사원의 기초석에는 고대 아라비아 문자로 꾸란에서 따온 구절들이 새겨져 있다. "하나님 외에는 다른 신이 없다.…그분은 낳지도 낳아지지도 않으셨다.…무함마드는 하나님의 사도이다. 마리아의 아들도 그러했다."

신앙고백(샤하다)을 삽입하도록 했으며, 화폐 개혁을 단행하고 이슬람 문양을 지닌 동전을 만들었다. 그의 후계자인 칼리파 알 왈리드 1세(Al Walid I, 705-715)는 모든 공식 문서를 아랍어로 기록하도록 명령하였으며, 우마르 2세('Umar II, 717-720)는 짧은 통치기간에도 불구하고 조세법을 조정하고 모든 무슬림의 평등을 주장하여 개종을 장려했다. 또한 야지드 2세(Yazid II, 720-724)는 십자가와 성화상 등 기독교의 공적인 상징을 제거하도록 지시를 내렸다. 이러한 칼리파의 이슬람 개종 장려 정책은 기독교인이 이슬람으로 개종하는 첫 계기를 마련해 주었고, 기독교는 이에 대한 신학적이고 목회적인 대응이 필요했다.

모든 무슬림의 평등을 원리로 하는 압바스 왕조는 이슬람 통치의 첫 세기 동안의 칼리파의 이슬람화 정책과 비잔티움 군대에 대한 계속된 승리를 배경으로 세워졌다. 압바스 왕조는 우마이드 왕조의 알 말리크와 그 후계자들의 이슬람화 정책을 계승하여 피지배 민중의 이슬람 개종을 장려했고, 개종한 유대인, 그리스도인과 조로아스터교인에 대한 완전한 정치적, 사회적 권리를 약속했다. 이슬람으로의 개종을 보여 주는 한 통계적 분석은 압바스 세기의 후반기부터 이라크와 시리아, 이집트 지역에서 최초로 대규모 개종이 이루어졌음을 보여 준다. 791-888년은 민중의 34%가 이슬람으로 개종했으며, 이 시기부터 이슬람은 다수파 종교로 자리잡기 시작했다.[15]

압바스 왕조는 수도를 이라크로 옮겼으며, 두 번째 칼리파 알 만수르(al-Manṣūr, 754-775)는 바그다드를 건설했다. 750년 압바스 혁명 이후 거의 2세기 동안 이슬람 세계 안의 유대인과 무슬림과 기독교인은 동쪽으로 눈을 돌려 새로운 수도이며 종교와 정치의 중심지가 된 바그다드를 바라보았

---

15) Richard W. Bulliet, *Conversion to Islam in the Medieval Period : An Essay in Qurantitative History* (Cambridge, MA: Harvard University Press, 1979).

으며, 기독교인은 로마/비잔티움 세계로부터 고립되었다. 이러한 상황은 이슬람의 군사력이 비잔티움 황제 니케포로스 포카스(Nicephorus Phocas, 963-969)와 그의 후계자인 요안네스 치미스케스(John Zimisces, 969-976)의 공격을 막아낼 수 없었던 10세기 후반까지 지속되었다. 이러한 역사적 상황에 대응하기 위해 동부 시리아 교회는 767년에 총감독좌를 페르시아 제국의 옛 수도인 셀레우키아/크테시폰에서 바그다드로 옮겼다.

4. 이슬람 학문의 발전

이슬람 세계의 학문은 8세기부터 발전하기 시작하여, 압바스 시대에는 '이슬람 문명의 황금시대'라고 일컬어진다. 초기 이슬람 학자들은 학문과 체계를 갖춘 기독교와 유대교 신학에 맞서, 이른바 "종파적 분위기"에서 무슬림의 정체성과 이슬람 학문을 세우려고 노력했다.[16] 이렇게 유대교와 기독교와 이슬람의 만남과 교류라는 사회적 맥락 속에서 이슬람 지식의 발전과 이에 대한 기독교의 대응을 고찰할 필요가 있다. 여기선 시라(*sīrah*) 문학과 일름 알 칼람('*ilm al-Kalām*), 두 가지를 살펴보고 아랍어 번역운동과 철학의 발전은 후에 다루겠다.[17]

시라 문학은 무함마드의 생애와 배경에 대한 기록을 가리킨다.[18] 와흐브 이븐 무나비(728년 사망), 하산 알 바스리(Hasan al Basri, 728년 사망), 이븐 이삭(Ibn Ishq's, 767년경 사망)과 알 와키디(al-Wāqidī, 747-822)와 같은 학자는

---

16) J. Wansbrough, *The Sectarian Milieu: Content and Composition of Islamic Salvation History,* London Oriental Series 34 (Oxford: Oxford University Press, 1978).

17) W. Raven, "sīrah," s.v. *Encyclopaedia of Islam: New Edition 9* (Leiden: Brill, 1997), 660-663; L. Gardet, "'ilm al-Kalām," s.v. *Encyclopaedia of Islam: New Edition 3* (Leiden: Brill, 1986), 1141-1150.

18) 본래 *시라*는 "가는 길", "행동방식", "행위", "삶의 방식", 또는 "기억할 만한 행동이나 그러한 행동의 기록"을 뜻한다.

무함마드에 관한 이질적인 자료를 함께 모아 새로운 종교적 담론을 형성하였다. 그들의 목적은 유대교나 기독교의 예언자들에 맞서 무함마드의 예언자 상을 확립하고, 무함마드를 국제적인 지도자로 묘사하며, 꾸란의 본문을 해설하여 연대기적인 틀을 만들고, 초기 무슬림의 업적을 기록하고, 새로운 공동체를 위한 규범을 세우는 것이었다. 이 과정에서 무슬림 학자들은 유대교와 기독교의 예언자 담론에서 발견되는 증명, 예비, 계시, 박해와 구원이라는 성경적 주제를 이슬람화하여 제시했다.[19] 무슬림 신학자(무타칼리문)는 이러한 "예언적 표지"에 기초하여 무함마드가 참 예언자라는 변증적인 논증을 전개했고, 이 논증은 기독교인과의 논쟁의 맥락에서는 참 종교에 대한 논증으로 발전했다. 초기 이슬람 시대에 시리아어와 아랍어로 쓰인 대중적 기독교 변증서는 무슬림의 이러한 논증에 대응하여 참 종교의 표지를 나열하고 기독교만이 참 종교라고 주장했다.[20]

'일름 알 칼람'은 이성을 사용하여 논증적으로 신앙의 내용을 방어하고 해명하는 이슬람 정통신학을 가리키며, 이러한 방법을 사용하는 신학자는 '무타칼리문(muttakallimūn)'이라고 불린다. 일름 알 칼람의 기원은 다음과 같다.

씨핀 전투 이후 무슬림 간의 분쟁으로 하와지르파, 쉬아파, 수니파가 등장하면서 무슬림 사상가들은 이맘의 정당성과 신자의 지위, 신앙과 구원의 조건과 인간의 책임, 꾸란의 성격, 하나님의 속성과 본질, 유일성 등에 대해 숙고하기 시작했으며, 개별적 문제들에 대한 입장에 따라 하와지르파, 무르지아파, 자바르파, 까다르파 등의 학파들이 형성되었다. 엄밀한 의미에서의

---

19) Uri Rubin, *The Eye of the Beholder: The Life of Muḥammad as Viewed by the Early Muslims; a Textual Analysis, Studies in Late Antiquity and Early Islam 5* (Princeton: Darwin Press, 1995).
20) Griffith (2008), 96-99.

칼람은 무타질라파의 등장으로 시작된다고 볼 수 있는데, 이들은 여러 문제의 해결에 이성을 활용하려고 애썼고, 이성과 변증법을 논증의 방법으로 삼았다. 10세기에는 아샤리파가 나타나 무타질라파와 대립했다.

이슬람의 칼람은 초기 형성 과정에서 기독교적 주제와 담론 양식에 영향을 받았지만, 온전한 형태로 발전된 칼람은 완전히 이슬람적인 성격을 지닌다. 동시에 압바스 시대의 초기 기독교 변증서는 무슬림 신학자(무타칼리문)의 방법과 방식에 빚지고 있다. 초기 압바스 시대에는 무슬림과 기독교인 사이의 신학적인 충돌과 사회적 차별에도 불구하고 일종의 담론 공동체가 형성되었다고 볼 수 있다.

III. 기독교의 대응(1) : 그리스어와 시리아어 문헌

이제 꾸란의 기독교 비판, 딤미 제도, 칼리파의 이슬람화 정책, 이슬람 지식의 발전이라는 역사적 조건 속에서 기독교인이 이슬람에 대해 어떻게 대응했는지 살펴보자. 여기서는 보다 심층적인 논의를 위해 압바스 시대 초기에 바그다드를 중심으로 한 시리아, 팔레스티나, 메소포타미아 지역의 기독교가 산출한 문헌을 주요한 자료로 삼고, 시리아/아랍어 문헌과 아랍어 문헌으로 구분하여 다룰 것이다. 시리아/아랍어 문헌은 기독교인을 대상으로 하는 대내적인 성격이 강하다면, 아랍어 문헌은 무슬림을 포함한 보다 넓은 독자층을 염두에 두고 쓰였다. 또 무슬림의 실제적인 응답과 반론도 존재한다. 압바스 시대 초기의 문헌 자료를 다루기 전에 먼저 이슬람 세계 안의 기독교의 정파에 대해 언어를 중심으로 개관하고 아랍 기독교의 발전을 다루고자 한다.

1. 이슬람 세계 안의 기독교 분파와 아랍 기독교의 발전

이슬람 세계 안에 편입된 동방 기독교인(Oriental Christians)들은 교회 언어에 따라 시리아/아람인, 콥트인, 아르메니아인, 조지아인으로 구분할 수 있다. 이중 대다수를 차지하는 시리아/아람인은 기독론 논쟁 이후 교리적으로 분열되어 있었다. 시나이, 팔레스타나 혹은 트랜스 요르단에 사는 기독교인은 칼케돈 정통 교리를 고수하였고 그리스어가 지배적인 교회 언어였지만, 지교회에서는 팔레스타나 기독교 아람어라고 불리는 아람어 방언을 사용했다. 반면 시리아와 메소포타미아에서 제국의 정통 교리를 거부하는 기독교인들의 아람어는 시리아어라고 일컬어진다. 이들 가운데는 알렉산드리아의 키릴로스(Kyrillos, 376?-444)의 신학을 이어받아 그리스어로는 안티오케이아의 세베루스(Severus, 465-538), 시리아어로는 마북의 필록세노스(Philoxenus, 440-523)의 기독론적 정식을 받아들인 서시리아인("단성론파" 혹은 "야콥파")이 있고, 일찍이 로마 제국의 교회로부터 독립하여 페르시아의 수도인 셀레우키아-크테시폰을 중심으로 안티오케이아 학파의 대표자인 몹스에스티아의 테오도로스(Theodoros, 350?-428)를 기초로 삼고 나르사이와 대 바바이(Babai)의 신학과 기독론을 따르는 동시리아인("네스토리오스파")이 있다. 무슬림 정복과 제6차 공의회(681)를 거치면서 이슬람 세계 안의 시리아/아랍 기독교인은 독자적인 교리적·교회적 정체성을 지닌 신앙고백적 공동체로 분열된다. 정통 기독론을 거부하는 서시리아인·동시리아인과 달리,[21] 알렉산드리아, 안티오케이아, 예루살렘 등지에서 여섯 공의회의 정통 교리를 받아들인 기독교 공동체는 이때부터 "황제파"라고 불렸다. 또

---

21) 시리아 학계에서는 "단성론파", "야콥파", "네스토리오스파" 등 전통적인 명칭이 학문적 성격을 결여하고 있다고 판단하고, 보다 중립적인 "서시리아 교회", "동시리아 교회"란 명칭을 사용하도록 권고한다. 본고에서도 이러한 원칙을 따르고자 한다

한 에데사의 시리아 교회 전통을 따르고 칼케돈 신앙을 고백하지만, 단의론적 입장을 받아들여 정통파로부터 분리되었다고 알려진 이른바 "마론파"가 존재했다.

이슬람 세계의 일상 언어인 아랍어를 교회 언어로 처음 받아들인 기독교 공동체는 "황제파"이며, 이러한 아랍화의 과정은 8세기 후반까지 거슬러 올라갈 수 있다. 예루살렘과 시나이 반도, 팔레스타나의 유대 광야의 황제파 수도원은 이슬람화 된 아랍어를 교회 언어로 받아들여 성경과 성인전, 순교기, 교부선집을 번역하고 독창적인 아랍어 저술을 남겼다. 현존하는 최초의 아랍어로 쓰인 변증서는 『하나님의 삼위일체적 본성에 대하여』이며, 우리가 이름으로 알고 있는 아랍어로 저술한 최초의 기독교 신학자는 "황제파" 테오도로스 아부 꾸라(Abu Qurah)였다. 이러한 아랍화의 과정은 서시리아 교회와 동시리아 교회에서도 진행되어, 서시리아 교회에서는 하빕 이븐 키드마 아부 라이타(Ḥabīb ibn Ḥidmah Abū Rā'iṭa, 851년경 사망), 동시리아 교회에서는 하산 알-바스리(Hasan al Basri, 642-728)를 필두로 하여 야흐야 이븐 아디(Yaḥyā ibn 'Adī:, 893-974), 니시비스의 엘리아스(975-1046), 안티오케이아의 파울로스(Paulus, 약 1180) 등 다수의 아랍 기독교 신학자가 등장했다. 이들 가운데는 시리아어와 아랍어로 저술한 자들도 많았다.

이집트의 콥트인과 아르메니아인은 기독론적으로는 "야콥파"의 입장을 따르지만, 시리아어를 말하는 "야콥파"와 구분되는 독자적인 조직과 고유한 정체성을 지니고 있었다. 콥트인은 10세기에 이르러서야 아랍어로 신학을 저술하고 교회 서적을 번역했다. 아랍어로 저술한 최초의 콥트 정교회 신학자는 세베로스 이븐 알 무까파(Ibn al-Muqaffa', 약 905-987)이며, 12세기와 13세기에는 아랍 기독교 문헌의 중심이 바그다드에서 이집트로 옮겨져 13세기 이집트는 아랍 기독교 문학의 황금기로 불린다. 이와는 대조적으로 아르메니아인은 비록 이슬람의 태동 처음부터 이슬람 세계 안에 있었고 일상 언어에서는 아랍어에 능통했지만, 아랍어를 교회 언어로 받아들이지 않았다. 조지아인은 콥트인과 아르메니아인처럼 독립적인 언어 공동체를 이루었지만, 신앙고백적으로는 "황제파"와 동일하다.

2. 아랍족 침입과 이슬람 신앙에 대한 기록

632년 무함마드의 사망 이후 이슬람 신앙으로 무장한 아랍족이 비잔티움 제국과 사산 제국으로 침략해 들어갔을 때, 이를 기록한 소수의 저자들은 제국이 약해졌을 때 변경 지역을 유린해 왔던 아랍 부족의 약탈로 생각했다. 일부 기독교 저자들은 아랍족의 새로운 종교적 동기에 대해 주목했다. 이를테면 유대교에서 개종한 어떤 팔레스타나 유대 기독교인은 사라센인들에게 나타난 예언자를 거짓 예언자이며 적그리스도라고 부른다. 640년에 작성된 시리아 연대기는 무함마드라는 이름을 최초로 언급한다. 무슬림이 예루살렘을 함락시켰을 때 총감독이었던 소프로니우스는 634년에서 637년 사이에 행해졌던 성탄절과 주현절 축일 설교에서 기독교인의 죄로 인해 아랍족의 약탈과 하나님에 대한 모독이 일어났다고 전한다.[22]

하지만 7세기가 지나면서 아랍족이 과거처럼 광야로 돌아가지 않고 지배를 공고화하자 기독교 저자들은 아랍족의 신앙에 대해 종교적이고 신학적으로 평가하기 시작했다. 이슬람에 대한 신학적인 비판을 제시한 현존하는 최초의 저작은 시나이의 아나스타시오스(St. Anastasios)가 쓴 『안내자(호데고스)』이다. 690년대에 그는 "단성론파"를 비판하면서 "아랍족의 잘못된 관념"을 공격했다. 그는 아랍족은 두 신, 성자의 육체적 출생을 말하

22) Griffith (2008), 23-28.

거나 피조물에게 부복하는 자를 정죄한다고 알려 주는데, 비록 무함마드, 꾸란, 이슬람이란 말이 명시적으로 언급되진 않지만 이러한 내용은 꾸란에 나오며 이슬람의 가르침과 관련된다. 「안내자」는 그리스어를 말하는 기독교 지도자가 꾸란의 용어를 알고 있었으며, 그가 무슬림 아랍족이 잘못되었다고 생각하는 기독교 가르침에 대해 무슬림과 대화를 나누었다는 사실을 보여 준다.[23]

서시리아 교회 감독인 에데사의 야코부스(Jacobite, 708년 사망)도 무슬림과 기독교인의 만남에서 일어날 수 있는 종교적인 문제에 대해 알고 있었다. 그는 무슬림이 되었다가 다시 기독교 신앙을 고백하는 자에게 재세례를 줄 필요가 없으며, 무슬림과 결혼하고 신앙을 버리겠다고 으름장을 놓는 여인에게 성찬을 주는 것이 정당하다는 규례를 제시한다. 또한 그는 마리아도 다윗의 가문이라는 것에 대해 언급하면서 유대교와 기독교와 이슬람을 비교한다. 메시아가 다윗의 자손이라는 신앙은 유대인이나 기독교인, 무슬림에게 공통적이지만, 유대인은 오신 메시아를 거부하고 무슬림은 메시아가 하나님이요 하나님의 아들이라는 것은 인정하지 않지만, 예수가 예언자들이 예언한 메시아라는 데에는 이견이 없다. 무슬림은 말씀과 영을 구분할 수 없어서 메시아를 하나님의 말씀이라고 부르면서도 하나님의 영이라고 생각한다는 야코부스의 비판은 그가 이와 관련된 꾸란의 구절(4:171)을 알고 있었다는 것을 보여 준다.[24]

---

23) Griffith, "Anastasios of Sinai, the Hodegos and the Muslims," *Greek Orthodox Theological Review* 32 (1987), 341-358.
24) Griffith (2008), 31-32.

3. 묵시문학

아랍 무슬림의 정복 지역에서 이슬람의 종교적 도전에 대해 지속적인 대응을 보여 주는 최초의 문학 장르는 묵시문학이었다.[25] 아랍족의 정복이 시작된 7세기의 사회적 격변은 사람들의 마음속에 종말이 가까웠다는 인식을 심어 주었다. :

"한 민족이 다른 민족을, 한 나라가 다른 나라를 대항한다. 기근과 지진과 전염병이 일어나며, 우리에게는 오직 한 가지만 부족하다 : 거짓말쟁이(사탄)의 도래."[26]

특히 페르시아 제국과 아랍족의 침입, 아랍족의 두 번째 내전(683-692년)은 묵시적이고 메시아적인 대망을 불러일으켰다.[27]

이 시기에 대표적인 묵시문학으로는 리키아의 올림포스의 감독으로 많은 저술을 남긴 순교자 메토디오스(Methodios, 312년 사망)의 이름으로 전해

---

25) 시리아 묵시문학에 대해서는 Francisco Javier Martinez, "The Apocalyptic Genre in Syriac: The World of Pseudo-Methodius," in H. J. W. Drijvers et al. eds., *IV Symposium Syriacum 1984: Literary Genres in Syriac Literature* (Groningen-Oosterhes selen 10 -12 September), (Roma: Pont. Institutum Studiorum Orientalium, 1987), 337-352를 참조하라.

26) A. Mingana, ed.&tr., Sources syriaques (Leiden, 1907), 165/192-3; S. P. Brocktr., "North Mesopotamia in the Late Seventh Century. Book XV of John Bar Penkāyē's Rīš Mellē", *Jerusalem Studies in Arabic and Islam 9* (1987), 72. aa

27) Dragon, "Juifs et Chrétiens", TM 11(1991), 38-43, 『위-에프렘』 (H. Suermann ed& tr., *Diegeschichtstheologischer Reaktion auf die einfallenden Muslime* (Frankfurt, 1985), 12-33, 『12사도의 복음』 (H. J. W. Drijvers, "The Gospel of the Twelve Apostles: A Syriac Apocalypse from the Early Islamic Period," in Averil Cameron and Lawrence I Conrad eds., *Byzantine and Early Islamic Near East I: Problems in the Literary Source Material,* Studies in Late Antiquity and Early Islam 1 (Princeton: Darwin Press, 1992), 189-213. 만다교 문헌은 아랍족의 지배 71년에 종말이 온다고 제시했고 (M. Lidzbarski tr., *Ginza: Der Schatz, oder das groβe Buchder Mandäer* (Göttingen, 1925), 411-416, 이슬람 안에서도 메시아(마흐디) 사상이 전개되었다 (W. Mandelung, "'Abdallāh b. Zubayr and the Mahdī", *Journal of Near Eastern Studies 40* (1981), 291-305; idem, "Apocalyptic Prophecies in Ḥims in the Umayyad Age," *JSS 31* (1986), 141-186.

지는 『위-메토디오스의 묵시록』이 있다.[28] 무슬림의 지배에 대한 성경적 응답을 제시하려는 『위-메토디오스의 묵시록』은 691년경 시리아어로 쓰여졌고, 곧 그리스어로 번역되었으며, 그 이후 여러 다른 언어로 옮겨져 큰 영향을 주었다.

『위-메토디오스의 묵시록』은 페르시아 제국이 사라지고 비잔티움 제국이 심각하게 타격을 입고, 무슬림 아랍족이 지배가 공고화 되는 상황에서 역사와 종말의 문제를 탐구한다. 저자는 다니엘서의 네 왕국론을 토대로 역사를 설명하고 종말적 사건을 예견하며,[29] 이러한 틀 안에서 아랍족의 침략을 해석한다. 아랍족의 약탈은 새로운 세계의 권력 혹은 왕국의 수립이 아니라 페르시아 멸망의 기회를 틈타 로마인을 위협하는 야만인의 채찍으로, 적그리스도의 출현 이전에 타락한 기독교 세계에 대한 일시적인 징벌이다. 결국 다니엘서에 나타난 네 왕국의 틀은 변함없이 유지되며, 마지막 왕국은 그리스 왕국(비잔티움 제국)이 된다.

『위-메토디오스의 묵시록』의 중요한 사상 중 하나는 종말의 마지막 황제에 대한 사상이다. 마지막 그리스 왕(비잔티움 황제)이 적그리스도를 물리치고 골고다로 올라가서 십자가 위에 왕관을 두면, 왕관과 십자가가 하늘로 오르며, 그리스 왕은 자신의 왕국을 성부 하나님께 바칠 것이다.[30]

---

28) Gerrit J. Reinink, *Die syrische Apokalypse des Pseudo-Methodios*, Corpus Scriptorum Christianorum Orientalium (=CSCO) 540-54 1 (Louvain: Peeters, 1993).
29) 원래 이 사상은 페르시아에 기원을 두고 있으며, 이는 유대-기독교 세계에서 다니엘서를 통해 유명해졌다. 시리아 교회는 네 왕국론의 기본적인 틀을 받아들였으며, 네 번째 왕국은 로마 제국이라고 생각했다. 시리아 교회의 네 왕국론의 수용은 4세기 아프라핫(Aphrahat)의 『논증(*Demonstrationes*)』에서 잘 나타난다.
30) 이 마지막 황제는 무슬림 세력이 격파된 후에 10년 반 동안 예루살렘을 지배할 것이다. 그는 에티오피아인의 왕인 필의 딸 쿠샷의 아들로, 이로써 시편 68편의 말씀이 이루어지게 된다. G. Reinink, "Pseudo-Methodius und die Legende von römischen Endkaiser," in Avril Cameron and Lawrence I Conrad eds., *The Byzantine and Early Islamic Near East I: Problems in the Literary Source Material* (Princeton: Darwin Press, 1992), 149-187.

또한 시리아 기독교인들은 이슬람 전승에서 나타나는 바히라(Bahira)의 이야기를 묵시문학으로 개작했다. 바히라는 이슬람 전승에서 무함마드와 만나 그의 미래를 예언했다고 전해지는 수도사인데, 압바스 시대의 일부 변증가는 이 수도사가 이단자였다고 주장했다. 8세기 전반에 바히라의 이야기는 무슬림의 지배를 곧 지나갈 인류사의 한 단계로 해석하는 묵시적이고 종말론적인 기독교적 전설로 변용되었다.[31]

4. 변증서와 신학 교본

압바스 시대에는 다수의 시리아어와 아랍어 변증서가 출현했다. 이는 우마이드 왕조 후기부터 시작된 이슬람화 정책과 이슬람 신학의 발전이 압바스 시대에는 더욱 강화되면서 기독교인의 이슬람 개종을 막고 무슬림 학자의 기독교 비판에 대한 신학적인 응답이 요청되었기 때문이다.[32]

기독교인의 이슬람에 대한 대응은 크게 두 가지 형태로 나타났다. 하나는 실제적인 대화나 토론의 기록과 편지 형식의 논문으로 쓰인 변증서이며, 또 하나는 이슬람의 도전에 대응하여 기독교 신학이나 철학을 요약적으로 제시하는 신학 교본이다.

기독교인의 변증서는 우마이드 시대 후기부터 나타났다. 현존하는 최초

---

31) Griffith, "Muḥammad and the Monk Baḥîrâ: Reflections on a Syriac and Arabic Text from Early Abbasid Times," *Oriens Christianus 79* (1995), 146-174; Babara Roggema, "A Christian Reading of Quran: The Legend of Sergius-Baḥīrā and Its Use of the Quran and Sīra," in David Thomas ed., *Syrian Chrsitians under Islam: The First Thousand Years* (Leiden: Brill, 2001), 57-73.

32) 이슬람 세계 안에서의 시리아 변증서에 대해서는 Griffith, "Disputes with Muslims in Syriac Christian Texts: From Patriarch John (d. 648) to Bar Hebraeus (d. 1286)," *in Religionsgesprächeim Mittelalter*, ed. B. Lewis and F. Niewöhner, Wolfenbütteler Mittelalter-Studien 4 (Wiesbaden: Harrassowitz, 1992), 251-273을 참조하라.

의 이슬람에 대한 변증서는 8세기 초반에 시리아어로 쓰인 『총감독 유하난 과 에미르와의 대화』이다.[33] 이 변증서는 서부 시리아 교회의 총감독 유하 난 드세드라우(John of the Sedre, 631-648 재위)가 644년 5월 9일 주일에 무슬 림 에미르(아마도 우마이르 이븐 싸드 알 안싸리였을 것이다.)에게 질문을 받아 편지로 응답하는 방식으로 쓰였다. 이 변증서에서 주목할 점은 총감독이 증거로 제시하는 그리스어와 시리아어 성경을 검토할 무슬림 학자들이 배 석했으며, 이러한 증언이 토라를 왜곡하지 않았다는 것을 증언할 유대인도 소환되었고, 타누크족, 타이이족, 아쿨 출신 사람들 등 세 아랍 기독교 집단 에 속한 자들도 참석했다는 점이다.

『벳 할레의 수도사와 아랍 귀족의 대화』(720년경)는 비슷한 시기에 기록 된 또 다른 변증서다. 저자는 꾸란을 인용하고 일부 수라의 이름을 대며, 무함마드가 수도사와 은둔자에 대해 호의적으로 말한 전승을 인용하며, 바 히라의 이야기를 알고 있었다. 또한 일반적인 변증 문헌에서는 잘 나타나지 않은 주제인 성화상과 십자가와 순교자 유골에 대한 공경이 다뤄지는 것도 이 변증서의 특징이다.[34]

우마이드 시대에는 이러한 변증서 외에도 이슬람의 지적인 도전에 대응 하여 기독교 가르침을 요약적으로 제시하려는 신학 교본이 출현했다. 다마 스쿠스의 요안네스(Ioannes, 749/764년 사망)는 "황제파"의 신학 언어인 그리 스어로 기독교 역사에서 최초의 신학대전이라고 부를 수 있는 『지식의 샘』

---

33) 이 변증서는 644년의 사건을 기록하고 874년에 쓰인 필사본에서 전해지지만, 8세기 첫 30 년 동안에 저술되었다고 추정된다. C. J. Reinink, "The Beginnings of Syriac Apologetic Literature in Response to Islam," *Oriens Christianus* 77 (1993): 167-87; F. Nau, "Un colloque du patriarche Jean avec l'émir des Agaréens," *Journal Asiatique,* 11/5 (1915), 225-279.

34) Griffith, "Disputing with Islam in Syriac: The Case of the Monk of Bêt Ḥālê with a Muslim Emir," *Hugoye* 3.1 (January, 2000), http://Syrcom.cua.edu/Hugoye/Vol3No1/ HV3N1/Griffith.html.

을 저작했다.[35] 본서는 기독교 교리에서 사용되는 철학적 용어 정리, 기독교 이단의 목록과 설명, 정통 교회의 여섯 공의회의 가르침에 따르는 기독교 교리 해설 등 세 부분으로 이루어져 있는데, 제2부에서는 "이스마엘족의 이단"이라는 제목으로 100개의 이단 중 마지막 이단으로 이슬람을 다룬다. 요안네스는 이슬람에 대해 잘 알고 있었으며 여기저기서 꾸란 구절을 암시한다. 그의 접근은 논쟁적이었으며, 이슬람의 가르침과 관행을 날카롭게 비판하고 무함마드를 적그리스도의 선구자라고 부른다. 하지만 요안네스의 이슬람에 대한 대응은 『지식의 샘』의 전체적인 목적과 연관되어 포괄적으로 이해되어야 한다. 그는 이슬람의 지적인 도전에 대해 전면적으로 대응하려고 했으며, 이슬람을 포함한 모든 이단적 가르침을 논박하기 위한 정통 신앙을 정리한 신학 교본을 저술하려고 했다.

압바스 시대에 이르면 보다 많은 시리아 변증서와 교본이 출현한다. 8세기 말 동시리아 교회의 테오도로스 바르 코니(Theodore bar Kônî, 792년경 활동)는 "황제파" 다마스코스의 요안네스처럼 이슬람의 지적인 도전에 대응하여 성경 주석의 형태로 기독교 가르침을 총체적으로 제시했다.[36] 『에스콜리온(Scholion)』이라고 제목을 붙인 그의 저서는 모두 11개의 장 혹은 논문(memre)으로 이루어져 있다.

처음 9개의 장은 성경책의 순서를 따라 제자가 묻고 스승이 대답하는

---

35) 텍스트로는 Raymond Le Coz ed., *Jean Damascène: Écrits sur Islam,* Sources Chrétiens 383 (Paris: Cerf, 1992), 연구서로는 Daniel J. Sahas, *John of Damascus on Islam: The "Heresy of the Ismaelites"* (Leiden: Brill, 1972)를 참조하라.

36) Griffith, "Theodore bar Kônî's *Scholion:* A Nestorian *Summan contra Gentiles* from the First Abbasid Century," in N. Garsoïan, T. Matthews, and R. Thomson eds., *East of Byzantium: Syria and Armenia in the Formative Period* (Washington, DC: Dumbarton Oaks, 1982), 53-72. 텍스트로는 Addai Scher, *Theodorus bar Kônî Liber Scholiorum* CSCO 55, 69 (Paris: E Typographeo Republicae, 1910 and 1912)이 있다.

형식으로 교리를 제시한다.[37] 제10장은 앞의 장들과 같이 스승과 제자의 대화 형식으로 무슬림의 비판에 대한 기독교인의 변증을 다룬다. 제11장은 부록으로 이단과 이단 우두머리의 목록과 함께 그 가르침을 요약한다.

"에스콜리온"이란 단어는 그리스 단어 "스콜리온(σχόλιον)"의 시리아어 음역인데 이는 강론이나 주석과는 달리 난해한 구절에 대한 해설이란 뜻을 지니고 있다. 하지만 『에스콜리온』은 단순히 성경주석이라고 이해하기는 어려우며 교부들의 저서에서 가장 좋고 유용한 해설을 수집하여 쉽게 활용할 수 있도록 한 교본으로 이해할 수 있다.[38]

『에스콜리온』의 기본적인 해석학적 원리는 구약의 하나님의 경륜은 신약을 지향하고 있다는 모형론적 해석으로 이는 처음 아홉 장의 구조와 내용을 결정한다.

이슬람에 대한 변증을 다룬 제10장의 제목은 "구약성경을 받아들인다고 고백하고 그리스도 우리 주님의 오심을 인정하면서도 이 두 가지에 지극히 멀리 떨어져 있으며, 모든 성경으로부터가 아니라 그들이 인정하는 성경으로부터 우리의 신앙을 위한 변증을 우리에게 요구하는 사람들을 반박하기 단순한 언어로 작성된 논박과 반박, 질문과 대답으로 이루어진 토론"

---

37) 제1장이 창세기 첫 부분을 다룬다면, 제2장은 창조의 여섯째 날부터 아브라함까지, 제3장은 아브라함의 시험부터 모세와 이스라엘의 역사까지, 제4장은 예언서에 대해 다루는데 이사야, 12소선지서, 에스겔, 예레미야의 순서로 논의하고, 제5장은 잠언, 벤 시락, 전도서, 욥기, 다니엘, 시편, 룻, 유딧, 에스더를 풀이한다. 다음 4개의 장은 신약을 다루는데, 제6장에서는 철학적이고 신학적 용어를 정리하고, 제7, 8장은 복음서와 사도행전, 제9장은 서신서의 어려운 구절에 대한 질문과 함께 기독론적이고 역사적인 문제를 다룬다.
38) 성경과 관련된 처음 아홉 장의 3분의 1은 우주론적이고 철학적이고 인간론적이고 심리학적인 논의가 나타나며, 테오도로스는 성경뿐만 아니라 교부들의 의견도 제시한다고 밝힌다. 10세기 사전 편찬자인 바르 바흐룰은 "에스콜리온"이 "누하라", 즉 학교에서의 가르침을 이루는 해설적인 주해라는 뜻이라고 밝히며, 테오도로스 자신도 서문에서 동부 시리아 교회의 표준적인 주석서를 뜻하는 "질문(슈알레)의 책"과 구별하는 의미에서 이러한 제목을 택했다고 말한다. 즉 『에스콜리온』은 동부 시리아 주석서처럼 질문과 대답 형식으로 쓰였지만, 요약적 교본이라는 점에서 주석서와 구별된다.

이다. 이렇게 볼 때 테오도로스는 무슬림이 기독교적 교리를 제대로 이해하지 못하는 것은 앞의 아홉 장에서 다룬 모형론적 원리를 파악하지 못했기 때문이라고 제시한다. 따라서 제10장은 이 책의 부록이 아니라 테오도로스의 주장을 요약하고 보다 분명하게 제시하는 것이라고 볼 수 있다.[39] 『에스콜리온』은 이슬람의 도전에 대응하여 성경주석 형태로 기독교 신학의 내용을 총체적으로 정리하고 이에 근거하여 이슬람에 대한 응답을 제시하는 저서이다.

테오도로스 바르 코니와 동시대 인물인 총감독 티마테오스(Timothei, 727/8-823)는 유능한 행정가였을뿐만 아니라 탁월한 학자였다. 그의 저서는 교회생활의 중요한 주제들에 대해 수도사와 감독에게 풀이하는 편지들로 이루어진 거대한 문집 안에 보존되어 있다.[40] 그는 시리아어로 저술했지만 그리스어에 능통하고 아랍어에 유창했으며 일부 논문 형식의 편지는 널리 유포되었다. 또한 그는 칼리파 알 마흐디(Imam 'Ubaidullāh al-Mahdī, 775-785년 재위)로부터 아리스토텔레스(Aristotle)의 『토피카(Topica)』를 아랍어로 번역하도록 위임을 받았다. 그는 그리스어 원문을 참조하면서 이전의 시리아 역본으로부터 작업했으며, 당시 모술의 무슬림 총독 비서였던 아브 누흐 알 안바리의 도움으로 과제를 마쳤다.

이슬람에 대한 대응과 관련해서는 두 작품이 특히 중요하다. 『티마테오스의 편지 40』은 총감독이 칼리파 궁정의 아리스토텔레스 철학자와 논리 용어의 정의와 기독교 신학에서의 활용에 대해 토론한 내용을 기록하는 형

---

39) Griffith, "Chapter Ten of the Scholion: Theodoe bar Kônî's Apology for Christianity," *Orientalia Christiana Analecta* 218 (1982), 169-191.

40) 텍스트는 Oscar Braun ed., *Timothei Patriarchae I: Epistulae,* CSCO 74-75 (Louvain: Secrétariat du CorpusSCO, 1953 and 1915); Raphael Bidawid, *Les letters du patriarche nestorien Timothée,* Studie Testi 187 (Vatican City: Biblioteca Apostolica Vaticana, 1956).

식으로 썼었다.[41] 여기서는 일반적인 인간 지식의 양식에 대한 논의에서 시작하여 하나님에 대한 지식을 표현하는 용어에 대한 탐구로 나아간다. 이러한 접근은 전형적인 칼람 논문의 기초 작업으로 이해될 수 있으며, 티마테오스가 다마스코스의 요안네스나 테오도로스 바르 코니와 같이 이슬람의 도전에 맞서 기독교 교리의 근본으로 돌아가려고 한다는 것을 알 수 있다.[42] 티마테오스의 저서 중 가장 잘 알려진 저서는 이틀 동안 칼리파 알 마흐디에게 부름을 받아 종교적인 대화와 논쟁에 참여한 다음 기록한 변증서일 것이다.[43] 티마테오스는 편지 형식으로 칼리파 궁정에서 일어난 종교 토론의 내용을 기록하는데, 이 변증서는 매우 인기가 있어서 시리아어로는 장문본과 축약본이 있고 아랍어 판본도 여러 개가 존재한다.

서시리아 교회의 니시비스의 논노스(Nonnus, 870년경 사망)는 무슬림뿐만 아니라 "황제파"와 "네스토리오스파"를 논박하고 "야콥파"의 기독론을 방어했다. 논노스는 850-870년에 시리아어로 이슬람에 대한 변증서를 저술했다.[44] 논노스의 변증서는 처음에는 편지 형식을 지니고 있지만 대화체가 아닌 유일신론, 삼위일체론, 성육신에 대한 논문 형식으로 쓰였는데, 특히 기독론에 관심을 두었다. 논노스는 이 논문을 9세기 이란에서 택할 수 있는 여러 가지 종교 중에서 참 종교를 찾으려는 사람을 위한 안내서 형식으로 구성했는데, 이는 '누가 이러이러한 것을 말하거나 물으면 우리는 이렇게 말

---

41) Hanna Cheikho, *Dialectique du langage sur Dieu de Timothée I (728-823) à Serge* (Rome: Institutum Studiorum Orientalium, 1983).

42) Griffith, "Jews and Muslims in Christian Syriac and Arabic Texts of the Ninth Century," *Jewish History* 3 (1988), 65-94.

43) 텍스트와 영어 번역은 Alphonse Mingana, *Woodbrooke Studies: Christian Documents in Syriac, Arabic and Garshūni; Edited and Translated with a Critical Apparatus*, 2 (Cambridge: Heffer, 1928), 1-162을 참조하라.

44) A. Van Roey, *Nonnus de Nisibe; traité apologétique*, Bibliothèque du Muséon 21 (Louvain: Peeters, 1948).

한다.'는 표현을 포함해서 표준적인 *칼람* 형식을 따른다.

*칼람*의 영향은 모세 바르 케파(Moshe bar Kepha, 903년 사망)의 저작으로 돌려지는 또 다른 작품에서도 발견된다. 자유의지와 예정론에 대한 논쟁을 수집한 이 작품에는 무슬림을 논박하는 한 장이 수록되어 있다. 자유의지는 칼람 문헌에서 중요한 주제 중 하나였고, 9세기와 10세기의 기독교인과 무슬림 사이에 주요한 논쟁 주제 중 하나였다. 이 작품은 시리아 교회가 무슬림을 자유의지에 대한 반대자로 규정한다는 점에서 주목할 만하다.[45]

초기 압바스 시대를 벗어나지만, 서시리아 교회의 디오니시오스 바르 살리비(Dionysius Barsalibi, 1171년 사망)는 무슬림과의 논쟁과 관련된 시리아 변증서 중 가장 포괄적인 변증서를 저술했다. 그는 독자에게 이슬람에 대한 진리를 알리고 이슬람의 도전을 논박하는 데 적절한 논증을 제공하려고 했다. 디오시니오스는 무슬림의 역사와 교리를 자세히 언급했으며, 마지막 3분의 1은 꾸란을 시리아어로 번역하고 해설한다. 그는 무슬림 가운데 법 해석자보다는 무타칼리문과 철학자들과 논쟁하라고 권한다. 또한 바르에브로요(Barhebraeus, 1286년 사망)의 백과사전적인 신학서인 『성소의 촛대(*Candelabra of the Sanctuary*)』와 그 요약본인 『광채의 책(*Book of Light Rays*)』에서 이슬람에 대한 변증을 제시한다. 그는 독자들에게 이슬람에 대한 진실을 알리고 기독교 교리에 대한 무슬림의 비판을 논박하기 위한 논증을 제공한다. 특히 『성소의 촛대』는 시리아 저작으로는 유일하게 꾸란 이외에 다른 이슬람 저작을 인용했다.

시리아 논쟁서와 변증서는 아랍어 문헌에 비해 수가 적다. 이는 이슬람 세계에서 시리아어가 소수파의 언어가 되었다는 사실로 설명될 수 있다. 칼

---

45) Griffith, "Free Will in Christian Kalām: Moshe bar Kepha against the Teachings of the Muslims," *Le Muséon* 100 (1987), 143-159.

리파가 지배하는 지역에서 실제적인 논쟁과 토론은 아랍어로 행해졌다. 시리아 변증서는 기독교 공동체 내부를 위해서 저술되었으며, 이슬람의 교리적인 공격에 대해 방어하고, 개종의 유혹에 흔들리는 신자에게 기독교의 가르침을 정확하게 해설하는 것을 목적으로 하였다. 이러한 문헌에서 무슬림의 입장은 분명하고 설득력 있는 기독교적 답변을 이끌어내기 위해 제시되었다. 시리아 변증서는 기독교인이 이슬람 칼람의 형식을 활용하여 기독교를 변증했다는 것을 잘 보여 준다. 이러한 토착화의 현상은 아랍어 문헌에서 더욱 분명히 나타난다. 이제 아랍어 문헌과 신학을 살펴보자.

IV. 기독교의 대응(2) : 아랍 기독교와 신학의 발전

무슬림 지배 아래 있는 기독교인이 아랍어로 저술하기 시작한 시기는 8세기 후반 정도로 추정할 수 있으며, 문헌적 증거는 8세기 마지막 30년까지 거슬러 올라간다. 이는 이슬람 세계 안에 있는 기독교인이 아랍어를 일상적인 언어뿐만 아니라 교회의 언어로 채택했다는 것을 보여 준다. 최초로 아랍어를 교회의 언어로 사용한 공동체는 예루살렘, 시나이 반도, 팔레스타나의 유대 광야에 흩어진 이른바 "황제파"로 이들은 이슬람화 된 아랍어를 교회 언어로 받아들여 성경과 성인전과 교회 고전적인 작품을 아랍어로 번역하는 한편, 아랍어로 신학을 전개하기 시작했다.[46] 이어서 서시리

---

46) 가장 초기의 아랍 기독교 문헌은 두 가지 범주로 구분된다. 첫째 범주는 "교회의 서적"으로 기독교인의 신앙생활을 위해 요구되는 문헌으로, 여기에는 성경, 교부 문헌, 영감적인 강론, 성인전, 신조와 교회법이 해당되는데 그리스어와 시리아어 작품의 번역물이다. 둘째 범주는 변증서로 볼 수 있는 문헌으로 이는 기독교 공동체 외부를 염두에 두고 저술되었다. 변증서의 저자는 당대의 지적인 도전과 관련시켜 전통적인 기독교 가르침을 당대의 언어로 제시하고자 했다. Griffith, "From Aramaic to Arabic: The Languages of the Monasteries

아 교회와 동시리아 교회의 저자도 아랍어로 저술하여 이슬람 세계의 종교적 담론에 참여하였다.

1. 복음서 번역

이슬람의 태동 이전에 아랍 기독교가 존재했었지만, 아랍어로 성경이 번역되었다는 증거는 전무하다. 현존하는 아랍어 성경, 특히 복음서의 필사본은 9세기까지 거슬러 올라가며, 아마도 그 이전에는 아랍어 복음서가 없었을 것이다.[47] 아랍어 복음서는 예배와 변증을 목적으로 9세기 팔레스티나의 황제파에 의해 처음 만들어졌다. 메소포타미아와 이라크의 시리아 교회에서는 일찍부터 시리아어로 예배를 드린 반면, 시리아/팔레스티나에서는 우마이드 시대까지 그리스어가 교회 언어였다. 4세기에 이르면 시리아/팔레스티나에서는 예배 중에 그리스어를 아랍어로 통역했지만, 예배와 예식서는 그리스어로 남아 있었다.[48] 5세기에 시리아/팔레스티나의 황제파는 구약성경과 신약성경을 아랍어로 번역했는데(팔레스티나 기독교 아랍역본), 신약성경은 특히 예배를 위한 성구집(lectionary)이 잘 알려져 있다. 9세기에 이르면 예배를 위해 민중의 언어인 아랍어로 복음서를 번역해야 할 필요성을 느끼게 된다. 아랍어 복음서 필사본은 성구집 형태가 아니라 연속적인 본문으로 4복음서를 보여 주며, 예전적인 주서가 표시되어 있다.

---

of Palestine in the Byzantine and Early Islamic Periods," *Dumbarton Oaks Papers 51* (1997), 11-31; "The Monks of Palestine and the Growth of Christian Literature in Arabic," *The Muslim World 78/1* (January 1988), 1-28,

47) Griffith, "The Gospel in Arabic: An Inquiry into Its Appearance in the First Abbasid Century," *Oriens Christianus 69* (1985), 126-167.

48) 아랍어 통역자에 대한 최초의 증거는 에게리아(Egeria)의 『순례기』에서 발견된다 (Griffith, "Monks of Palestine," 5 참조).

복음서와 성경의 다른 부분을 아랍어로 번역하는 일은 이슬람의 도전에 대해 기독교를 변증하는 작업이기도 했다. "복음(*Injil*)"이라는 용어는 꾸란에서 열두 번 정도 사용되었으며, 꾸란에서는 복음이 예수에게 주어진 신적 계시라고 선언한다. 그럼에도 압바스 시대와 이후의 무슬림 학자들은 기독교인이 사용하는 신약성경이 정확하지 않고 오전(誤傳)되었으며, 기독교인에 의한 복음의 변조(*taḥrif*)를 주장했다. 이는 꾸란에 유대인의 토라와 관련되어 나타난 의미의 왜곡과 단어의 변용(4:46, 5:13)을 신약성경에까지 확대한 것이다.[49] 이러한 무슬림의 공격에 맞서 압바스 시대 기독교 변증가들은 복음이 무엇인지 서술하고, 토라와 복음의 주해 원리를 설명하고, 복음만이 신앙을 보증하는 유일한 것이라고 주장했다. 이런 면에서 성경을 아랍어로 번역하는 작업은 무슬림에게 복음을 올바로 제시하려는 변증적 의도를 포함했다.

2. 아랍어 변증서

현존하는 최초의 아랍어 변증서는 8세기(아마도 755년)에 저술된 것으로 추정되는 『하나님의 삼위일체적 본성에 대하여』이다.[50] 이는 익명으로 전해지는 논문 형식의 변증서로 저자는 삼위일체론, 구속사에서 메시아, 성육신론, 사도들의 사명을 다루고, 꾸란에서 언급된 토라, 예언서, 시편과 복음서

---

49) 11세기 무슬림 학자 이븐 하즘은 연대적이고 지리적인 부정확성과 모순, 신학적인 불가능성(신인동형론적 표현 등), 신뢰할 수 없는 본문 전승 유대인의 토라와 기독교인의 복음이 변조되었다고 공격했다. Hava Lazarus-Yafeh, "taḥrif", s.v. *The Encyclopaedia of Islam: New Edition 10* (Leiden: Brill, 2000).

50) Margaret Dunlop Gibson, "An Arabic Version of the Acts of the Apostles and the Seven Catholic Epistles, with a Treatise on the Triune Nature of God," *Studia Sinaitica 7* (London: C. J. Clay and Sons, 1899), 74-107 (아랍어), 2-36 (영어).

를 열거하면서 성경으로부터 기독교의 가르침을 증명하려고 한다. 저자는 특히 구약성경을 많이 인용하는데, 이 구절들은 복음서에서 그 온전한 의미와 실현을 발견할 수 있다고 해설한다. 더 나아가서 저자는 꾸란으로 삼위일체론을 증명하고자 한다. 그는 꾸란을 명시적으로 인용할 뿐만 아니라 꾸란의 어휘와 사고방식을 사용하는데, 이는 아랍어 꾸란을 인용한 최초의 저작이다.[51] 8세기로 추정되는 파피루스 단편에 수록된 또 하나의 변증서도 기독교 교리에 대한 성경의 증언과 함께 꾸란이 인용되고 있다. 이렇게 볼 때 최초의 아랍어 변증서가 나올 무렵 기독교인과 무슬림의 논쟁과 토론은 꾸란의 주장에 맞서서 성경적인 증거와 성경 해석을 제시하는 것에 초점을 두었다는 것을 잘 알 수 있다.

우리가 이름으로 알고 있는 아랍어로 저술한 최초의 기독교 신학자는 "황제파" 테오도로스 아부 꾸라이다. 그는 에데사 출신으로 유대 광야의 마르 사바스 수도원의 수도사로 있었고, 9세기 초 하란의 감독이 되었다. 그는 시리아어와 아랍어로 저술했는데, 시리아 작품은 전해지지 않고, 20편 정도의 아랍어 저작, 43편 정도의 그리스 저작이 전해진다. 아부 꾸라는 칼리파 알 말문의 장군인 타히르 이븐 알 후사인(Ibn al-Husayn)을 위해 아리스토텔레스의 『영혼의 힘에 대하여』란 논문을 아랍어로 번역했다.[52]

아부 꾸라는 799년 이후에 성화상 공경을 변호하는 아랍어 논문을 썼다.[53] 이 논문에서는 무슬림이 성화상 공경을 우상 숭배라고 비난하며, 많

---

51) Samir Khalil Samir, "The Earliest Arab Apology for Christianity (c. 750)," in Samir Khalil Samir and Jørgen S. Nielson eds., *Christian Arabic Apologies during the Abasid Period* (750-1258) (Leiden: Brill, 1994), 57-114.

52) Griffith, *Theodore Abū Qurrah: The Intellectual Profile of an Arab Christian Writer of the First Abbasid Century* ([Tel Aviv]: Tel Aviv University, 1992).

53) Griffith, trans. *A Treatise on the Veneration of the Holy Icons Written in Arabic by Theodore Abū Qurrah, Bishop of Ḥarrān* (c. 755-c. 800 A.D.), Eastern Christian Texts in Translation 1 (Leuvain, Peeters, 1997).

은 기독교인이 이런 비난에 영향을 받아 성화상에 부복하는 것을 포기하는 당시 상황을 서술하면서 성화상 공경을 옹호한다. 그는 기독교 신학 주제에 대한 16여 편의 논문을 썼는데, 무슬림은 항상 그의 대화 상대였다. 그는 당대의 무슬림 신학자(무타칼리문)가 논의하고 있는 주제들을 잘 알고 있었고, 이에 대해 기독교적인 응답을 내놓았다. 이러한 글로는 "창조주의 존재와 참 종교"와 "하나님으로부터 사람은 피조된 본성 안에 항구적인 자유를 지니며 어떠한 규제도 어떤 방식으로도 사람의 자유를 이길 수 없다"는 논문이 중요하다. 전자는 이성으로 만물의 창조자이신 한 하나님의 존재를 전통적인 목적론적 논증을 사용하여 당대의 무슬림 신학자의 방식에 따라 증명하며, 꾸란의 예언론을 활용하여 참된 종교의 이성적인 표지를 제시하고 9개 종교집단을 조사하고 기독교가 참 종교임을 밝힌다. 자유의지에 대한 논문에서 아부 꾸라는 마니교와 인간이 선이나 악으로 강요된다는 이슬람 학자(mujbirah)에 대항하여 자유의지를 옹호한다. 아부 꾸라는 이미 이슬람화된 아랍어 관용구를 사용하여 기독교 공동체의 전통적 가르침을 제시했다.[54]

아부 꾸라보다 후대이지만 그와 함께 아랍 기독교의 첫 세대 신학자로 알려진 인물로는 서시리아 교회의 하빕 이븐 키드마 아부 라이타(851년 사망)와 동시리아 교회 암마르 알 바스리(Ammār al-Baṣrī's, 850년 활동)가 있다. 아부 라이타의 변증서는 "그리스도와 성삼위에 대한" 편지-논문(리살라)이라고 불리는데, 이는 미완성된 형태로 우리에게 전해진다. 이와 함께 삼위일체, 성육신론, 황제파 논박, 트리스하기온에 대한 야콥파의 첨가 등에 대한

---

54) Griffith, "Faith and Reason in Christian Kalām: Theodore Abū Qurrah on Discerning the True Religion," *in Christian Arabic Apologetics during the Abbasid Period* (750-1258), ed. S. Kh. Samir and J. S. Nielsen (Leiden: Brill, 1994), 1-43.

논문이 출판되었다.[55] 아부 라이타의 저작, 특히 삼위일체론을 다루는 논문의 특징은 그가 당시 무슬림 신학자 사이에서 논쟁되는 주제를 잘 알고 있었으며, 이러한 논쟁의 언어를 활용하여 기독교의 가르침을 변증하고 추천한다는 것이다. 당시 이라크에서는 하나님을 아랍어로 서술하는 의미에 대해서 기독교 학자와 무슬람 학자 간의 대화적이고 변증법적 관계가 존재했다고 말할 수 있으며, 아부 라이타는 이러한 논의에 관심을 두었고 자신의 목적을 위해 활용했다.[56]

암마르 알 바스리의 기독교에 대한 변증은 『증거 본문의 책(Kitāb al-burhān)』이라는 제목을 지니고 있는데, 이는 꾸란이 다른 종교 공동체들에 대해 증거를 제시하라는 요구(2:111 등)와 관련된다. 또한 암마르는 『질문과 답변의 책』이라는 보다 상세한 논문을 써서 기독교인과 무슬림의 논쟁 주제들을 폭넓게 다뤘다.[57] 암마르는 무슬림의 일름 알 칼람 세계에 정통했으며, 무슬림 학자들의 관심을 끌었던 주제들을 활용하여 기독교 교리를 변호하는 논증을 제시했다. 더 나아가서 이 저작은 제목이 가리키듯 네 개의 주제 하에 배열된 일련의 질문과 대답으로 이루어져 있다. 하지만 질문과 대답은 테오도로스 바르 코니의 『스콜리온』과 같이 스승과 제자의 대화 형식으로 제시되지 않고, 이슬람 칼람 문헌에서 나타나는 조건문 형식으로 나타난다. 다시 말하면 '누가 이러이러한 것을 말하거나 물으면 우리는 이렇게 말한다'는 형식으로, 질문은 문장의 조건절(protasis)이고 대답은 귀결절

55) Georg Graf, *Die Schriften des Jaobiten Ḥabīb ibn Ḥidmah Abū Rāʾiṭa*, CSCO 130-131 (Louvain: Peteers, 1951).

56) Griffith, "Ḥabīb ibn Ḥidmah Abū Rāʾiṭa, a Christian *muttakallim* of the First Abbasid Century," Oriens Christianus 69 (1985), 126-167.

57) 텍스트로는 Michel Hayek, *ʾAmmār al-Baṣrī, apologie et controverses* (Beirut: Dar el-Mechreq, 1977); Griffith, "ʾAmmār al-Baṣrī's Kitāb al-burhān: Christian Kalām in the First Abbasid Century," Le Muséon 96 (1983), 145-181.

(apodosis)로 구성된다. 이는 암마르가 상대자의 견해를 자가당착에 이르게 하는 일련의 체계로 기독교의 교리를 방어하고 자신의 논증을 전개한다는 것을 잘 보여 준다. 그는 이슬람의 일름 알 칼람에 정통한 지성인과 이슬람의 논증에 의해 설득당할 수 있는 아랍어를 말하는 기독교인들에게 기독교 신앙을 변증하고 증명하고자 노력했다.

테오도로스 아부 꾸라의 저작으로 알려졌지만 현재는 익명의 저자가 850년부터 870년 사이에 저술했다고 여겨지는 이른바 『아랍어 신학대전(Summa Theologica Arabica)』은 기독교 신앙에 대한 총체적인 진술을 제시한다. 이 책은 모두 25장으로 이루어져 있으며 다루는 주제의 폭과 철저함에서 당대의 모든 변증서를 넘어선다. 이 책의 특징 중 하나는 당대의 논쟁에서 제기되는 주제들을 다루는 장들이 있다는 점이다. 다른 장과는 달리 유일하게 질문과 대답 형식으로 쓰인 제18장은 무슬림이 종교에 대한 일상적인 논증에서 흔히 도전하는 질문에 대한 간편한 답변을 제공한다. 제19장은 기독교가 아브라함, 더 나아가서는 아담의 참 종교라는 것을 증명한다. 다음 세 장(제20-22장)은 구속사에서 유대인의 위치를 다루면서 하나님이 이스라엘 백성과 맺은 모든 약속의 상속자가 이방인이라고 설명한다. 마지막으로 『아랍어 신학대전』은 이슬람의 종교적 어휘와 표현으로 가득 차 있는데, 이는 저자가 꾸란이 기독교인에 대해 제시하는 도전에 대한 응답의 틀 안에서 변증 작업을 수행한다는 점을 잘 보여 준다.[58]

압바스 시대의 그리스 서적 번역에서 주요한 역할을 하고 아부 꾸라, 아부 라이타, 암마르와 동시대에 활동한 후나인 이븐 이삭(Ḥunayn ibn Isḥāq,

---

58) Griffith, "A Ninth Century *Summan Theologicae Arabica*," *in Actes du Deuxième Congrès International d'Études Arabes Chrétiennes (Oosterhesseln, septembre 1984)*, ed. S. K. Samir, Orientalia Christiana Analecta 226 (Rome: Pontificio Instituto degli Studi Orientali, 1986), 123-141.

808-873)도 기독교를 변증하는 글을 남겼다. 후나인이 명백한 진리를 받아들이지 않거나 자신의 반론을 입증하는 논증을 거부하는 것은 용서할 수 없는 일이라고 말하자, 후나인의 무슬림 친구 알리 이븐 야흐야 알-무나짐 (Ibn al-Munaǧǧim, 888년 사망)은 무함마드가 하나님이 보낸 예언자라는 것을 아리스토텔레스의 논리학적인 형식을 갖추어 논증하면서『증거 본문 (al-burhān)』이라고 제목을 붙인 공식적인 서한(risālah)을 보냈다. 여기서 그는 후나인이 합리적인 자이므로 이슬람을 받아들여야 한다고 제안했다. 후나인은 이에 대해 응답하며, 알 무나짐의 삼단논법의 형식적이고 실질적인 오류를 지적하고 기독교가 참 종교라고 생각하는 이유를 제시한다. 한 세대 후에 황제파 쿠스타 이븐 루까(Qusta ibn Lūqā, 약 830-912년)는 또 다른 편지로 알 무나짐의 논증에 반박했다. 여기서 그는 꾸란이 모방될 수 없으므로 꾸란의 진실성이 입증된다는 무슬림의 주장을 비판했다. 알 무나짐과 후나인 이븐 이삭과 꾸스타 이븐 루까의 작품은 후대에 한 데 모아져서 아랍 기독교에서 널리 읽혀졌다.[59]

압바스 시대에 나온 또 하나의 유명한 변증서는 압드 알 마시흐 이븐 이삭 알 킨디(Ya qūb ibn Isḥāq aṣ-Ṣabāḥḥ, al-Kindi)라는 이름으로 전해진다. 이는 압드 알라 이븐 이스마일 알 하시미라는 무슬림의 편지에 대해 기독교인 알 킨디가 답변하는 편지 형식으로 쓰여졌다. 압드 알라의 편지는 이슬람 신앙고백(샤하다)과 다섯 기둥에 대한 요약이다. 알 킨디는 기독교 가르침과 관행을 길게 변호하며, 꾸란과 무함마드와 이슬람의 가르침과 관행을 논박한다. 알 킨디의 변증의 특징은 초기 압바스 왕조의 다른 시리아어, 아랍어 변증서와는 달리 비잔티움의 이슬람 논박 문헌과 비슷한 어조로 꾸란

59) Paul Nwyia and Samir Khalil Samir, *Une correspondence islamo-chrétienne entre Ibn al-Munaǧǧim, Ḥunayn Ibn Isḥāq et Qusta ibn Lūqā*, Parologia Orientalia no. 185, 40/4 (Paris: Brepols, 1981).

과 예언자 무함마드를 폄하한다는 것이다. 이 두 편지는 하나의 작품으로 출판되었으며, 존자 페트루스 시대에는 스페인에서 라틴어로 번역되었다.[60]

시리아 문헌과는 달리 아랍어 변증서는 기독교인뿐만 아니라 무슬림, 심지어 유대인까지도 읽을 수 있었다. 아랍어 변증서의 서론적인 언명을 고려할 때, 상당수는 일차적으로 기독교인을 염두에 두고 쓰였다는 것을 알 수 있다. 그럼에도 일부 아랍 기독교 문헌은 무슬림 독자를 가지고 있었고 무슬림 저자의 반응을 이끌어내었다.

현존하는 최초의 무슬림의 기독교 논박서는 알 까심 이븐 이브라힘 알 하사니 알 라씨(860년 사망)가 825년에 저술한 책이다. 9세기 중엽에는 여러 무슬림 학자들이 기독교를 비판하는 책을 저술했는데, 이는 기독교 논박 문헌이 이 시대 이슬람의 신학 담론의 중요한 부분이었다는 것을 보여 준다. 경우에 따라서는 특정한 기독교 저자의 이름을 들어 논박하는 저작도 나왔다. 예를 들면 이븐 수바이흐 알 무르다르(840년 사망)는 테오도로스 아부 꾸라를 비판하는 논문을 썼고, 아부 후드하일 알 알라프(840년경 사망)는 암마르의 이름을 들며 기독교 논박서를 저술했다. 이러한 무슬림의 기독교에 대한 대응은 별도의 논문으로 고찰될 필요가 있다.

지금까지 언급한 아랍 기독교 신학자 이외에도 야흐야 이븐 아디(974년 사망), 알렉산드리아의 에우티키오스(940년 사망), 이븐 앗 따이브(1043년 사망), 니시비스의 엘리아(1049년경 사망)나 세베로스 이븐 알 무까파(1000년경 사망)과 같은 많은 아랍어 저술가가 있지만, 본고에서 다룬 압바스 왕조 초기의 기독교인과 무슬림의 변증과 논쟁의 문헌들은 이후의 이슬람과 기독

---

60) 본서의 저작 연대에 대해서는 논란이 있다. 이는 아부 라이타의 논문과 알-비루니의 고대 국가의 연대기(1050년경 사망) 사이에 쓰여졌다.

교의 만남과 교류와 관련된 기본적인 틀과 주제와 형식을 규정했다는 점에서 매우 중요한 가치가 있다. 아랍 기독교 저자는 이미 이슬람화 된 아랍어를 채택하고 이슬람 학문의 방법과 용어를 사용하여 기독교를 변증했다.

이런 의미에서 아랍 기독교 변증서는 흥미로운 토착화의 사례를 제시해 준다. 9세기부터 비무슬림의 이슬람으로의 개종이 본격적으로 진행되었다는 점을 고려하면 압바스 시대의 묵시문학, 시리아어와 아랍어 변증서, 성경의 번역, 아랍어 신학의 발전으로 이어지는 기독교인의 대응은 무슬림의 지적 도전과 신자들의 개종 유혹이라는 위기 상황에서 기독교적 정체성을 확인하고 기독교가 참 종교라는 것을 제시하려는 목적을 지니고 있었다.

3. 번역운동과 철학적 대화

이슬람 세계 안의 기독교인이 당대의 무슬림 논객과 대화와 논쟁을 하며 기독교를 변증했을 뿐만 아니라 그리스 철학서와 과학서 번역 및 철학 사상의 발전에도 적극 참여했다는 것은 거의 알려지지 않았다. 알 킨디, 알 파라비(Abu Nasr Muhammad al-Frbi), 이븐 시나(Abū ʿAlī al-Ḥusayn ibn ʿAbd Allāh ibn Sīnā), 이븐 투파일(Ibn Tufayl)과 같은 이슬람 철학자, 또한 사아디야 벤 요세프 가온(Saʾadia ben Joseph), 예후다 하 레비(Rabbi Yehudah ha-Levi), 아브라함 이븐 에즈라(Abraham ibn Ezra), 모세 마이모니데스(Moses Maimonides)와 같은 유대인 철학자의 이름은 알려져 있지만, 후나인 이븐 이삭, 야흐야 이븐 아디와 같은 기독교 철학자의 이름은 전혀 생소하다. 이슬람 세계 안의 기독교와 이슬람의 만남과 교류를 이해하기 위해서는 8세기부터 10세기에 일어난 번역운동과 철학운동에 기독교인의 기여를 강조

할 필요가 있다.[61]

앞에서는 총감독 티마테오스 1세가 칼리파 알 마흐디의 부탁을 받아 아리스토텔레스의 『토피카』를 번역했으며, 최초의 아랍어 신학자로 일컬어지는 테오도로스 아부 꾸라가 칼리파 알 맘문의 코라산 출신 유명한 장군 타히르 이븐 알 후사인을 위해 아리스토텔레스의 『영혼의 덕에 대하여』를 번역했다는 사실이 언급되었다. 이렇게 압바스 시대의 아랍어 신학자가 이슬람에 대한 기독교 변증뿐만 아니라 번역운동에 공헌했다는 것을 기억할 필요가 있다.[62]

우선 이슬람 세계 안에서 그리스 서적의 번역과 철학의 발전은 이슬람 태동 이전의 시리아 교회의 번역운동과 철학에 대한 관심과 연결된다는 것을 아는 것이 중요하다.[63]

4세기에 이르면 기독교 지성인은 헬레니즘의 철학을 기독교 신학과 접목시켜 기독교 철학 혹은 그리스도의 철학을 만들어냈다. 이러한 흐름에 대항하여 5세기와 6세기에 이교 철학자들은 아테네와 알렉산드리아에서 기독교를 배제하고 전통 종교를 옹호했으며, 529년 유스티니아누스 황제(Justinianus I, 483~565)는 결국 아테네의 신플라톤주의 학원을 폐쇄하였다. 하지만 알렉산드리아에서는 총감독과의 조정을 통해 신플라톤주의적 기관이 이슬람 시대까지 존속할 수 있었다. 여기서는 4세기의 기독교 철학자와 달리 아리스토텔레스 논리학을 강조하고 합리적으로 신적 계시의 진리 주장을 방어하고 종교적 주장 자체의 표현을 다듬는 학풍이 발전되었다.

---

61) Dimitri Gutas, *Greek Thought, Arabic Culture: The Graeco-Arabic Translation Movement in Baghdad and Early 'Abbāsid Society (2nd-4th/8th-10th Centuries)* (London and New York: Routledge, 1998).

62) Griffith, "Arab Christian Culture in the Early Abbasid Period," *Bulletin of the Royal Institute for Inter-Faith Studies 1* (1999), 25-44.

63) Griffith (2008), 106-128.

알렉산드리아의 요안네스 필로포노스(John Philoponus, 약 490-570)는 이러한 학풍을 잘 보여 준다.[64] 이러한 철학과 논리학에 대한 관심은 요안네스 필로포노스의 제자였던 레샤이나의 세르기오스를 통해 시리아 교회와 연결되었으며, 세르기오스부터 이슬람 시대의 야흐야 이븐 아디에 이르기까지 400년 동안 에데사 근처에서 서시리아 철학자들의 고리를 발견할 수 있다.[65] 동시리아 교회에서는 페르시아인 파울로스(531-578년 활동)가 알렉산드리아와 직접적인 연결점을 제공해 주지만, 서시리아 교회의 철학 전통보다는 연결고리를 찾기 어렵다. 그렇지만 총감독 티마테오스에게 볼 수 있듯이 동시리아인의 아리스토텔레스와 그리스 학문에 대한 열정은 서시리아인 못지않았다.

철학 연구의 첫 단계는 그리스 사상가의 저작의 번역 작업을 포함했다. 이는 그리스 성경과 신학 문헌을 번역하는 보다 큰 흐름과 연결되는데, 이러한 번역 작업은 유스티니아누스 황제(Justinianus, 527-565 재위) 이후 제국의 정통 교리의 물리적인 강요에 맞서 시리아 교회 각 정파가 자신의 정체성을 정의하려는 시도로 시작되었다. 시리아 교회 각 정파는 논쟁 대상이 되는 기독론적 표현과 용어를 철학적이며 개념적으로 분명하게 정의하려는 노력에서 그리스 학문과 철학에 관심을 두었다.[66]

9세기 초부터 바그다드의 칼리파 궁정에서 무슬림 지식인의 그리스 철

---

64) H.-D. Saffrey, "Le chrétien Jean Philopon et la survivance de l'école d'Alexandrie au Vie siècle," *Revue des Études Grecques* 67 (1954), 396-410.

65) 세베루스 세보크트(Severus.Sebokht, 666/7년 사망), 발라드의 아타나시오스((Athanasius, 696년 사망), 에데사의 야콥(Jacobite, 633-708), 아랍족의 감독 게오르기오스(Georgios, 724년 사망), 에데사의 테오필로스(Theophilus, 785년 사망).

66) Sebastian P. Brock, "From Antagonism to Assimilation: Syriac Attitudes to Greek Learning," in *East of Byzantium: Syria and Armenia in the Formative Period,* ed. Nina Garsoïan et al. Dumbarton Oaks Symposium 1980 (Washington, DC: Dumbarton Oaks, 1982), 17-34.

학과 과학에 대한 관심도 이와 연관시켜 이해할 수 있다. 아브 유수프 야쿱 이븐 알 킨디(806-866)와 같은 무슬림 사상가들은 이성적 활동의 추구를 이슬람에 이바지하는 활동으로 변호하고자 했다면, 후나인 이븐 이삭(808-873)과 야흐야 이븐 아디(893-974)와 같은 기독교 철학자는 철학으로 기독교 신앙을 수호하고 더 나아가서는 자기 정파("야쿱파"와 "네스토리오스파")의 기독론을 변증하려고 했다. 아리스토텔레스 사상에 대한 지속적인 관심, 6세기로부터 시작한 그리스어에서 시리아어로, 그 다음에는 아랍어로 본문을 번역하려는 흐름의 배후에는 신앙고백, 교회적 정체성을 분명히 표현하고 방어하려는 관심이 자리 잡고 있었다.

9세기에 이르면 바그다드의 기독교와 이슬람 철학자는 철학적 삶을 종교 간의 공존을 위한 모델로 추천했다. 철학자들은 이론적인 아랍어 문법 규칙을 기초로 하여 사상을 전개한 무타칼리문을 비판하고 아리스토텔레스의 논리학을 매개로 철학의 길을 추구했다. 이를테면 그리스 서적의 번역으로 유명한 후나인 이븐 이삭은 철학이 제공하는 도덕적 통찰로 일상생활과 사회정책을 이끌기 위해 고대 현인과 철학자와 관련된 언행과 일화를 수집했다. 그에게는 철학이 신적 계시의 신빙성을 증명하는 수단을 제공할 뿐만 아니라 삶의 방식이기도 했다.[67]

10세기에 활동한 야흐야 이븐 아디는 바그다드 철학자 집단의 중심 인물이었다. 그는 논리학과 철학 저서를 찾아다니고 필사하고 번역할 뿐만 아니라 논리학, 철학, 신학과 관련된 저작을 남겼다. 알 킨디와 알 파라비와

---

67) Abdurrahman Badawi, ed., *Ḥunain ibn isḥaq: Âdâb al-Falâsifa* (Sentences des Philosophes) (Safat, Kuwait: Éditions de l'Institue des Manuscrits Arabes, 1985; Fuat Sezgin, ed., *Ḥunain ibn isḥaq: Texts and Studies,* Islamic Philosophy 17 (Frank furt: Institute for the History of Arabic: Inslamic Science at the Johann Wolfgang Goethe University, 1999).

같은 무슬림 철학자가 신앙과 이성의 관계에 대해 문제를 제기했다면, 야흐야 이븐 아디는 양자가 모순적이라고 이해하지 않고 삼위일체와 성육신, 더 나아가서는 시리아 정교회의 교리적 입장을 방어하기 위해 철학을 활용했다. 이는 무슬림 철학자와는 달리 기독교인들은 아리스토텔레스 논리학을 보조학문으로 활용한 오랜 전통을 가지고 있었기 때문에 가능했다. 야흐야 이븐 아디는 후나인 이븐 이삭처럼 종교적 확신을 아리스토텔레스 논리학의 언어로 제시했다. 그는 무슬림 무타칼리문의 방법보다는 철학자의 범주들이 자신의 종교적이고 변증적인 목적에 더 적합하다고 생각했다.[68]

아흐야 이븐 아디는 철학 저작뿐만 아니라 기독교 신학과 변증서도 다수 저술했다. 그의 관심은 공공 도덕, 성적 금욕과 철학적 삶, 행복의 추구와 슬픔의 문제에까지 미쳤지만, 성육신론, 삼위일체론, "야콥파"적 기독론 방어에 주력했다.[69] 그의 변증서는 매우 효과적이어서 후대의 기독교 변증가는 교리적 주제들에 대해 글들을 수집·편찬할 때 야흐야 이븐 아디의 글을 많이 발췌했다. 또한 그는 후나인 이븐 이삭과 같이 마음의 수양과 철학적 삶의 추구가 기독교인과 무슬림이 참여할 수 있는 공적 담론의 영역을 발전시키는 가장 적합한 방식이라고 주장했다. 『도덕의 개혁』이라는 저서에서 그는 인간은 한 종족이며, 서로 연결되어 있으며, 이성적 혼이 인간

---

68) Gerhard Endress, *The Works of Yaḥyā ibn ʿAdī; An Analytical Inventory* (Wiesbaden: Dr. Ludwig Reichert Verlag, 1977); Samir Khalil Samir, "Yaḥyā ibn ʿAdī," Bulletin d'Arabe Chrétien 3 (1979), 45-63; 야흐야 이븐 아디의 철학서는 Sahban Khali fat, *Yaḥ yā ibn ʿAdī: The Philosophical Treatises; A Critical Edition with an Introduction* [Arabic] (Amman: University of Jordan, 1988).

69) Emilio Platti, *Yaḥyā ibn ʿAdī, philosophe chétien et philosophe arabe: Sa théologie de l'incarnation,* Orientalia Lovaniensia Analecta 14 (Leuven: Katholike Universiteit Leuven, Department Orientalistiek, 1983); *La grande polémique antinestorienne et la discussion avec Muḥammad al-Misrī,* CSCO 427-28 (Louvain: Peeters, 1981); *Abu Īsā al-Warrāq, Yaḥyā ibn ʿAdī; de l'Incarnation,* CSCO 490-491 (Louvain: Peeters, 1987)..

모두에게, 각 사람 안에 있다고 주장한다. 그는 참된 지식과 경건한 지혜가 완전한 인간이 되는 길이요, 하나님께 가까이 가는 길이라고 제시한다.[70]

아랍 기독교 번역자와 철학자는 이슬람 세계 안의 기독교와 이슬람의 만남과 교류의 또 다른 특징을 보여 준다. 기독교인은 이슬람 문명 창조에 기여했으며, 무슬림과 함께 철학적 개념과 범주를 사용하여 종교적 확신을 제시했다. 더 나아가서 후나인 이븐 이삭, 야흐야 이븐 아디는 철학을 매개로 하여 종교 간의 차이를 넘어서는 보편 인간성에 기초한 삶의 길을 제시했다.

V. 결론 : 역사신학적 통찰

지금까지 압바스 시대 초기 시리아와 메소포타미아를 중심으로 한 이슬람 세계 안에 있는 기독교인의 이슬람에 대한 대응을 포괄적으로 살펴보았다. 꾸란의 기독교 비판, 딤미 제도, 칼리파의 개종 장려 정책, 이슬람 학문의 발달이라는 역사적 조건 속에서 이슬람 문명권 안의 기독교인들은 무슬림의 교리적인 비판에 기독교 신앙을 수호하고, 교인들의 개종을 저지하고자 다양한 방식으로 대응했다. 그들은 그리스어와 시리아어로 묵시문학과 변증서를 저술했고, 아랍어를 교회 언어로 채택하고, 성경과 교회서적을 번역하며 독창적인 신학을 전개하면서 아랍 기독교를 발전시킨다. 더 나아가서 그들은 그리스 서적의 아랍어 번역에 참여하고 이슬람 철학의 발전에도 크게 기여했다. 필자는 이런 역사가 존재한다는 것을 아는 것만 해도 이

---

70) Griffith ed. & tr., *Yaḥyā ibn 'Adī, The Reformation of Morals,* Eastern Christian Texts 1 (Provo, Utah: Brigham Young University Press, 2002).

슬람과 기독교의 만남과 교류에 대한 새로운 인식을 가질 수 있다고 본다.

이슬람 세계 안에서는 로마 제국처럼 기독교인에 대한 대대적인 박해는 없었으며, 기독교인은 경전의 백성이라 꾸란의 규정과 딤미 제도 안에서 일정한 차별과 제한을 감수하며 신앙을 지켜나갈 수 있었다. 이슬람 세계 안에서는 기독교인과 무슬림(또한 유대인)이 자신의 종교적 확신에 대해 대화하고 토론하고 논쟁할 수 있었으며, 기독교인이 무슬림과 함께 협력해서 그리스 서적의 번역, 철학적 삶의 계발을 특징으로 하는 이슬람 문명 창조에 기여했다는 것은 오늘날 이슬람과 기독교의 관계를 재조명할 수 있는 역사적 자료를 제공해 준다. 비잔티움과 라틴 세계와는 달리 이슬람 세계의 기독교인은 꾸란과 무함마드, 이슬람 신학을 일방적으로 폄하하지 않고 객관적이고 학문적으로 무슬림의 주장을 비판하고, 기독교 신앙을 방어하고 변증했는데, 이는 이슬람 세계 안에서의 기독교와 이슬람의 만남과 교류의 중요한 특징이다. 물론 압바스 시대의 기독교인과 무슬림이 진정한 의미의 대화에 참여했는지, 또한 아랍어 신학을 발전시켜 이슬람 세계의 공적 대화에 참여하는 것이 얼마나 기독교인의 정체성을 굳건히 하고 더 나아가서 무슬림에게 영향을 주었는지 판단하기는 어렵다. 그러나 적어도 이슬람 세계 안에서 이슬람과 기독교의 만남과 교류가 상호 인정과 관용 속에서 이성적 사고와 논리를 바탕으로 이루어졌고, 심지어는 철학적 삶을 발전시켜 종교 간의 차이를 넘어서서 인류의 보편적인 길을 제시하려는 시도도 존재했다는 것은 앞으로 기독교와 이슬람의 관계를 만들어가는 데에도 많은 시사점을 줄 것이다.

또한 아랍 기독교는 토착화의 흥미로운 사례를 제공해 준다. 압바스 시대에 기독교가 아랍어를 공용어로 채택했을 때, 이는 이미 이슬람화 된 아랍어였다. 또한 아랍 기독교인들은 꾸란의 용어와 표현을 직접 인용하여 기독교 신앙을 변증하기도 했고, 이슬람의 시라 문학에서 발전된 예언자의 참표지와 참 종교에 대한 논의에 참여하고, 이슬람 칼람 문헌의 형식과 내용을 받아들여 기독교 신학을 전개했다. 여기서 분명히 알아야 할 것은 이슬람의 시라 문학이나 칼람 문헌은 이슬람이 아직 다수의 종교가 되지 못한 "종파적 환경" 속에서 무슬림 지성인이 기독교와 유대교의 영향 속에 발전시킨 형태라는 점이다. 일단 완전한 형태가 갖춰졌을 때 시라 문학이나 칼람 문헌은 이슬람 고유의 특징을 지녔으며, 이제는 기독교인과 유대인이 이러한 형식을 활용하여 자신의 종교적 신앙을 변증하고 논증했다. 이러한 점에서 아랍 기독교는 비잔티움이나 라틴 세계와는 다른 고유한 신학적 사고와 표현을 발전시켰다. 이러한 신학을 비잔티움과 라틴 세계의 신학적 기준으로 일방적으로 판단해서는 곤란하다.

이슬람 세계 안의 아랍 기독교는 삼위일체와 성육신을 굳게 고수하면서도 이슬람의 용어와 학문 방식을 차용하고 이슬람 문명의 발전에도 적극 동참하였다. 이슬람 세계와 달리 그 영향력이 미미했지만 당나라 경교에서도 이와 비슷한 토착화 과정을 볼 수 있으며, 양자가 모두 시리아 기독교라는 공통분모를 지니고 있다는 것을 기억할 필요가 있다. 시리아 기독교는 아시아 기독교의 첫 장으로서 오직 복음의 능력으로만 아시아 토양과 문화에 기독교를 심으려 했던 선교 역사의 소중한 유산을 남겨 주었다. 이는 성공과 실패를 떠나서 후기 식민지 시대의 아시아 선교와 아시아 교회에도 좋은 본보기가 될 것이라고 확신한다.

[참고문헌]

Badawi, Abdurrahman ed. *Ḥunain ibn isḥaq: Âdâb al-Falâsifa(Sentences des Philos ophes)*. Safat, Kuwait: Éditions de l'Institue des Manuscrits Arabes, 1985.

Bidawid, Raphael. *Les letters du patriarche nestorien Timothée*. Studie Testi 187. Vatican City: Biblioteca Apostolica Vaticana, 1956.

Braun, Oscar ed. *Timothei Patriarchae I: Epistulae*. Corpus Scriptorum Christianorum Orientalium (=CSCO) 74-75. Louvain: Secrétariat du CorpusSCO, 1953 and 1915.

Brock, Sebastian P. "From Antagonism to Assimilation: Syriac Attitudes to Greek Learning." In Nina Garsoïan et al. eds., *East of Byzantium: Syria and Armenia in the Formative Period*. Dumbarton Oaks Symposium 1980. 17-34. Washington, DC: Dumbarton Oaks, 1982.

_____ tr. "North Mesopotamia in the Late Seventh Century. Book XV of John Bar Penkāyē's *Rīš Mellē.*" *Jerusalem Studies in Arabic and Islam* 9 (1987), 72.

Bulliet, Richard W. *Conversion to Islam in the Medieval Period: An Essay in Quantitative History*. Cambridge, MA: Harvard University Press, 1979.

Cheikho, Louis. *Dialectique du langage sur Dieu de Timothée I (728-823) à Serge*. Rome: Institutum Studiorum Orientalium, 1983.

De Blois, F. "*Naṣrānī(nazwraioj) and ḥanīf(eqnikoj)*: Studies on the Religious Vocabularry of Christianity and Islam." *Bulletin of the School of Oriental and African Studies* 65 (2002), 1-30.

Dragon. "Juifs et Chrétiens." *TM* 11 (1991), 38-43.

Drijvers, H. J. W. "The Gospel of the Twelve Apostles: A Syriac Apocalypse from the Early Islamic Period." In Averil Cameron and Lawrence I Conrad eds. *Byzantine and Early Islamic Near East I: Problems in the Literary Source Material*. Studies in Late Antiquity and Early Islam 1. 189-213. Princeton: Darwin Press, 1992.

Endress, Gerhard. *The Works of Yaḥyā ibn 'Adī; An Analytical Inventory*. Wiesbaden: Dr. Ludwig Reichert Verlag. 1977.

Fattal, Antoine. *Le statut légal des non-musulammans en pays d'Islam*. Beirut: Imprimerie Catholique, 1958.

Gardet, L. "'ilm al-Kalām." S.v. *Encyclopaedia of Islam: New Edition*. 3. 1141-1150. Leiden: Brill, 1986.

Gibson, Margaret Dunlop. *An Arabic Version of the Acts of the Apostles and the Seven Catholic Epistles, with a Treatise on the Triune Nature of God*, Studia Sinaitica 7. 74-107(아랍어), 2-36(영어). London: C. J. Clay and Sons, 1899.

Graf, Georg. *Die Schriften des Jaobiten Ḥabīb ibn Ḥidmah Abū Rā'iṭa*. CSCO 130-131. Louvain: Peteers, 1951.

Griffith, Sidney H. "'Ammār al-Baṣrī's *Kitāb al-burhān: Christian Kalām* in the First Abbasid Century." *Le Muséon* 96 (1983). 145-181.

_____. "Anastasios of Sinai, the *Hodegos* and the Muslims,. *Greek Orthodox Theological Review* 32 (1987). 341-358.

_____. "Arab Christian Culture in the Early Abbasid Period." *Bulletin of the Royal Institute for Inter-Faith Studies* 1 (1999). 25-44.

_____. "Chapter Ten of the Scholion: Theodoe bar Kônî's Apology for Christianity." *Or-*

ientalia Christiana Analecta 218 (1982). 169-191.

_____. *The Church in the Shadow of the Mosque: Christians and Muslims in the World of Islam.* Princeton, Princeton University Press, 2008.

_____. "Disputes with Muslims in Syriac Christian Texts: From Patriarch John (d. 648) to Bar Hebraeus (d. 1286)." In B. Lewis and F. Niewöhner eds. *Religionsgespräche im Mittelalter.* Wolfenbütteler Mittelalter-Studien 4. 251-273. Wiesbaden: Harrass owitz, 1992.

_____. "Disputing with Islam in Syriac: The Case of the Monk of Bêt Ḥālê with a Muslim Emir," *Hugoye* 3.1 (January, 2000). http://Syrcom.cua.edu/Hugoye/Vol3No1/ HV3N1/ Griffith.html.

_____. "Faith and Reason in Christian Kalām: Theodore Abū Qurrah on Discerning the True Religion." In S. Kh. Samir and J. S. Nielsen eds., *Christian Arabic Apologetics during the Abbasid Period(750-1258).* 1-43. Leiden: Brill, 1994.

_____. "Free Will in Christian *Kalām*: Moshe bar Kepha against the Teachings of the Muslims." *Le Muséon* 100 (1987). 143-159.

_____. "From Aramaic to Arabic: The Languages of the Monasteries of Palestine in the Byzantine and Early Islamic Periods." *Dumbarton Oaks Papers* 51 (1997). 11-31.

_____. "Ḥabīb ibn Ḥidmah Abū Rā'iṭa, a Christian muttakallim of the First Abbasid Century." *Oriens Christianus* 69 (1985). 126-167.

_____. "The Gospel in Arabic: An Inquiry into Its Appearance in the First Abbasid Century." *Oriens Christianus* 69 (1985). 126-167.

_____. "Jews and Muslims in Christian Syriac and Arabic Texts of the Ninth Century." *Jewish History* 3 (1988). 65-94.

_____. "The Monks of Palestine and the Growth of Christian Literature in Arabic." *The Muslim World* 78/1 (January 1988). 1-28.

_____. "Muḥammad and the Monk Baḥîrâ: Reflections on a Syriac and Arabic Text from Early Abbasid Times." *Oriens Christianus* 79 (1995). 146-174.

_____. "A Ninth Century *Summan Theologicae Arabica*." In S. K. Samir ed. *Actes du Deuxième Congrès International d'Études Arabes Chrétiennes (Oosterhesseln, septembre 1984),* ed. Orientalia Christiana Analecta 226. 123-141. Rome: Pontificio Instituto degli Studii Orientali, 1986.

_____. *Theodore Abū Qurrah: The Intellectual Profile of an Arab Christian Writer of the First Abbasid Century.* "Tel Aviv": Tel Aviv University, 1992.

_____. "Theodore bar Kônî's Scholion: A Nestorian *Summan contra Gentiles* from the First Abbasid Century." In N. Garsoïan, T. Matthews, and R. Thomson eds. *East of Byzantium: Syria and Armenia in the Formative Period.* 53-72. Washington, DC: Dumbarton Oaks, 1982.

_____ trans. *A Treatise on the Veneration of the Holy Icons Written in Arabic by Theodore Abū Qurrah, Bishop of Ḥarrān (c. 755-c. 800 AD).* Eastern Christian Texts in Translation 1. Leuvain, Peeters, 1997.

_____. ed. & tr. *Yaḥyā ibn 'Adī, The Reformation of Morals.* Eastern Christian Texts 1. Provo, Utah: Brigham Young University Press, 2002.

Gutas, Dimitri. *Greek Thought, Arabic Culture: The Graeco-Arabic Translation Movement in Baghdad and Early 'Abbāsid Society (2nd-4th/8th-10th Centuries).* London and NY: Routledge, 1998.

Hainthaler, Theresia. *Christliche Araber vor dem Islam: Verbreirung und Konfessionelle Zugehörigkeit: Eine Hinführung.* Leuven-Paris-Dudley, MA: Peeters, 2007.

Hava Lazarus-Yafeh. "taḥrif." S.v. *The Enxyclopaedia of Islam: New Edition* 10. Leiden: Brill, 2000.

Hayek, Michel. *ʿAmmār al-Baṣrī; apologie et controverses.* Beirut: Dar el-Mechreq, 1977.

Jackson-McCabe, Matt ed. *Jewish Christianity Reconsidered: Rethinking Ancient Groups and Texts.* Minneapolis: Fortress, 2007.

Kedar, Benjamin Z. *Crusade and Mission: European Approaches toward the Muslims.* Princeton: Princeton University Press, 1984.

Khalifat, Sahban. *Yaḥyā ibn ʿAdī: The Philosophical Treatises; A Critical Edition with an Introduction* "Arabic." Amman: University of Jordan, 1988.

Le Coz, Raymond ed. *Jean Damascène: Écrits sur Islam.* Sources Chrétiens 383. Paris: Cerf, 1992.

Mandelung, W. "'Abdallāh b. Zubayr and the Mahdī." *Journal of Near Eastern Studies* 40 (1981). 291-305.

_____. "Apocalyptic Prophecies in Ḥims in the Umayyad Age." *JSS* 31 (1986). 141-86.

Martinez, Francisco Javier. "The Apocalyptic Genre in Syriac: The World of Pseudo-Methodius." In H. J. W. Drijvers et al. eds. *IV Symposium Syriacum 1984: Literary Genres in Syriac Literature (Groningen - Oosterhesselen 10-12 September).* 337-352. Roma: Pont. Institutum Studiorum Orientalium, 1987.

Meyendorff, John. "Byzantine Views of Islam." *Dumbarton Oaks Papers* 18 (1964). 115-132.

Mingana, Alphonse. ed.&tr. *Sources syriaques.* Leiden, 1907. 165/192-193;

_____. *Woodbrooke Studies: Christian Documents in Syriac, Arabic and Garshūni; Edited and Translated with a Critical Apparatus,* 2. 1-162 Cambridge: Heffer, 1928.

Nau, F. "Un colloque du patriarche Jean avec l'émir des Agaréens." *Journal Asiatique,* 11/5 (1915). 225-279.

Nwyia, Paul and Samir Khalil Samir. *Une correspondence islamo-chrétienne entre Ibn al-Munağğim, Ḥunayn Ibn Isḥāq et Qusta ibn Lūqā,* Parologia Orientalia no. 185. 40/4. Paris: Brepols, 1981.

Platti, Emilio. *Abu ʿĪsā al-Warrāq, Yaḥyā ibn ʿAdī; de l'Incarnation.* CSCO 490-491. Louvain: Peeters, 1987.

_____. *La grande polémique antinestorienne* (et la discussion avec Muḥammad al-Misrī, CSCO 427-28. Louvain: Peeters, 1981.

_____. *Yaḥyā ibn ʿAdī, philosophe chétien et philosophe arabe: Sa théologie de l'incarnation.* Orientalia Lovaniensia Analecta 14. Leuven: Katholike Universiteit Leuven, Department Orientalistiek, 1983.

Pritz, Ray A. *Nazarene Jewish Christianity: From the End of the New Testament Period until Its Disappearance in the Fourth Century.* Jerusalem: Magness Press and Leiden: Brill, 1988.

Raven, W. "sīrah." S.v. *Encyclopaedia of Islam: New Edition.* 9. 660-663. Leiden: Brill, 1997.

Reinink, Gerrit J. "The Beginnigs of Syriac Apologetic Literature in Response to Islam." *Oriens Christianus* 77 (1993): 167-87;

_____. "Pseudo-Methodius und die Legende von römischen Endkaiser." in *The Byzantine and Early Islamic Near East I: Problems in the Literary Source Material,* ed. Avril Cameron and Lawrence I Conrad (Princeton: Darwin Press, 1992). 149-187.

_____. *Die syrische Apokalypse des Pseudo-Methodios.* CSCO 540-541. Louvain: Peeters, 1993.

Roey, A. Van. *Nonnus de Nisibe; traité apologétique.* Bibliothèque du Muséon 21. Louvain, 1948.

Roggema, Babara. "A Christian Reading of Quran: The Legend of Sergius-BaBaḥīrā and Its Use of the Quran and Sīra." In David Thomans ed., *Syrian Chrsitians under Islam:The First Thousand Years,* 57-73. Leiden: Brill, 2001.

Rubin, Uri. *The Eye of the Beholder: The Life of Muḥammad as Viewed by the Early Muslims; a Textual Analysis.* Studies in Late Antiquity and Early Islam 5. Princeton: Darwin Press, 1995.

Saffrey, H.-D. "Le chrétien Jean Philopon et la survivance de l'école d'Alexandrie au Vie siècle." *Revue des Études Grecques* 67 (1954). 396-410.

Sahas, Daniel J. *John of Damascus on Islam: The "Heresy of the Ismaelites."* Leiden: Brill, 1972.

Samir, Samir Khalil. "The Earliest Arab Apology for Christianity (c. 750)." In Samir Khalil Samir and Jørgen S. Nielson eds. *Christian Arabic Apologies during the Abbasid Period (750-1258).* 57-114. Leiden: Brill, 1994.

Samir, Samir Khalil. "Yaḥyā ibn 'Adī", *Bulletin d'Arabe Chrétien* 3 (1979). 45-63

Scher, Addai. *Theodorus bar Kônî Liber Scholiorum.* CSCO 55, 69. Paris: E Typographeo Republicae, 1910 and 1912.

Sezgin, Fuat ed. *Ḥunain ibn isḥaq: Texts and Studies,* Islamic Philosophy 17. Frankfurt: Institute for the History of Arabic: Inslamic Science at the Johann Wolfgang Goethe University, 1999.

Southern, R. W. *Western Views of Islam in the Middle Ages.* Cambridge: Harvard University Press, 1962.

Suermann, H. ed.&tr. *Die geschichtstheologischer Reaktion auf die einfallenden Muslime* "Frankfurt 1985." 12-33.

Trimingham, J. Spencer. *Christianity among the Arabs in Pre-Islamic Times.* London and New York: Longman, 1979.

Tritton, A. S. *The Caliphs and Their Non-Muslim Subjects: A Critical Study of the Covenant of 'Umar.* London: Oxford University Press, 1930.

Wansbrough, J. *The Sectarian Milieu: Content and Composition of Islamic Salvation History.* London Oriental Series 34. Oxford: Oxford University Press, 1978.

QURANIC PERSPECTIVE ON THE RELATIONSHIP WITH OTHER FAITHS

Ah Young Kim

I. INTRODUCTION

Nowhere is the agenda for the inter-religious dialogue more pressing than with the adherents of the two largest religious communities, Christians and Muslims. Together, these two communities encompass nearly half of the world's population.

Islam is not confined to the Middle East. Like Christianity, it has an international membership. The majority of Muslims live in South and West Asia and West and East Africa. Indonesia has the largest Muslim population, about 150,000,000. India's Muslim community, although a minority, numbers 120,000,000, a population that is larger than that of the Arab Muslim population of the Middle East (Mohammed 1999:1). Pakistan and Bangladesh follow with roughly 190,000,000 members each. In Africa, north of the Sahara, the number is around 130,000,000.

In sixty countries Muslims comprise the majority. In another fifteen nations they constitute a substantial minority. In Europe, Islam is already the second largest religious tradition, collectively and in virtually every country. Demographers predict that in the early years of the twenty-first century, Muslims will surpass Jews as the second largest community in the United States and Canada (Haines and Cooley, Frank L. 1985:43-65; Kimball, Charles 1993:7-8). Contrary to the usual preconception, only fifteen percent of the Muslim world lives in the Middle East today.

Some scholars like Samuel Huntington, interpreted this situation as a threat to Western civilization, that is to Christianity. That Islam could emerge as an aggressor in such a "clash of civilizations" is the fear of many people in the West and perhaps the hope of some Muslim fundamentalists and radicals (Kung, Hans and Moltmann, Jürgen 1994:vii).

Kung and Moltmann asserted that this thesis of the threat of a "clash of civilizations" was only a half-truth. While such civilizations and religion may have not only a high potential for conflict, they also have a high potential for peace. This they have shown not only in the revolutions in Eastern Europe, but also in the removal of the dictatorship in the Philippines and the abolition of apartheid in South Africa. Such dynamic political changes inform the worldwide Muslim-Christian dialogue. From a pragmatic point of view, the pressing issues facing our increasingly interdependent world should stimulate all Christians and Muslims to review and reconsider their relations with one another. This study is an attempt at such a review.

In attempting to discuss the present dialogic relationship between Islam and Christianity, there are at least two major levels. The first level is that of the politico-religious discussions and their acceleration in various countries. On the more traditional second level are the actual attempts at a religious/theological dialogue between representative Christians and Muslims. The second level is the primary focus of this study, which focuses on the *Quranic* teaching regarding relationship with the people of other faiths.

In the context of the history of the world as a whole, the relationship between Christians and Muslims over the centuries is a long (as old as Islam itself) and tortuous one. Zebiri says that Islam represents a particular challenge to Christians, not only because it is the only major post-Christian religion, but also because it possesses its own internal logic to account for Christianity (1997:5). Yet, throughout history Muslim-Christian encounters have been beset by myths and misperceptions, many of which endure to the present day (Watt, Montgomery W. 1991:i).

It is then important for material to be available to help both Christians and Muslims understand how the two communities have reached the situation in which they find themselves today.

Obviously, Christian-Muslim relations do not exist in a vacuum anywhere in the world. Political and social issues including national structures and policies, historical experiences as well as the theological issues impinge on relations between Muslims and Christians

One of the most influential factors which affect Muslim-Christian relations is the *Quran*. Since the *Quran* is central in determining Muslim attitudes, it is important to know what the *Quran* says about other faiths, Christianity in particular for the Christian-Muslim dialogue.

II. THE *QURAN*

The *Quran*, which literally means recitation, is understood as having been transmitted in manageable sections over a twenty-three year period. The messages were also perceived as relevant to particular circumstances, known as "the occasion of revelation." When Muslims quote the *Quran*, they affirm, "God says···." The sayings of the prophet are of great significance for Muslims. They are not, however, to be confused with the Word of God communicated through *Quran* (Kimball, Charles 1993:23).

Most of the Prophets named in the *Quran* are well-known biblical figures such as Abraham, Moses, David, John the Baptist, and Jesus. The distinction, according to Islam, is that the final revelation through Muhammad, the complete Word of God, has been accurately recorded without error. Thus, the *Quran* and the way of Islam are not considered "new" so much as they are the final and complete guidance for mankind.

The *Quran* is generally arranged according to the length of the chapter, with the longest ones first. This arrangement is roughly in reverse of the chronological order in which the messages were proclaimed.

Cantwell Smith offers the following advice for non-Muslims who want to read the *Quran* appreciatively:

> Muslims do not read the *Quran* and conclude that it is divine; rather, they believe it to be divine, then they read it. This makes a great deal of difference, and I urge upon Christian or secular students of the *Quran* that if they wish to understand it as a religious document, they must approach it in this spirit (1967:49).

According to Nasr, the *Quran* contains a doctrinal message, a set of doctrines which expounds knowledge of the structure of reality and man's position in it (1966:50). As such, it contains a set of moral and juridical injunctions which is the basis of the Muslim sacred law or *Shariah* and which concerns the life of man in every detail.

Some Muslims believe that it also contains metaphysics about the nature of the Godhead, a cosmology concerning the structure of the universe and the multiple states of being, and an eschatology about man's final end and hereafter. It contains a doctrine about human life, about history, about existence as such and its meaning. It bears all the teachings necessary for man to know who he is, where he is, and where he should be going. It is thus the foundation of both divine law and metaphysical knowledge (Nasr 1966:51).

III. WHAT DOES THE *QURAN* SAY ABOUT THE RELIGIOUS OTHER?

A Muslim scholar, Farid Esack, responds to this question very clearly: "The *Quran* presents a universal, inclusive perspective of a divine being who responds to the sincerity and commitment(1998:146)."

Kate Zebiri also says that dating back to the earliest period, the concept of religion was a highly reified one for Muslims. The *Quran* itself has, among scriptures, a uniquely developed awareness of religious plurality, at one point even appearing to offer a rationale for the existence of competing religions (Zebiri 1997:16). "…To each among you we have prescribed a law and an open way. If Allah had so willed, He would have made you a single people, but (His plan is) to test you in what He has given you: so strive as in a race in all virtues" (Surah 5:48). But, contrary to the above remarks, the following three verses from the *Quran* proclaim:

> The religion before Allah is Islam (submission to His Will);
> If anyone desires a religion other than Islam(submission to Allah), never will it be accepted of him; This day have I perfected your religion for you, completed my favour upon you, and have chosen for you Islam as your religion (Surah 3:19, 85; 5:3).

As is well known, the majority of Muslims have understood these verses in a manner which leads them to conclude that their way, the way of the Prophet Muhammad is the one and only way to God, and other ways are not.

As shown above, the statements by the *Quran*, to be sure, are not fully consistent. They reflect in this, as in other matters, the various situations that Muhammad found himself in. He got a different reception from Jews and Christians. The Jews, as a closed group, were his political opponents, whereas for a long time he knew Christians only as individuals. That is why "the Jews are morally condemned on account of their refractoriness and other reasons," while the Christians are reproached "more on account of certain dogmatic assertions and errors" (Van Ess 1986:101).

By comparison with the Jews, the actual behavior of Christians comes close to being praised. God says to Muhammad, "Strongest among men in enmity to the Believers will you find the Jews and pagans; and nearest among them in love to the Believers will you find those who say, 'We are Christians': because amongest these are men devoted to learning and men who have renounced the world, and they are not arrogant" (Surah 5:82).

When, toward the end of his career, Muhammad concluded treaties with partly Christianized tribes, only the pagans had to accept Islam, while the Christians were allowed to keep their churches and priests (Van Ess 1986:102). J. D. McAuliffe suggests two general categories of statements relative to Christianity within the *Quran*. The first speaks of the Christians as a particular religious group. The second includes allusions to Christian figures, especially Jesus and Mary, and to the theological indictments that have fueled the long-standing quarrel of Muslim-Christian polemic (1991:1-2).

No commensurate degree of attention, however, has been paid to those statements in the *Quran* that refer to Christians as a social and religious group. Most obvious is the Arabic noun *al-nasara,* the common *Quranic* term for Christians, which is found seven times in Surah 2, five times in Surah 5, and once each in Surah 9 and 22. Less direct designations are those that highlight the common scriptural heritage of Jews, Christians, and Muslims. Of most frequent occurrence is the phrase *ahl al-kitab* (People of the Book), which is found more than thirty times in the *Quran.* This ordinarily signifies, unless otherwise qualified, both Christians and Jews.

An additional category of designation includes the verses that refer to Jesus and then subsequently mention his "followers" by such phrases as "those who follow you" or "those who follow him." These verses fall into several categories and direct or indirect criticism of Christians constitutes the largest categories.[1]

Persistent charges condemn Christians for being untrustworthy and internally divisive. Further accusation censures their boasting, for deliberately or inadvertently corrupting their scripture, for trying to lead Muslims astray, and for being unfaithful to Jesus' message. A second group-

---

1) For a list of such *Quranic* criticism see Abdelmajid Charfid, "Christianity in the *Quran* Commentary of *Tabari*" (1988:134-138).

ing can be made of those verses that seek to prescribe Muslim behavior toward Christians both socially and economically, such as reference to the collection of a special tax, the *jizyah*, levied on the Christians, and reference to the protection of existing churches and cloisters.

Verses that make ostensibly positive remarks about the Christians compose the final category. These positive allusions to the Christians are scattered throughout the *Quran* and a number have been persistently extracted to serve as proof-texts of Muslim religious tolerance. Several contemporary examples should suffice to convey the range of such efforts. One traces Islam's "age-old tolerance to Christian and Jewish communities" to the quranic praise of Christians in Surah 5:82,[2] Another remarks that there are "certain passages in the *Quran* which might be regarded as conciliatory towards Christians."[3] Two Muslim scholars draw upon theses verses to emphasize that "the tolerant spirit of Islam is apparent in its recognition of other religions" and that in "times of prosperity and security from external dangers, this tolerant attitude was the hallmark of Muslim-Christian relations."[4]

---

2) William Stoddard (1976:35). Stoddard omits from his citation of this verse the condemnatory statement about Jews, presumably because to include it would contradict his interpretation of the verse. Drawing upon the work of Rudi Paret, Josef Van Ess distinguishes between the *Quranic* condemnation of the Jews for moral reasons and of Christians on dogmatic grounds. With this in mind, he finds in 5:82 an instance where "the actual behavior of Christians comes close to being praised." See "Islamic Perspectives" in Hans Kung (1986:101), cited in McAuliffe, J. D. (1991:4, Note 7).

3) Kenneth Cragg, *The Call of the Minaret* (1956:260).

4) Abdul Ali, "Tolerance in Islam," (1982:110); Mahmoud M. Ayoub, "Roots of Muslim Christian Conflict" (1989:31).

Such claims for a *Quranic* message of religious tolerance, whether made by Muslims or by those presenting Muslims' views, find their correlate in a predominantly Christian use of this same body of material. A contemporary Christian scholar noted: "A number of well-known *Quranic* texts, quoted frequently especially by Christians, seem to point in a different direction, as they supposedly substantiate the thesis that Christianity remains a way of salvation even after the coming of the Seal of the Prophets" (Bijlefeld 1974:94). Similarly Kimball, Charles cites Surah 2:62 to support the assertion that "the *Quran* makes clear the salvific value inherent in at least some of the religious traditions" (1993:31).

McAulliffe suggests seven citations which are crucial to understand *Quranic* perspective about Christians; Surah 2:62; 3:55; 3:199; 5:66; 5:82-83; 28:52-55; 57:27. These verses prompt several central questions: How have Muslims understood this apparent divine praise of Christians? What have these verses meant to Muslims in both the classical and modern periods of Islamic history? Do these verses justify the assertions and claims made on their behalf?

The most comprehensive answer to such queries lies in a close examination of that body of Islamic literature to which allusion has already been made, *Quranic* commentary or exegesis (*tafsir*). The *Quran* presents itself as an ultimate source of moral guidance and social harmony among its devotees and between them and other scripture-based faith communities. Muslims took the challenge to comprehend the *Quran* and ponder its verses so seriously that they have dedicated their best minds to the interpretation of their sacred book and elucidation of its meanings.

Consequently, in Islamic religious sciences the particular study and activity known as *tafsir al-Quran* is one of the earliest and most important religious sciences, whose beginnings go back to Muhammad and his immediate companions. By the eleventh century, *tafsir* had become a highly developed literary genre with a number of ancillary linguistic, legal, theological, mystical, and sectarian discipline (Ayoub, 1997:145).

Throughout Muslim history, and particularly in the twentieth century, *Quran* commentaries have served as an effective platform for the propagation of diverse beliefs and ideologies.

It is no exaggeration to say that *Quran* exegesis provides one of the best indicators of the ideological and religious moods of Muslim societies today: "While the *Quran* speaks to the hearts of pious Muslims through its reciters, it speaks to the socio-political and religious situation of the Muslim community through its interpreters" (Ayoub, 1997:146).

IV. THE *QURANIC* CALL FOR DIALOGUE

According to Ayoub, the *Quran* maintains that the universal faith in God encompasses, but at the same time transcends, all religions. In this framework of the universality of faith within a great diversity of religions, the *Quran* calls upon faithful Christians and Muslims to live in amity and engage in a genuine dialogue of faith (1997:156).

The *Quranic* term for dialogue is *jidal*, which means "to be intimately engaged with someone in discussion or debate (Ayoub, 1997:156)." This intimate and purposeful dialogue is called in the *Quran* "the best of fairest debate (*al-ji'dal al-ahsan*)." It requires wisdom and fair exhortation, as the *Quran* enjoins Muhammad: "Invite (all) to the Way of your Lord with wisdom and beautiful preaching; and argue with them in ways that are best and most gracious: for your Lord knows best, who have strayed from His Path, and who receive guidance" (Surah 16:125). The fair dialogue, moreover, must be based on common and sincere faith in God and his revelation:

> And you do not dispute with the People of the Book, except with means better (than mere disputation), unless it be with those of them who inflict wrong (and injury): but say, "We believe in the revelation which has come down to us and in that which came down to you; our God (Allah) and your God (Allah) is One, and it is to Him We bow (in Islam)" (Surah 29:46).[5]

The reality of faith, according to the *Quran* and prophetic tradition, is ultimately known to God alone. Therefore, Muslims must judge the faith of any person or community by its manifestation in worship and good deeds. In accordance with this principle, the *Quran* presents a graphic description of the faith and righteous works of the Christians

---

5) See also Surah 3:64, where this faith commitment is called "common terms as between us and you."

with whom Muslims must live in harmony and a fellowship of faith.

The Christians were those with whom the Muslims must live in harmony and monks and other pious men and women who lived as hermits and in small communities in the Arabian Desert and whom Muhammad and early Muslims must have observed first-hand. The verses describing them, moreover, belong to both the Meccan and Medinan periods of revelation. The *Quran* states :

> Those to whom We sent the Book before this-they do believe in this (revelation); And when it is recited to them, they say: We believe therein, for it is the Truth from our Lord: indeed we have been Muslims (bowing to Allah's Will) from before this (Surah 28:52-53).

The passage under discussion then describes these People of the Book as steadfast and magnanimous people who avoid vain and contentious talk. Hence, "Twice will they be given their reward, for that they have persevered, that they avert Evil with Good, and that they spend (in charity) out of what We have given them" (Surah 28:54). Their peaceful temperament and deep piety are depicted thus: "And when they hear vain talk, they turn away therefrom and say, 'To us our deeds, and to you yours. Peace be on you: we do not seek the ignorant'" (Surah 28:55).

Although there is no specific reference to the Christians either by name or designating phrase, McAuliffe concludes that from the exegetical tradition itself comes the association of these verses with Christians and their scriptural heritage (1991:257).

The verse I will now discuss belongs to a crucial period of the Prophet's Medinan political career. It confirms and completes the picture which these verses present. The verse is one of the concluding verses of Surah 3 which deals at length with the relations of the nascent Muslim commonwealth with the People of the Book after the painful experience of the defeat of Uhud in the third year of the *hijra*. It reads :

> And there are certainly, among the People of the Book, those who believe in Allah, in the revelation to you, and in the revelation to them, bowing in humility to Allah: they will not sell the signs of Allah for a miserable gain! For them is a reward with their Lord, and Allah is swift in account (Surah 3:199).[6]

---

6) Many commentators have attempted to negate this verse by assigning it to a specific group of Christians, or questioning whether it can at all be applied to non-Muslims. Like many early commentators, Wahidi refers the verse to al-Najashi of Abyssinia. Mujahid, Ibn Jurayi, and Ibn Zayd held that the verse, "was sent down concerning all the people of faith among the people of the Book." Tabari reports on the authorizty of Qatadah that when the Prophet asked his companions to pray over al-Najashi, they protested, "Shall we pray over a man who is not a Muslim!" When the verse was revealed they again countered, "He did not pray facing the *qibalah.*" But God sent down, "To God belongs the east and the west. Wherever you turn, there is the face of God" (Surah 2:115). According to another view ascribed to Ibn Jurayj and Ibn Zayd, the verse was revealed concerning Abd Allah b. Sallam and his fellow Jewish converts to Islam. Mujahid interpreted the verse to refer to the Jews and Christians whom he called "the muslims of the people of the Book." Tabari agrees with this view, arguing that "God has included in His saying 'There are among the people of the Book' all the people of the book. He did not intend only the Christians or only the Jews." Tabari questions the soundness of the traditions which relate the verse to al-Najashi. But even if they were true, he continues: "they would not contradict what we have said. This is because Jabir, and those who agreed with him simply said that the verse was sent down concerning al-Najashi. A verse may be sent down concerning a specific matter, but it would apply to all other similar matters. God may have, therefore, rendered the rule which he decreed concerning Najashi applicable to all His servants who follow the Messenger of God and accept what he brought from God, and yet they follow what God had enjoined in the Torah and the Gospel" (Ayoub, 1992:414-415).

Ayoub clearly asserts that verses 82-85 of Surah 5 and verse 199 of Surah 3 cannot be regarded as isolated statements. Rather they described in concrete terms an ideal relationship of amity and harmony between Muslims and Christians (1997:157). Further, he says, nor are they limited to a particular time or place, but apply to Christians of all times whose life of faith complies with the conditions these and other verses present (1997:157). An important verse which supports this general thesis is : "Then, in their wake, We followed them up with (others of) our Messengers : We sent after them Jesus the son of Mary, and bestowed on him the Gospel; and We ordained in the hearts of those who followed him compassion and mercy…" (57:27).

Furthermore, like the verse just considered, these verses confirm the People of the Book in their own religious identities and expect from them no more than the recognition of Muhammad as a messenger of God and of the *Quran* as a genuine divine revelation confirming their own scriptures. Verses 82 and 83 of Surah 5, with which we are primarily concerned, read :

Strongest among men in enmity to the Believers will you find the Jews and Pagans; and nearest among them in love to the Believers will you find those who say, "We are Christians": because amongst these are men devoted to learning and men who have renounced the world, and they are not arrogant.
And when they listen to the revelation received by the Messenger, you will see their eyes overflowing with tears, for they recognize the truth: they pray: "Our Lord! We believe; write us down among the witness."

The three remaining verses affirm the faith of these humble Christians and their hope of being included among the righteous. They also promise them eternal bliss in Paradise for their faith and humble submission to God.

According to most classical and contemporary commentators, these verses were revealed concerning the Abyssinia ruler al-Najashi (the Negus), who with a group of his bishops and monks accepted Islam. In Mecca, Muhammad advised a number of Muslims who had no tribal or clan protection against increasing Meccan persecution to seek refuge to turn them over to a Meccan delegation that was expressly sent by the hostile men of the Quraysh to bring them back to Mecca.

Al-Najashi instead brought the two contending groups together and asked Ja'far bin Aib Talbi the spokesman of the Muslims, to explain their new faith in the presence of his learned bishops and monks. In the course of his explication of the basis principles of Islam, Ja'far recited the beginning of Surah 19 which recounts the story of Mary and the miraculous birth of Jesus. As they listened, al-Najashi and his fellow Christians are said to have wept till their beards were soaked with their tears. He then exclaimed: "By God, this and what Jesus brought from God issue from one niche" (Ayoub, 1997:158).

In order to accord even more closely the occasion of revelation of these verses with their actual text, more elaborate versions of this and similar hagiographical tales have been related. These tales have generally been uncritically accepted by contemporary commentators. An obvious problem with the Najashi tradition with all its variants, for example, is the fact that the Abyssinian migration happened in Mecca, many years before the revelation of these late Medina verses.[7]

Sayyid Qutb, for instance, repeats the fanciful tale that seventy Christian men, clad in ascetic woolen garments, accompanied Ja'far bin Abi Talib, on his return from Abyssinia. Among them were eight Syrian Christians, including the famous monk Bahira Muhammad recited the *Quran* to them, their eyes were filled with tears, and they accepted Islam. In the same breath, Qutb also reports another variant of the same tale, namely, that after hearing Ja'far's *Quranic* recitation, al-Najashi sent a delegation of thirty of the most learned Christians to the Prophet in Mecca to learn more about the new faith. They wept when they heard Surah 36, acknowledged it as the same truth that was revealed to Jesus, and became Muslims. Qutb relates still another tradition about a group of men of the Christian community of Najran who voluntarily came to the Prophet in Medina, again to learn about Islam. The Prophet recited to them the same surah, and they likewise wept as they heard the truth and accepted Islam (Ayoub, 1997:158).

It was observed above that commentators have rendered the generally positive *Quranic* approach to Muslim-Christian relations irrelevant to the historical realities of the two communities. They did this by denying outright the continued applicability of *Quranic* verses enjoining such an approach. Otherwise, they limited them to a small number of

---

7) See McAuliffe (1991, chap. 7), where these traditions are examined critically.

Christians with whom Muhammad had direct contact, and who conse-quently accepted Islam. The primary motivation behind this approach, has been the continued religious, political, social, and economic rivalry between Western Christendom and the world of Islam.

I have tried to show in this study that *Quran* accepts religious diver-sity but denounces religious discord and exclusivism.

Against my thesis, it may argued that the *Quran* also contains verses which foster disunity and discord. Such statements as "O you who have faith, do not take the Jews and Christians as friends and allies" and "Neither the Jews nor the Christians would be pleased with you (Muham-mad) unless you follow their religion," can hardly be said to encourage amicable relations among the three religious community.

As I mentioned above, *Quran* is generally ambivalent in its attitude towards to Jews and Christians, which is due to particular circumstanc-es and problems between Muslims and the People of the Book. There-fore, verses like those I just cited above should be interpreted with be-ing related to specific political situations between Muhammad and the Jews of Medina or neighboring Christians. They should not therefore, be referred to negated the positive verses which are more numerous and more emphatic in their insistence on mutual recognition either by Muslims and non Muslims.

It is true that the *Quran* declares the Muslim community to be the best that has been raised up for humankind, as they enjoin the doing of what is right and forbid the doing of what is wrong in the context of faith in God (3:110). It is also true that the *Quran* declares God has willed Muslims to be community of the middle way so that they might bear witness before humankind (2:143). Therefore, other religious communities are implicitly meant, to whom Muslims should bear witness as a community of the middle way.

Furthermore, the *Quran* has specifically prescribed kindness and tact and gracious manners for Muslims when dealing with people of other faiths, and in it the Prophet himself is commanded in the following words: "Call you unto the Sustainer's path with wisdom and goodly exhortation, and argue with them in the most kindly manner: for behold, thy Sustainer knows best as to who strays from His path, and best knows He as to who are the right-guided" (16:125).

The *Quran*, the foundation on which the religion of Islam is based, expresses in a number of ways a fundamental tolerance of earlier religions whose faith, like that of Islam, centers on the one and only God. It can be said, in this regard, that one of the doctrinal principles enunciated in the *Quran* is that of religious tolerance. I believe that we have in this doctrinal principle the basis for interfaith dialogue and cooperation which has the potential for leading us to a better world in this religious pluralistic world.

[References Cited]

Ali, Abdullah Yusuf. *The Holy Quran: Text, translation and Commentary.* 2nd edition, Elmhurst, NY: Tahrike Tarsile Quran Inc., 1997.

Ates, Suleyman. *Contemporary Exegesis of the Holy Quran.* 3. Istanbul, Turkey: Yeni Ufu klar, 1989a. "Paradise Is Not Under the Control of Anybody." *In journal of Islamic Research.* 3:7-24, 1989b.

Aydin, Mahmut. "Is There Only One Way to God?." *In Studies in Inter-Religious Dialogue.* 10:148-159, 2000.

Ayoub, Mahmoud M. "Nearest in Amity: Christian in the Quran and Contemporary Exegetical Tradition.' *In Islam and Christian-Muslim Relations.* 8 (2): 145-164, 1997.

_____, "The House of Imran." 2 of *The Quran and Contemporary Exegetical Tradition.* New York: State University of New York Press, 1992.

Bijlefeld, W. "The Danger of 'Christianizinf' Oue Partners in the Dialogue." In *The Muslim World.* 57:171-177, 1967.

Cragg, Kenneth. *The Call of the Minaret.* New York: Oxford University Press, 1956.

Crollius, Roest. "Mission and morality." *In Studia Missionalia.* 27:257-283. Rome, Italy: Gregorian University, 1978.

Esack, Farid. *Quran, Liberation, and Pluralism: An Islamic Perspective of Interreligious Solidarity Against Oppression.* Oxford, UK: One World, 1998.

Goddard, Hugh. *A History of Christian-Muslim Relations.* Chicago, IL: New Amesterdam Books, 2000.

Haddad, Yvonne Yazbeck, and Wadi Z. Haddad. *Christian-Muslim Encounters.* University Press of Florida. 1995.

Haines, Bylon L., and Frank L. Cooley. eds., *Christians and Muslims Together: An Exploration by Presbyterians.* *Philadelphia.* PA: Geneva Press, 1987.

Kerr, David. "Islamic Da'wa and Christian mission: Towards a Comparative Analysis." *In International Review of Mission.* 89 (353): 150-171, 2000.

Kimball, Charles. *Striving Together: A Way Forward in Christian-Muslim Relations.* Maryknoll, NY: Orbis, 1993.

Kung, Hans, and Jurgen Moltmann. eds., *Christianity and World Religions: Paths of Dialogue with Islam, Hinduism, and Buddhism.* Peter Heinegg trans. Garden City, NY: Doubleday Company, 1986.

McAuliffe, J.D. *Quranic Christians: An Analysis of Classical and Modern Exegesis.* Cambridge, UK: Cambridge University Press, 1996.

Mohammed, Ovey N. *Muslim-Christian Relations: Past, Present, Future.* Maryknoll, NY: Orbis, 1999.

Nasr, Hossein. *Ideals and Realities of Islam.* London, UK: George Allen and Unwin, 1966.

Parrinder, Geoffrey. *Jesus in the Quran.* Oxford, UK: One World, 1965.

Rahman, Fazlur. *Major Themes of the Quran.* Minneapolis, MN: bibliotheca Islamica, 1980.

Scantelbury, Elisabeth. "Islamic Dawa and Christian mission: Positive and Negative Models of Interaction between Muslims and Christians." In *Islam and Christian-Muslim Relations*. 7 (3): 253-269, 1996.

Smith, Catwell W. "Is the Quran Word of God?" *In Questions of Religious Truth*. 49-50. New York: Charles Scribner's Sons, 1967.

_____. *The Meaning and End of Religion*. Minneapolis, MN: Fortress Press, 1991a.

Sperber, Jutta. *Christians and Muslims: The Dialogue Activities of the World Council of Churches and Their Theological foundation*. New York: Walter de Gruyter, 2000.

Talbi, Muhammad. "Unavoidable Dialogue in a Pluralist World: A Personal Account." *In Encounter*. 1:56-69, 1995.

Van Ess, Josef. "Islamic Perspectives- Islam and the Other Religions: Jesus in the Quran." *In Christianity and the World Religions*. 97-108. Garden City, NY: Doubleday, 1986.

Watt, Montgomery W. *Muslim-Christian Encounter: Perceptions and Misperceptions*. London, UK: Routledge, 1991.

Wessels, Anton. "Mission and Da'wah: From Exclusion to Mutual Witness." *In My Neighbor is Muslim: A Handbook for Reformed Churches*. John Knox Series. 81-88. Geneva, Switzerland: International Reformed Center, 1990.

Zebiri, Kate. *Muslims and Christians Face to Face*. Oxford, UK: One World, 1997.

이슬람과 기독교의 선교 역사에 대한 비교 연구
: "번역이론(Translation Theory)"의 시각에서

박형진

I. 서론

세계 종교는 크게 선교적 종교(missionary religion)와 비선교적(non-missionary religion) 종교로 나누어볼 수 있다. 불교와 기독교 그리고 이슬람은 선교적 종교에 속하며, 그 결과 세계 종교로 발돋움할 수 있었다. 이들 종교는 그 초기부터 창시자에 의해 주어진 선교적 명령들(missionary imperatives)이 있었음이 뚜렷한 특징으로 나타난다. 그 확장의 과정을 보면 이들 종교는 타문화로의 이행 과정(cross-cultural process) 속에서 부딪쳐 오는 도전들을 만나게 되나 이를 해결하는 방법들은 모두 같지는 않았다.

오늘날 사정은 바뀌어 이전과 같이 이들 세 종교가 각각 지리적으로 나름대로 고유의 영역을 차지하던 시대는 지나게 되었고, 그 결과 때로는 같은 지역 내에서 서로가 경합하는 모습으로 공존하기도 한다. 이들 종교들의 본질을 이해하고 역사적으로 어떻게 세계 종교로 발돋움되었는지 선교역사를 살펴보는 일은 이러한 시대적 상황에서 매우 필요하고 고무되는 일이라 볼 수 있겠다.

이들 종교들을 비교해 본다는 것은 어떻게 보면 쉽지 않은 시도이다. 왜냐하면 이들 종교의 시간적·공간적 분포가 참으로 방대하기 때문이다. 더욱이 한 종교 내에서도 여러 다른 분파들이 있고, 그 확장의 유형들과 방식또한 시대와 지역마다 상이하기 때문이기도 하다. 이러한 난제가 이들에 대한 비교 연구들이 많이 나오고 있지 않은 이유도 될 것이다. 프랭크 훼일링(Frank Whaling)은 비교선교학에 대해 이렇게 기술하고 있다.

> 선교적 측면에서 시도되는 비교종교학은 그 중요성과 매력만큼 많은 학자들의 주의를 끌지는 못했다.…맥스 뮬러(Max Muller) 이후로 비교종교학적 측면의 많은 학문적 시도들이 있었지만 대부분 선교적 이론이나 실천으로까지 적용되지는 못하였다.[1]

그의 지적대로 선교학적 비교 연구라 할 수 있는 '비교선교학(Comparative Missiology)'은 아직도 미개척 영역(unexplored territory)에 있다고 하겠다.[2]

훼일링의 접근은 주로 선교적 동인과 같은 내부적 요인과 정치적 상황이나 기타 역사적 교량 역할 등 확장 과정의 공통요소들을 비교 연구하는데 초점을 맞추고 있다. 따라서 그는 한 종교가 타지역으로 전해지는 과정

---

1) Frank Whaling, "A Comparative Religious Study of Missionary Transplantation in Buddhism, Christianity and Islam," *International Review of Mission* 70 (1981), 314.
2) Ibid., 319.

속에 그 존재양식과 침투, 확장양식이 어떠하였는지를 분석, 종합하여 일반화(generalization)하려는 시도를 하였다. 이러한 접근은 언제나 그렇듯이 일반화라는 과정이 수반하는 위험요소들을 안고 있다. 그럼에도 불구하고 그의 연구는 이러한 비교 연구에 귀한 참고점들을 제공해 주고 있다.

이 소논문에서 필자는 초점을 달리 맞추고 싶다. 이들 선교적 종교들이 모두 경전을 바탕으로 두고 있는 종교라는 사실에 기반을 두어 주된 관점을 이들 종교들의 경전 번역과 그것이 이들 종교의 확장성과 어떠한 관계에 있는지에 초점과 관심을 맞추고자 한다. 이 연구는 기본적으로 앤드류 월스(Andrew Walls)와 라민 싸네(Lamin Sanneh)의 "번역이론(Theory of Translation)"에 근거함을 밝혀둔다.[3]

언어는 문화의 근간이며 그 표현의 진수라고 할 수 있다. 경전을 기록한 언어에 대해서는 대체로 두 가지 태도가 있다. 하나는 그 언어를 성스럽게(sacred) 보는 것이며, 다른 하나는 예사롭게(ordinary) 보는 것이다. 이러한 태도는 그 종교를 '번역가능(translatable)'한 종교와 '번역불능(non-translatable)'한 종교로 차별화 짓게 한다. 이러한 차별성이 종교의 확장, 특히 기독교 확장과는 무슨 상관관계가 있는가, 월스에 의하면 다음과 같다.

> 아마도 경전 번역의 역사를 비교적으로 살펴보는 것은 기독교 역사를 새롭게 조명해 주는 접근방법이 될 것이다. 특히 기독교의 확장이라는 것이 단순한 지리

---

3) 이들의 번역이론에 대해서는 논의가 진행되면서 점차 언급할 것이나 그 충분한 이해를 위해서는 월스와 싸네의 두 책을 참조바람. Andrew F. Walls, *The Missionary Movement in Christian History: Studies in the Transmission of Faith* (Maryknoll: Orbis, 1996); Lamin Sanneh, *Translating the Message: The Missionary Impact on Culture* (Maryknoll: Orbis, 1989). 좀더 구체적 내용은 이 논문에서 다루어지고 있는 다음의 글들을 참조할 수 있다: Andrew F. Walls, "The Translation Principle in Christian History," in Philip C. Stine (ed.), *Bible Translation and The Spread of the Church* (Leiden: E. J. Brill, 1990), 24-39; Lamin Sanneh, "Gospel and Culture: Ramifying Effects of Scriptural Translation," in Philip C. Stine (ed.), *Bible Translation and The Spread of the Church* (Leiden: E. J. Brill, 1990), 1-23.

적 통계적 개념으로 교회가 수량적으로 확장된다는 것을 이야기하는 것이 아니라 그리스도가 미치는 그의 영향력이 어떻게 역동적으로 확장되는지를 보여주는 것이 될 것이다.[4]

이 소논문에서 필자는 지면의 제약과 본 학술지의 특성상 이들 선교적 종교들 가운데 경전 번역에 있어서 현저한 차이가 있는 이슬람과 기독교, 두 종교에 초점을 맞추고자 한다.[5] 특히 역사적 실례들을 거론함에 있어서 주로 지중해와 유럽을 중심으로 확장된 기독교와 대비하여 이슬람의 경우, 인도에 그 사례를 두고 살펴보고자 한다. 이러한 실례는 나름대로 이 두 종교의 타문화권으로의 이행 확장(cross-cultural expansion) 과정에서 나타나는 현저한 차이점들의 예들을 보여 주리라 본다.

본 소논문의 전개에 있어서 먼저 선교 명령들(mission imperatives)에 관해 살펴보겠다. 이것은 특별한 기술적 접근이 요구되는 본문 연구(textual study)에 있다기보다는 선교적 명령들의 내용과 각 종교가 이해하는 선교에 대한 기본 개념이 무엇인지를 살펴보기 위함이다. 그리고 나서, 특정기간 동안 선교적 진출의 역사적 기록들을 경전 번역의 측면에서 간단히 살펴보도록 하겠다. 이렇게 살펴본 역사적 분석은 각 종교의 확장이 번역가능성을 동반한 것과 번역가능성을 동반하지 않은 확장의 두 가지 다른 유형으로 대비되게 한다. 여기서 이야기하는 번역가능성(translatability)은 언어적 번역만을 의미하는 것이 아니라 주어진 상황에서의 상황화가능성(contexualiz-ability)을 의미한다. 바로 이 점에서 기독교와 이슬람은 그 확장 양식에 있

---

4) Walls (1990), 27.
5) 불교와 기독교의 경전 번역과 선교적 확장 간에는 이슬람과는 다른 비슷한 유사점들이 많다. 그러한 관점에서 이들 두 종교를 비교선교학적으로 비교 연구하는 일은 또 다른 관심의 영역과 과제가 될 것이다.

어서 판이한 대조를 이루고 있다. 마지막으로, 이러한 기독교와 이슬람의 특성으로 대표되는 번역가능성과 번역불능성이 제기하는 여러 가지 함의들이 무엇인지를 고찰해 보도록 하겠다. 이 연구에 있어서 각주에 명시된 대로 몇 가지 연구논문들이 특히 좋은 참고가 되었다.[6] 이슬람 쪽의 역사는 무슬림 학자들이 쓴 자료들을 참고하였다. 물론 기독교 쪽은 월스와 싸네의 저술들을 주 자료로 참고하였다.

II. 선교 명령 : 기독교의 선교(Mission)와 이슬람의 다와(*Dawah*)

타종교와 비교해 볼 때 기독교와 이슬람은 확실히 독특한 선교적 신앙의 종교이다. 무엇이 이들을 선교하게 만들었는가? 기독교에는 분명한 "대위임령(The Great Commission, 예 : 마태복음 28:18-20)"이라 불리는 구절들이 있다. 과연 이슬람의 꾸란에는 이러한 류의 비슷한 구절들이 있는가? 여기서는 선교 명령들에 관해 살펴보고 비교, 고찰해 보도록 하겠다.

꾸란에도 선교적 명령들이 나타남을 볼 수 있다.[7]

---

6) 특히 다음의 두 가지 자료가 큰 도움이 되었다: Frank Whaling, "A Comparative Religious Study of Missionary Transplantation in Buddhism, Christianity and Islam," *International Review of Mission* 70 (1981), 314-333; George Koovackal, "Missionary Expansion of Islam in India," *Journal of Dharma* 6 (1981), 196-214.

7) 여기서 인용하는 꾸란은 파하드 국왕 꾸란 출판청에서 출판한 한글번역본인 『성 꾸란:의미의 한국어 번역 (*Translation of the Meanings of the Noble Quran in the Korean Language*)』을 참고하였다. http://d1.islamhouse.com/data/ko/ih_books/single/ko_Translation_of_the_Meanings_of_the_noble_quran_in_the_korean_Language.pdf (접속 6/30/2012). 이 번역본에는 알라는 하나님 혹은 주님으로, 꾸란은 성서로 번역되었다. 혼동을 피하기 위해 필자는 인용구절에서 이들 용어 옆에 별도로 블록을 보충하여 구별하였음을 밝혀둔다.

"망투를 걸친 자여 일어나서 경고하라 (꾸란 74:1-2)."

"선지자여 주님(알라)으로부터 그대에게 계시된 것을 전하라 하니 그렇지 못함은 그분의 메시지를 전하지 못한 것이라 하나님(알라)은 무리로부터 그대를 보호하시나 신앙이 없는 백성들은 인도하지 아니하시니라 (꾸란 5:67)."

"지혜와 아름다운 설교로 모두를 하나님(알라)의 길로 인도하되 가장 훌륭한 방법으로 그들을 맞으라 하나님(알라)은 그분의 길을 벗어난 자와 바른 길로 가는 자를 알고 계심이라 (꾸란 16:125)."

위의 구절들이 보여 주는 바처럼 이슬람의 선교 명령들은 경고적 형태를 취하고 있으며 복종을 요구하고 있다. 그러나 무슬림 학자들이 강조하는 바는 선교 명령이 비강요적이라는 것이다.[8] 대부분의 이슬람 선교 역사서들은 이슬람 확장에 대해 잘못된 인식들, 즉 '한 손엔 검을, 한 손엔 꾸란을' 든 것과 같은 인식들을 수정하려고 강조함을 본다. 심지어 비무슬림 학자인 토마스 아놀드(T. W. Arnold)의 경우도 그의 책에서 이슬람의 실제 역사는 평화적 방법으로 진행되어 왔다고 서술하고 있다.[9]

그럼에도 불구하고, 오늘날 이슬람의 움직임을 보면 팽창주의자들의 공격적인 방법임을 부인할 수 없는 것이 사실이다. 이슬람 역사가 천명하는 바처럼, 싸네도 이슬람의 확장에 있어서 양면성을 인정하고 있다:

"지금까지 우리는 이슬람의 전파가 한편으론 내재적으로 이슬람을 강화하는 평화적 방법, 즉 타지드(tajdid)라는 이름으로 주어진 것을 보아왔다.… 그러나 또 다른 이슬람의 확장 방식, 즉 군사적인 방식을 지하드(jihad)라는

---

8) Isma'il Al-Faruqi, "On the Nature of Islamic Da'wah," 391-409, in Khurshid Ahmad and David Kerr (eds.), "Christian Mission and Islamic Da'wah," *International Review of Mission* 65 (1976), 366-460 참조.

9) T. W. Arnold, *The Preaching of Islam: A History of the Propagation of the Muslim Faith* (London: Constable & Company, 1913), 7.

이름으로 취해 왔음을 보게 된다.[10]

경전의 중요성과 이슬람의 보편적 가치에 대해서 꾸란에 기술되어 있는 구절들을 살펴보자.

> "오늘 너희를 위해 너희의 종교를 완성했고, 나의 은혜가 너희에게 충만하게 하였으며, 이슬람을 너희의 신앙으로 만족케 하였노라 (꾸란 5:3)."
> "이것은 하나님(알라)이 그대에게 계시한 한권의 성서(꾸란)이거늘 이로 말미암아 백성들을 암흑에서 모든 칭송을 홀로 받을 그분의 길 광명으로 주님(알라)의 허락에 따라 인도하라 (꾸란 14:1)."

이슬람이 그 용어적 의미가 복종(submission)임을 보여 주듯이, 이슬람의 보편성은 유일하며 참된 신에게의 전적인 복종을 요구한다. 이러한 의미에서 이슬람의 선교는 기독교와 공통점을 나누고 있다. 즉 하나님께로 향한 수직적인 명령과 순종이다. 기독교와 이슬람 모두 공통적으로 제사장적 기능(priestly, man-mediated)보다는 선지자적(prophetic, God-given) 기능을 더 견지하고 있다. 그러나 기독교와 이슬람에게는 선교 방법에 있어서 상당한 차이점 또한 보이고 있다.

첫째, 기독교의 선교(mission)라는 용어에 상응되어지는 용어로 종종 이슬람에 있는 다와(*dawah*)라는 말을 본다.[11] 다와의 용어적 의미는 '초대'라는 의미이다. 이는 상대방의 회심을 목적으로 자신의 신앙을 남에게 소개

---

10) Lamin Sanneh, "Christian Experience of Islamic Daʻwah: with Particular Reference to Africa," 412, in Khurshid Ahmad and David Kerr (eds.), "Christian Mission and Islamic Daʻwah," *International Review of Mission* 65 (1976), 416 참조.

11) 비록 다와(*dawah*)라는 용어는 기독교적 개념의 선교라는 말로 종종 사용되곤 하지만 실상 '선교사'라는 말에 정확하게 상응하는 아랍이나 페르시아어 용어는 없는 실정이다. George Koovackal and Paul Jackson, "The Spread of Islam," in Paul Jackson, S. J. (ed.), *The Muslims of India: Beliefs and Practices* (Bangalore, India: Theological Publications in India, 1988), 130 참조.

하는 행위이다. 다와는 오직 한 분이신 알라에 대한 점잖은 경고인데 이는 인간은 기본적으로 결정과 행동을 스스로 할 능력이 있는 자율적 존재라는 전제에서이다. 이와 비슷한 발라(balagh)라는 용어는 꾸란에 75번 나타나며 그 의미는 '설득하다'라는 뜻이 된다.

이스마일 알-파루키(Isma'il Al-Faruqi)는 그의 글 "On the Nature of Islamic *Dawah*(이슬람 다와의 본질에 관해)"에서 이슬람의 다와는 기독교의 선교와 다름을 강조하고 있다. 무엇이 다르다는 것인가?

> 기독교 선교는 구속과 구원을 위한 것이다. 이슬람은 인간에게는 그러한 구원(salvation)의 필요가 없다고 믿는다. 인간이 타락했다라고 믿는 대신, 이슬람의 다와는 주장하기를 인간은 알라의 칼리파(*khalifah*)이며 그 형태에서 완전하고 하나님의 신적인 뜻을 온전히 이루는 데 필요한 모든 것을 부여받았다고 생각한다. 심지어 계시의 은혜까지! '구원(salvation)'은 그러므로 이슬람적 용어가 아니다.[12]

그러므로 인간은 이슬람의 입장에서 본다면 구원의 객체가 아닌 구원의 주체가 된다.[13] 이슬람에 있어서 인간은 신의 가호가 필요한 존재이지 신의 은혜가 필요한 존재는 아니다. 하나님은 구원자(redeemer)라기보다는 경종자(reminder)에 가깝다고 할 수 있겠다.

둘째, 다와의 결과는 실제로 신성한 법 샤리아(*Shari'ah*)에 순응하도록 하는 것이고, "기독교에 있어서 십자가와 그리스도의 신성에 대한 가르침과 이슬람에 있어서 꾸란의 계시와 신성한 법(샤리아)에 대한 가르침은 이 두 종교에 있어서 개념의 근본적인 차이점을 드러내 준다."[14]

---

12) Al-Faruqi (1976), 399.
13) Ibid.
14) Sanneh (1989), 411 참조.

셋째, 특별히 확장과 결부시켜 볼 때, 성경과 꾸란 사이에는 경전의 입지가 완전히 반대됨을 보여 준다. 꾸란은 유대인과 기독교인을 '책의 사람들(the Peoples of the Book)'로 여기고 있다. 그러나 모순되게도 기독교인에게는 이러한 타이틀이 다소 딱 들어맞는다고 볼 수 없다. 왜냐하면 기독교인은 성경을 숭배하는 자들이 아니라 예수 그리스도를 숭배하는 자들이기 때문이다. 이슬람에게 있어서 그리스도와의 대응점은 선지자 무함마드라기보다는 오히려 꾸란이라고 보아야 한다. 책의 사람들은 기독교인보다는 오히려 무슬림에게 어울린다고 볼 수 있겠다.

III. 이슬람의 확장 : 인도를 사례로

기독교가 로마 제국이 군사 목적으로 닦아놓은 길을 따라 서쪽으로 퍼져나갔다면, 이슬람은 서쪽으로는 이집트의 나일 강과 동쪽으로는 인도의 말라바(Malabar) 해안까지 뻗은 무역로를 따라 퍼져나갔다고 볼 수 있다. 유목민인 아랍인들은 무역업자요 해상업자들로서 상업적 무역을 위해 그들이 지닌 이슬람 신앙과 함께 이 광대한 무역로들을 밟았을 것이다. 이슬람의 전통에 의하면, 서기 628년까지 선지자 무함마드는 그의 사절들을 통하여 비잔틴, 페르시아, 아비시니아, 이집트[15] 등지에 이슬람 신앙을 수용할 것을 권하는 편지들을 보냈다고 한다.

이제 필자는 인도로 확장된 이슬람의 사례를 보고자 한다. 인도를 선택함은 여러 가지 이유가 있다. 첫째, 이는 두 가지 극단적으로 다른 종교

---

15) Annemarie Schimmel, *Islam: An Introduction* (Albany: State University of New York Press, 1992), 20.

의 조우(encounter)를 의미한다. 이슬람의 입장에서 볼 때 인도의 종교는 가중한 것이었으니 이는 힌두교는 기본적으로 다신적이며 우상 숭배처럼 보였기 때문이다. 둘째, 인도는 이미 대단한 문명을 갖고 있었기에 새로이 형성된 이슬람 세력에 만만치 않은 영향력을 행사할 충분한 잠재력을 가졌다고 보기 때문이다. 즉 이슬람이 힌두교와 만났을 때 주고받은 상호 간의 영향력이 있었느냐는 질문을 의미한다. 셋째, 인도의 무슬림 인구는 전 세계 무슬림 인구의 4분의 1에 해당할 만큼 무시할 수 없는 인구이다.[16] 어떻게 그 많은 인구를 무슬림화시킬 수 있었을까? 여기서 필자는 이 연구에서 의도하는 이슬람의 문화적 이행 과정과 확장의 역사적 사례를 살펴보고자 한다. 이것은 이슬람의 본질에 관한 한 예증을 줄 것이라는 흥미로운 기대 때문이다.

1. 역사적 고찰

이슬람의 시작 이전, 아랍의 무역상들은 이미 인도-남부의 케랄라(Kerala)와 타밀 나두(Tamil Nadu) 지역-와 오랫동안 해상을 통해 교역을 해오고 있었다. 따라서 이러한 이슬람 이전의 상황으로 보건데, 이슬람과 인도와의 접촉은 이미 7세기부터 정립되었을 것이라는 것이다.[17]

고대로부터 무역과 관련하여 케랄라의 지리적 중요성을 고려해 볼 때,

---

16) Koovackal (1981), 197. 오늘날 인도의 이슬람 인구는 인도 전 인구의 약 12%를 차지한다. 대부분의 인도 무슬림들은 수니파(Sunnis)에 속한다(90%). 인도는 인도네시아 다음으로 가장 많은 이슬람을 갖고 있는 두 번째 나라가 된다.

17) Ishtiaq Husain Qureshi, *The Muslim Community of the Indo-Pakistan Subcontinent (610-1947): A Brief Historical Analysis* (Delhi: Renaissance Publishing House, 1985), 1; Christian W. Troll, "Muslim Festivals and Ceremonies," in Paul Jackson, S. J. (ed.), *The Muslims of India: Beliefs and Practices* (Bangalore, India: Theological Publications in India, 1988), 119.

롤랜드 밀러(Roland Miller)는 "인도의 이슬람은 아마도 케랄라에서부터 시작되었을 것이고, 마필라인들(Mappilas)은 아마도 케랄라의 첫 무슬림들의 후예였을 것으로 보고 있다."[18] 밀러는 이후의 확장에 대해서도 간단히 요약하고 있다:

> 이슬람은 그 시작에 있어 평화롭고 지속적으로 성장해 나갔다. 첫 8세기 동안 마필라(Mappila)의 이슬람 성장은 케랄라에서의 이슬람 확립을 따라 조용한 진전을 이루었다. 평화로운 접촉과 발전은 북부 인도에서의 이슬람의 성장과는 분명한 대조를 이루고 있다.…이러한 성장을 위한 조건들은 매우 이상적이었다. 두 가지 중요한 요인들, 즉 상호 경제적 관심과 종교적 관용성이 균형 있고 긍정적으로 작용하였기 때문이다.[19]

북부 인도는 반대로 다른 역사를 반영한다. 공식적인 역사 기록에는 첫 번째 무슬림 정착은 무함마드 이븐 카심(Muhammad ibn Qasim)이 신드(Sind) 지역, 즉 오늘날 파키스탄과 아프가니스탄 지역인 인도의 북서부 지역의 침공을 통하여 서기 711-715경에[20] 이루어졌다고 기록되어 있다.[21] 아랍의 신드 지역 정복은[22] 이슬람 전파를 위한 길을 다소 급격히 열어놓았다. 큐레시(Qureshi)에 의하면, 카심 자신이 그 지역 부족들의 지도자들을 초청하여 이슬람 신앙을 수용하도록 초대한 다와(dawah)를 제공하였다고 한다

---

18) Roland E. Miller, *Mappila Muslims of Kerala* (Madras: Orient Longman, 1976), 39. "Mappilas"라는 이름은 말라얄람(Malayalam)에 대한 음가번역(transliteration)으로 이들은 케랄라 지역에서 그 지역 인구의 20%를 차지하는 무슬림들을 전적으로 지칭하고 있다. Ibid., 20, 30 참조.
19) Ibid., 51-52.
20) 같은 해인 711년에 아랍은 스페인을 침공하였다.
21) Miller (1976), 39.
22) 신드 지역을 정복한 아랍인들은 수니파였다.

그 결과 몇몇 지도자들이 이슬람 신앙을 받아들였다.[23] 이러한 배경에는 많은 사회·경제적인 요인들이 있었을 것이다. 그러나 이슬람 역사학자 큐레시는 "많은 이들이 아랍인들의 신앙과 삶의 방식에 찬탄하여 확신을 갖고 이슬람으로 개종하게 되었다."고 강조하고 있다.[24] 결국, 인도의 북부 지역은 오늘날 무슬림이 그 주종을 이루고 있다.[25]

확장에는 두 가지 유형이 있었다. 첫 번째로 역사적 관찰을 통해서 볼 수 있는데, 이슬람의 확장은 주로 정복, 무역, 이민, 국제결혼, 그리고 생물학적 증가에 의한 것이다. 인도의 경우 케랄라 지역의 마필라 무슬림들을 예로 들 수 있겠다.[26] 결혼을 통한 개종은 이슬람 확장의 주 요인 가운데 하나이다. 큐레시는 "아랍인들은 일반적으로 높은 지위의 카스트인 나이르(Nair) 여인들과 만나 결혼하는데 이는 현재 남인도 사회의 무슬림 무역상

---

23) Qureshi (1985), 36. 흥미롭게도 큐레시는 여기서 꾸란 번역의 일례를 소개하고 있다: "유사하게 우리는 무슬림 신드 지역에 수도를 둔 한 힌두 지도자의 요청으로 무슬림 학자에 의해 꾸란이 번역되었음을 듣게 된다. 이는 서기 883년경에 있었다고 보고되었다." 같은 책, 36 참조.

24) 위의 책. 많은 무슬림 학자들은 이러한 사실에 대하여 아랍 정착인들의 도덕적 행위와 종교적 관행이 그 기여를 하였다고 본다. 참조 : Sheikh Mohammad Iqbal, *The Mission of Islam* (New Delhi: Vikas Publishing House, 1977), chapter XIV "Muslim Rule in India," 183f. 이크발(Iqbal)은 이슬람의 초기 전파와 정착의 중요한 요인 가운데 하나는 고대 아랍 무역상들의 흠 없는 거래와 처신 때문이었을 것으로 본다. 그러나 젠킨스(Jenkins)의 역사적 기술은 사뭇 다르다: "무함마드 이븐 카심은 사실상 힌두 왕인 다히르(Dahir)를 라와(Rawar)에서 6월 20일 패배시키고 처형하였다. 그는 그리고 같은 달, 수도 알로(Alor)를 취하였다. 과부가 된 여왕과 다른 여인들은 더럽혀지지 않기 위해 스스로 몸을 불살라 죽음을 택하였고 17세 이상 되는 남자들로 이슬람 신앙을 거부한 모든 남자들은 죽임을 당하였다."
Everett Jenkins, Jr., "*The Muslim Diaspora: A Comprehensive Reference to the Spread of Islam in Asia, Africa, Europe, and the Americas,*" 1, *570-1500* (London: McFarland&Company, 1999), 48.

25) 젠킨스의 언급에 의하면, "이슬람은 처음 인도에 도입되었을 때 군사 정복을 통해 이루어졌다. 끊임없는 공략은 침공으로 그리고 마침내는 정복으로 이어졌으며 이러한 패턴은 아랍이 7세기 신드 지역에서 좇은 전형적 패턴이었으며 후에 중앙아시아 민족이 인더스강 기저부와 북부 인도 평원에 접근로를 얻기 위해 취한 방법이었다. Jenkins, Jr., (1999), 232 참조.

26) 밀러는 그의 저서 *Mappila Muslims of Kerala*에서 이 주제에 관한 포괄적인 연구물을 내놓았다.

들의 중요한 사회적 신분을 설명해 준다."라고 설명했다.[27] 자녀들은 자동적으로 무슬림으로 양육되어진다.[28] 아랍이 이슬람으로 개종한 이후 아랍인들의 정착촌은 곧 이슬람 신앙의 전파를 위한 전초기지로 바뀌어져 갔다.[29] 따라서 첫 번째 이슬람 선교의 양식은 공동체 선교(community mission)로 이는 곧 일반 평신도들의 정착 위에 기반을 둔 것이다. 개종의 주된 원인은 사회·경제적인 이유로 주로 낮은 카스트의 힌두교인들에게서 나타난다. 남인도 케랄라와 타밀 나두의 경우 이런 유형을 따랐다.[30] 전문적인 선교사들보다는 무역상들의 이슬람 전파를 통한 것이 기독교 선교와는 다른 점이었다.[31] 수피들(Sufis)의 선교사적인 행적들은 이 지역의 초기 이슬람화 과정에서 아직 눈에 띄게 나타나지는 않는다.[32] 이러한 점에서 아놀드는 "모

---

27) Qureshi (1985), 5.

28) Koovackal and Jackson (1988), 121.

29) Qureshi (1985), 1.

30) Koovackal and Jackson (1988), 126.

31) 이슬람에 있어서 선교사(missionary)라는 용어는 아주 적합하지 않은데 이는 아랍어든 페르시아어든 그에 정확히 상응하는 용어가 있지 않기 때문이다. 더욱이 선교 방법에 있어서도 기독교적인 개념과는 많이 다르기 때문이다. 비무슬림 학자인 아놀드는 그러나 이 용어(선교사)를 그의 저술에 사용하여서 통속적인 이해를 돕고자 하였다. 아놀드는 그의 저서 *The Preaching of Islam*에서 기독교 확장과 이슬람 확장의 기본적인 차이점을 이렇게 강조하고 있다: "근대적인 기독교 세계에서, 선교사의 사역은 선교회, 후원금을 지급받는 선교사, 후원 가입, 선교보고서와 일지들을 의미할 수 있다. 제대로 확립된 선교단체나 지속적인 조직이 없는 선교행위는 있을 수 없다는 개념이다. 기독교에는 그 역사의 초기부터 불신자에게 기독교적인 가르침을 후원할 만한 교회적인 기구가 있어 왔다. 기독교의 선교사들은 대부분의 경우 정식으로 안수 받은 사제이거나 수도사들이었으며 베네딕트 수도회(the Benedictines) 이후 수도회의 종단과 선교회들은 스스로 특수한 그리고 집약적인 노력을 기독교 사역을 위해 기울여왔으며 이는 처음부터 교회의 본연의 사역이라고 인식해 왔다. 반면에 이슬람은 이러한 사제적이고 교회적인 기구의 부재로 인해 기독교의 선교 역사와는 다른 양상을 보여 왔다. 선교회나 전문적 훈련을 받는 선교사와 같은 지속적인 시도는 거의 없었다." Ibid., 408; Koovackal and Jackson (1988), 129-130 참조. 한 가지 주목할 것은 이슬람에도 선교회가 있다는 움직임에 관한 것인데 이는 매우 최근의 현상에 불과하다. 이를 위서는 Arnold (1913), 438, Appendix III, "Muslim Missionary Societies" 참조.

32) Qureshi (1985), 6; Miller (1976), 53.

든 회교도들은 사실상 선교사이다."라고 강조하였다.[33] 이슬람은 기독교 선교와는 달리 기구적 부재의 불리함이 개개인 무슬림들의 역할을 선교사로 고무시킨 셈이다.

그러나 후세기로 접어들어 또 다른 양식의 이슬람 확장이 나타나게 되는데 이는 수피파들에 의한 공헌이었다. 수피주의는 이슬람 신비주의로서 신과의 합일을 추구하는 신앙이다. 신비주의적 경건은 선교적 열정과 결합되어 이슬람 내에 새로운 형태의 세력을 구축하였다. 수피주의는 12세기에 이르러 형제회 종단들(fraternal orders)을 형성하게 되고 그 이후 수피 선교사들의 행적은 과히 주목할 만하게 나타남을 볼 수 있다.[34]

13세기에는 여러 종단들이 인도에 속속 들어오게 되어 수천 명의 사람들을 평등주의를 호소하는 설법과 본이 되는 사랑으로 끌어모으기 시작하였다. 유명한 수피인 바바 파리드(Baba Farid, 1256)를 예로 들 수 있는데, 그는 치스티 종단(the Chishti order)에 소속된 자였다.[35] 이 유명한 수피의 영향력은 그가 죽은 이후 더 크게 나타나게 되는데 이는 그의 무덤에 기도를 들어 주는 대단한 효력이 서려 있다고 믿어졌기 때문이다.[36] 큐레시는 이외에도 선교사역과 결부된 몇몇 수피들의 이름들을 거론하고 있다.[37] 신비적이고 영적인 수피주의의 본질은 딱딱하고 율법주의적인 꾸란의 가르침에 비

---

33) Arnold (1913), 409.

34) 수피들의 활동에 대한 한 예가 젠킨스의 책에 이렇게 언급되어 있다: "사디(Sàdi, c.1215-1292)는 페르시아의 위대한 시인으로 "부스탄(*Bustan*)"이라는 작품을 출간했다. 수피인 사디는 구자라트(Gujarat), 델리(Delhi), 예멘(Yemen), 북아프리카(North Africa)를 여행했다. 시라즈(Shiraz)로 돌아온 1년 후인 1256년, 사디는 그 지역의 지도자에게 그의 현학적 시집을 증정하였다. 부스탄은 정의, 선의의 정부, 수혜, 현세적 신비적 사랑, 겸허, 복종, 만족, 그 외 여러 훌륭한 것 등의 내용으로 구성되어 있다." Jenkins, Jr., (1999), 218 참조.

35) Koovackal and Jackson (1988), 131.

36) Ibid., 130-133.

37) Qureshi (1985), 6-7.

해 인도인들의 성향에 더 잘 들어맞았을 것이라고 여겨진다. 더욱이 폴 잭 슨(Paul Jackson)의 지적대로, 수피주의의 신비주의적 차원은 인도의 토양에 더 잘 동화되었을 것이라고 본다.[38] 선교적이고 신비주의적인 수피 종단들의 열정들은 인도의 라즈푸탄(Rajputana), 우타 프라데쉬(Uttar Pradesh), 벵갈(Bengal) 지역을 이슬람의 수중에 들어오게 하였다: "오늘날 학자들, 특히 역사가들은 이슬람의 인도로의 확장에 대해 더디지만 인내를 갖고 꾸준히 진행되어 온 경건한 수피 종단들-Sufi Silsilahs(orders)-에게 그 공헌을 돌리고 있다."[39]

2. 번역 과정의 고찰

1) 순수하게 종교적이지 않은 회심 과정

알리가 무슬림 대학(Aligarh Muslim University)의 조오지 쿠박칼(George Koovackal)은 이슬람의 인도에서의 확장에 관해 흥미로운 논문을 발표하였다.[40] 그의 짧지만 전 인도 대륙에 걸친 포괄적인 이슬람 선교에 대한 기술에 의하면, 이슬람의 괄목할 만한 확장을 고려해 볼 때, 많은 이들이 제기하는 질문으로, 과연 정치적이고 군사적인 강요가 개종 과정에 개입되었느냐는 문제가 논의되어지고 있다. 이러한 질문에 쿠박칼은 무슬림들의 침투 성격을 보면 기본적으로 설득과 평화적 방법을 통해서였다고 주장한다: "중세기 인도에서는 이슬람으로의 개종은 주로 설득적인 방법과 무슬림 선교

---

38) Paul Jackson, "The Mystical Dimension," in Paul Jackson, S. J. (ed.), *The Muslims of India: Beliefs and Practices* (Bangalore, India: Theological Publications in India, 1988), 261.
39) Koovackal (1981), 214.
40) George Koovackal, "Missionary Expansion of Islam in India," *Journal of Dharma* 6 (1981), 196-214.

사들의 삶의 방식을 통해 효과적으로 이루어져 왔다. 그리하여 이슬람은 광대한 인도의 추종자들을 얻을 수 있었다."[41]

그러나 이슬람의 다신교에 대한 태도로 볼 때 그의 진술은 다소 기대 외로 문제를 야기시킨다.[42] 그는 인도 지역의 이슬람 확장의 근본 원인은 '사회적 조건들'이라고 분석하였다.[43] 그는 이렇게 인용한다.

> 11세기와 12세기 인도의 사회 형태는 카스트제도의 원칙에 기반을 두었다. 즉 카스트권 안의 힌두로 도시 성곽 안에 살면서 모든 도시생활의 혜택을 누리는 자들과, 카스트권 밖의 자들로 도시 성곽 밖에 거하면서 문화적 수혜를 거부당한 자들로 나뉘어져 있다. 이는 육체적 접촉이 그들을 불결케 더럽힌다는 힌두 사회제도에 대한 근본적인 생각 때문이었다. 무슬림들이 이들 도시를 정복했을 때 그들은 성문을 모든 자들에게 개방하였고, 그 결과 이슬람의 평등주의적 원칙들이 카스트제도 밖의 많은 힌두인과 전문직의 집단을 이슬람의 수중에 들어 올 수 있게 하였던 것이다. 이것은 특히 하층 카스트 계층을 이슬람으로 개종하게 함으로써 무슬림 사회를 증대시킨 것이다.[44]

여기서 한 질문이 제기되는데, 그렇다면 우리는 이슬람의 확장은 순수한 종교적 체험에 근거한 영적 운동이었냐는 것이다. 이슬람의 개종은 과연 기독교의 회심과 같다고 할 수 있을까? 훼일링은 다음과 같이 논평한다.

---

41) Ibid., 202.
42) 꾸란의 가르침에 의하면, 인도의 종교는 유대인이나 기독교인과는 다른 종류인 불신자들의 종교로 간주되어진다. 무슬림들의 눈에는 힌두교인은 우상 숭배자일 수밖에 없다. 참조 : 꾸란의 "이므란(Imrans)."
43) Koovackal (1981), 212.
44) *The Missionary Review of the World*, XIII (New York, 1900), 72, Koovackal (1988), 213 에서 재인용.

이것은 순전히 종교적인 체험에서 비롯된 것이 아니다. 참으로 무슬림들의 확장은 그 성격으로 볼 때 다분히 정치적이며 군사적 동기에서 비롯되었다. 초기 이슬람 확장은 정복된 영토에 아랍 무슬림들이 군사나 이민자로서의 유입을 통해서 확산되어졌다.…종교적 입장에서 볼 때 이슬람의 초기 선교는 그들이 정복한 영토에 이민자들의 유입을 통해 무슬림 사회를 존재케 하는 방식으로 이루어져 나갔다.[45]

요약컨대, 이슬람의 선교는 일반적으로 '전투(battle)'적이기보다는 '정착(settle)'적 과정을 통해 이루어져 왔다고 할 수 있겠다. 그러나 우리는 이슬람 확장에 있어서 동원된 군사적, 식민주의적 측면을 완전히 무시할 수는 없다.[46] 한마디로 그 과정은 대개 사회-경제적 차원의 과정이었다.

2) 아랍어로 된 꾸란—번역불능의 권위

선교에 대한 열정에 있어서는 기독교와 이슬람이 모두 같은 한 몫을 차지한다. 그러나 한 가지 현저하게 다른 점은 이슬람의 계시된 언어에 대한 태도라고 하겠다. 대부분의 이슬람 선교 역사서에 있어서 정경 번역에 대한 기술은 찾아보기가 힘들다. 바로 이 점이 이슬람 선교가 기독교나 불교의 선교와 다른 한 특징이라고 하겠다. 아랍어로 된 꾸란은 그와 대등한 권위를 갖는 현지어(vernacular)[47] 꾸란으로의 번역이 불가하다. 사실상 아랍어는 그 지역 종교 공동체의 공용어(lingua franca)가 된다. 다시 말해 수용자 문화의 언어는 전혀 고려 대상이 되지 않는다는 것이다. 밀러는 이렇게 관찰하고 있다.

---

45) Whaling (1981), 331.
46) 소위 "딤미(Dhimmi)"라는 것이 이러한 경우를 예표한다. 무슬림 국가 내에 사는 비무슬림자는 대개 그의 생명과 재산의 보호를 보장해 주는 세금을 별도로 납부하여야 하였다.
47) 여기서 "vernacular"는 현지어, 지역어, 지방어, 자국어, 모국어 등으로 번역될 수 있다. 언어학적 의미로 볼 때 "vernacular language"는 "vehicular language(공용어)", 즉 *lingua-franca*의 반대적인 개념을 의미한다.

초기의 힌두 주민들과의 우호적이며 각별한 관계에도 불구하고 마필라(Mappila) 공동체에게 끼쳐진 힌두 문화의 영향력은 없어 보인다.… 엄격한 아랍 전통은 타 문화를 흡수하는 풍토가 아니다. 아랍어라고 하는 언어매체에 철저하게 둘러 싸여 보호된 종교적 삶의 양식은 어떠한 상호작용도 허락하지 않았을 것이다.[48]

꾸란과 그 언어인 아랍어의 절대적 위치는 심지어 꾸란의 가르침의 원래 의도를 무색케 하기도 하였다. 마필라 무슬림의 행위 중 하나는 어린아이를 해산할 여인들이 안전한 출산과 관련하여 기록된 꾸란의 구절들이 적힌 종이를 그슬린 다음 물과 함께 마신다는 것이다.[49] 밀러는 현재 케랄라 지역의 아랍어와 꾸란에 대한 경외심은 미신적인 관습으로까지 발전되었다고 지적하고 있다:

이는 케랄라와 아라비아 사이의 문화적 유착이 아니라 오히려 꾸란에 대한 경외심이 아랍어에 대한 태도의 중심을 차지하고 있다는 것이다. 신성하게 주어진 꾸란의 말씀은 그 형태만으로도 마필라 무슬림들에게 너무도 중요한 것이다. 아마도 아라비아 바깥에 어떤 지역에서도 꾸란에 대한 진지함을 이들만큼 소유한 지역은 없을 것이다. 이는 도저히 흉내낼 수 없을 정도이다. 꾸란 번역에 대한 적법성과 가능성에 대해서는 오늘날까지 뜨거운 논쟁이 계속되고 있다. 꾸란의 첫 말라얄람(Malayalam)어로의 번역은 1961년, 어려움 끝에 출간되었고, 이후 줄곧 다른 번역도 뒤따르고 있으나 꾸란의 원어에 대한 경외심은 여전히 강하기만 하다. 꾸란은 암기되어 암송되어지고 그 내용뿐 아니라 그 형태 자체에까지 신성시되어진다. 이러한 경외심이 꾸란의 단어나 구절들에 대한 사제적 축복을 얻는 관습으로 이어지고 이러한 것들은 몸이 아프거나 할 때 마치 부적과 같이 지니고 다니기까지 하게 되었다.[50]

---

48) Miller (1976), 249.
49) Ibid., 247.
50) Ibid., 237.

위의 내용은 아랍어로 된 꾸란의 본위적 권위와 아울러 그에 대한 거의 맹신적일 만큼의 경외심이 빚어내는 결과에 대해 우리에게 잘 말해 주고 있다.

IV. 확장의 비교 : "번역가능성(Translatability)" 대 "번역불능성(Non-Translatability)"

지금까지 필자는 이슬람의 확장에 대한 꾸란의 언명들과 실제로 확장된 과정을 인도라는 구체적 사례를 들어 살펴보았다. 이 연구에서 크게 주안점을 둔 것은 정경에 대한 번역이 허용되느냐 허용되지 않느냐에 관한 것이다. 기독교와는 대조적으로 이슬람은 아랍어로 된 꾸란과 동등한 권위를 둔 정경 번역을 허락하지 않는다. 이것이 기독교와 이슬람을 어떻게 특정지어 주는지 그 함의점들을 살펴보고자 한다.

1. 역사적 함의 : 오순절(Pentecost)과 히즈라(Hijrah)

기독교와 이슬람은 그 시초부터 다른 역사적 뿌리를 갖고 있는데 이는 계시된 언어에 대한 상반된 태도를 수반케 하였다. 기독교의 특징적 사건으로 이슬람에게서 찾아보기 힘든 두 사건이 있으니 곧 성육신과 오순절 사건이다. 전자는 삼위의 제2위이신 성자의 강림, 후자는 삼위의 제3위이신 성령의 강림을 말해 주는 역사적 사건이다. 이 두 사건은 실로 기독교 선교의 뛰어난 타개점, 즉 "번역가능성"을 말해 주는 근간적 사건이다. 월스가 성육신에 비중을 둔다면, 싸네(Lamin Sanneh)는 오순절에 비중을 두어 이렇게 말하고 있다.

기독교 선교의 새로운 이해를 위한 분수령은 바로 각 현지의 자국어가 하나님을 계시하고 이해하는 데 있어 그 충분성과 자율적인 권위가 있음을 보여 준 오순절 성령강림 사건이다. 이는 기독교 신앙이 여러 각 지역이 그 중심점이 될 수 있다는 다중적 성격을 지닐 수 있음을 말해 준다.[51]

오순절이 기독교 확장의 본질을 말해 준다면, 그에 상응하여 이슬람 확장의 본질을 보여 주는 사건은 바로 히즈라(*Hijrah*)라고 할 수 있겠다. 이는 싸네의 예리한 통찰에서 나온 것인데 그는 다음과 같이 지적한다.

이슬람의 히즈라 사건이 그 지리적 언어적 중심점이라는 유산을 남겼다면, 기독교의 오순절 사건은 그 반대적 과정을 창출시켰다. 히즈라는 단순히 선지자 무함마드와 그의 추종자들의 안전을 위한 피신 정도의 사건이 아니었다(비록 전략적으로는 그렇게 되긴 하였지만). 이는 오히려 이슬람의 기원을 탄생시킨 역사적 사건이다. 이 사건의 중요성은 각 지역의 자국어의 자율적 주장을 오히려 무효화시키는 사건이었다. 히즈라는 이 점에서 오순절과는 반대이다.[52]

2. 언어적 함의 : 자국어(Vernacular) 대 공용어(Lingua Franca)

기독교와 이슬람은 정경의 언어를 대함에 있어 극단적 대조를 보이고 있다: "기독교인들은 예수가 본래 사용했던 언어[아람에]를 포기하고 오히려 당시 대중들이 사용했던 코이네(Koine) 헬라어와 벌가(vulgar) 라틴어와 같은 통속적 형태의 언어를 교회의 주된 공용어로 채택하였다는 점에서 독특하다고 하겠다."[53] 아랍어는 꾸란의 계시된 언어로 그 신성한 권위를 차지하

---

51) Lamin Sanneh, "Gospel and Culture: Ramifying Effects of Scriptural Translation," in Philip C. Stine (ed.), *Bible Translation and The Spread of the Church* (Leiden: E. J. Brill, 1990), 13.

52) Sanneh (1989), 219-220.

53) Sanneh (1990), 1.

고 있다. "심지어는 아랍어의 음운 그 자체도 하늘에서 기원되었다고 믿고 있다."[54] 이러한 아랍어의 위치 때문에 다른 모든 자국어들은 이슬람에서는 경전을 번역하기에는 저속하고 불법적인 언어로 간주된다. 싸네에 의하면 "이슬람이 선교적 종교로 성공할 수 있게 한 요인은 바로 아랍어를 영원히 신성시하는 이 특성에 기반을 둔다."라고 보고 있다.[55] 싸네는 이러한 특성을 아프리카를 예로 들어 다음과 같이 예리하게 관찰하고 있다.

> 현 아프리카의 종교적 상황을 보여 주는 지도는 놀랍게도 기독교의 성장과 자국어의 채택과의 긴밀한 관계성을 드러내 주고 있다. 뒤집어 이야기하면 자국어 사용이 약한 곳은 기독교의 성장도 미미했다.-즉 영어, 불어, 포르투갈어, 아랍어나 스와힐리어와 같은 공용어가 현지어를 능가하여 쓰이고 있는 지역을 의미한다. 좀더 극명한 대조를 보이자면, 정반대 현상이 이슬람의 경우에 해당한다고 하는 것이다. 이슬람도 동일한 선교를 하지만 단지 정경의 번역을 허락하지 않는다. 이슬람은 공용어가 강하게 사용되는 지역에서 가장 강성했고 자국어가 우세하게 사용되는 곳에서 가장 약세였다.[56]

3. 영토적 함의 : 후기-기독교왕국(Post-Christendom) 대
다르 알-이슬람(Dar al-Islam)

'자국어냐 공용어냐 강조를 어디에 둘 것이냐'는 그 종교를 추구함에 있어서 영토에 대한 개념에서도 판이한 결과를 가져다 준다. 기독교의 경우 예전에는 기독교왕국(Christendom)을 추구하였다. 바로 그리스도의 한 왕권 하에 하나의 언어(특히 라틴어)가 사용되는 지역을 의미하였다. 그러나 자

---

54) Sanneh (1989), 212.

55) Ibid.

56) Lamin Sanneh, "Christian Missions and the Western Guilt Complex," *Christian Century* 104 (1987), 333.

국어를 중요시하는 선교적 원칙은 사실상 이러한 기독교왕국의 해체를 가져왔다. 기독교는 이제 기독교왕국 후기(Post-Christendom)에 있다고 볼 수 있다. 그러나 이슬람은 아랍어를 공용어로 하는 점에서 이슬람왕국을 지향하고 있는 셈이다.

싸네에 의하면, 영토적 개념은 이슬람에게는 매우 중요하게 내재하고 있는 개념이다.[57] 이슬람은 다르 알-이슬람(dar al-Islam)이라고 하는 영토적 개념으로 정의된다. 바로 이곳은 이슬람의 형제 우애라는 공통의 띠 외에는 어떤 차이점도 존재하지 않는 영역이다. 이슬람에게 종교와 정치는 분리되어 있는 것이 아니다. 성과 속의 구별이 없기 때문이다. 기본적으로 이슬람은 정치와 종교의 유대관계가 강한 공동체이다. 이것은 움마(Umma) 혹은 다르 알-이슬람(dar al-Islam), 즉 '이슬람의 땅'이란 의미로 표현된다. 이슬람은 바로 이러한 공동체를 지향한다. 이 점에서 현시대 이슬람은 선교보다는 연합에 더 중점을 두고, 그리하여 확장보다는 내부적 결속에 더욱 그 중점을 두고 있다고 보는 이도 있다.[58]

4. 확장양식의 함의 : 동심원적(Concentric) 이동 대 순차적(Serial) 이동

싸네는 기독교의 확장은 역설적이게도 주변적(peripheral)이라고 언급한다: "오순절과 안디옥 교회의 선교 파송 이후로, 기독교는 그 중심부인 예루살렘이나 아니면 그 다음 중요하다고 여겨질 수 있는 베들레헴으로부터는 등을 돌리고 예전에는 하나님의 언약 밖에 있다고 여겨지던 주변부에서 더

57) Lamin Sanneh, "Can a House Divided Stand? Reflection on Christian-Muslim Encounter in the West," *International Bulletin of Missionary Research* 17 (1993), 164-168.
58) Sigvard von Sicard, "Contemporary Islam and its World Mission," *Missiology* 4 (1976), 341-361.

욱 번성해 나가기 시작했다."[59] 역사를 통해서 볼 때 기독교는 여러 지역을 그 중심점들로 여기며 확장되어 가기 시작했다. 예루살렘, 안디옥, 로마, 니시비스, 아일랜드 등을 예로 들 수 있겠다.

기독교가 확장되어 가는 움직임을 보면 이는 순차적(serial)이었다.[60] 즉 그 중심점이 고정되어 있는 것이 아니라 중심점 자체가 이동해 가는 것이다. 그러므로 해서 기독교의 무게중심점이 서구로부터 많은 비서구 국가가 위치하고 있는 남반구 세계로 바뀌어 오게 된 것이다: "유럽에서의 기독교 쇠퇴는 라틴아메리카와 사하라 이남의 아프리카, 남태평양, 그리고 아시아의 몇몇 지역의 기독교의 증대를 수반했다."[61] 반면에, 이슬람은 그 중심점이 언제나 메카(Mecca)에 고정되어 있다. 비유적으로 말하자면, 이슬람의 확장은 그 움직임이 마치 물이 동심원을 그리면서 확대되어 나가는 것과 같다고 말할 수 있다. 무슬림들이 기도할 때는 항상 메카를 향하여 기도한다. 메카는 무슬림들이 일생 중 한 번은 방문하려고 하는 성지순례지이기도 하다. 이슬람 신앙의 언어는 보편적이고 불변하는 아랍어이다.

번역가능성(translatability)이 지리적으로 함의하는 바는 바로 확장되어 가는 중에 결국 본향성을 잃어버린다는 것이다. 기독교에는 메카와 같은 개념의 장소는 없다. 심지어 예루살렘과 그곳에서 사용하던 언어조차도 더이상 기독교 신앙의 중심은 아니다: "기독교의 전통에서는 상당히 일찍부터 예루살렘을 중심점으로서 포기하려는 움직임이 있었다."[62] 서기 124년경 디오그네스투스(Diognetus)라는 이에게 써진 어느 한 무명인의 편지는 이러

59) Sanneh, "Gospel and Culture," 1.

60) Andrew Walls, "Christianity" in *A New Handbook of Living Religions*, ed. John R. Hinnells (London: Penguin Books, 1997), 59.

61) Walls (1990), 38.

62) Sanneh (1989), 232.

한 기독교 신앙의 성격을 드러내 준다: "어느 외국도 우리에겐 본국이요, 어느 본국도 우리에게는 외국이다(any foreign country is a motherland, and any motherland is a foreign country.)."[63]

5. 선교학적 함의 : 개종(Proselytization) 대 회심(Conversion)

이슬람에 있어서 과연 개종은 경전에 대한 이해와 개인적 결단에 기반을 두는가? 이슬람 확장의 구체적인 사례들을 보면서, 호지슨(Marshall G. Hodgson)은 이슬람의 회심의 한 측면을 이렇게 지적하고 있다:

> 불신앙인은 꾸란에 접할 기회가 없이 이슬람 신앙으로 개종되는데…무슬림들은 공통적으로 꾸란이나 심지어는 하디스의 책들도 불신앙인들이 만지는 것 자체가 신성모독으로 그 신성함이 손상받는다고 생각한다.…어쨌든 이러한 거룩한 기록들은 아랍어에서는 거의 번역을 하지 않는다. 모든 무슬림들은 반드시 원어로 기도를 드릴 만큼은 아랍어를 배워야 하는데 이는 어떤 자국어를 쓰든 상관없이 신은 이러한 공통적 언어로 한결같은 기도로 예배드려짐으로 더욱 영예롭게 여겨진다고 보기 때문이다(이렇게 함으로 사해동포적인 움마공동체의 우주적 보편성이 훼손되지 않고 보존되기 때문일 것이다.).[64]

그렇다면, 이들이 이슬람 신앙으로 돌아서는 근본 동인은 무엇인가? 어떠한 방식으로 그토록 방대한 지역에 이슬람 신앙이 퍼져나가는 것인가? 호지슨은 이는 개별적이고 비공식적인 설파를 통해서라고 주장한다. 많은 이들이 이슬람 신앙으로 개종하는 경우 근본적으로 사회적인 이유 때문이

---

63) Sanneh, "Gospel and Culture," 7.
64) Marshall G. Hodgson, The Venture of Islam: *The Expansion of Islam in the Middle Periods* (Chicago: The University of Chicago Press, 1974), 536.

라는 것이다.[65] 사회적 압력은 결혼, 세금, 그리고 다른 형태의 차별 등으로 인해 초래된다: "이러한 종교적 사회적 압력들의 결과로 무슬림들이 일단 그 지역에서 힘을 갖게 되고 유력한 위치에 서게 되면, 이제 그 지역은 지속적으로 무슬림으로 강화되어 가는 경향을 보이게 된다."[66]

일단 그 과정이 빠르든 서서히든, 이들이 무슬림이 되어 가면 배교자는 아주 혹독하게 다루어진다. 누구든 공공연히 이슬람을 배반하는 자는 정부의 권위로든 아니면 그 개인의 가족에 의해서든 죽음을 맞이하게 된다.[67] 이러한 조건은 이슬람화 과정을 더욱 강화해 나갔을 것이다. 월스나 싸네의 용어를 빌리자면 이슬람의 경우 회심은 엄밀한 의미에서 기독교의 신약에서 볼 수 있는 형태의 회심(conversion)[68]-즉 외적인 종교관습을 따르는 것보다는 옛 생활을 청산하고 그리스도를 향해 삶의 방향성을 바꾸는 내적 전환(transformation)-이라기보다 오히려 개종(proselytization)-즉 그 종교의 관습과 행위를 외적으로 순응(conformation)-하는 것에 가깝다고 하겠다.[69]

---

65) Ibid.
66) Ibid., 538.
67) Ibid., 539.
68) 월스는 회심(conversion)을 개종(proselytization)과 구별하고 있다. 월스는 회심에 있어서 바뀌는 것은 그 토대(substance)가 아니라 방향(direction)임을 강조하고 있다. 즉 구습에서 돌아서 새로운 방향인 그리스도를 향해 나아가는 것이라고 정의한다. 이러한 방향 전환은 곧 이미 존재하고 있는 사고체계를 버리는 것이라기보다는 그 의미와 방향을 그리스도에게로 전환시키는 작업이다: "Christianity takes the preexisting materials of thought and turns them toward Christ." 참조 : Andrew F. Walls, "Eusebius Tries Again: The Task of Recon-ceiving and Re-Visioning the Study of Christian History," in *Enlarging the Story: Perspectives on Writing World Christian History*, ed. Wilbert R. Shenk (Maryknoll: Orbis, 2002), 20-21.
69) 몇 가지 예들을 몇몇 이슬람 선교 역사서에서 볼 수 있다. 아놀드는 할례의 예를 지적한다. "독일령 동부 아프리카에는 이교도를 믿는 현지인들이 6개월여 정도 그들의 집을 떠나서 철로나 농장에서 일을 하게 되는데, 이들은 그들과 동업관계에 있는 무슬림 여인들을 통해 무슬림이 되는데 이들 여인들은 할례받지 못한 불신자(kafir)와는 아무 상종도 하길 원치 않으며, 그러한 호칭만으로도 자신들의 명예가 손상되는 것으로부터 벗어나고 싶어 한다. 그들의 남편은 할례를 받고 곧 이슬람 신앙으로 귀의하게 된다." 더 상세한 것은 Arnold (1913), 410 참조; "관련된 사회적 압력들은 가중되어지고 항상 서로 연관되어 있다. 남자들은 무슬림

6. 문화적 함의 : 순응(Conformation) 대 변혁(Transformation)

회심(conversion)이냐 개종(proselytization)이냐의 차이는 문화에 대한 입장에 대해서도 근본적으로 다른 태도를 창출한다.

싸네는 번역원칙이 주는 문화적 함의를 두 가지로 말하고 있는데, 하나는 어떤 문화이든간에 그 문화를 "비낙인화(destigmatization)"시키는 것이요, 다른 하나는 "상대화(relativization)"시키는 것으로 압축된다.[70] 달리 말해, 어떠한 문화도 타문화에 대해 배타적일 만큼 스스로만이 진리를 내포한다고 주장할 수 있는 절대적 규범(norm) 문화는 없다는 것이며(상대화), 어떠한 문화도 타문화에 비해 타고나면서부터 불결하다는 이유로 하나님의 앞에 낙인 찍힌 문화는 없다는 것이다(비낙인화). 하나님은 그 어떤 문화도 절대화시키지 않는다.[71]

반면에, 이슬람은 그와는 반대이다. 트롤과 훼일링도 각각 이러한 이슬람의 태도를 이렇게 설명해 주고 있다:

> 인도의 기독교인은 역사 속에 계시된 이해를 바탕으로 기독교 신앙의 표현과 실천을 인도화 내지는 토착화하려고 주장하지만 무슬림은 대체로 그러한 노력에 대해 반대를 하고 있다. 그들에게 신앙은 적어도 이슬람의 조성 시기에 얻어진 특정한 특성에 불가분 매여져 있어야 하는 것이다…[72]

여인들을 만나 결혼함으로 무슬림이 될 수 있다. 이들 여인들은 샤리아법에 의하면 그들 자신의 그룹외의 다른 이들과는 결혼이 허용되지 않는다. 혹은 여인들도 무슬림 남자들을만 나 결혼함으로 무슬림이 되는데, 이들 남자들은 기독교인이나 유대인 여성을 부인으로 맞을 수는 있다…" Hodgson (1974), 536.

70) Sanneh (1990), 13.

71) Ibid., 13, 15.

72) Troll (1990), 62.

이러한 아랍어-꾸란의 정신세계는 불교가 중국에서도 그랬고 기독교가 유럽에서 그랬던 것과는 달리 정복된 지역의 문화를 채택하지 않는다. 이슬람은 그 자체에 타문화가 순응해 줄 것을 요구한다.…기독교와 불교의 확장과는 달리, 그 확장과정은 종교적 석의적 해석을 동반한 것이라기보다는 정치적으로 우세한 상황에서 주어진 그 세계관에 순응할 것을 요구한다.[73]

그러므로 문화에 대한 이슬람의 태도는 순응, 즉 아랍화(Arabization)하는 것이며 이는 곧 법(Shari'a)과 전통(Sunnah)을 수용하는 것이다. 다른 모든 문화적 종교적 이념들, 다른 모든 관습들은 모두 차별을 받는다. 그러나 기독교적 입장은 변혁적이다. 진정한 의미의 선교는 토착적 독창성을 버리는 것이 아니라 그것을 오히려 소중히 여긴다. 월스는 다음과 같이 거론한다.

이것은 행복한 판도라 상자와도 같아서 그리스도가 여러 다른 사조나 삶의 유형들, 여러 다른 나라의 이념들을 접하면 접할수록, 우리 모두는 더 공통된 기독교의 정체성에 있어 더욱 부요하게 될 것이다.[74]

이러한 맥락에서, 선교사들은 그 문화에 대한 토착화의 매개인일망정 그 문화에 대한 제국주의자들은 아니다.[75] 선교사들은 자국어를 갱생시킨 매개인으로 부상한 자들이다.[76] 그 예로, 인도의 기독교를 인도의 고전들의 맥락 속에서 기독교를 설파하였던 로베르트 드 노빌리(Robert de Nobili)나 벵갈어의 문예부흥을 가져온 윌리엄 케리(William Carey)의 언어적 수훈 등을 들 수 있겠다.[77]

---

73) Whaling (1981), 332.
74) Walls (1986), 54.
75) Sanneh (1989), 90.
76) Ibid., 83.
77) Ibid., 101.

7. 사회 정치적 함의 : 국가적(National) 의식 대
초국가적(Trans-National) 의식

기독교의 번역가능성은 국가적 의식을 고양시키는 반면, 이슬람의 번역불능성은 국가적 정체성을 저하시키고 오히려 범이슬람(pan-Islam)주의와 같은 초국가적 의식을 고취시킨다. 그 확장 과정에서 기독교 선교사들은 토착적 자각을 고양시키고 국가 정체성을 높이고 결국 식민주의의 붕괴를 가져오게 한 셈이다.[78]

번역가능성은 기독교를 언제나 지역화(localized)시켰고 기독교는 구체적인 그 지역적 특성으로 표현되었다. 아프리카 독립교회(African Independent Church) 운동들은 그러한 특색의 한 예가 된다. 기독교가 다양성 있는 연합체라면 이슬람은 다양성 없는 획일체이다. 이슬람의 규격화된 획일성으로 볼 때, 기독교의 다양성은 꼴사나우리만큼 기형적으로 여겨질 것이다. 예를 들어, 기독교 확장 과정에서 나타나는 헬라화의 모습은 무슬림들의 눈에는 기독교를 거짓된 모습으로 변질된 것으로 보이게 할 것이다.[79] 그들이 비방하는 것 중의 하나가 이러한 거짓되고 왜곡된 변화는 기독교가 본래의 언어인 히브리어를 버리고 헬라어를 채택하였고 로마의 이교적 언

---

78) 싸네의 연구는 바로 이 점에서 크게 공헌하고 있다. 그는 특히 자국어(vernacular) 번역의 중요성에 대해 강조하고 있다: "기독교 선교사는 문화의 가장 긴밀하고 정교한 형태인 현지어를 접하게 되는데 이는 선교사뿐 아니라 현지인 모두에게 영향력을 발휘한다." 싸네는 서구 선교사들의 역할은 파괴적이었다기보다 오히려 창조적이었다고 주장한다: "여기에 분명한 역설이 있다. 즉 자국어로 된 성경과 광범위한 언어적 문화적 번역 작업은 국가적 자부심을 일으키게 하는 수단과 기회를 제공해 준다. 이러한 전 과정을 창출한 이들은 그러나 선교사, 즉 외국인이라는 사실이다. 나는 확신컨대 이러한 역설적 사실이 선교를 식민주의와 결부시키려는 터무니없는 주장들을 결정적으로 단절시켜 줄 것이라고 본다." Sanneh (1987), 331 참조.
79) Sanneh (1989), 217.

어를 썼던 과정에서 기인하였다는 것이다.[80] 일반적으로 이슬람은 기독교를 총체적으로 부패된 형태의 종교로 여기고 있다.

V. 결론

선교적 종교들의 확장 역사는 단순한 선교사들의 이야기가 아니다. 그 것은 이민, 식민, 전쟁, 통상과 같은 여러 요인들을 복합적으로 포괄하고 있 다. 이들 종교의 확장은 특정한 역사적, 정치적 환경들 속에서 전개되는데, 특히 제국들의 붕괴와 혼란(기독교의 경우 로마 제국, 불교의 경우 중국의 한나 라, 이슬람의 경우 페르시아 제국)이 이들 종교의 확산을 가져다 주기도 하였 다. 즉 사회 정치적 위기가 이들 종교에는 새로운 선교적 기회를 제공하였 다는 것이다.

이슬람의 확장은 주로 정착 과정을 통해 이루어진 사회 경제적 차원의 선교였다. 이는 법과 전통이 다스리는 공동체를 구축하는 선교였다. 기독 교의 확장은 주로 체계적이고 조직화된 노력에 의해 이루어져 왔다. 이러한 노력들이 때로는 강압적인 때도 있었지만, 선교의 최종목표는 사람들을 성 경의 가르침으로 인도하는 것이었다. 그러기 위해서 성경의 번역은 필수적 인 과정이었으며 반드시 그 과정에 상황화(contextualization)를 불가피하게 수용하지 않을 수 없었다. 불교는 그 확장 과정이 기독교나 이슬람에서 볼 수 있는 것과 같은 식민주의적 과정이 아니었다. 아마도 불교가 아시아 지 역에 한정되어 머물러질 수밖에 없던 이유도 바로 이러한 식민정책의 부재 때문이었을 것이다. 불교의 침투력의 핵심은 물리적 힘에 있지 않고 철학적

---

80) 이러한 비방은 아바 알-자바('Aba al-Jabbar)에 의함. Ibid., 218-219 참조.

심오함과 실천적 유연성에 있었다. 오늘날 서구에 불교의 침투력이 만만치 않은 이유도 바로 이러한 요인 때문일 것이다.

참으로, 불교, 이슬람, 기독교는 선교적 열정을 서로 공유한다. 그러나 그 과정은 정도나 방향에 있어서 달랐다. 정경의 번역가능성에서 볼 때, 이슬람은 가장 배타적이고 불교는 가장 포용적이다. 기독교는 배타성과 포용성을 동시에 지니고 있다. 그 동기에 있어서 절대적 하나님과 그의 복종에 대한 요구가 무슬림들을 선교하도록 움직인 동인이었다면, 불교의 경우 선교의 동기는 사람들에 대한 자비심이었다. 불교에 있어 선교 행위는 자발적이며 가장 인본적인 행위이다. 기독교 선교는 역시 이 두 종교 사이의 수직적(이슬람) 측면과 수평적(불교) 측면을 동시에 견지하고 있다. 이는 신적 사랑과 의무 양자 모두에 대한 반응이다.

결국, 기독교 선교의 유일성은 바로 그리스도의 성육신 모델처럼 "보내어짐(sentness, 라틴어 *missio*, 요 20:21)"에 있다고 본다. 이는 불교와 이슬람 모두에게는 나타나지 않는 것으로, 불교의 자비심에는 보내어진 권위에 대한 분명한 의식이 없고, 부처의 명령도 그 명령자의 권위에 기인한다기보다 해탈(*moksa*)의 경지를 진정으로 경험한 그 경험에 기반을 둔다. 선교 명령의 맥락도 절대적이기보다는 조건적이다. 이슬람의 다와(*dawah*)에서도 하나님의 부르심은 섬기기 위한 보냄(mission; sending)의 개념보다는 복종을 위한 데려옴(submission; bringing under)에 가깝다고 본다. 그러므로 성육신적(incarnational) 개념의 선교(mission)야말로 기독교의 유일성이라 할 수 있다. 이러한 보냄 의식은 바로 성부 하나님 자신이 그 아들 예수 그리스도를 통해 보인 본이다. 이러한 보내심의 선교가 바로 하나님의 은혜로운 복음이 우리가 이해할 수 있는 언어로 들려질 수 있도록 번역케 된 동인인 것이다.

[참고문헌]

Ahmad, Khurshid and Kerr, David, eds. *"Christian Mission and Islamic Dawah."* Internatio-nal Review of Mission 65 (1976), 366-460.

Arnold, T. W. *The Preaching of Islam: A History of the Propagation of the Muslim Faith.* London: Constable&Company, 1913.

Hodgson, Marshall G. S. *The Venture of Islam. 2, The Expansion of Islam in the Middle Per-iods.* Chicago: The University of Chicago Press, 1974.

Iqbal, Sheik Mohammad. *The Mission of Islam.* New Delhi: Vikas Publishing House, 1977.

Jackson, Paul, ed. *The Muslims of India: Beliefs and Practices.*Published for Islamic Studies Association, Delhi]. Bangalore: Theological Publications in India, 1988.

Jenkins Jr., Everett. *The Muslim Diaspora: A Comprehensive Reference to the Spread of Islam in Asia, Africa, Europe, and the Americas.* 1, 570-1500. London: McFarland& Company, Inc. Publisher, 1999.

Koovackal, George. "Missionary Expansion of Islam in India." *Journal of Dharma* 6 (1981), 196-214.

Miller, Roland E. *Mappila Muslims of Kerala: A Study in Islamic Trends.* Madras: Orient Longman, 1976.

Qureshi, Ishtiaq Husain. *The Muslim Community of the Indo-Pakistan Subcontinent (610-1947): A Brief Historical Analysis.* Delhi: Renaissance Publishing House, 1985.

Sanneh, Lamin O. "Can a House Stand? Reflections on Christian-Muslim Encounter in the West." *International Bulletin of Missionary Research 17* (1993), 164-168.

_____. "Christian Missions and the Western Guilt Complex." *Christian Century 104* (1987), 330-334.

_____. "Gospel and Culture: Ramifying Effects of Scriptural Translation." *In Bible Transla-tion and the Spread of the Church: The Last 200 Years,* ed. Philip C. Stine, 1-23. Lei-den: E. J. Brill, 1990.

_____. "Reclaiming and Expounding the Islamic Heritage." *Christian Century 108* (1991), 775-779.

_____. *Translating the Message: The Missionary Impact on Culture.* Maryknoll: Orbis, 1989/97.

Schimmel, Annemarie. *Islam: An Introduction.* Albany: SUNY Press, 1990.

Sicard, Sigvard Von. "Contemporary Islam and its World Mission." *Missiology 4* (1976), 341-361.

Walls, Andrew F. "Christianity." *In A New Handbook of Living Religions,* ed. John R. Hin-nells, 55-161. London: Penguin, 1997.

_____. "Eusebius Tries Again: The Task of Reconceiving and Re-Visioning the Study of Christian History." *In Enlarging the Story: Perspectives on Writing World Christian History,* ed. Wilbert R. Shenk, 1-21. Maryknoll: Orbis, 2002.

_____. *The Missionary Movement in Christian History: Studies in the Transmission of Faith.* Maryknoll: Orbis, 1996.

_____. "The Translation Principle in Christian History." *In Bible Translation and the Sp-read of the Church: The Last 200 Years,* ed. Philip C. Stine, 24-39. Leiden: E. J. Brill, 1990.

Whaling, Frank. "A Comparative Religious Study of Missionary Transplantation in Buddh-ism, Christianity and Islam." *International Review of Mission 70* (1981), 314-333.

이슬람과 유대교, 기독교의 메시아사상 비교 연구[1]

Peter Riddell

I. 서론

세계적인 유일신 종교인 유대교와 기독교, 이슬람은 모두 메시아사상을 가지고 있다. 언뜻 보기에는 이 세 종교의 메시아사상이 동일한 것 같기도 하다. 그러나 좀더 자세히 살펴보면 이들 간의 사상적 차이가 상당히 크며, 메시아사상을 통해 세 종교 간의 연속성을 찾기가 어렵다는 것을 발견하게 될 것이다. 무슬림들이 믿는 메시아는 단순히 유대 개념으로부터 발달된 기독교 메시아사상의 확대판이 아닌 것이다.

이 자료는 이슬람의 메시아사상을 중점적으로 다루면서 유대교와 기독교의 메시아사상을 비교하여, 이를 통해 유일신 종교의 메시아사상에 대한 좀더 깊은 이해를 제공할 것이다.

---

1) 이현경(한국이슬람연구소 연구원) 역.

II. 이슬람의 메시아사상

크로우(Crow)는 5세기와 6세기의 근동 지역에 종말론적 기대감이 확산되어 있었다고 주장한다. 꾸란에는 심판의 날이나 마지막 때의 징표들(ashrat al-sa'ah), 의인에 대한 보상과 악인이 당할 고통에 대한 구절들이 자주 등장한다. 일부 학자들은 무함마드가 아라비아 기독교인들이나 유대인들과 접촉한 데서 그러한 구절들의 근원을 찾기도 하지만, 종말론적 견해들은 당시 근동의 많은 종교 공동체 가운데 이미 널리 퍼져 있던 개념이다.

메시아사상은 이슬람 경전에서 분명하게 드러난다. 꾸란은 이슬람의 메시아를 지칭하는 많은 구절들을 제시한다. 종말론적 메시아의 도래에 대한 직·간접적인 언급들은 이슬람의 전통인 하디스에서도 풍부하게 제시되고 있다.

1. 알-마시(al-masih)에 대한 이해

1) 꾸란에서의 이해

무함마드가 계시받은 알라의 말씀으로 여겨지는 꾸란은 '알-마시'라는 단어를 11번 사용한다. 이 단어는 항상 예수-이슬람에서는 '이사(Isa)'라고 불린다.-의 이름과 함께 등장한다. 알-마시는 히브리어 '마시아(mashiah)'와 같은 어원이며, 다양한 해석이 있기는 하지만 보통은 메시아로 해석된다. 이 단어가 히브리어 마시아와 같은 어원이기는 하지만 꾸란이 알-마시의 역할에 대해 분명하게 제시하지 않는다는 점에서 성급한 결론은 금해야 한다.

알-마시라는 단어가 예수의 이름과 늘 연계되어 등장한다는 점으로 보아, 이슬람 경전에서 이들의 역할을 이해하기 위해서는 이 두 단어가 어떻게 사용되었는지를 이해할 필요가 있다. 먼저 제기되어야 하는 질문은 예수의 삶과 가르침에 관한 구절들을 통해 알-마시가 어떻게 제시되고 있는가 하는 것이다.

꾸란은 예수를 예언자라고 단 한 번 말하고 있을 뿐(Surah 19:31), 예수에 대한 꾸란의 묘사는 이슬람의 예언자에 대한 묘사와 대체로 일치한다. 예수는 천상의 판(luh mahfuz)으로부터 내려온 경전을 계시한 자, 즉 신의 계시를 받은 자로 묘사된다. 예수의 예언자로서의 지위는 무함마드에 이어 두 번째로 높으며, 이 둘은 놀랄 만큼 유사하게 묘사된다. 예수와 무함마드 모두 자신을 적대시하는 상황에 처하며, 메카 시기의 무함마드처럼 예수도 공개적으로 거짓 가르침을 비판한다.

꾸란에서의 예수에 대한 묘사는 매우 짧다. 6,000여 개에 달하는 꾸란 구절 중에서 오직 93개만이 예수에 대해 말하고 있으며, 그중 64개는 그의 탄생에 대한 것이다. 이러한 이유로 크래그(Cragg)는 복음서가 예수의 수난과 일대기를 광범위하게 다루고 있는 반면, 꾸란에서 예수에 대해 묘사한 부분은 '탄생 이야기와 빈약한 후속편'이라고 표현했다.

꾸란은 예수의 가르침을 그다지 많이 다루지 않는다. 그의 백성을 옳은 길로 인도한 자로 그려지며(Surah 3:50ff; 5:117), 알라를 다른 신들과 관련시키지 않도록 가르친 자로 나타난다(Surah 5:72). 더 나아가 이슬람에서 주장하는 마지막 예언자로서의 무함마드의 위상을 뒷받침하여, 예수는 '글을 알지 못하는 문맹 예언자', 즉 무함마드를 예언한 자로 기록하고 있다.

예수에 대한 꾸란의 이해는 성경에서 제시되는 그의 모습들과는 거리가 멀다. 예수의 동정녀 탄생은 성육신으로 이해되지 않으며, 단지 알라의 전능하심을 드러내는 예일 뿐이다. 꾸란 112장이나 18장 4-5절과 같은 구절들은 기독교에서 말하는 성육신을 확실하게 반대하고 있다. 꾸란 역시 예수를 질병 치유와 같은 많은 기적을 행한 자로 그리고 있지만(Surah 3:49; 5:113-118), 이러한 기적들은 예수의 신적인 면을 드러내는 것이 아니라 알라로부터 특별한 은사를 받은 자이기 때문에 가능한 일로 묘사된다.

또한 메시아로서 중요한 역할인 십자가 상의 죽음을 부인함으로써(Surah 4:157-159), 예수의 부활 역시 부인하고 있다. 꾸란 이외의 다른 이슬람 자료들에서는 보편적으로 등장하는 예수의 다시 오심에 대해서도 꾸란에서는 간접적으로만 제시될 뿐이다.

> 그 성서의 백성들 가운데 그가 임종하기 전에 그(예수)를 믿지 아니한 자 없었으며 그(예수)가 심판의 날 그들을 위한 증인이 됨을 믿지 아니한 자 없으리라 (Surah 4:159)
> 실로 예수의 재림은 심판이 다가옴을 예시하는 것이라. 그러므로 일러 가로되 그 시각에 대하여 의심치 말고 나를 따르라 (Surah 43:61)

2) 주석에서의 이해

이제 꾸란에 대한 권위 있는 주석들을 통해 이들이 어떻게 알-마시에 대해 말하고 있는지 살펴볼 것이다.

주석가들은 메시아 예수를 기름부음 받은 존재로 그리고 있다.

타바리(aṭ-Ṭabarī, 923년 사망)는 예수가 가브리엘로부터 기름부음을 받아 사탄이 인간에게 미치는 악으로부터 자유로웠다고 전한다. 또한 꾸란은 이러한 기름부음을 예수에 대한 알라의 특별한 은총으로 묘사한다.

> 이때 그가 말하길, "나는 하나님의 종으로 그분께서 내게 성서를 주시고 나를 예언자로 하셨습니다." 말하더라. "제가 어디에 있던 저를 축복받은 자로 하셨고 제가 살아 있는 한 예배를 드리고 자카트를 바치라 저에게 명령하셨습니다 (Surah 19:30-31)."

더 나아가 그의 활동을 근거로 하여, 메시아 예수를 다른 이들에게 기름을 바르는 자로 그리고 있다. 그는 거룩한 기름을 눈먼 자의 눈에 바르고, 병자들에게 손을 얹고, 백성들을 죄로부터 깨끗하게 하는 존재이다.

예수가 십자가 상에서 죽지 않았고, 죽기 전 하늘로 들림을 받았다는 문제에 대해서는 논쟁이 분분하다. 꾸란 주석가들은 이 문제에 대해서도 다양한 해석을 제시한다. 어떤 학자들은 알라가 예수가 잠자는 동안에 그를 하늘로 올렸다고 주장한다. 유명한 전통 주석가인 알-바이다위(Al-Baidawi, 1286년 사망)는 알라가 예수에게 그를 하늘로 올릴 것임을 말했다고 전한다. 예수가 자신을 따르는 자들에게 "나의 모습을 입고, 십자가에서 죽은 후 천국에 들어갈 자가 누구인가?" 하고 말하자 그중 한 명이 자원했고, 알라가 그를 예수처럼 보이게 하여 십자가에서 죽게 했다고 한다. 또 다른 전통 주석가인 알-자마크샤리(Al Zamakhshari, 1144년 사망)는 증인들은 예수가 십자가에서 죽었다고 생각하지만 그것은 그들의 상상일 뿐이라고 한다. 사실 예수는 살아 있었고 알라가 그를 자신에게로 이끌어올렸다는 주장이다.

3) 하디스에서의 이해

하디스는 여러 구절에서 예수가 다시 올 것이며 그것이 마지막 날의 징표가 될 것임을 말한다. 부카리(Bukhari)는 다음과 같이 기록한다.

후라이라의 설명이다. 알라의 사도께서 말씀하시기를, "나의 영을 주관하시는 분인 알라에 의해 마리아의 아들인 예수는 곧 너희 가운데 다시 올 것이며, 꾸란의 법을 따라 인류를 공의로 심판할 것이다. 그는 고통을 없애고, 추악한 자들을 죽일 것이며… 돈이 너무나 많아서 아무도 그것을 얻으려고 하지 않을 것이며, 알라에게 드리는 엎드림(기도)이 이 세상 무엇보다도 더 값진 것이 될 것이다."

위의 하디스 내용은 예수를 공의를 실현하는 자로 묘사하는 꾸란 구절과도 일치한다. 또한 예수의 다시 오심을 암시하고 있는 꾸란 구절을 설명해 준다. 부카리와 같은 다른 하디스의 구절들은 종말에 그리스도와 적그리스도 사이에 있을 대립에 대해 말한다.

> 압둘라 빈 우마르의 설명이다. 알라의 사도께서 말씀하시기를 "나는 지난밤 꿈에서 카바 근처에 내가 있는 것을 보았다. 그리고 또한 불그스름한 혈색을 가진 자를 보았는데, 내가 본 중에 가장 뛰어난 자였고, 단정하게 빗은 아름다운 머리가 귓불에까지 닿았으며, 머리에서부터 물이 방울져 떨어지고 있었고, 두 사람에게 기대어 카바 주변에서 타와프를 행하고 있었다. 나는 '이가 누구입니까?' 하고 물었고, 누군가 답하기를 '그는 마리아의 아들 메시아이다.'고 했다. 그러고 나서 나는 곱슬머리를 하고 오른쪽 눈이 멀고 흉하게 튀어나온 어떤 사람을 보았다. 나는 '이가 누구입니까?' 하고 물었고, 누군가 답하기를 '그는 메시아 아드-다잘(적그리스도)이다.'라고 했다."

라이어빅(Leirvik)은 그의 최근 연구에서 정경으로 인정되는 하디스에서 예수에 대해 묘사하고 있는 다섯 가지 형태를 제시했다.

1. 무함마드와 예수 사이의 관계를 설명하는 내용들
2. 예수의 외모를 설명하는 내용들
3. 예수의 다시 오심을 예언하는 종말론적 성격의 내용들
4. 예수의 특별한 공적들을 설명하는 내용들
5. 기독교 복음서와의 유사점들을 가리키는 내용들

위에서 인용된 두 하디스 구절은 하나의 구절이 이러한 다양한 형태를 동시에 포함하고 있음을 보여 준다. 즉 위의 두 구절들은 모두 종말론적 성

격을 가지고 있다. 첫 하디스 구절은 예수의 공적을 언급하고 있고, 두 번째 구절은 예수의 외모에 대해 서술하고 있다. 따라서 이슬람의 메시아사상을 좀더 이해하기 위해서는 꾸란 이외의 다른 이슬람 문서들을 참조할 필요가 있음을 알 수 있다.

4) 예수에 대한 학문적 이해와 대중적 이해

위에서 언급된 것을 포함하여 이슬람 경전에서 발견되는 메시아 예수에 대한 자료들은 이슬람 학자들과 민간 작가들에 의해 폭넓게 해석되고 있다. 이슬람에서는 이런 방식으로 메시아 예수에 대한 이해를 제시하지만, 이는 성경에서 그리고 있는 예수의 삶과 메시아로서의 모습과는 상당히 다르다.

17세기 인도의 이슬람 신학자이자 작가인 누르 알딘 알라니리(Nur al-Din al-Raniri, 1658년 사망)는 그의 작품 *Asrar al-insan*에서 기독교인들이 믿고 있다고 여겨지는 예수의 모습에 대해 다음과 같이 정리하였다.

1. 예수는 아버지 없이 태어났다.
2. 예수는 진흙으로 생물을 만들 수 있었다.
3. 예수는 죽은 자를 살릴 수 있었다.
4. 예수는 병자를 낫게 할 수 있었다.
5. 예수는 숨겨진 진리를 설명해 줄 수 있었다.

알라니리는 이러한 다섯 요소들을 지적하면서 기독교인들은 지나치게 예수에게 집착함으로써 알라의 존재를 희석시키고, 예수는 단지 예언자로서 알라의 도구였을 뿐이라는 사실을 간과하고 있다고 주장한다. 알라니리는 계속하여 이슬람에서 제시하는 예수의 특별한 속성 네 가지를 소개한다.

첫째로 예수는 빛이다(nur). 그러나 그는 단지 거울과 같이 알라의 빛을 반사하는 자일 뿐, 그 빛의 근원은 아니다. 알라니리는 이 속성은 모든 예언자들이 공통으로 갖고 있는 것이라는 점을 밝힌다. 둘째로, 예수는 영이다(ruh). 그러나 이 점에 있어서 예수는 아담과 결코 다르지 않다(Surah 3:59). 알라는 아담에게 그랬던 것처럼 예수에게도 숨을 불어넣었다. 그러므로 예수는 죽은 자나 진흙으로 만든 새 등에 숨을 불어넣을 수 있었다. 즉 예수는 단지 알라의 도구였을 뿐 영의 근원이 되는 존재는 아니다. 셋째, 예수는 알라의 말씀이다(kalimat minhu). 이 역시 min+hu(from+God : 알라로부터)에 강조점이 있으며, 예수는 도구일 뿐이다. 마지막으로, 예수는 메시아이다(al-masih). 알라니리는 이 용어를 설명하지는 않지만, 예수와 아담을 비교하는 데 중점을 두고 있다.

이슬람의 메시아 예수에 대한 좀더 민간적인 묘사는 자바의 18세기 이슬람 작품인 Kitab Usulbiyah 에서 찾아볼 수 있다. 이 작품은 예수와 무함마드의 지상에서의 만남에 대해 자세히 묘사하고 있는데, 위에서 언급된 라이어빅의 첫 번째 범주에 속하는 하디스의 설명에 영향을 받았음을 알게 된다. 이 책은 종말에 역할을 감당하는 위대한 두 예언자를 함께 제시함으로써 매우 가치 있는 작품으로 평가되었다. 또한 이 책을 복제하는 자에게는 1,000번의 메카 순례를 행한 것과 동일한 유익이 주어지는 것으로 여겨졌다.

이처럼 경전을 보충해 주는 다양한 문서의 다채로운 설명으로 인해 민간 수준에서의 예수는 다시 오실 메시아로, 그의 오심은 임박한 심판의 징표로 이해되었다.

2. 알-마흐디(al-Mahdi)에 대한 이해

그럼에도 불구하고, 이슬람의 메시아사상은 어느 정도의 다양성을 가지고 있다. 이슬람에서 두 가지 용어가 메시아적인 뉘앙스를 나타내는데, 그것은 위에서 살펴본 알-마시와 알-마흐디('인도함을 받은 자'라는 의미)이다.

알-마흐디의 개념은 이슬람 초기 몇 십 년간 윤곽이 잡혔고, 655년 칼리프 우스만(Uthman)의 암살과 681년 무함마드의 사촌 후세인(Husayn)의 암살 사이의 일련의 정치적 사건들을 통해 체계화되었다. 후세인 암살 사건은 686년 쉬아파의 반란과 함께 쉬아파의 독자적인 노선을 확실히 하는 계기가 되었는데 이때 문서에서 처음으로 알-마흐디 용어가 발견된다. 알-마흐디 사상이 쉬아 이슬람에서 가장 명료하게 표현되고 있음은 놀라운 일이 아니다. 쉬아파에게 마흐디는 종말론적 인물로 그려지고 있는데, 그는 지상에서의 삶을 살았고, 알라에 의해 자취를 감추었다가 마지막 때 심판의 날에 임박하여 공의를 회복하기 위해 의인들의 지도자로 다시 올 존재이다.

쉬아 공동체는 '십이 인들'이라고 알려진 무함마드 사후 이슬람 공동체를 이끌었던 열두 이맘들에 대한 믿음을 가지고 있다. 이들 대부분은 이중 열두 번째 이맘이 현재 알라에 의해 자취를 감추었으며, 그가 바로 마흐디라고 믿고 있다. 십이 인들은 대부분 알-마흐디보다는 '이맘'이라고 불리고 있지만, 이 명칭이 종말에 있을 그들의 역할을 희석하지는 않는다.

또 다른 쉬아 그룹인 'Kaysaniyyah'는 알-마흐디 사상의 시조라고 할 수 있다. 그들은 마흐디를 후세인의 이복형제인 무함마드 알-하나피아(Muhammad ibn al-Hanafmyah)라고 보기도 하고 예수를 마흐디라고 보기도 했다.

이슬람 역사를 보면 수차례에 걸쳐 마흐디로 추정되는 인물들이 발견되며, 그들은 무슬림이 어려움에 처했을 때 나타났다. 예를 들면, 수단의 무함마드 아흐마드(Muhammad Ahmad)는 1881년 영국의 제도에 반대하여 반란을 일으키면서 자신을 마흐디라고 선언하고, 1885년 영국의 키신저에 의해 패할 때까지 마흐디 정권을 세우기도 했다. 다른 경우들을 살펴볼 때, 자신을 마흐디라고 주장하는 인물들이 출현할 경우 결국 이슬람 내의 분열로 이어짐을 알 수 있다. 파티미드 칼리프 알-하킴(al-Hakim, 1021년 사망)을 마흐디로 보았던 드루즈(Druze), 20세기 초반에 인도에서 살았던 미라자 굴람 아흐마드(Mizra Ghulam Ahmad)를 마흐디로 보았던 아흐마디아(Achmadyah), 1844년 스스로 마흐디임을 주장했던 페르시아 쉬라즈의 미르자 알리 무함마드(Mirza Muhammad Ali)를 믿었던 바하이스, 열두 번째 쉬아 이맘이 알라에 의해 가려진 것을 기념했던 1,000주년 기념식 등의 경우가 그랬다. 이처럼 알-마흐디 용어의 사용은 이슬람 역사를 통해 다양하게 규정되었으며, 다양한 인물들이 자신을 마흐디로 주장했거나 사람들에 의해 그렇게 여겨졌음을 알 수 있다. 이러한 만연한 믿음을 생각할 때, 알-마흐디라는 용어가 꾸란에 등장하지 않는다는 사실은 다소 충격적이다. 꾸란에서 가장 유사한 것은 동일한 아랍어 어원을 가지고 있고 '옳게 인도함을 받은 쟈'라는 의미를 지니고 있는 용어인 '알-무흐타드'이다.

> 하나님이 인도하사 그는 좋은 길로 인도되며 하나님께서 방황케 두사 그대는 그를 인도할 보호자를 발견치 못하리라 (Surah 18:17)

무슬림 세계의 다수를 차지하는 순니 이슬람은 쉬아 이슬람에 비해 마흐디의 주장에 대해 훨씬 불분명한 입장을 취한다. 다수의 순니 학자들은 쉬아 학자들과는 달리, 누군가가 자신을 마흐디라고 주장하는 일은 있을 수 없다고 주장한다. 그러나 민간적 차원에서는 종종 예수가 세상을 개혁하기 위해 지상에 돌아올 마흐디로 믿어지기도 했다. 이것에 대해서는 다양한 주장들이 있다. 예수를 마흐디가 오기 전 선임자라고 보는 의견과 마흐디는 적그리스도의 세력 이전에 세상을 지배하는 존재이고, 적그리스도의 세력은 예수의 도래에 의해 멸망될 것이라는 의견이 그것이다.

이처럼 다양한 의견이 있기는 하지만 그 공통적인 부분들을 정리해 보면 다음과 같다.

- 마흐디의 통치는 무함마드 통치 당시의 순수함을 다시 실현할 것임.
- 분파적 차이가 사라질 것임.
- 마흐디의 도래는 거대한 시련과 악에 대한 선의 궁극적인 승리를 예고하는 것임.

크로우는 무슬림들 사이의 마흐디에 대한 이해를 다음과 같이 잘 요약하였다.

"다수 무슬림들의 마음속에는 마흐디에 대한 믿음이 살아 있다. 시련의 때에 이 믿음이 다시 살아나게 되고, 왜곡된 역사를 바로잡기 위해 마흐디의 도래를 소망하게 되는 것이다."

Ⅲ. 유대교의 메시아사상

히브리 용어 '마시아(mashiah)'는 '기름을 바르다'를 의미하는 히브리 동사 'mashaha'로부터 유래했다. 남성명사 마시아는 다음과 같이 히브리 성경에서 다양한 의미로 사용되고 있다.

a. 하나님의 명에 의해 기름 부음을 받은 이스라엘의 왕(*mashiah adonai*)

b. 이스라엘의 대제사장(*ha-kohen ha-mashiah*, 레 4:3, 5, 16; 6:15)

c. 하나님에 의해 임명받은 자 고레스(*meshihu*, 사 45:1)

d. 왕으로 오시는 메시아(*ad-mashiah nagir*, 단 9:25)

e. 기름부음 받은 왕으로 여겨지는 유대 민족의 조상들(대상 16:22)

히브리 성경에서 나타나는 '*mashiah*'의 다양한 사용은 역사를 통해 이 용어에 대한 유대인의 이해가 어떻게 발전해 왔는가를 보여 준다.

1. 첫 단계 : 왕이신 메시아

성경에 나타나는 고대 이스라엘 왕들은 예언자들을 통해 하나님께서 임명하신 지도자로 기름부음을 받았다고 믿어졌으며, 그 임관식에는 기름부음의 과정이 포함되어 있었다. 사무엘상의 기록이 이를 잘 보여 준다.

> 여호와를 대적하는 자는 산산이 깨어질 것이라 하늘 우레로 그들을 치시리로다 여호와께서 땅 끝까지 심판을 베푸시고 자기 왕에게 힘을 주시며 자기의 기름부음을 받은 자의 뿔을 높이시리로다 (삼상 2:10)

> 이스라엘의 하나님 나 여호와가 말하노라… 내가 나를 위하여 충실한 제사장을 일으키리니 그 사람은 내 마음 내 뜻대로 행할 것이라 내가 그를 위하여 견고한 집을 세우리니 그가 나의 기름부음을 받은 자 앞에서 영구히 행하리라
> (삼상 2:30-35)

> 사무엘이 온 이스라엘에게 이르되…내가…너희 위에 왕을 세웠더니…내가 여기 있나니 여호와 앞과 기름부음을 받은 자 앞에서 내게 대하여 증거하라…
> (삼상 12:1-5)

성경에 등장하는 기름부음 받은 왕 중에 가장 뛰어난 자는 다윗이었다. 그는 하나님에게 (예언자 사무엘을 통하여) 선택함을 입은 인자한 왕인 초기 메시아사상의 예표로, 하나님의 교훈을 따라 이스라엘 백성들을 지혜로 인도하고 하나님의 왕 되심을 나타내는 자였다. 그는 이처럼 예언자, 제사장들과 함께 '신성함을 입은 자'였다.

이러한 그의 위치는 다양한 발전 단계들의 정점을 보여 준다. 이스라엘의 왕권이 확립되기 이전에는 예언자들이 이스라엘 백성에게 하나님의 명령과 뜻을 일러 주는 주요 도구였다. 다윗의 시대 그리고 솔로몬의 성전이 건립된 이후에는 군주가 위협이나 적들로부터의 구원을 위한 희망의 대상이었던 것처럼 군주의 종교적 중요성 역시 강조되었다.

바벨론 유수(BC 587-539) 이전 시기의 메시아사상은 군림하는 군주의 선상에서 이해되었으며 아직 명확한 종말론적 차원은 아니었다. 실제로 일부 학자들은 히브리 성경에서 'mashiah'라는 용어가 종말론적으로 사용된 적이 없다고 주장한다. 그럼에도 불구하고 나중에 종말론적인 해석을 내리게 되는 요인들은 처음부터 성경에 존재하고 있었다.

> …그러므로 이제 내 종 다윗에게 이렇게 말하라…네 수한이 차서 네 조상들과 함께 잘 때에 내가 네 몸에서 날 자식을 네 뒤에 세워 그 나라를 견고케 하리라 저는 내 이름을 위하여 집을 건축할 것이요 나는 그 나라 위를 영원히 견고케 하리라 나는 그 아비가 되고 그는 내 아들이 되리니…네 집과 네 나라가 네 앞에서 영원히 견고하리라 (삼하 7:8-17)

나단의 비전을 통해, 하나님은 다윗에게 그의 후손을 높이실 것이며 그의 왕국을 영원히 세우리라고 약속하셨다. 이것이 초기의 메시아사상이라고 할 수 있으며, 후에 성경문맥을 통하여 발전되었다. 그러나 이 초기 단계에서, 'mashiah'는 하나님으로부터 선택받은 높임받는 인간 왕이었음을 알 수 있다. 이 단계에서 다윗 계열에 속하는 메시아에 대한 희망이 분명히 드러나고 있지만, 초기 예언서에는 마지막 때의 다윗과 같은 통치자에 대한 기대는 거의 나타나고 있지 않다.

2. 종말론적 차원에서의 메시아사상

종말론적 자료들은 바벨론 유수 이전의 마지막 시기와 유수 시대의 예언서들에서 나타난다. 이 예언서들은 구원자 메시아를 예언하는데, 이 메시아는 대재난 이후에 올 자이며, 하나님과 그의 백성들을 화해시키실 분으로 묘사된다. 그러한 예언들은 긴장과 극적인 사회 변화의 상황에서 제시된다. 이사야는 하나님의 신실하심에 의해 회복되고 구속될 시온을 생생하게 묘사한다. 이사야 이후에 쓰인 다니엘 9장은 시온의 멸망과 하나님께 대한 불순종에 대해 증거하고 있다.

바벨론 유수 기간 동안 백성들이 고역하는 상황은 이스라엘 전성기 시대의 메시아사상에 변화를 가져왔다. 즉 그들을 고통으로부터 구원할 것을 예고하는 자로서의 메시아사상이 발전된 것이다. 모빙켈(Sigmund Mowinckel)은 이러한 묘사가 군주국의 초기 시대부터 이미 존재하고 있었다고 주장한다. 다윗의 시편에서 굴욕을 당하고 패하지만 궁극적으로 그의 공의와 하나님께 대한 헌신으로 인해 구원받는 다윗과 같은 왕이 묘사되고 있다는 것이다.

예언자가 아닌 군주가 유대 공동체의 인도자로 인식되었던 것은 오직 이스라엘 군주국의 마지막 시대뿐이었다. 바벨론이 예루살렘을 함락하고 대다수의 유대인들이 바벨론으로 추방당하면서, 군주가 없는 상황에서 예언자들은 다시 미래의 의미와 미래에 대한 소망을 제시하는 역할을 감당했다. 그럼에도 불구하고 이전 시대에 기대했던 메시아적 희망 대상으로서의 왕의 존재는 잊혀지지 않았다. 실제로 추방 이후에 많은 유대인들은 외부의 적들로부터 자신을 구원할 수단으로서의 왕권 회복을 갈구했다. 이러한 방식으로 왕권은 그의 백성들을 향한 신의 축복의 통로로써 여전히 남아 있었다.

바벨론 유수 이전의 마지막 시기에 발견되는 종말론적 메시아에 대한 구절의 진위 여부는 자료 비판 연구에 있어서 가장 논쟁적인 문제 중 하나였다. 많은 기독교 신학자들은 19세기 후반 벨하우젠 학파에 의해 이루어진 연구로 인해, 바벨론 유수 이전의 예언자들에 의해 기술된 종말론적 서술의 예언들은 유수 이후의 저자들에 의해 후기에 삽입되었으며, 이 예언자들은 종말론적 차원의 메시아사상이 활발하게 발전하고 있던 시대에 활동한 자들이라는 결론을 내리게 되었다.

궁켈(Hermann Gunkel)은 더 나아가, 유수 이후에 유대교에 등장하기 시작한 종말론적 메시아사상은 사실 바벨론의 창조 신화로부터 유래한 것이라고 주장하기도 했다. 이를 반대하면서 그레스만(Hugo Gressmann)과 같은 다른 신학자들은 오래 전부터 히브리인들 사이에 이미 종말론이 널리 퍼져 있었고, 다수의 백성들이 하나님께서 이스라엘의 적들을 멸망시키실 때를 심판의 날로 보고 있었다고 주장했다. 모빙켈은 종말론은 남왕국의 멸망 후에 등장했고, 그 주요 내용은 야훼의 왕권과 자연재해, 적으로부터의 구원, 심판, 새 창조와 계약, 종말의 향연, 신의 임명을 받았지만 그 자신이 신성을 갖고 있지는 않은 메시아였다고 주장한다.

종말론적 메시아사상에 대한 자세한 발달의 경로가 어떠했든지, 분명한 것은 바벨론 유수 이전과 바로 직후의 고대 이스라엘인들은 메시아에 대해 다양한 해석을 내렸다는 것이다. 상당한 기간 동안 고대 이스라엘 백성 사이에 신이 임명한 인간 통치자로서의 메시아 개념과 마지막 날에 고통으로부터 자신들을 구원할 메시아 개념이 함께 공존하고 있었음을 알수 있다.

유수 이후에 종말론적 구원자로서의 메시아에 대한 이해는 확고히 자리잡게 되었다. 기원전 5세기 중반에 활동했던 말라기는 하나님과 그의 백성간의 계약을 새롭게 할 사자(messenger)를 기대했고, 또한 심판의 날 직전에 활동할 예언자들을 예언했다. 말라기는 본문에서 모세와 엘리야의 두 이름을 언급하면서 엘리야가 마지막 시련 이전에 나타날 선지자임을 말한다.

> 너희는 내가 호렙에서 온 이스라엘을 위하여 내 종 모세에게 명한 법 곧 율례와 법도를 기억하라 (말 4:4)

> 보라 여호와의 크고 두려운 날이 이르기 전에 내가 선지 엘리야를 너희에게 보내리니 (말 4:5)

3. 중간기 시대

계속되는 논의들은 히브리 성경이 나타내는 메시아 개념과 그 초점이 다양함을 확실히 한다. 찰스워스(James Charlesworth)가 지적하듯이 히브리 성경은 '메시아를 위한 잘 짜여진 선교'는 포함하고 있지 않다. 이러한 상황에서 중간기 시대의 유대인들이 메시아에 대해 갖고 있던 기대는 다양성으로 규정지을 수 있다.

신약학자들은 종종 예수 이전의 메시아사상은 하나라고 생각한다. 호슬리(Richard Horsley)는 기독교 신학자들이 종종 자신의 위치를 확고히 하기 위해 유대의 현상들을 상투화시킨다고 주장한다. 예를 들면, 메시아를 기대하면서 로마 제국에 강하게 저항하는 유대인들의 모습을 부각시킴으로써 기독교의 메시아사상을 강조한다는 것이다. 이러한 태도는 기독교 학문과 본문을 중시하는 신약학자들에게 주로 나타났다. 그러나 후기에 들어와서 중간기 시대의 유대 메시아사상을 이해하기 위해서는 그 당시에 존재했던 유대 원문들에 중점을 두어야 한다는 입장을 갖게 되었다. 그리고 더 이상 복음서나 바울서신이 70년대 이전의 유대교 메시아사상의 이해를 위해 충분한 자료를 제공한다고 여기지 않게 되었다.

중간기 시대 유대인들의 외경 문서는 네 개가 존재한다. '솔로몬의 시편', '1 에녹', '4 에스라'와 '1 바루크서'가 그것이다. 이러한 문서들은 중간기 시대에 유대인들이 단일한 메시아사상을 갖고 있지 않았음을 알려 준다. 또한 메시아사상이 유대인이 로마에 항거한 주요 원인도 아니라는 것을 말한다. 그러한 항거는 로마의 압제 하에서 유대인의 피할 수 없는 선택이었다.

이 문서들은 또한 메시아와 예수의 행적들 사이에 거리가 있음을 보여 준다. 유대 외경 문서들은 종말의 대제사장인 메시아, 자비로운 능력 있는 왕, 사악한 자들의 심판자, 하나님의 백성을 구원할 자로서의 메시아를 그리고 있다. 그러나 이들 문서의 어디에서도 기적을 행하는 자로서의 메시아, 또는 그의 백성들을 구속하기 위해 고난당하는 자로서의 메시아의 개념은 찾아볼 수 없다. 찰스워스는 이 당시의 유대 문학은 메시아에 대해 일치하는 모습을 보이지 않으며, 또한 이들 문서들이 당시의 모든 유대인들의 메시아사상을 반영하고 있지도 않다고 말한다. 이처럼 중간기 시대의 유대인들은 논리적이고 일관된 메시아사상을 제시하지 못하고 있다. 또한 대부분의 유대인들이 메시아의 오심을 갈망하고 있었다는 증거도 찾아볼 수 없다.

위와 같은 찰스워스의 결론은 쉬프만(Lawrence H. Schiffman)의 쿰란 사해 문서 고찰에 근거하고 있는데, 이 문서는 다양한 메시아사상과 동기를 제시한다. 쉬프만은 메시아사상에서 영광스러웠던 고대 이스라엘과 그 왕권의 회복을 갈망하는 기류와 이상적인 미래를 꿈꾸는 유토피아적 기류가 서로 긴장관계 있었다고 말한다. 쿰란 문서는 회복하는 메시아상을 담고 있는 부분은 다윗과 같은 메시아상을 그리고 있으며, 유토피아적 메시아상을 그리는 부분은 심판날에 오실 제사장 메시아를 기대하고 있다. 사해 문서에서 이 두 부분들은 서로 함께 밀접하게 관련되어 섞여 있으면서 단절된 모습을 보이지 않고 있다. 쉬프만은 유토피아적 기류가 후에 유대교 랍비의 메시아사상으로 자리잡았다고 말하고, 1세기 랍비 문서를 연구했던 탈몬 (Jacob Leib Talmon)은 이를 반박한다.

중간기 시대의 이러한 다양한 메시아 이해는 다른 학자들의 연구를 통해서도 계속해서 증명되고 있다.

IV. 신약의 메시아사상

지난 수세기 동안 기독교 내에서 메시아사상에 대한 연구가 이루어져 왔다. 포르테우스(Porteous)는 프록쉬(Otto Procksch)의 예수에 대한 묘사를 인용하여 기독교의 정통적 관점을 잘 설명하였는데, 프록쉬는 예수를 구약 예언의 완성으로 보았으며 구약은 예수에 대한 이해 없이는 이해될 수 없다고 주장했다. 예수는 상황 속으로 오신 다윗의 자손인 메시아, 인자, 하나님의 종으로 이해되었다. 이러한 견해는 복음서에서 제시되고 있는 하나님의 기름부음을 받은 자로서의 메시아인 크리스토스(Christos)의 개념을 잘 반영하고 있으며, 다음 구절에서 분명히 제시된다.

그런즉 이스라엘 온 집이 정녕 알찌니 너희가 십자가에 못 박은 이 예수를 하나
님이 주와 그리스도가 되게 하셨느니라 (행 2:36)

그러나 일부 신약학자들은 위와 같은 정통적 관점에 대해 몇 가지 의문
을 제기한다. 찰스워스는 메시아사상을 쉽게 기독론과 연결시키는 것을 경
고하면서 그것은 추측일 뿐이라고 말한다. 예수는 결코 자신을 메시아라고
선포하지 않았다는 것이다. 이와 유사하게 달(Dhal)은 메시아사상이 다양
한 것처럼 기독론도 다양하다고 말하면서, 예수의 메시아로서의 자의식이
어느 정도였는지는 알 수 없다고 주장한다.[2]

이 시점에서 예수의 메시아로서의 자의식이 어떠했는가를 복음서를 통
해 살펴보는 것이 도움될 것이다. 이를 통해 서로 상반되는 것처럼 보이는
신약학자들의 관점들을 재고해 볼 수 있을 것이다.

1. 예수의 메시아로서의 자의식

예수가 자신을 메시아라고 선포한 적이 없다는 찰스워스의 주장은 다
음의 복음서 구절을 통해 반박될 수 있다.

…대제사장이 다시 물어 가로되 네가 찬송받을 자의 아들 그리스도냐… 예수께
서 이르시되 내가 그니라… (막 14:61-62)

로우위(Rowe)과 같은 일부 학자들은 이 구절을 바탕으로 예수가 공개
적으로 자신을 그리스도로 선포하였다고 본다. 그러나 마태복음은 예수의
대답을 다소 불분명하게 제시하고 있다.

---

2) 보그르(1994)는 예수의 자의식 문제에 대한 유용한 논의들을 다루고 있다.

…대제사장이 가로되 내가 너로 살아계신 하나님께 맹세하게 하노니 네가 하나님의 아들 그리스도인지 우리에게 말하라 예수께서 가라사대 네가 말하였느니라… (마 26:63-64)

이러한 마태의 기록은 예수가 "내가 메시아라는 것을 네가 말했다. 나는 말하지 않았다."고 대답하는 것처럼 보인다. 던(Dunn)과 같은 학자가 이러한 입장이며, 이를 바탕으로 그는 찰스워스의 관점을 지지한다.

누가의 기록은 더욱 불분명하다. 예수가 공개적으로 자신의 메시아 됨을 말하지 않고 단지 암시만 하는 것으로 기록되었기 때문이다.

…네가 그리스도여든 우리에게 말하라 대답하시되 내가 말할지라도 너희가 믿지 아니할 것이요… (눅 22:67)

마태복음에 기록되어 있는 베드로의 확신 있는 대답에 대해서 역시 예수는 명료하게 그의 메시아 됨을 밝히지는 않으나, 암시적으로 그러함을 알려 주고 있다.

시몬 베드로가 대답하여 가로되 주는 그리스도시요 살아 계신 하나님의 아들이시니이다 (마 16:16)

예수께서 대답하여 가라사대 바요나 시몬아 네가 복이 있도다 이를 네게 알게 한 이는 혈육이 아니요 하늘에 계신 내 아버지시니라 (마 16:17)

이처럼 표면적으로는 예수의 메시아 됨에 대한 직접적인 선포가 없지만, 복음서 기자들의 기록(막 14:61; 눅 22:67; 마 16:17 등)은 찰스워스보다는 로우위의 견해 쪽에 더 가깝게 보인다.

예수의 자의식을 살펴보기 위해서 예수의 진술이나 행동들을 보다 폭넓게 살펴볼 필요가 있다. 다음과 같은 구절들이 예수의 '크리스토스'로서의 자의식을 반영하고 있다고 보인다.

먼저, 예수는 자신이 잘 교육받은 신학자들 이상의 존재임을 확실히 하고 있다.

> 누구든지 이 음란하고 죄 많은 세대에서 나와 내 말을 부끄러워하면 인자도 아버지의 영광으로 거룩한 천사들과 함께 올 때에 그 사람을 부끄러워하리라
> (막 8:38)

> 예수께서 대답하여 가라사대 너희가 이 성전을 헐라 내가 사흘 동안에 일으키리라 (요 2:19)

> 우리가 그의 말을 들으니 손으로 지은 이 성전을 내가 헐고 손으로 짓지 아니한 다른 성전을 사흘에 지으리라 하더라 하되 (막 14:58)

> 지나가는 자들은 자기 머리를 흔들며 예수를 모욕하여 가로되 아하 성전을 헐고 사흘에 짓는 자여 (막 15:29)

예수는 분명히 자신을 하나님 나라를 설명하고, 율법을 해석하고, 자신을 통한 개인의 구원을 말하고, 하나님의 새 성전을 지을 능력을 가진, 메시아의 자격을 갖추고 있는 자로 인식하고 있다.

둘째로, 일부 구절들은 다윗과 같은 왕족 메시아로서의 예수의 자의식을 드러내고 있다. 예수는 '하나님의 아들'이라는 명칭을 기꺼이 받아들이고 있는데, 다음 구절에서 증명되듯이 '하나님의 아들'은 유대교에서 다윗과 같은 왕에게 주어지는 것이었다.

내가 영을 전하노라 여호와께서 내게 이르시되 너는 내 아들이라 오늘날 내가
너를 낳았도다 (시 2:7)

더 나아가 예수는 메시아의 의미를 내포하고 있는 '다윗의 아들'이라는
명칭을 거부하지 않는다.

나사렛 예수시란 말을 듣고 소리질러 가로되 다윗의 자손 예수여 나를 불쌍히
여기소서 하거늘 (막 10:47)

마지막으로, 우리는 예수가 메시아를 사칭하는 자라는 죄목으로 십자
가 상에서 죽음을 맞았다는 사실을 기억할 필요가 있다. 이러한 사실은 십
자가에 붙어 있던 푯말의 내용과 로마 병사들의 조롱에서도 잘 드러난다.
비록 예수를 통해 드러난 그리스도의 모습이 히브리 성경에서 말하고 있
는 많은 모습들과는 다른 점이 있었지만, 예수가 자신에게 주어지는 메시
아라는 비난과 고소를 피하려고 애쓰지 않았다는 사실은 유념할 필요가
있는 것이다.

2. 예수 사후의 메시아사상

위에서 논의된 바와 같은 예수의 태도는 제자들이 새로운 메시아사상
을 확립하는 데 중요한 역할을 했으며, 예수의 죽음과 그의 부활 소식에 힘
입어 제자들은 독자적 노선을 취할 수 있었다. 제자들은 예수가 구약에서
그리고 있는 메시아의 여러 모습을 보여 주고 있다고 생각했다. 예수는 왕
족으로서의 호화로운 메시아에 대해서는 상반되는 모습을 보였고, 이사야
61장 1-2절과 같은 구절은 자신의 삶을 통해 분명히 드러냈으며, 일부 구절

은 변형된 방법으로 표현했다. 그러나 이 시점에서 확실히 해두어야 할 것은, 이렇게 새롭게 발전된 기독론이 구약의 메시아사상에 재정의를 내리기는 했지만, 그럼에도 불구하고 우리는 예수를 다양한 유대 메시아사상의 넓은 흐름 속에서 보아야 한다는 것이다. 제자들의 메시아사상은 1세기에 나타난 그러한 흐름의 모습 중 하나인 것이다.

이렇게 재정립 된 기독론이 어떻게 구약의 메시아사상을 재정의하고 있는가? 이것은 과거에는 메시아의 모습을 그리고 있다고 여겨지지 않았던 구약 구절들에 대해 예수나 그의 제자들이 새로운 해석을 내림으로써 이루어졌다. 왕과 같은 메시아의 모습이 아닌 좋은 소식을 전하는 자, 백성들의 죄짐을 지고 고통당하는 자의 모습을 그리고 있는 구절들을 메시아의 모습으로 제시한 것이다. 이사야서는 다음과 같이 전하고 있다.

> 내가 붙드는 나의 종 내 마음에 기뻐하는 나의 택한 사람을 보라 내가 나의 신을 그에게 주었은즉 그가 이방에 공의를 베풀리라 그는 외치지 아니하며 목소리를 높이지 아니하며 그 소리로 거리에 들리게 아니하며 상한 갈대를 꺾지 아니하며 꺼져가는 등불을 끄지 아니하고 진리로 공의를 베풀 것이며 그는 쇠하지 아니하며 낙담하지 아니하고 세상에 공의를 세우기에 이르르니… (사 42:1-4)

> 그는 실로 우리의 질고를 지고 우리의 슬픔을 당하였거늘… 그가 찔림은 우리의 허물을 인함이요 그가 상함은 우리의 죄악을 인함이라 그가 징계를 받음으로 우리가 평화를 누리고 그가 채찍에 맞음으로 우리가 나음을 입었도다… 여호와께서는 우리 무리의 죄악을 그에게 담당시키셨도다 (사 53:4-6)

기독교 내에서의 이러한 새로운 방향성이 기독교의 중심 사상으로 자리 잡았다. 세갈(Segal)은 유대교는 하나님의 명령을 강조하면서 개인적인 헌신을 유도하는 반면 재정의 된 메시아사상에 기초한 바울적 기독교는 극적인 회심을 통한 헌신을 말하면서 세례와 같은 전통적인 의식은 별로 중시하지 않았다고 주장한다. 이와 유사하게 복음서는 고대의 유대 역사를 통해 뛰어난 유대 인물들의 특징들과 닮은 예수의 모습을 그림으로써 이러한 재정립의 과정에 기여했다. 마태는 예수를 다윗이나 모세, 아브라함과 같은 모습을 갖춘 왕 같은 자로, 무기력한 백성에게 힘을 주고 새 율법을 제시하는 자로, 좀더 넓은 세상으로 손을 내미는 자로 묘사한다. 이러한 복음서에 의한 재정의 과정은 복음서의 저자들이 일부 구약 구절들에 대해 그것이 예수를 가리키고 있다고 해석함으로써 이루어졌다.

전에 고통하던 자에게는 흑암이 없으리로다 옛적에는 여호와께서 스불론 땅과 납달리 땅으로 멸시를 당케 하셨더니 후에는 해변길과 요단 저편 이방의 갈릴리를 영화롭게 하셨느니라 (사 9:1)

이는 선지자 이사야로 하신 말씀을 이루려 하심이라 일렀으되 스불론 땅과 납달리 땅과 요단 강 저편 해변길과 이방의 갈릴리여 흑암에 앉은 백성이 큰 빛을 보았고 사망의 땅과 그늘에 앉은 자들에게 빛이 비췄도다 (마 4:14-16)

마찬가지로, 마태는 미가서의 구절을 베들레헴에서 태어나는 메시아를 가리키는 것으로 해석했다.

베들레헴 에브라다야 너는 유다 족속 중에 작을지라도 이스라엘을 다스릴 자가 네게서 내게로 나올 것이라 (미 5:2)

왕이…그리스도가 어디서 나겠느뇨 물으니 가로되 유대 베들레헴이오니 이는 선지자로 이렇게 기록된 바 또 유대 땅 베들레헴아 너는 유대 고을 중에 가장 작지 아니하도다 네게서 한 다스리는 자가 나와서 내 백성 이스라엘의 목자가 되리라 (마 2:4-6)

더 나아가 우리가 이전에 살펴보았던 것처럼, 마태는 스가랴 9장 9절을 예수의 예루살렘 입성을 예언하는 것으로 보았다. 또한 그는 시편 2편이 예수의 세례를 언급하고 있는 것으로 해석했다.

> 내가 영을 전하노라 여호와께서 내게 이르시되 너는 내 아들이라 오늘날 내가 너를 낳았도다 (시 2:7)

> 하늘로서 소리가 있어 말씀하시되 이는 내 사랑하는 아들이요 내 기뻐하는 자라 (마 3:17)

V. 결론

이 논문은 예수가 메시아라는 사실에 초점을 두고 시작했고 그렇게 끝을 맺었다. 우리가 살펴본 이슬람과 유대교와 기독교의 메시아사상 연구가 연대의 전후 관계를 보여 주지는 못했지만, 상세하지도 않고 명확성도 없었던 메시아사상이 어떻게 예수의 메시아 됨에 대해 뚜렷한 인식으로 발전되었는가를 보여 주었다.

우리의 연구 주제를 위해 몇 가지 요소를 비교해 볼 필요가 있을 것이다. 이런 비교를 통해 유대교와 이슬람의 메시아사상이 꽤 다양하게 나타났음을 발견하게 된다. 반면에 기독교의 메시아사상은 그 신앙의 역사를 살펴볼 때 초기부터 상당한 정통성을 가졌음을 보게 된다. 다음 도표는 이 세 가지 신앙의 메시아사상의 주제에 있어 서로 간의 유사성과 차이점을 보여 준다.

	이슬람	유대교	기독교
지상의 통치자	열두 번째 이맘	왕 메시아	다윗의 자손
제사장		O	
종말론적 인물	O	O	O
예수	O		O
고난당하는 메시아			O
지상에서의 삶을 살았던 존재	O		O
죽지 않음	O		
신적인 존재			O
회복시키는 존재		O	
이상향적인 존재	O	O	O
정체성에 대하여 의견이 분분함	O	O	

이를 통해 세 종교에서 나타나는 공통적인 요소를 찾을 수 있다.

첫째, 모두가 메시아를 이 세상 통치자와 연결짓고 있다. 쉬아파 이슬람은 이 세상에서 살았던 열두 번째 이맘이 나타나기를 고대하고 있고, 유대교는 부분적으로나마 고대 이스라엘의 왕들에게 기대를 하고 있으며, 기독교는 다윗 왕의 계보에 초점을 맞추고 있다.

둘째, 세 종교 모두 종말론적 차원을 메시아사상에 가미하고 있다. 이슬람과 기독교는 그 역사적 시초부터 종말론적 차원을 중심에 두고 있었고, 유대교는 후반기에 그 사상의 전개를 보였다.

셋째, 세 종교 모두 메시아사상에 유토피아적 차원을 허용하였다. 즉 메시아가 이 세상을 하나님이 창조하셨던 본래의 순수함으로 회복시킬 것이라는 사상이다.

이와 더불어 각각의 신앙은 메시아사상에 대한 독특한 관점을 갖고 있다. 유대교는 회복적인 차원, 즉 고대 이스라엘 왕국의 영광을 그리워하는 시각과 더불어 제사장적인 차원을 가미하고 있다.

기독교는 메시아가 하나님 백성들의 죄를 위하여 죽음을 통한 속죄의 고통을 당하신 분이라는 핵심사상이 독특하다. 또한 기독교만 메시아를 신적으로 묘사하는데, 이는 근본적으로 하나님과 동체이심을 주장하는 것이다.

이슬람은 메시아가(열두 번째 이맘으로 나타났든, 예수로 나타났든) 역사 속에서 실제로 살았던 존재이나 죽지는 않았고 하나님이 들어올리셨거나 숨기셨다고 생각한다.

마지막으로, 두 신앙은 비슷하고 하나는 다른 양상을 보이는 것이 있다. 기독교와 이슬람은 예수를 메시아로 인식하는 점에 동의하며, 또한 메시아는 이미 존재했었다는 믿음을 갖고 있다.

유대교와 이슬람은 기독교와 다른 점을 공유한다. 메시아의 신분, 즉 메시아가 과연 누구인가에 대해 논란이 많은데 다양한 이론들이 그들의 신앙 역사 속에서 꾸준히 전개되어 왔다는 점이다.

세 종교의 메시아사상을 검토해 볼 때, 공통점도 많지만 그보다는 상이점이 너무 커서 메시아사상을 단순하게 연속선상에 놓고 볼 수는 없다. 메시아의 십자가 상의 죽음과 부활은 기독교의 핵심이 되는 반면 이슬람에서는 십자가 상의 죽음을 부인하므로, 둘은 핵심적인 면이 분명하게 상치가 된다. 이 근본적 상치점에 대해 현대 무슬림 학자인 세이드 후세인 나스르(Seyyed Hossein Nasr)는 "꾸란은…그가 십자가에서 죽었다는 사실을 용납하지 않고 직접 하늘로 옮기웠다고 말한다. 이것은 기독교와 이슬람을 분리시키는 한 가지 절대적 '사실'로서 두 종교의 혼합을 막기 위해 섭리적으로 현실 속에 놓여진 '사실'이다."라는 글을 썼다. 이 절대적 차이점은 의문의 여지가 없다(이 차이가 과연 섭리적으로 놓여졌는가에 대한 여부는 기독교 무슬림 간의 대화의 주제가 될 수도 있을 것이다.).

각 신앙은 각각의 배경과 상황 속에서 이해되어야 한다. 그 메시아사상의 공통점들은 유대교인, 기독교인, 무슬림으로 구성된 학문적 포럼의 토의 제목으로 지성의 만남을 위해 사용될 수 있겠지만, 그 공통점들에만 토의 제목을 집중한다면 별 의미가 없게 될 것이다.

THE CONCEPT OF PEACE IN THE OLD TESTAMENT AND ISLAM

Cristian G. Rata

I. INTRODUCTION

Most people love peace and long to live in a realm of tranquility, safety, prosperity and justice. The problem is that our world has not had plenty of any of these. The "Shire" can only be imagined. Sin has distorted God's designed rest (*shabath*), and we now live in a world on the brink of World War III, a war that would be disastrous for most of the earth's population.[1] Is there a solution to this problem? Where can

---

1) References to a possible war have been spotted in the press in the confrontations between Iran, Israel and the United States. See for example the warning of President Bush about a possible World War III if Iran acquired nuclear weapons at http://fox-news.com/story/0,2933,303097,00.html (accessed Jan. 20, 2008).

peace be found? Or better yet, how can peace be achieved so that humans may again enjoy the *shabbath* rest of God?

In this essay I will attempt to give an answer to these questions from both the Old Testament perspective, and from the teachings found in Islam. More specifically, I will try to define the Old Testament concept of peace (*shalom*) and compare it with the concept of peace as found in the Islamic world. Since I write as a Christian, my analysis of peace in Islam is clearly coming from the "outside." This analysis will rely on the Quran and the *Hadith*, but I will pay special attention to current interpretations and discussions of this concept in the Islamic world.[2] My hope is that this study will help us understand our common beliefs and desires, but also our differences.

II. THE CONCEPT OF PEACE IN THE OLD TESTAMENT

The principal noun used for peace in the Old Testament is *shalom*. It is a term that is very well known not only in Israel, but also in the Christian world and beyond. The root of the word is common in many Semitic languages. It is found in Akkadian (*š/salāmū*-to be hale,

---

2) It is well known that it is wrong to speak about Islam as if it was a uniform and well-defined religion. Islam is a "many splintered thing." Thus, as it will be clear from the discussion below, I cannot offer one interpretation of this concept from Islam. It is clear that the concept of peace in the Islam of Osama bin Laden (for example) is different than that of many (and perhaps most) Muslims in the rest of the world. See the discussion below.

whole, complete), Arabic (*salima*—to be healthy, safe; to keep peace), Ugarit, Phoenician, Aramaic and even Ethiopic.[3] It seems that the Akkadian word comes closest to the core meaning of the root which points to the "notions of wholeness, health, and completeness."[4] In the Old Testament, the noun *shalom* is most often associated with the meaning of the verb "to be complete, sound," and thus it is associated with "the state of wholeness or fulfillment."[5]

1. The Pentateuch

The first time this lemma is found in the Bible is in the promise of God to Abraham: "*As for yourself, you shall go to your fathers in peace; you shall be buried in a good old age.*" Unlike his offspring who will be sojourners in a land not belonging to them, and who will be oppressed for four hundred years, Abraham will have a peaceful end, free from oppression. This word specifically occurs twice in Genesis when referring to absence of strife (26:29 and 31), and it is clear that the noun is used a few times as a greeting (29:6, 43:27 and 28). As a greeting it is usually associated with the noun "welfare"[6] and the verb "to be well." The fol-

---

3) For more details about the word in cognate languages see K&B, and BDB.
4) See P. J. Nell, "~lv" in *The New International Dictionary of Old Testament Theology and Exegesis*, edited by W. VanGemeren, 4 (Paternoster, 1997), 130.
5) Ibid.
6) This meaning is also found in Genesis 37:14 where Joseph is sent to inquire about the "welfare" of his brothers and the flocks.

lowing example from Genesis 43:27-28 illustrates this usage:[7]

> And he inquired about their <u>welfare</u> and said, "Is your father <u>well</u>, the old
> man of whom you spoke? Is he still alive?" They said, "Your servant our
> father is <u>well</u> he is still alive." And they bowed their heads and prostrated
> themselves.

In Genesis 28:21 the word clearly carries the meaning of "safety."
Thus, Jacob asks God to help him return to his father's house in peace
or "safety." In this context, it is clear that Jacob is asking God to protect
him from harm during his travels to and back. The same meaning is
evident in Exodus 4:18 where Jethro allows Moses to return back to his
brothers "in *shalom* (safety)."

Joseph's brothers (because he was loved more by their father) could not
speak to him with *shalom* (37:4). It seems that they could not speak to
him 'peacefully' or in a friendly manner.[8] In contrast, when Joseph's
brothers came to him in Egypt, and were afraid because they were
brought to his house and their money was back in their sacks, Joseph
calms them by saying: "…*shalom* to you, do not be afraid" (43:23).[9] The
expression is clearly intended to comfort the disturbed brothers and
help them regain their "peace." In 44:17, Joseph wants to send his broth-

---

7) The underlined words translate the Hebrew *shalom*. The translation is from ESV. Note
that "is your father well?" can simply be translated "How is your father?" See also Exo-
dus 18:7
8) See the JPS: "…they could not speak a *friendly* word to him."
9) Note the NIV: "It's all right…Don't be afraid."

ers back "in peace *(l-shalom)*", and to keep only the one who is guilty of stealing his cup.

A more unusual use is found in Genesis 41:16. The larger context for this use is necessary for interpretation (41:15-16):

> *And Pharaoh said to Joseph, "I have had a dream, and there is no one who can interpret it. I have heard it said of you that when you hear a dream you can interpret it." Joseph answered Pharaoh, "It is not in me; God will give Pharaoh a favorable answer.*[10]

From the context of this passage (which is given only partially above), Joseph seems to promise to Pharaoh that the answer (interpretation) which God will give to him will calm him down. In Genesis 41:8, it is clear that Pharaoh was troubled by the dream that he had, which no one could interpret. Perhaps in this case the answer of *shalom* should be understood as bringing "inner peace" and "satisfaction."

In Exodus 18 (verse 23) we also find *shaloms* conveying the meaning of "satisfaction," and perhaps also "rest." Jethro advises Moses not to wear himself and the people out by being the only judge. If he will share the load with others(and God so commands), Moses will be able to stand the strain and "the people will go home *satisfied* (NIV)."[11] It seems

---

10) Literally: "God will answer *'eth-shalom'*(where *'eth* is the direct object marker.) The JPS translates, "God will see to Pharaoh's welfare." N. Sarna points out that the meaning of this expression is unclear. Perhaps Joseph believes that Pharaoh "will receive a dream interpretation from God that will entirely satisfy" him. See N. Sarna, *Genesis, The JPS Torah Commentary* (Philadelphia: The Jewish Publication Society, 1989), 283.

11) Literally: *b-shalom* (in/with peace).

from the context that the people will be more rested (they will not have to sit around the whole day to wait for their turn), and they will be satisfied because justice will be done in their case.

In the book of Leviticus we find *shalom* only once (26:6). For the first time, we find here the promise of the Lord to give peace to his people in the Promised Land, but only if they obey his commandments. This is one of the promised blessings as a response to obedience. In this context the term clearly refers to a place where the Israelites can dwell in safety.[12] They do not have to be afraid of wild animals or the sword (26:5b-8):

> And you shall eat your bread to the full and dwell in your land securely.
> I will give <u>peace</u> in the land, and you shall lie down, and none shall make
> you afraid. And I will remove harmful beasts from the land, and the sword
> shall not go through your land. You shall chase your enemies, and they
> shall fall before you by the sword. Five of you shall chase a hundred, and a
> hundred of you shall chase ten thousand, and your enemies shall fall before
> you by the sword.

It seems that in this context *shalom* does not necessarily means absence of war, but rather that even if there is war (sword), it will not happen "in the land," but perhaps outside in the way of routing scared enemies.[13] The land will have safety, because the obedient people of God

---

12) Notice the close proximity of the noun *betach* (safety, confidence, trust). The translation of the verses is from ESV, and the rendering of *shalom* is underlined.

13) But see the contrast between *shalom* and war in Ecclesiastes 3:8, "… [there is] a time for war, and a time for *shalom*."

will be so much stronger. Another valid interpretation would understand the *shalom* in the land as being the ideal, while in cases when that is not possible and there is war, the sword (war) will be heavily infavor of Israel. The person which disobeys God (thus breaking God's covenant) fools himself if he thinks that there will be *shalom* (safety/peace) for him.[14]

Despite the fact that the exact term *shalom* is found only once in Leviticus, it is worth mentioning the importance of these "peace offerings" (zeᵒbaH šülämîm). The term is closely connected to the root *šlm* and it is important to recognize that these offerings may give us "insight in what is required to establish peace with God."[15] Thus Porter points out that the first emphasis in the Old Testament for the term peace "focuses on the sacrificial law as a means of making peace with God. Peaceful relations between humans, important as they may be, are not nearly so important as peace with God."[16] The lesson for the people of Israel and for us is to make us aware about the "costliness of peace. Peace is not simply an empty wish it is the result of a process that, in this instance, exacts the high cost of life."[17]

An important occurrence of this term is in the blessing of Aaron in Numbers 6:24-26. Here the concept of *shalom* is clearly connected to

---

14) See Deuteronomy 29:18 for the case of the man whose heart is turning away from the Lord, but still predicts *shalom* while walking in the "stubbornness" of his heart. See also Psalm 119:6.

15) S. Porter, "Peace," in *The New Dictionary of Biblical Theology,* edited by T. Desmond Alexander and Brian S. Rosner, CD-ROM (Inter-Varsity Press, 2000).

16) Ibid.

17) Ibid.

the blessing of God, his presence and grace. The person on whom God looks with favor, is protected and blessed, and he can enjoy the peace of God. Aaron should bless the people of Israel and put the name of God on them:

> *The LORD bless you and keep you;*
> *the LORD make his face to shine upon you and be gracious to you;*
> *the LORD lift up his countenance upon you and give you peace.*

The most theologically charged use in the Pentateuch is found in Numbers 25:12. Here the Lord makes "a covenant of peace" with the priest Phineas because of Phineas' zeal in killing two sinners who defiled Israel. The exact term is found four times in the Old Testament[18] and it seems that in this context the covenant should be understood as "promissory." In Ezekiel this is the "promissory covenant of God given to his restored people as an eternal blessing and salvation."[19]

In the book of Deuteronomy most of the uses of the term are in the context of real or possible conflict with other nations(see 2:26, 20:10-11, and 23:7). In chapter 20, God lays down some "rules of engagement" for the people of Israel concerning the cities that are far away from the Promised Land. Terms of peace should be offered to the cities before any siege. Only if this offer of *shalom* is not accepted, are the Israelites allowed to besiege the city and punish the adult males. Because the

---

18) See also Ezekiel 27:26 and 34:25-26.
19) Nell, "~lv," 131-32.

Ammonites and the Moabites were not helpful to the Israelites on their way from the land of Egypt, the Israelites should not "seek their peace (*shalom*) or prosperity (23:7)."

2. The Historical Books

In the historical books we find the same meanings for *shalomas* established in the use of the term in the Pentateuch. Thus we find treaties of peace made with people (Joshua 9:15), and the state of *shalom* that is supposed to follow after war.[20] The expression "to go in safety" or to be "safe" is also found,[21] and the term continues to be used as a greeting.[22] A few uses are worth analyzing in more detail.

In Judges 6 after the angel of the Lord appeared to Gideon, Gideon realizes that it was the Lord (vv. 22-24) and is understandably afraid:

> *Then Gideon perceived that he was the angel of the LORD. And Gideon said, "Alas, O Lord GOD! For now I have seen the angel of the LORD face to face."*

> *But the LORD said to him, "Peace be to you. Do not fear; you shall not die." Then Gideon built an altar there to the LORD and called it, The LORD is Peace.[23] To this day it still stands at Ophrah, which belongs to the Abiezrites.*

---

20) For this usage (as a contrast to war/conflict) see Judges 4:17, 8:9, 11:31, 21:13. For peace between nations (as absence of war) see 2 Samuel 17:3.

21) See Judges 18:6; 1 Samuel 20:13, 21, 42; 2 Samuel 3:21-23, 15:9, 27 etc.

22) The greeting is associated with welfare/wellness/health. Sometimes it can simply be translated: "are you *all right?*" See Judges 18:15, 19:20; 1 Samuel 1:17, 10:4, 17:18, 25:5-6; Esther 2:11 etc.

23) In Hebrew it is *YHWH Shalom*. That peace comes from the Lord is also supported by 1 Kings 2:33, Psalm 122:6 etc.

The message of the Lord in this context seems to be more than a simple greeting; (cf. Judges 19:20) it is intended to calm and help Gideon to regain his inner peace. As a response to this appearance of the Lord, Gideon builds an altar which is simply named: *Yahweh/Jehovah Shalom*. This is the first time in the Old Testament that the concept of *Shalom* is so closely associated with the Name of the Lord. Interestingly enough, the Lord asks Gideon to do a series of things that will disturb not only the peace of the people around him and the enemies of Israel, but also Gideon's own peace. He is asked to destroy the altar of Baal and also to fight against the Midianites. Both of these requests endanger his life. These are situations in which he most certainly needed the peace *of* the Lord and peace *with* the Lord. The altar stands as a witness of a Lord who can give peace to his servants, even if their ministry will cause strife and opposition.

In a dramatic incident, when Ahimaaz comes to bring news to David about the battle against Absalom and his troops, Ahimaaz calls to the king and says only one word: *shalom*.[24] After that he bows down and gives a positive message that God "has delivered up the men who lifted their hands" (NIV) against King David. However, even though there seems to be *shalom* on the outside (the conflict is over), there does not seem to be *shalom* inside David until he finds out about his son Absalom. The king asks twice if there is *shalom* with Absalom (1 Samuel 18:29 and 32). And when he finds out that his son is dead, the king is

24) See 2 Samuel 18:28-33. The NIV translates: "All is well."

shaken and weeps (v. 33). Even though there was peace (absence of strife) in Israel, there was clearly a lack of *shalom* (inner peace) in the heart of David because of the death of his son. Since his son was not safe (since he had no *shalom*), the king was not satisfied himself.

3. The Writings[25]

In the Writings (*Ketuvim*) we find the concept of *shalom* associated clearly with righteousness and with wisdom. Thus in the book of Job, Eliphaz (one of the wise) says that the wicked's *shalom* (peace and tranquility) is only temporary, and will be taken away (5:20-21):

> *The wicked man writhes in pain all his days, thorough all the years that are laid up for the ruthless. Dreadful sounds are in his ears; in prosperity his destroyer shall come upon him.*

The ESV and KJV translate *shalom* here as "prosperity," but the LXX translates: "…*just when he seems to be at peace, his overthrow will come.*" Of course, the connection between righteousness and *shalom* is contested by Job who sees the wicked as living on with their houses having *shalom* from fear(being safe from fear).[26] The association with fear

---

25) Here I am focusing especially on the Wisdom Literature (Proverbs, Ecclesiastes, and Job) and Psalms.
26) Job 21:9: "Their homes are safe and free from fear; the rod of God is not upon them (ESV)." See also the same dilemma in Psalm 73:3. The psalmist temporarily stumbles when he sees the *shalom* of the wicked.

(Hebrew *pachad*) is also found in the discourse of Bildad. He recognizes that "dominion and fear" are with God who is the one that can bring *shalom* (peace) in His high places.

The Book of Proverbs associates the concept of *shalom* with wisdom and obedience to the more experienced and wise.[27] The young student is also encouraged to desire and plan for *shalom* so that he or she may have joy (12:20). The following verse makes the connection between wisdom and peace obvious (3:17): "Her [wisdom's] ways are ways of pleasantness, and all her ways/paths are *shalom*." It seems that in this book the concept of *shalom* is again larger than absence of strife or war it includes prosperity, a long life, and tranquility. It is associated with the "blessed life."

In the Book of Psalms we have the following important associations of the concept of *shalom*.[28] Despite obvious opposition, the godly who trust in the Lord are filled with joy, and they can sleep in *shalom* (4:8).[29] Thus, there is safety and tranquility in the home and heart of such a person. The connection between the Lord and *shalom* is also evident in psalm 29 (verse 11), where this is found as a result of the Lord's blessing.

---

27) If the young student does not forget and keeps the teachings of his/her teacher (father?), he will have *shalom*. See Proverbs 3:1-2. In this context *shalom* is associated with long life.

28) In this book the term *shalom* is found in greater numbers (27 times) than in any of the other poetical books. Thereare only 3 occurrences in Proverbs and 4 in Job. The term seems also to be popular with Isaiah (26 times) and Jeremiah (29 times). See the discussion below. All the numbers are from a search on the lemma of *shalom* using Bible Works 7.0.

29) See also Psalm 55:18 (Hebrew 19). When many are arrayed against the psalmist, the one who can deliver and bring *shalom* is God.

In Psalm 34:15 (English v. 14), the father (or sage) urges his children to turn away from evil and to do good. Part of this doing good is the search and pursuit of *shalom*. Thus, we see that there is something that can be done for *shalom*. While it is God who grants it, there must also be an active seeking on the one who desires it.[30] This is in agreement with what we found out in Proverbs.

While there will always be enemies who will not "speak *shalom*" (Psalm 35:20), the psalmist can be comforted by the fact that the Lord delights in the *shalom* of his servant (Psalm 35:27). In this context, the term *shalom* again seems to be much broader than the English "peace." It must refer to the general well-being[31] of the person who puts his trust in God. It is a great comfort to know that the Lord delights in the well-being of his servants.

In Psalm 37, which can be classified as a wisdom/didactic psalm, there is a clear connection between the meek and upright with *shalom*. Just as the Lord delights in the *shalom* of his servants, so the meek delights in "abundant peace." While the connection between an upright life and *shalom* is more explicit in the prophets, these verses (11 and 37) also support this (ESV):

> But the meek shall inherit the land and delight themselves in abundant peace···Mark the blameless and behold the upright, for there is a future for the man of peace.

---

30) See the contrast with those seek and speak for peace in Psalm 35:20.
31) Note the following translations of shalom in this context: welfare (ESV), prosperity (KJV), well-being (NIV).

The connection is even more unmistakable in Psalm 72 (where the psalmist seems to refer prophetically to the Messianic king). Where righteousness and its fruits are present, even nature will participate in the *shalom* (prosperity). And this *shalom* will be abundant (Psalm 72:2-3, 7- ESV):[32]

> *He will judge your people in righteousness, your afflicted ones with justice.*
> *The mountains will bring shalom to the people, the hills the fruits of right-*
> *eousness···*
> *In his days may the righteous flourish, and shalom abound, till the moon*
> *be no more!*

Just as in the Pentateuch, disobedience and breaking of the covenant drive away *shalom* and bring God's displeasure, so does (more specifically) sin: "There is no soundness in my flesh because of your indignation; there is no *shalom* in my flesh because of my sin." In this context, the idea of health (ESV) and well-being is dominant. When sin disrupts the relationship with God, there can be no *shalom*.

The connection between righteousness and *shalom* is beautifully continued and presented in Psalm 85. In the midst of God's anger and displeasure with people (who need to be revived), an appeal is made to the Lord's *chesed* (steadfast love) for salvation. This salvation is then connected with *shalom* and with righteousness (vv. 7-10). While the sinful people do not deserve God's *shalom*, those who fear the Lord can hope in the presence of His glory, a presence that brings righteousness and

---

32) Abundant peace is also found with those of love the Law of the Lord (Psalm 119:165).

shalom together:

> *Show us your steadfast love, O LORD, and grant us your salvation. Let me*
> *hear what God the LORD will speak, for he will speak peace to his people,*
> *to his saints; but let them not turn back to folly. Surely his salvation is near to*
> *those who fear him, that glory may dwell in our land. Surely his salvation is*
> *near to those who fear him, that glory may dwell in our land. Steadfast love*
> *and faithfulness meet; righteousness and peace kiss each other.*

In the Songs of Ascent (Psalms 120-134), the peaceful psalmist (man of
shalom) is surrounded by those who hate peace (Psalm 120), so he urges
prayer for the peace of Jerusalem (Psalm 122:6-7), and wishes the peace of
Israel (Psalms 125[33] and 128). The last occurrence of *shalom* in the Psalter
(147:14) again gives due credit to God as the one who "makes peace" and
satisfies with "the finest of the wheat." Again, in this last reference there
is a strong connection between *shalom* and prosperity.

4. The Prophets

Isaiah and Jeremiah are the prophets who used this term (*shalom*) the
most.[34] In the Prophets, Porter finds the second Old Testament emphasis
for this term.[35] It is found in the earliest prophets and shows that despite
the fact that God provided sacrifices for the obtainment of peace, "the

---

33) Here the connection between the righteous and **shalom** is also clearly made.
34) See note 25.
35) Porter, Ibid.

people had no peace, either in the land or with God."[36] There is a need for a Redeemer to embody peace and to bring this peace to the people of God. This is found in the coming of the Prince of Peace (*sar shalom*) in Isaiah 9:6 (verse 5 in Hebrew), and continues in the Messianic hymn from chapter 11.[37] In chapter 9 the Prince of Peace both resembles God and is also depicted in human terms; "he will grow in power, sit upon the throne of David and establish an eternal kingdom" (Is. 9:7).[38]

In the Prophets we find again, just as in Psalms,[39] a strong relationship between righteousness and *shalom*. Isaiah 48:18 is explicit in its observation that "peace and righteousness flow from observance of Yahweh's commands and can be seen as his blessing."[40] Notice again the desire of God that his people enjoy peace : "Oh that you had paid attention to my commandments! Then your peace would have been like a river, and your righteousness like the waves of the sea" (ESV). The prophets clearly proclaim the need for a new "world order," a new kingdom where *shalom* rules and righteousness is restored : "I will make your governor *shalom* (peace) and righteousness your ruler."

---

36) Ibid.
37) Of course the lack of war between nations (the nations "will beat their swords into plowshares") is found already in Micah 4 and Isaiah 2. In Isaiah 11 we also find peace between humans and animals. In verse 6 the "wolf shall dwell with the lamb⋯and a little child shall lead them (ESV)."
38) Porter, ibid.
39) See especially the discussion on Psalm 85 above. This section relies on the analysis of Nell, "Peace," 132.
40) Ibid.

5. Conclusions

It is clear from this brief survey of the term *shalom*, that the term is not simply referring to absence of strife and war, but has a broader meaning. The most essential peace in the Old Testament is that between man and God, and that is not possible without sacrifices and obedience to God's rule. God is the only one who can confer *shalom* (peace, wellness and prosperity) on his people and who even delights to do that. But for that to happen, human beings must live in submission and trust to Yhwh *shalom*, and they must actively pursue it. Throughout their history, the people of Israel have failed to live in such a way as to delight God and to enjoy his *shalom*. However, hope remains in the coming eternal kingdom of the Prince of Peace who will unite in his living and ruling, both *shalom* and righteousness. There can be no *shalom* without righteousness, the two must "kiss" each other.

III. THE CONCEPT OF PEACE IN ISLAM

To describe the concept of peace in Islam is more difficult, because we are dealing with a religion, not only with a text like the Old Testament. One can proceed in at least three ways : 1) examine the Islamic texts, specifically the *Quran* and the *Hadith*[41] which deal with the con-

---

41) This is a term that refers to the oral traditions relating to the words and deeds of Mu-

cept of peace, 2) rely on the analysis of this term from Islamic sources, or 3) a combination of the two. Since I am not an expert in the interpretation of the *Quran*, I will rely mostly on Islamic interpretations of the *Quran* on this issue or the second approach. I believe that this approach is also more objective for Muslims, because I cannot be accused of only rely on my biased Christian interpretation.

Unfortunately, Islam is a "many splintered thing"[42] and there is no such thing as one Islamic view on peace. There are at least two views on peace, a non-violent and acceptable one, and a militant and dangerous one. The latter one was on display on September 11, 2001, and is associated with Osama bin-Laden.[43] The more peaceful one is exemplified by Shiite religious authority Imam Muhammad Shirazi, and the more militant view is represented by Sayyid Qutb.[44] In this essay I will

---

hammad (the prophet of Islam). It is well known that in Islam the most important source for authority is the *Quran*. This is followed by the Sunnah of the Prophet preserved in the *hadiths* (traditions), and by the approved practice of the community (*ijma*). The *Ijtihad* deals with judgment on issues not found in the *Quran*. The **Sharia** is the body of laws which govern the Islamic state.

42) See J. Beverly, "Islam a Religion of Peace?" http://christianitytoday.com/ct/2002/jauary7/1.32.html (accessed 13 Dec. 2007).

43) Notice the useful analysis of Beverly (Ibid.) about the "three distinct interpretations of the events of September 11." In the first interpretation "the terrorist acts do not represent Islam" because (as president George W. Bush put it) "Islam is a religion of peace." The people who did this are a "small group of deranged militants" etc. In the second interpretation a "darker side" of Islam is brought forth. In this view there is a less optimistic and positive view of Islam. This is a "paranoid Islam, which blames outsiders, 'infidels' for most of the problems of Muslim societies and which is presently the fastest growing version in the world. The third view believes that September 11 represents the true Islam.

44) Sayyid Qutb is usually considered the "man whose ideas would shape Al Qaeda." See Paul Berman, "The Philosopher of Islamic Terror," *New York Times Magazine* (March

limit my presentation to these two views.

It is appropriate first to notice that the word for peace in Islam is a cognate of the Hebrew word *shalom*. Thus, Muslims greet each other with *salām alekum*, which literally means "peace to you," just as many modern Israelis greet each other with *shalom mah shlomka*. The noun comes from the verb *salima*, and it can have the following meanings depending on the context: to be safe and sound, secure, to preserve, to keep the peace, make one's peace, to surrender.[45] The noun *salām* can have the following meanings: soundness, well-being, peace, peaceful-ness, safety, and security.[46] Thus, it is clear from these dictionary defi-nitions that the meaning of the noun *salām* comes very close that of *shalom* in the Old Testament.

The word *salām* is frequently found in greetings in the *Quran*. No-tice the greeting in Paradise : "Those who believe and did the right, will be admitted to the gardens with rivers flowing by, where they will abide by the leave of their Lord, with 'Peace' as their salutation."[47] In this usage, the parallel with the Old Testament is obvious, and there are also paral-

---

23, 2003) and J. L. Esposito, *Unholy War* (Oxford, 2002), 56-51. He was executed in 1966 by the Egyptian government, and was the leading intellectual of the Muslim Brother-hood. See Sayyid Qutb, *Islam and Universal Peace* (American Trust Publications,1993), ix-xii.

45) See J. M. Cowan ed., *The Hans Wehr Dictionary of Modern Written Arabic* (Spoken Language Services, 1994), 495-496. Notice that these are only some of the most common of the possible meanings. Just as in Hebrew (and other Semitic languages) the mean-ing of the verb varies with the stem.

46) Ibid. Note that one name for Paradise is *dar-asslām* (lit. The Place of Peace).

47) Q 14:23. The greeting is found in many other places: 33:44, 36:58 (again in Paradise), 37:79, 109, 120, 130, 181, 51:25 etc.

lels with the greetings of Jesus[48] and that of many Christians today.[49]

Another parallel that is already visible in the dictionary definition has to do with the range of the word. It is more that an absence of strife. Thus, Sayyid Qutb divides his book on *Islam and Universal Peace*[50] in several sections: The Islamic Concept of Peace, Peace of Conscience, Peace at Home, Peace in Society, Peace through Law, and World Peace. It is evident from this division that peace in his version of Islam is not limited to a lack of strife or war, but has other dimensions as well.

Sayyid Qutb reminds us that Islam is a "comprehensive religion" which "fully covers the issue of universal peace treating it as an attainable ideal which should be an integral part of life and which ought to dominate all fields of human activity."[51] In his concept of peace, there must be freedom, justice and security for all people. Thus, "peace cannot be established by abstaining from war when there is oppression, corruption, despotism and denial of God's supremacy."[52] The sequence for achieving peace goes from the individual's conscience, to his family, followed by the community and then proceeds to international relations.

In this sequence "Islam requires that there be peace between the individual and his Creator, between the individual and his conscience, and between him and his community."[53] Only when these preliminary

---

48) Notice the teachings and greetings of Jesus in Luke 10:5, 24:36, John 20:19 etc.
49) The Christians in Romania still greet each other with "Pace," which simply means peace.
50) See note 44 for the full reference.
51) Qutb (1993), 15. This whole section is based on Qutb's work.
52) Ibid.
53) Ibid.

stages have been completed should one proceed to attaining peace between one state and another. Thus, to achieve world peace one must follow these stages.

It seems to me that most Muslims would not have any major disagreements with this sequence. We all agree that man has to make peace with God first, then proceed to peace with himself, peace at home, and then in society and beyond. The question is, how does one achieve this? More important, how does one cross from peace in the family to peace within the community and the world?

For Qutb, and Islam,[54] peace of conscience comes simply from confession of sins and repentance. This is based on the mercy of God who does not need "the suffering and the crucifixion of a god to absolve human quilt···It is enough for anybody who wants to repent to appeal directly to God [there is no need for a priest or a confessional], admit his sin and declare his intention not to commit it again."[55] Since Islam emphasizes God's mercy and not man's guilt, sinners do not need to continue to suffer from anxiety once they confess their sins and repent. Peace of conscience is possible in this way. The *Quran* clearly states (Q 39:53) : "O creatures of God, those of you who have acted against your own interests should not be disheartened of the mercy of God. Surely God forgives sins. He is all-forgiving and merciful."[56]

---

54) So far, the sequence of Qutb seems to be accepted by most branches of Islam. The differences are on how these steps (especially the last one) can be achieved.
55) Qutb (1993), 21.
56) See also Q 12:87, 3:14-17, 7:19-23 etc.

Qutb proceeds to say that "Islam is careful not to burden the individual with more than he can tolerate," and then admits that "anger and bitterness are natural feelings" which cannot be obliterated, but must be controlled. Islam brings peace in man's hearts by making men trust in God's merciful guidance and care. Of course, to achieve this peace the individual must sincerely wish it.[57]

Peace at home and in society can be achieved by obeying certain codes of conduct and laws. Under this section, Qutb discusses the importance of chastity before marriage, the very powerful urges of sex which must be controlled, and polygamy which is a "safety valve" against lust. The mutual aid of the extended family should help to establish the "mutual confidence and collective security of all."[58] In society peace is possible only when the social life is governed by Islamic laws as commanded by God.[59]

The most controversial section, one in which Qutb comes into direct conflict with the more "moderate" Muslims, is the section on world peace. Qutb believes that world peace is only possible through force and war. Even though in Islam "peace is the rule," one should resort to war to achieve the following:

> To uphold the realm of God on earth, so that complete submission of men would be exclusively to Him. To eliminate oppression, extortion, and injustice by instituting the Word of God…[60]

---

57) Qutb, ibid., 23-29.
58) Qutb (1993), 43.
59) Ibid., 45.
60) Ibid., 12.

There is no doubt from Qutb's writings that he believes in a *jihad* for the cause of God.[61] This *jihad* allows, at times, the use of force and violence. He justifies his theories from the examples of the Prophet and his followers, and from the texts in the *Quran* and the traditions of the Prophet. In his analysis, there was a time when even the Prophet and his followers accepted to fight against the polytheists. The development of fighting and war is described as follows:[62]

> God held back Muslims from fighting in Mecca and in the early period of their migration to Medina, and told them, "Restrain your hands, and establish regular prayers, and pay *Zakat*". Next, they were permitted to fight: "Permission to fight is given to those against whom war is made, because they are oppressed, and God is able to help them. These are the people who were expelled from their homes without cause. The next stage came when the Muslims were commanded to fight those who fight them···And finally, war was declared against all polytheists···Thus, according to the explanation given by Ibn Qayyim, the Muslims were first restrained from fighting; then they were permitted to fight; then they were commanded to fight against aggressors and finally they were commanded to fight against all the polytheists.

---

61) See especially his presentation in *Milestones* (Mother Mosque Foundation), 53-76. He relies in this section on the treatment of Ibn Qayyim (who was a famous early Sunni commentator of the Koran). Note that *jihad* is usually understood to be of two kinds: the greater *jihad* as the struggle to lead a good Muslim life, and the lesser *jihad* as the fight to spread the message of Islam. See the chapter on jihad by Esposito (2002), 26-70.
62) Qutb, *Milestones*, 64. He bases himself especially on Q 3:74-76 and 9:29-32. For the infamous "Sword Verse" (*Ayat al-Sayf*) see Q 9:5:" ···slay the idolaters wherever you find them···" For a Christian explanation of this verse see www.answering-islam.org.uk.

Thus, in the view of Sayyid Qutb, which is based on Ibn Qayyim, there is such a thing as a legitimate war of aggression, there is a command "to fight against all the polytheists." In this scheme, to achieve universal peace one must fight. In his words, "Islam has the right to take the initiative···this is God's religion and it is for the whole world. It has the right to destroy all obstacles in the form of institutions and traditions which limit man's freedom of choice."[63] It is the duty of Islam to remove, by force if necessary, any obstacle that exists in the path of the law of God (*Shari'ah*). An option for an Islamic revolution remains "violent revolution, the use of violence and terrorism to overthrow established ("un-Islamic") governments···"[64] It is clear that in the spread of Islam, preaching is not enough.[65] In certain situations it has to be accompanied by force. The People of the Book, which includes Christians and Jews, are allowed to keep their religion as long as they are subdued and pay *Jizyah*.[66]

Of course this militant form of Islam is not accepted by many Muslims today. These other Muslims also appeal to the *Quran* and the traditions to support their points, but their interpretations and conclusions are very different than those of Sayyid Qutb and his followers. For a brief example of what I call a more moderate view, it is also a more

---

63) Ibid., 75. See also Qutb (1993), 12.
64) Esposito (2002), 61.
65) Qutb, *Milestones*, 58: "The establishing of the dominion of God on earth···, and the bringing about the enforcement of the Divine Law (*Shari'ah*) and the abolition of man-made laws cannot be achieved only through preaching."(The emphasis is mine).
66) This is a tax that non-Muslims must pay

peaceful view of Islam I will summarize the writing of Imam Muham-mad Shirazi.[67]

Shirazi starts by pointing out that "war is the worst thing known to mankind," it is an "illness," and should be entered only as a last resort.[68] According to his interpretation of the texts, the Prophet "did not instigate a single war, but rather made war only in self-defense,"[69] and he also strove to keep the amount of killing and prisoners "to a bare inimum."[70] The *Jizyah*, the tax collected from unbelievers, should be collected from unbelievers, which includes Christians, Jews, and Zoro-astrians, who are living as "the people of *dhimma*."[71]

A comprehensive peace is possible only if we "transfer the weapons making factories into those of peaceful motives,"[72] and we eliminate the roots of war. "The roots of war are human deprivation, which brings about revolution against the group causing this deprivation. The causes of deprivation are colonialism, exploitation, and despotism in govern-

---

67) I am relying on his book *War, Peace & Non-Violence: An Islamic Perspective* (Foun-tain Books, 2001). For a similar peaceful presentation of Islam see Ahmed Zaoui, "Pea-ce in Islam: History, Precept and Practice," http:///www.scoop.co.nz/stories/HL0509/500344.htm (accessed Jan. 24 2008). The article is based on a lecture given at University of Auckland on September 21, 2005. He argues that Mohammed was a peacemaker and Islam accepts only defensive wars (force can be used only in self-defense). To achieve peace one must achieve first inner peace (God is the source of peace, see Q 8:53), and then proceed to dialogue and education. Terrorism is "a sham and a disgrace."
68) Shirazi (2001), 5-6.
69) Ibid., 6.
70) Ibid., 9.
71) The simplest way to describe the "people of the *dhimma*" is as second class citizens. See Q 9:29.
72) Shirazi, ibid., 15.

ment, in economics, or in science and education."[73]

Despite the more moderate and "enlightened" approach of Shirazi, he does not give up on the idea of "the advancement of Islam," but he hopes that this expansion will take place through peace, just as Mohammed progressed "through peace that he adopted as a mantra."[74] He also suggests the following steps "to establish a government for the millions of Muslims on the earth:"[75] follow the peaceful way of the Prophets and the Imams which include forgiveness, kindness, humility, patience, seek peaceful interaction among the members of the Islamic movement itself, strive to be a human being, seek free and fair elections annually or biennially, and instill peace on and instruct self. The Muslim should instill peace in himself every morning, noon, and afternoon, at sunset and in the evening through the obligatory prayers that he repeats in every prayer : (*Peace be upon you O Prophet*···, *Peace be upon yourself O*[76] *righteous servants of Allah*···.")

Conclusions

It is clear that these two Islamic views on peace overlap, but they also have some significant differences. They both understand that peace is more than just the lack of strife or war, and they understand

---

73) Ibid., 16-17.
74) Ibid., 69-70.
75) Ibid., 78.
76) Shirazi (2001), 95 and 69-96.

the importance of seeking inner peace. They would probably agree with the following definition of peace by Abdul-Aziz Said as :[77]

> ···the condition of order defined by the presence of such core Islamic values as justice, equity, human dignity, cultural coexistence, and ecological stability, and not merely by an absence of direct violence.

However, they differ on the concept of the spreading of their faith. Qutb is clearly more militant and justifies the use of force to bring the universal peace of Islam on other civilizations. Shirazi believes in a spread of the faith solely through peaceful means, just as the Prophets and the Imams did in the past. These are two ways to interpret the *Quran* and the *Hadith*, and most Muslims are gravitating in and around one of these two camps.[78]

The important and relevant questions are: Which is the accurate view? More specifically, which is the view that comes the closest to "*Quranic* Islam"? Is there such a thing, or is every interpreter left to his own devices?[79] There is no question that today many doubt the peaceful interpretation of Shirazi (and Zaoui) as it is applied to the Prophet,

---

77) Cited in Zaoui (2005), Ibid.
78) Of course there are people to the right of Qutb, and people to the left of Shirazi (who would probably be against the tax being imposed on "unbelievers")."
79) Notice the interesting observation of Zaoui (2001, Ibid.) concerning his address on Peace in Islam: "Like any text, the *Quran* is susceptible to many different interpretations. None of these interpretations are necessarily authoritative because there is no clergy in Islam. What I will be advancing is a particular interpretation of the *Quran* that is informed by the text, its context, and subsequent jurisprudence."

his followers, and the violent passages in the *Quran*. There is no doubt that many people believe that Islam is a religion of "pieces," and not of peace[80] Which is the truth?

IV. CONCLUSION

This essay has attempted to present the Old Testament and the Islamic views on peace in a careful and sensitive way. It is clear that there are many agreements between the Old Testament concept of *shalom* and the Islamic *salām*. They both mean more that absence of strife. They both can mean wholeness and well-being, and they both can be found only where there is justice. The problem is that there are differences in how justice is defined, and there are differences on how this peace should be achieved. In the Old Testament vision, especially under the Prince of Peace, there is only one class of citizens. In *Quranic* Islam, even in its more moderate versions, the "unbelievers," which include Christians and Jews, partake in a "justice" in which they are humbled and have to pay additional taxes (Q 9:29).[81]

---

80) Notice for example the case when Abdul Raoulf from Afghanistan converted to Chri -stianity. Senior Muslim clerics demanded that he be executed, "warning that if the government caves in to Western pressure and frees him, they will incite people 'to pull him into pieces.'" See the article of Michelle Malkin, "The Religion of Pieces," http:/michellemalkin.com/2006/03/24/the-religion-of-pieces (accessed Jan. 24 2008). Of course, there are other instances of this phenomenon.

81) There is more to this than taxes and humiliation. To my knowledge there is no Muslim country in the world at this point in which Christianity is not restricted in one way

Both the Old Testament and Islam agree that God is the only one who can bless a nation or an individual with peace. They also agree that it is everyone's duty to seek first peace with God which ultimately leads to peace with self. Again—the paths on how peace with God is achieved are different. In both Christianity and Old Testament religion, some sacrifice is necessary for the establishment of peace between man and God. In Islam, a simple confession of sins and repentance seems to be enough. Islam has no place for "peace offerings," and has even less place for the Cross of Christ.

Both the Old Testament and Islam seek and desire a universal peace, but they disagree on how to get there. In fact, the Old Testament does not believe that we will ever get there until the coming of the Prince of Peace.[82] In my readings of both Sayyid Qutb and Shirazi, I am amazed at the optimistic view of the human nature that they display. Even though they recognize the much needed help of God necessary for one's "reformation," they both seem to hold the idealistic and unrealistic view that "peace on earth" is achievable through largely human means. If we just use enough preaching and force, when necessary, to open the whole world to *Shari'ia* Law (Qutb) or forgive and spread Islam through peace-

---

or another (building of new churches, witnessing, etc.). The fact that even a secular Muslim country as Turkey opposes its citizens to change their religion (because it insults "Turkishness") speaks volumes about the justice and freedom of religion available in Muslim countries.

82) The New Testament teaching is that peace comes from Jesu (see John 14:27). This is an inner peace that cannot be disturbed by persecution, oppressions, and lack of justice.

ful words, actions, and writings, things will be better.

Are things really going to be better if *Shari'ah* is imposed on people of different faiths who love their freedoms even if their freedoms are "wrong"? Is there real justice in a society where you can't change, and therefore choose, your religion for fear of being "torn to pieces?" Or are these views and attitudes only those of the militant and fanatic few? I surely hope so, but the evidence seems to point in a different direction.

It seems that the Muslims "are in a struggle for the soul of Islam,"[83] The question is : which side will prevail? I pray that the peaceful side will. Because we all want *shalom/salām:* peace with God, peace with the self, and peace with one another, even if we disagree on how to get there and on what this should be based on.

In Christianity, if not in the Old Testament, from "the beginning Christians were taught both by percept and practice to distinguish between God and Caesar and between the duties owed to each of the two. Muslims received no such instruction."[84] Thus in Islam there is no separation between "church and state." The laws of the state and the Laws of God (*Shari'a*) must coincide. Thus, a law is imposed on people which was not voted for and defined by themselves, but one which is defined by Islamic laws. Are these laws just enough, especially for women, foreigners, and the weak, to make *salām* possible? Or will it tear people to "pieces" inside and out?

---

83) Beverly (2002), Ibid.
84) B. Lewis, What Went Wrong (Oxford, 2002), 103.

Both Islam and Christianity are universal and expansionistic reli-
gions. Because of this they will come in conflict. What form will this
conflict take? Unlike Qutb in relation to Islam, the majority of Chris-
tians believe that they must spread their faith only through preaching,
without any type of force. It is not their primary purpose to change
governments and institutions, but rather to bring the peace of Christ
in the hearts of human beings. Complete *shalom*, especially external
shalom, and righteousness are possible only at the coming of the Prince
of Peace, who is Jesus Christ.

I conclude this article on a pessimistic note, but I offer hope. It is
not possible for one to have peace with oneself if there is no peace
with God. Peace with God is only possible through sacrifice. More spe-
cifically, we are reconciled to God through the blood and the Cross of
Christ.[85] As long as a nation or religion denies and despises the Cross
of Christ, peace cannot exist among its adherents, among its faithful,
and beyond. Perhaps the reason that Islam has "bloody borders,"[86] is
because it is the only major religion that specifically rejects and "belittles
Jesus Christ."[87] Real lasting peace can only be spread through just and
peaceful means, by persuading others with words. We should always

---

85) See Ephesians 2:13ff.
86) For a convincing and detached opinion of a (disinterested?) secular humanist, see the
observation of S. Huntington, *The Clash of Civilizations and the Remaking of World
Order* (Simon & Schuster, 1998), 254-258. He brings overwhelming and solid evidence that
"Islam has bloody borders."
87) J. Piper, "How Christians Should Respond to Muslim Outrage at the Pope's Regensburg
Message About Violence and Reason," www.desiringgod.org (accessed Jan. 24 2008).
The last part of my conclusion is based on this article.

"be ready to die, but never to kill, for the sake of commending Jesus Christ as the Son of God who died for sinners and rose again as the Lord of the universe" and Prince of Peace. May God grant us and to our Muslim friends his joyful and enduring *shalom*.

[References Cited]

Beverly, J. A. "Is Islam a Religion of Peace?" *Christianity Today.* Posted on 01/07/2002 at http://www.christianitytoday.com/ct/2002/january7/1.32.html. Accessed 13 DEC. 2007.

Cowles, C. S. *et al. Show Them No Mercy : Four Views on God and Canaanite Genocide.* Zondervan, 2003.

Esposito, J. L. *Unholy War : Terror in the Name of Islam.* Oxford, 2002.

Friedman, T. L. *From Beirut to Jerusalem.* Doubleday, 1990.

Healey, J. P. "Peace." *In Anchor Bible Dictionary.* Volume 5. Edited by D. N. Freedman. Doubleday, 1992. 206-207.

Huntington, S. P. *The Clash of Civilizations and the Remaking of World Order.* Simon& Schuster, 1996.

Koehler, L. and W. Baumgartner, "~Alv." *The Hebrew and Aramaic Lexicon of the Old Testament.* CD-ROM. Brill, 1994-2000.

Lewis, B. *What Went Wrong? Western Impact and Middle Eastern Response.* Oxford, 2002.

Makin, M. "The Religion of Pieces. "http://michellemalkin.com/2006/03/24/the-religion-of-pieces. Accessed 24 Jan. 2008.

Nel, P. J. "צדק" in *The New International Dictionary of Old Testament Theology and Exegesis.* Edited by W. A. Van Gemeren. Volume 4, Paternoster, 1997, 131-135.

Piper, J. "Enemies of the Cross and How to Respond to Them" www.desiringgod.org. Posted on 14 Dec., 2005. Accessed on 11 Jan., 2008.

_____. "How Christians Should Respond to Muslim Outrage at the Pope's Regensburg Message About Violence and Reason." www.desiringgod.org. Posted on September 20, 2006. Accessed on 11 Jan., 2008.

_____. "The Great Offense : Was Jesus Really Crucified?" From www.desiringgod.org. Posted on 1 Jan., 1994. Accessed 11 Jan. 2008.

_____. "'I Will Build My Church'-From All Peoples." www.desiringgod.org. Posted on October 28, 2001. Accessed 11 Jan., 2008.

Porter, S. E. "Peace." *In the new dictionary of Biblical Theology.* Edited by T. Desmond Alexander and Brian Rosener, CD-ROM, Inter-Varsity Press, 2000.

Qutb, S. *Islam and Universal Peace.* American Trust Publications, 1993.

_____. *Milestones,* The Mother Mosque Foundation. no publication year.

Rasheed, A. R. et al. "Building Bridges for Peace Between Muslims & Christians." From http://www.geocities.com/waikatomc/4downloads/bridge-builder3.pdf. Accessed 11 Jan., 2008.

Sama, N. Genesis. *The JPS Torah Commentary.* Philadelphia: The Jewish Publication Society, 1989.

Shirazi, M. War, *Peace & Non-violence: An Islamic Perspective.* Fountain Books, 2001.

Spencer, R. *Religion of Peace? Why christianity Is and Islam Isn't.* Regnery, 2007.

Zaoui, A. "Peace in Islam : History, precept and practice." Lecture delivered at University of Auckland, 21 September 2005. http//www.scoop.co.nz/stories/HL0509/500344. htm (accessed Jan. 24, 2008).

[Abbreviations]

Q   *Al-Quran*, A Contemporary Translation of Ahmed Ali. Princeton University Press, 1993.

BDB Brown, F., S. R. Driver, and C. A. Briggs (eds.)-*Hebrew-English Lexicon*.

ESV *English Standard Version*.

JPS Jewish Publication Society (1985).

K&B Koehler, L. and W. Baumgartner (eds.)-*Hebrew-Arabic Lexicon*.

NIV *New International Version*.

2부 이슬람 신학

알 가잘리의 신 개념[1]
: 초월과 내재의 관점에서

박성은

I. 서론

신이 유일하다는 것은 무엇을 의미하는가? 이슬람 철학자와 정통 이슬람 신학자, 수피, 그리고 기독교에서는 신의 유일성을 어떻게 이해하고 있는가? 왜 이들은 유일신 개념을 다르게 이해하고 있는 것일까? 이 논문은 알 가잘리의 신 개념이 심화 혹은 변화의 과정을 겪었다는 것은 무엇을 의미하는가에 대한 질문을 염두에 두면서 알 가잘리(al-Ghazālī)의 신 개념을 초월과 내재의 관점에서 분석한다.

알 가잘리는 철학자이자 신학자이며 수피였다. 그는 어린 시절 수피에게 양육을 받았으며, 그는 스승 알 주와이니(Imām al-Haramayn)에게 정통 신

---

1) 이 논문은 「알 가잘리의 신 개념 : 초월과 내재의 관점에서」 박사학위논문(백석대, 전문대학원, 2009,6)의 자료를 보충하고 발전시킨 것이다.

학, 법학, 수피사상을 배운다. 그는 정통 이슬람의 입장에서 철학자들로부터 정통 이슬람을 수호하나 실존적 위기를 만나 구도자적 순례를 떠나며, 수피즘에서 신과의 내적 체험을 통해 그의 신 개념을 완성하기에 이른다.

본 논문은 알 가잘리의 신 개념을 명백히 인식하는 데 그 일차적인 목표가 있으며, 알 가잘리와 기독교의 유일신 개념의 공통점과 차이점을 명백히 인식하는 데 이차적인 목표가 있다. 나아가 유일신을 강조하는 이슬람과 기독교의 공통점과 차이점을 명백히 인식함으로 상호 이해의 지평을 넓혀 오해와 갈등을 줄이는 것을 최종 목적으로 한다.

II. 신의 유일성 : 신의 본질과 속성을 중심으로

알 가잘리의 신 개념은 신의 유일성 개념에 대한 해석으로부터 출발한다. 이슬람은 유일신 사상을 강조한다. 무함마드도 다신론 사회에서 신의 유일성을 강조했다. 알 가잘리의 유일신 개념은 정통 이슬람적 입장에 있으며, 그 개념은 따우히드(*tawhid*)로 요약할 수 있다.

본 장에서는 알 가잘리의 유일성 개념을 파악하기 위해 그의 유일성 개념을 신의 본질과 속성을 중심으로 분석할 것이다. 그리고 알 가잘리의 입장과 첨예하게 대립하고 있는 아비센나(Avicenna)의 신의 단순성 개념 또한 신의 본질과 실존을 중심으로 분석할 것이다.

신의 본질과 속성은 알 가잘리의 신의 유일성 개념을 이해하는 데 있어서 중요한 주제이다. 왜냐하면 신의 본질과 속성에 대한 해석에 따라 신의 유일성에 대한 개념이 다르게 형성되기 때문이다. 알 가잘리는 『철학자들의 부조리』 제6항에서 신의 속성을 부정하는 아비센나와 같은 철학자들의 주장을 반박했다.[2] 또한 제8항에서 일자(The First)인 신은 본질을 가지지 않는 단순한 존재(simple existence)[3]라고 주장하는 아비센나의[4] 입장을 반박했다.[5] 알 가잘리에 따르면, 아비센나의 주장은 정통 이슬람의 관점에서 볼 때 비(非)신앙적 진술이다.[6] 신의 속성들을 인정하여도 신의 유일성에 손상을 끼치지 않으며, 신의 속성을 통하여 신을 제한적으로 파악할 수 있을 뿐만 아니라 신의 속성 자체가 신의 본질 안에 속하는 것으로 보았다. 알 가잘리는 신의 본질과 속성의 관계를 다음과 같이 설명한다.

> 신의 속성은 신의 본질과의 관계에서 볼 때 우연적이다.[7] 신의 본질은 별개의 것으로 자존하는 것이 아니라 그 안에 신의 속성들이 존재한다. 신의 본질은 단독으로(for itself), 원인 없이 속성과 함께 영원히 존재한다.[8] 신은 영원한 속성을 가진다. 신의 속성 또한 원인을 갖지 않으며, 원인 없이 영원하다.[9]

알 가잘리는 신의 속성을 부정하는 아비센나의 신 개념을 반박하는 과정을 통해 정통 이슬람을 수호한다.[10]

---

2) Al-Ghazali, *Tahafut al-Falasifah, translated,* introduced, and annotated by Michael E. Marmura-1st ed, *The Incoherence of the Philosophers*, a parallel English Arabic text (Provo, Utah: Brigham Young University Press, 1997), 10.
3) Ibid, 10. 아비센나는 본질과 존재를 구별하는 인식론적 구도인 존재론적 사유에 그 근거를 두고 그의 신 인식을 출발한다. Avicenna, *Metaphysics* Ⅷ. 4, 345, Lines:12-16; Acar, Rahim. "Creaton: A Comparative Study between Avicenna's and Aquinas's position." Ph. D., Havard University, 2002. 109에서 재인용.
4) 아비센나(1037년 사망)는 아리스토텔레스 철학과 신플라톤주의 철학을 계승하는 동시에 극복하며 이를 이슬람에 접목하여 자신의 독특한 신개념을 형성한다. 알 가잘리는 『철학자들의 부조리』에서 특히 아비센나의 신의 유일성, 영원성, 전지에 대한 개념이 정통 이슬람의 신개념과 충돌하므로 이를 반박한다.
5) Al-Ghazali (1997), 10.
6) Ibid., 97-98.
7) Ibid., 100.
8) Ibid., 99.
9) Ibid., 102.
10) Ibid., 98.

한편, 아비센나와 같은 철학자들이 신의 속성을 부인하는 이유는 다음과 같다.

> 신의 속성을 인정하는 것은 신의 본질 그 자체를 감소시키는 것으로 철학자들은 이해하기 때문에 신의 본질에 속성이 더해지는 것을 인정하지 않는다. 그들은 인간의 본질에 지식과 힘과 같은 것들이 더해지듯이 신의 본질에 무엇이 더해지는 것을 허용하지 않는다. 속성은 다수한 존재에 필연적이다. 왜냐하면 만약, 인간에게 발생한다면 이것은 속성이 본질에 더하여진 것이다. 속성을 인정하는 것은 단순한 필연존재에 다수성을 인정하는 것이기 때문에 철학자들은 속성들을 부인한다.[11]

아비센나가 신의 속성을 인정하지 않는 이유는 신의 단순성(simplicity)에 위배되기 때문이다. 아비센나에 따르면, 신은 존재 이외의 본질을 갖지 않으며, 신은 본질과 실존으로 구성되지 않는 단순한(simple) 존재이다.[12] 인간의 지식과 힘 등 인간의 속성들은 인간의 본질에 속하지만, 신의 지식과 힘 등, 신의 속성들은 신의 본질에 속하지 않는다. 단순한 존재는 그의 존재로부터 구별되는 본질로 구성되지 않는 반면, 다수한 존재는 그 존재에 본질이 더해진 존재이다. 신은 실존하는 것들의 속성과 구별된다.[13] 인간은 구성된 존재로서 본질이 더해진 존재인 데 비해, 신의 존재는 구성된 것도, 존재로부터 구별되는 본질 또한 갖지 않는다. 단순한 존재는 존재의 필연성 이외의 다른 필연적인 존재에 속하는 본질은 없다.[14] 사람들은 필연적인 존재란 말과 단순한 존재의 차이점을 알기 원한다.[15] 신의 단순성(simplicity)은 아비센나에 있어서 가장 다루기 힘든 신의 속성이다. 라힘 아카르(Rahim

---

11) Ibid.
12) Avicenna (2005). 4, 344, Rahim Acar (2002), 108.
13) Avicenna (2005). 4, 347, Lines:10-16. Rahim Acar (2002), 111.
14) Avicenna (2005), 4, 346, Lines:11-12, Rahim Acar (2005), 109-110.
15) Avicenna (2005). .4, 346, Lines:13, 347, Lines:13. Rahim Acar (2002), 110.

Acar)는 아비센나가 신의 본질을 그의 존재와 동일한 것으로 간주하는지는 분명하지 않다고 지적한다. 다만 우연적인(accidental) 존재처럼 본질이라는 것이 추가(addition)되지 않는 존재인 것은 분명하다.[16] 아비센나는 신은 단순해야 완전한 것으로 간주한다.

> 그 첫 번째 논거로 만약, "이것은 저것이 아니다." 그리고 "저것은 이것이 아니다." 라고 한다면, 각각 하나는 그것의 실존 안에서 다른 것을 나누는 것이 될 것이며, 각각은 다른 것을 필요로 하는 것이 될 것이며, 혹은 하나는 다른 것으로 나누게 되는 것이며, 그 나머지는 또 다른 것을 필요로 하는 것이다. 그러므로 "단순한 존재는 이것이 아니다. 혹은 저것이 아니다."라고 말할 수 없다. 즉 단순한 존재는 나뉘거나 합성될 수 없다.[17]

그러나 알 가잘리에게 있어서 본질(essence)을 부정하는 것은 실재(reality)를 부정하는 것이다.[18] 실재론적 신 개념을 주장하는 알 가잘리의 입장은 관념론적 신 개념을 취하는 아비센나의 신 개념과 매우 다르다. 아비센나에 의하면, 신은 단순하며, 필연적이며, 불변하며, 영원한 것으로서, 신의 자기 필연성과 불변성, 영원성은 신의 단순성 안에 내포되어 있다. 신의 유일성 개념이 알 가잘리에게는 따위히드(tawhid)로, 아비센나에게는 단순성(simplicity)으로[19] 요약할 수 있다. 신의 유일성을 초월과 내재의 관점에서 평가할 때, 알 가잘리의 유일성 개념에서는 신과 인간과의 내재성이 함축되어 있지만, 아비센나의 단순성 개념에는 신과 인간과의 관계성이 나타나지 않는다.

---

16) Rahim Acar (2005), 83.
17) Ibid., 89. Al-Ghazali (1997), 97.
18) Al-Ghazali (1997), Tahafut al-Falasifah, 120.
19) 아비센나에게 있어 신의 속성들은 신의 합성배제성(合成 排除性), 절대적 단순성 때문에 존재론적으로 동일하다. 정의채, 김규영, 『중세철학사』 (서울: 도서출판 벽호, 1998), 181.

III. 신의 영원성 : 신과 세계의 관계를 중심으로

알 가잘리는 『철학자들의 부조리』의 1/4 정도에 해당될 정도의 많은 부분을 신의 영원성에 대해 논의하면서 철학자들의 모호한 신의 영원성 개념을 반박했다. 신의 영원성에서 논의되는 중요한 이슈는 첫째, '신의 창조는 본질적인 행위인가? 의지적인 행위인가?'의 문제이다. 창조를 신의 본질적인 행위로 보는 철학자는 신의 영원성을 세계의 영원성으로 동시에 인식한다. 반면, 창조를 신의 의지적인 행위로 인식하는 철학자는 세계는 시작이 있으며 끝이 있다고 주장한다.[20] 아비센나는 신의 창조를 신의 본질적인 행위로 본다. 알 가잘리는 신의 영원성에서 신의 선재(先在)를 전제하고 출발한다. 알 가잘리에 있어 신은 모든 것에 앞서 존재하는 자, 즉 창조 이전에 선재하는 자이다. 그는 신의 영원성을 신과 세계와의 관계에서 조명한다. 세계는 신의 영원한 의지에 의해 창조되었다. 알 가잘리에 따르면, 신의 영원한 의지에 의해 시간의 실존이 명해졌다.[21]

> 신이 세계에 앞서 선재한다는 가정은 무한한 시간에 앞선 시간이 있다는 것을 전제한다. 시간은 시간에 앞서서 존재하는 것이 없는 때에 창조되었다. 신은 세계가 없이도 존재했으며, 창조 후에는 세계와 함께 존재했다.[22]

알 가잘리의 신의 영원성은 논증할 수 있는 개념이라기보다는 하나의 전제로부터 출발한다. 신의 영원성은 알 가잘리와 아비센나 그리고 아베로에스(Averroes)의 가장 근본적인 세계관의 차이를 반영한다.

---

20) Rahim Acar (2002), 199-200.
21) Salman H Bashier, *Ibn al-'Arabi's Barzaka* (Albany : State University of the New York Press, 2004), 45.
22) Al-Ghazali (1997), 31, 49.

신의 선재성을 전제로 출발하는 알 가잘리의 관점에서 볼 때, 신의 영원성을 질료의 영원성과 신의 영원성으로 동시에 주장하는 아비센나와 같은 철학자들의 입장은 모순된다. 알 가잘리는 『철학자들의 부조리』에서 아비센나의 신의 영원성 개념의 부당성을 반박한다. 철학자들은 신이 세계에 앞선다는 것을 두 가지의 경우로 해석한다. 첫째는 신은 본질에 앞서서 존재하는 것이지 시간에 앞서서 존재하는 것이 아니라는 입장이다. 신이 본질적으로 앞선다는 아비센나의 주장은 다음의 예로 비유될 수 있다.

> 비록, 신이 세계와 함께 동시적(同時的)으로 존재할지라도 신이 본질적으로 앞선다는 것은 결과에 앞서는 원인과 같은 것이다. 인간의 움직임과 그림자의 움직임은 동시적이다. 그러나 인간의 움직임이 그림자의 움직임보다 본질적으로 앞선다. 물속의 손의 움직임과 물의 움직임은 동시적이다. 그러나 손의 움직임은 물의 움직임보다 본질적으로 앞선다. 왜냐하면 그림자의 움직임은 사람의 움직임 때문이며, 물이 움직인 것은 물 안에 있는 손의 움직임 때문이다. 그림자가 움직여서 사람이 움직였다고 할 수 없으며, 물이 움직였기 때문에 손이 움직였다고 할 수 없다. 각각의 움직임은 동시적이나 그림자나 물이 먼저 움직였다고 할 수 없는 것과 같은 이치이다.[23]

그림자의 움직임보다 사람의 움직임이 먼저이듯이 신과 세계는 동시적으로 존재하나 신은 본질에 있어서 세계보다 앞선다고 해석하는 아비센나의 신의 영원성 개념은 신의 존재론적(ontological) 우선성만 인정한다. 아비센나의 입장은 알 가잘리의 입장에서 볼 때 신의 선재성을 의미하는 것도, 신의 영원성을 의미하는 것도 아니다. 그러나 아비센나에 따르면, 신과 세계는 동시적으로, 필연적으로, 시간적으로 유한하거나 영원해야 한다. 하나가 영원하고, 다른 하나가 시간적으로 유한하다는 것은 불가능하다. 그러

23) Ibid., 31.

므로 아비센나의 관점에서 신과 세계는 동시적으로 영원하며, 신이 선재한 다는 것은 단지 본질에 있어서 앞설 뿐이다.[24] 영원한 신의 행위에 시간의 차이가 있다는 것은 영원한 신의 행위의 결과일 수 없다.

아비센나는 신의 영원성을 세계의 영원성과 동시적으로 설명해야 완전한 신에 부합한다고 주장한다. 만약 우주의 원인이 주어져서 우주가 신에게만 의존한다면 그것은 시간적 순서(temporal order)를 요구하지 않는다. 우주는 즉시 존재해야 한다. 신에 의해 원인이 주어졌는데 만일 아직도 우주가 비실존으로 존재하는 시간이 있다면 그것은 신이 우주의 원인이 아닌 것이다.[25] 만약 우주가 존재하지 않는 시간이 존재한다면 신은 왜 일찍이 세계를 창조하지 않았는가? 신은 왜 그 이전에 세계를 창조할 수 없었는가? 신이 세계를 창조하기 위해 어떤 작용을 일찍이 일으키지 않았는가? 만약 창조되기 이전의 시간의 존재를 인정한다면, 일시적인 것들의 비실존들과 창조 이전의 시간 사이에 차이를 어떻게 구별할 수 있는지의 문제들이 제기된다고 아비센나는 반박한다.[26] 신이 우주의 존재의 원인이라면 세계가 비실존으로 존재하는 시간이 없어야 한다. 신이 세계를 존재하게 하는 데 시간적 차이가 있다면 그것은 신의 완전성에 위배된다. 이러한 아비센나의 신 개념은 아리스토텔레스 철학의 영향을 받은 것으로 보이기는 하지만, 아리스토텔레스의 전통 또한 극복한다. 아비센나는 신의 영원성을 세계의 영원성으로 동시적으로 이해하며 신은 단지 세계보다 본질적으로만 앞서는 것으로 보았다.

둘째로 알 가잘리는 시간 이전의 시간이 영원하며, 종말의 시간은 유한

---

24) Ibid.
25) Rahim Acar (2002), 294.
26) Ibid., 299.

하다고 해석하는 철학자들의 입장을 반박한다. 알 가잘리에 따르면, 신은 세계와 시간에 앞서서 존재한다. 세계와 시간이 있기 전에 신은 존재한다. 그러나 철학자들에 따르면, 세계의 종말은 있으나 앞선 시간은 제한이 없다. 그러므로 시간이 있기 이전에 무한한 시간이 존재해 왔다는 그들의 주장은 알 가잘리가 볼 때 모순적이었다.

> 만약 시간이 운동의 측정이라면, 시간은 필연적으로 이전의 시간이 영원하다는 것(pre-eternal)을 의미한다. 운동은 필연적으로 이전의 시간이 영원하다는 것을 의미한다. 시간이 운동 안에 있다는 것과 오랜 동안의 시간의 지속은 필연적으로 이전의 시간이 영원하다는 것을 의미한다.[27]

알 가잘리는 철학자들의 위와 같은 두 입장을 반박한다.[28] 어떻게 앞선 시간이 무한하다고 하면서 동시에 미래의 시간은 유한하다고 설명할 수 있는가? 이러한 철학자들의 주장은 알 가잘리의 관점에서 볼 때 모순이다. 알 가잘리의 관점에서는 앞선 시간의 유한성은 확실하므로 아비센나와 같은 철학자의 주장은 불가능하다. 알 가잘리의 관점에서는 신은 선재하며, 시간에 앞선 시간은 유한하다. 신은 존재론적으로뿐만 아니라 시간에 앞서 선재한다. '세계는 영원한 것이냐? 일시적인 것이냐?'에 대해서 알 가잘리는 과거의 시간은 시작이 있다고 주장하지만, 아비센나는 세계는 영원하다고 주장한다. 결국 알 가잘리는 꾸란의 신의 선재성을 전제로 신의 영원성을 주장한다면, 아비센나는 신과 세계는 동시에 영원하다고 주장한다.

---

27) Al-Ghazali (1997), 31.
28) Ibid.

IV. 신의 전지 : 신의 특수자들에 대한 지식을 중심으로

꾸란에서 신은 전지(全知)한 존재로 묘사된다. 그렇다면 신이 어디까지 아는 것을 전지하다고 할 수 있는가? 신의 앎의 범위에 대한 논쟁을 살펴보면 알 가잘리는 철학자, 특히 아비센나가 신의 전지를 정의한 논증에 만족할 수 없었다. 알 가잘리는 『철학자들의 부조리』에서 철학자들의 논증 중 세 가지 항목을 불신앙적 항목으로 판정하며 17가지 항목을 이교적(異教的) 내용을 포함하는 항목이라고 규정했다.[29] 그 대표적 예가 신의 전지 문제로서, 아비센나는 신은 보편적 원리(universal knowledge)만 알고 특수한 것은 모른다는 입장이다. 이러한 해석은 꾸란의 관점에서는 명백한 불신앙이며, 신의 전능성을 부정하는 것이다. 알 가잘리에 따르면, 신은 특수자가 변화하고 소멸하는 것까지도 명확하게 인식한다고 본다.

> 보이지 않는 것의 열쇠들이 하나님께 있나니 그분 외에는 아무도 그것을 알지 못하나니라. 그분은 땅 위에 있는 것과 바다에 있는 모든 것을 알고 계시며 떨어지는 나뭇잎도 대지의 어둠 속에 있는 곡식알도 싱싱한 것과 마른 것도 그분께서 모르는 것이 없으니 (꾸란 6:59).
> 그분은 그들을 알고 계시며 그들을 헤아리고 계시니(꾸란 19:94).
> 하늘과 대지 속에 있는 아주 작은 것도 그리고 그보다 더 작은 것도 또한 큰 것도 그 분을 피할 수 없으니 (꾸란 34:3).
> 그분은 보이지 않는 것과 보이는 것도 알고 계시는 분이시라 (꾸란 59:22)."

위의 구절은 신의 전지(全知) 개념이 무엇인지를 잘 보여 준다. 알 가잘리는 '신이 세계에서 일어나는 특수자들의 모든 사건을 알지 못한다면, 신

---

29) W. Montgomery Watt, *The Faith and Practice of al-Ghazali* (Chicago: Kazi Publications, 1982), 37.

이 어떻게 우리의 행위를 판단할 수 있으며 기도를 들어 줄 수 있겠는가?' '신이 특수자를 인식하지 못한다면, 신은 무함마드의 예언조차 알지 못할 것이 아닌가?'라고 문제를 제기한다.[30] 알 가잘리는 신의 전지 개념을 신의 전능과 매우 밀접하게 연결한다. 특수자를 인식하는 것이 알 가잘리에게 신의 전능성이라면, 아비센나에게는 신의 불완전성을 의미한다.

아비센나는 신이 무엇을 인식하는지 그 대상을 아는 것이 중요하다. 그는 신은 보편적 방식에 의해 다른 것들을 인식할 수 있고 종과 차를 알 수 있다고 했다.[31] 신의 지식의 대상이라는 것은 아비센나에게 추론 가능한 보편적 원리만을 의미한다.

> 일자는 자신을 그 자신으로부터 발생한 것들의 근거로 인식한다. 일자는 보편에 의한 방식으로(by universal Knowledge) 다양한 종류들 안에서(in various kinds) 모든 실존들을(all the existents) 지성적으로(intellectually) 인식한다. 일자는 특수한 것을 인식하지 못한다. 왜냐하면 단지 제일 원칙은 단지 다른 것보다 지성적으로만 앞서기 때문이다. 일자가 단지 자신을 인식한 결과는 다른 지성 그리고 천체의 영혼과 천구가 유출된다.[32]

아비센나에 따르면, 신은 감각기관을 가지고 있지 않기 때문에 질료에 의해 개체화된 특수한 피조물을 인식할 수 없다. 만약 신이 특수자들을 인식한다면 그는 시간 안에 속한 자이며, 변화하는 자이며, 다수한 자이다. 가령, 신은 일식이나 월식은 일어나기 전에 알고 있다. 왜냐하면 이런 지식은 보편적 지식이어서 곧 일어날 결과로부터 원인에 대해 연속적 추론이 가능하다. 그러나 특수자들은 신의 참여가 불가능한 감각 밖에 있는 대상물이

---

30) 아베로에스, 이재경 역, 『결정적 논고』 (서울: 책 세상, 2005), 84.

31) Al-Ghazali (1997), 128.

32) Ibid., 71.

므로 추론할 수 없고, 신이 그 대상들을 알 수도 없다.[33] 비물질적이고 영원하며 단순하며 불변하는 신의 속성은 서로 나뉠 수도 없고, 한 가지만 취할 수도 없다. 모두 취하든지, 아니면 모두 버려야 한다.[34]

아비센나의 관점에서 신이 자신으로부터 인식한다는 것은 자신뿐만 아니라 창조물, 즉 신과 다른 것의 관계를 아는 지식을 의미한다. 신이 그 창조물을 안다는 것은 신은 자신도 알고, 다른 것도 알고 있는 것으로써 다른 것에 대한 지식은 다른 것으로부터 기인하는 것이 아니라 그 자신의 지식의 결과이다. 신은 모든 다른 것의 존재 원리이다.[35] 아비센나는 부정적인 표현들을 통해 신이 지성적인 존재임을 설명한다.[36] 신은 물질로 존재하지 않으며,[37] 순수 존재(pure being)이다.[38] 신이 자신으로부터 자신을 인식함으로써 보편적인 지식만을 인식할 수 있다는 아비센나의 견해는 알 가잘리의 관점에서는 신 자신이 자신을 모르는 것과 같다. 자신을 알지 못하는 신은 살아 있는 존재가 아니다. 모든 특수한 것들을 인식하지 못하는 신을 어떻게 살아 있는 자라 할 수 있겠는가?[39] 알 가잘리는 신이 자신을 알 수 있다는 것을 증명하려는 철학자들의 무능을 반박했다.[40] 아비센나의 신의 전지개념은 신의 단순성(simplicity) 개념의 연속선상에 있다. 그는 신이 그의 속성들을 단순하게 갖는 것을 신의 완전성에 부합하는 것으로 이해한

---

33) Majid Fakhry, *A History of Islamic Philosophy* (New York: Columbia University Press, 1983), 228.

34) Rahim Acar, *Talking about God and Talking about Creation* (Brill: Leiden. Boston, 2005), 95. 아비센나의 『형이상학 8권』, 359, 7-14를 보면 알 수 있다.

35) Rahim Acar (2005), 94-95.

36) Avicenna (2005), 6, 355 Lines 16. 357 line: 2 Rahim Acar (2005), 116.

37) *Avicenna's Commentary on the De Anima* in Aristu ind al-Arab, ed. A. A. Badawi (Cairo, 1974), 108. Al-Ghazali (1997), 129.

38) Avicenna (2005), 368 Line: 1-10. Rahim Acar (2005), 118.

39) Al-Ghazali (1997), 134.

40) Ibid. 이 증명은 『철학자들의 부조리』 제20항목 가운데 제12항에 해당한다.

다.[41] 신은 단순하며(simple), 불변하며(immutable), 비물질적이며(immaterial), 영원하므로 감각적(sensible) 지식과 상상적(imaginative) 지식을 알지 못한다.[42] 신이 감각적인 지식을 안다는 것은 신의 단순성(simplicity)에 모순된다.[43] 따라서 신은 시간 안에 존재하는 특수자들을 인식할 수도 없고, 특수자들의 행위의 결과에 대하여 보상하거나 심판할 수도 없는 초월적 존재라는 결론에 도달하게 된다. 아비센나의 관점에서 신은 본질과 실존으로 구성된 존재인 특수자들에 대한 인식을 할 수 없으며, 필연적 인과원리에 의해 발생하는 보편적 지식(universal knowledge)만을 인식할 수 있다는 결론에 도달하게 된다.

이러한 측면에서 아비센나는 신은 이 세계에 관여하지 않는다는 아리스토텔레스 철학 전통(Aristotelian tradition)의 영향을[44] 받은 것으로 보인다. 정통 이슬람의 교리에 따르면, 신은 무시간적(timelessness)이며, 불변하고 영원하지만, 변화하는 일시적인 존재까지도 인식한다.

결론적으로 알 가잘리의 신 인식은 아비센나의 입장보다는 정통 이슬람에 부합한다. 필자의 관점에서 알 가잘리와 아비센나의 전지 개념의 차이는 신의 유일성 개념으로부터 시작한다. 알 가잘리는 유일한 신은 모든 특수자들을 인식한다는 입장이고, 아비센나는 단순한 신은 보편적 지식만을 인식한다는 입장이다.

알 가잘리는 신의 유일성, 영원성, 전지 개념 등을 통해서 아비센나와 같은 철학자들의 신 개념으로부터 정통 이슬람을 보호한다. 그는 정통 이슬람의 입장을 견지하면서 후기에 이르러 정통 이슬람에 결여된 내재 개념을 수피즘에서 보완하여 자신의 신 개념을 완성하기에 이른다.

---

41) Rahim Acar (2002), 82.
42) Ibid., 93-96.
43) Ibid., 96.
44) Eric Ormsby, *Ghazali The Revival of Islam* (Oxford: Oneworld Publication, 2008), 49.

V. 신과 인간의 관계 : 정통 이슬람에서 수피즘으로의 변화과정을 중심으로

정통 이슬람에서[45] 신은 창조자로서 자비를 베푸는 자이다. 알 가잘리의 "신의 창조를 생각하라. 그리고 신의 본질을 생각하지 말라."는[46] 입장에서 볼 수 있듯이 그의 초기 입장은 신의 초월성을 강조한다. 알 가잘리는 정통 이슬람의 한계를 인식한다. 정통 이슬람에서 신과 인간의 관계는 너무 멀다. 신은 창조자이며 인간은 그의 종으로서[47] 그의 자비에 복종해야 한다. 신은 자비를 베푸는 자이지만 신의 사랑과 내재는 인간에게 항상 결핍되어 있다. 정통 이슬람에서 신의 초월은 강조되지만, 신의 내재는 약하게 나타난다. 알 가잘리는 정통 이슬람의 약한 내재를 보완하기 위하여 수피즘에서 신의 강한 내재를 가지고 왔다.

알 가잘리에 따르면, 정통 이슬람의 유일신 개념인 따위히드의 본래적 의미는 "신의 유일성을 믿는 것으로써 세상에는 알라 외에 다른 신은 없다고 믿고 고백하는 것"이다. 신의 현존(現存)이나 신과의 합일을 추구하는 것은 따위히드 개념에서는 용납할 수 없다. 그럼에도 불구하고 알 가잘리는 인간의 영혼은 신과 닮은 존재로써 신의 강한 내재를 갈망하는 존재로 인식한다. 그는 이론적인 연구만으로는 신을 만날 수 없었음을 『오류로부터의 구원』에서 언급한다. 그는 수피들의 근본적 가르침을 파악하고 지식을 더욱 발전시켰으며, 이성적 연구가 아닌 신비적 무아경(無我境)과 직접경험

---

45) 본고에서 알 가잘리의 전기 신학 입장을 정통 이슬람으로 표기한다. 이는 알 가잘리의 후기 수피즘의 입장과 대비하여 그의 신개념과 신인식 방법의 변천과정을 비교하면서 설명하기 위해서이다.
46) Al-Ghazali (1997), 78.
47) "신에게 구하고 의로운 것을 행하며 '나는 이슬람에 순종하는 자 가운데 있나이다.'라고 말하는 사람만큼 아름다운 말을 하는 사람이 누구이뇨?" (41:33)

(dhawq-literally 'tasting')에 의해서 수피가 되었다."[48]고 했다.

수피즘에서 강조하는 화나(fana)란 무엇인가?[49] 화나는 신에 이르는 최고의 단계로서 신을 제외하고는 그 어떤 것도 없다는 것을 인식하는 단계이다.[50] 알 가잘리에게 철학적 지식은 신과의 일치인 화나(fana, 신과의 합일)를 통하여 완전해진다.[51] 그는 『종교학의 부활(The Revival of Religion)』에서 화나의 개념을 신의 유일성으로 해석한다. 알 가잘리에 따르면, 수피는 신을 제외하고는 어떠한 것을 볼 수도 없고, 알 수도 없으며, 사랑할 수도 없을 만큼 신의 사랑을 갈구하는 자이다. 수피는 그 자신이 소멸되어 신과의 합일을 이룸으로써 신의 전적인 현존을 체험한다.[52] 그는 화나에 이르는 과정을 다음과 같이 설명한다.

첫째는 코코넛의 바깥 껍질과 같은 단계이다. 이 단계에서는 신의 유일성이 입술로 고백되는 단계이다. 즉 '신 이외에 다른 신은 없다.'고 고백하는 단계이다. 둘째는 코코넛의 안 껍질과 같은 단계이다. 무슬림들이 마음으로 고백을 믿는 단계이다. 이 단계는 보통 사람들의 신앙 단계이다. 셋째는 코코넛의 알맹이와 같은 단계로서 신에게 가까이 가려는 사람들의 단계이다. 이들은 진리의 빛에 의한 내적 조명으로 신의 유일성에 대한 신앙의 증거를 가지고 있다. 이들은 전능자로부터 많은 것을 볼 수 있다. 넷째는 코코넛 열매의 가장 깊은 핵의 단계인 기름의 단계이다. 이 단계에 도달하면 그들의 마음은 신으로 채워지고 그들 자신의 존재조차 잊어버려 오직 신을 볼 수 있다.[53]

48) Al-Ghazali, *Al-Munqidh Min al Dalal* (trans, W. Montgomery Watt,1982), 54-55.
49) Maha Elkaisy-Friemuth, *God and Humans in Islamic Thought* (London and NY: Routledge, 2006), 151.
50) Al-Ghazali, *Iljam al-'Awamm, in Majmu'at Rasa'il al-Imam al-Ghazali* (Beirut: Dar-al Kutub al-'Ilmiyya, 1994a), 23. Maha Elkaisy-Friemuth (2006), 147에서 재인용.
51) Maha Elkaisy-Friemuth (2006), 151.
52) Annemarie Schmmel, *Mystical Dimensions of Islam* (U.S.A: The University of North Carolina Press, 1976), 146, 김창주, "수피사상의 신비체험에 관한 연구," 150.
53) Al-Ghazali (2001), 10.

알 가잘리는 자신의 존재는 없고 오직 신만이 존재하는 것을 화나라고 했다. 신을 사랑하여 합일을 이룬 수피는 신의 사랑으로 충만하여 이제 자신을 사랑하는 자(神)를 알게 된다. 그는 신과 인간의 본성 사이에 일어날 수 있는 합일에 대해 다음과 같이 설명한다.

왜냐하면 두 개의 실체(two entities)가 그들이 동등하지 않는 한, 하나(one)가 되는 것은 불가능하다. 둘이 하나가 되기 위해서는 둘 중의 하나가 그것의 실존을 상실하거나 혹은 제3의 실존이 되어야 하기 때문이다. 그러나 인간과 신 사이에 합일(union)은 불가능하다.[54]

알 가잘리가 말하는 신과의 합일이란 인간이 소멸하여 오직 신만이 남아 있는 것으로서, 신의 본질(divine essence)과 전체적으로 동일시하는 알비스타미(al-Bistami)의 개념과 유사하다. 알 가잘리는 사람들이 경험하는 허상(illusion)을 설명함으로써 합일(union)의 개념을 이해시킨다.

"예를 들어, 포도주 병을 볼 때 우리는 그 병이 와인의 색깔을 가지고 있다고 생각한다. 왜냐하면 포도주와 병을 일치하여 보기 때문이다. 또한 태양의 빛 역시 우리가 그것들을 볼 때 태양과 빛이 일치한다고 여긴다. 그러나 그 빛 자체가 태양은 아니다. 우리는 태양이 일몰할 때 빛의 기능을 정확히 깨닫는다. 그때 우리는 태양과 빛을 분리하여 인식한다. 태양과 빛이 일치(unification)한다는 우리의 허상은 우리가 일몰의 상황과 같은 상황에 접할 때 인식할 수 있다."[55]

---

54) 알 가잘리는 신에 대한 친밀한 지식의 의미라는 글에서 다음과 같이 설명한다. "신과의 합일이란 인간이 신과 동일시되는 것이다. 그러나 그것은 기술적으로 불가능하다." Maha Elkaisy-Friemuth (2006), 146.

55) Al-Ghazali, *The Niche of Lights*, trans (Do Buchman Provo, UT: Brigham Young University Press, 1988c), 22, Maha Elkaisy-Friemuth, *God and Humans in Islamic Thought*, 146에서 재인용.

알 가잘리는 이러한 비유를 통해 신과 인간은 다른 존재이므로 본질적으로 하나가 되는 것은 불가능하다는 것을 강조한다. 합일이란 인간이 신의 본질과 전체적으로 동일시하려는 인간의 노력이다. 정통 이슬람에서 용납할 수 없는 개념인 화나와 따위히드가 신의 유일성이란 개념으로 공존할 수 있었던 것은 알 가잘리와 같은 철학자이자 신학자이며, 수피인 위대한 사상가의 탁월함 때문으로 보인다. 결국, 알 가잘리는 심화과정을 겪으면서 신의 전적 초월과 강한 내재를 완전한 신 개념으로 체계화시켰다.

VI. 알 가잘리와 기독교의 유일신 개념 비교 : 본질을 중심으로

알 가잘리와 기독교 삼위일체 유일신 개념을 비교할 때, 신의 본질이 하나라는 것은 매우 유사하지만 본질의 내용은 판이하다. 기독교 삼위일체 유일신은 성부, 성자, 성령 하나님의 본질은 하나이나 삼위 간 관계를 이루고 있다.[56] 성부, 성자, 성령 하나님의 삼위 간의 관계는 삼위일체 유일신과 세계와의 관계를 반영하는 것으로써[57] 삼위일체 신의 내재적 관계는 신과 특히 인간과의 관계의 유비를 나타낸다. 그리스도의 전적인 내재 사건은 하

---

56) 존 칼빈·고영민 역 『기독교 강요1』 (서울: 기독교문사, 2005), 256. "하나님은 자신이 오직 유일한 분이라는 것과 동시에 세 인격으로 간주되기를 원한다. 만일 우리가 세 인격을 잘 파악하지 못한다면 참된 하나님과 아무런 연관이 없이 다만 하나님에 관한 공허한 개념만이 머릿속에 맴돌게 될 것이다." 『기독교 강요1』 (서울: 기독교문사, 2005), 258.

57) "하나님이란 삼위 또는 실재(휘포스타시스)로 이해하고 있는 유일하고 단순한 본질로 간주된다. 그러므로 하나님의 이름이 특별한 설명 없이 사용될 때에는 성부뿐만 아니라 성자와 성령까지도 표시하는 것이다. 그러나 성자가 성부와 연결될 때에는 그 관계가 유의되어야 하며 따라서 우리는 위(휘포스타시스) 사이를 구별하게 되는 것이다." 존 칼빈·고영민 역 『기독교 강요1』 (서울 : 기독교문사, 2005), 253. 본질적 혹은 본체적 삼위일체에서 존재의 순서는 경륜적 삼위일체에 반영된다는 사실에 유의해야 한다. 성자는 외향적 사역에서 두 번째 위치를 차지한다. 만일 성부가 만물의 절대적 원인으로 표현된다면 후자는 중보적 원인으로 나타난다. 『기독교 강요1』, 321.

나님 자신의 내적인 삼위일체 신의 존재로 소급된다. 그렇지 않으면 그리스도의 전적인 내재 사건은 하나의 우연적인 사건으로 이해된다.[58] 여기에서 삼위일체 유일신의 전적 내재 개념과 알 가잘리의 강한 내재 개념의 신학적 차이의 근거를 발견한다. 즉 기독교 신의 삼위 간의 내재적 관계는 신과 인간의 전적 내재를 이룰 수 있는 신학적 근거이다.

이슬람의 단일신에서는 전적 내재의 근거를 발견할 수 없다. 왜냐하면 신은 단지 단일한 존재이기 때문이다. 그러므로 알 가잘리는 신의 강한 내재를 이루기 위해 인간이 주체가 되어 신과의 합일을 위해서 신과의 동일시를 추구한다. 그렇지만 신의 본질과 인간의 본질은 전적으로 다르기 때문에 다른 두 개의 본질이 하나가 된다는 것은 불가능하다.[59]

기독교 신의 강한 내재가 수피즘의 강한 내재와 다른 점은 성자 하나님이 인간 속에 성육신한 사건에서 드러난다. 성자 하나님은 신성과 인성을 동시에 지닌 존재로서 세계 속에 내재하게 된다. 그러므로 삼위일체 신은 삼위 간에 내재적 관계를 이룬다.[60]

알 가잘리는 성자 하나님의 신성과 인성의 동시성은 불가능하며[61] "나는 진리"라고 선포한 예수의 말은 은유적으로(metaphorically) 해석되어야

---

58) 김균진, 『기독교조직신학I』(서울: 연세대학교 출판부, 1989), 247.
59) 신과 인간 사이의 속성의 일치에 관한 논의는 『신의 99가지 이름』, 151-155를 참고하라. Maha Elkaisy-Friemuth (2006), 46에서 재인용.
60) 하나의 본질에 세 위격이라는 공식은 파괴될 수 없는 일체이며 동시에 파괴될 수 없는 구별로서 상호내재(perichoresis)로 이해된다. 성부, 성자, 성령은 하나의 본질이며 세 인격이다. 여기서 그리스도와 성령이 지닌 신성이 성부의 신성과 동일하다는 동질(homoosios) 개념이 중요하다. 김영한, "포스트모던 기독교 세계관," 『한국기독교철학』제7호, 한국기독교철학회 (2008, 겨울), 66. Adeney, W. F., The Greek and Eastern Churches (1908), 74. 이종성, 『삼위일체론』에서 재인용. 293-294.
61) 꾸란은 예수의 죄 없음, 인간성, 신과 예수의 특별한 관계를 강조한다(꾸란 19:16-34). 동정녀 탄생이 신의 본질에 관련된 것이 아니다. 즉 예수의 인성만을 강조하고 있다. A. Christian van, No God But God-A path to Muslim-Christian Dialogue on God's Nature (Maryknoll, NY: Orbis Books, 2003), 101. 꾸란은 예수의 신성을 거부한다(꾸란 2:116, 3:52, 3:59, 4:171, 5:75-76. 9:30. 19:37, 112:1-4).

한다고 주장한다. 이 의미는 수피의 소멸(annihilation) 혹은 일치(union)의 개념과 유사하다.[62] 예수는 단지 위대한 선지자이다. 신이 고통을 받는다는 것은 불가능하기 때문에[63] 성육신과[64] 십자가를 인정하지 않는다. 알 가잘리는 예수의 겟세마네 기도를 예로 들면서 '예수가 신이라면 어찌하여 신에게 기도할 수 있는가?'라고 문제를 제기한다. 결국 알 가잘리는 예수는 신도, 신의 아들도 아닌 단지 신의 정신으로 충만한 선지자이며, 예수가 하나님의 아들이라는 것은 문자적으로 이해할 것이 아니라 은유적으로 이해해야 한다고 주장한다.[65]

알 가잘리와 기독교 유일신 개념을 초월과 내재의 관점에서 분석하면 다음과 같다.

알 가잘리의 후기 신 개념(수피즘)			
유일성	영원성	전지	신과 인간의 관계
초월과 강한 내재	초월과 강한 내재	초월과 강한 내재	초월과 강한 내재

---

62) Chidiac, Robert, ed. and trans., *Al-Ghazali's Refutation excellente de la divinite de Jesus- Christ d'apres les Evangiles* (Paris, 1939). Maha Elkaisy-Friemuth, *God and Humans in Islamic Thought*, 119에서 재인용.

63) A. Christian van Gorder (2003), 30.

64) 알 가잘리가 성육신을 인정하지 않는 이유는 신의 자비를 거부하기 때문이라기보다 신의 유일성의 절대적 신비(ghayb)라는 초월적 영역을 강조하려는 것으로 보인다. "Guide lines for Dialogue between Muslims and Christians," compiled by *the Commission for Inter-Faith Dialogue* (Cochin, India: KCM Press, 1977), 82. ; A. Christian van Gorder (2003), 93에서 재인용.

65) 알 가잘리는 예수가 만약 신이라면 어떻게 기도할 수 있으며, 아직도 기도할 수 있겠는가라고 반문하면서 예수의 신성을 부인한다. "조금 엎드려 나아가사…기도하여 가라사대 내 아버지여 만일 할 만 하시거든 이 잔을 내게서 지나가게 하옵소서. 그러나 나의 원대로 마시고 아버지의 원대로 하옵소서 하시고(마 26:39)." "내 아버지여 만일 내가 마시지 않고는 이 잔이 내게서 지나갈 수 없거든 아버지의 원대로 되기를 원하나이다 하시고(마 26:42)." A. Christian van Gorder (2003), 83. 스위트만은 신의 뜻과 자신의 뜻 사이에서 갈등하는 예수의 모습과 십자가 상에서 부르짖는 모습은 알 가잘리가 예수의 인간성을 확인하는 것으로 보았다(Sweetman, *Islam and Christian Theology*, 2, part 1, 271). A. Christian van Gorder (2003), 83에서 재인용.

기독교의 신 개념			
유일성	영원성	전지	신과 인간의 관계
초월과 전적 내재	초월과 전적 내재	초월과 전적 내재	초월과 전적 내재

알 가잘리와 기독교의 내재 개념 비교

알 가잘리(수피즘)	기독교(삼위일체 유일신)
인간이 주체가 되는 내재 : 신과의 합일을 통한 내재	신이 주체가 되는 내재 : 성육신 및 성령 강림 사건을 통한 내재
단일신은 신과 인간의 관계의 유비가 없음	내재적 삼위일체는 신과 인간의 전적 내재의 유비가 됨
신의 불변성	신의 적응성
신의 고난 불가능성	신의 고난 가능성(십자가)
사랑받는 자로서의 신	사랑하는 자로서의 신
인간의 노력을 통한 구원	신의 은혜를 통한 구원

위의 도표에서 보여 주듯이 알 가잘리는 정통 이슬람의 입장을 견지하면서 정통 이슬람의 신 개념에 결여된 신의 강한 내재 개념을 수피즘을 통해 보완했다. 그의 신 개념은 기독교의 신 개념을 초월과 내재라는 관점에서 볼 때 유형론적으로 매우 유사하지만, 신의 내재 개념에서 큰 차이가 있다.

VII. 결론

본 논문은 알 가잘리의 신 개념을 초월과 내재의 관점에서 알 가잘리를 중심으로 그와 대비되는 철학자들의 입장을 비교 분석했다. 신의 유일성과 신의 영원성, 신의 전지에서는 알 가잘리가 철학자들의 신 개념을 반박하는 것을 보여 주었으며, 신과 인간의 관계에서는 알 가잘리의 신 개념이 따위히드 개념 위에 화나 개념을 더하여 심화되는 것을 보여 주었으며,

알 가잘리와 기독교의 유일신 개념에서는 양자가 매우 유사하지만 어떤 점에서 차이가 있는지 밝혔다.

연구를 통하여 유일신 개념이 철학자, 정통 이슬람 신학자, 수피, 그리고 기독교에서 어떻게 다른지 밝혔으며, 초월과 내재의 관점에서는 유형적으로 분류해 보았다. 알 가잘리의 유일신 개념과 기독교의 유일신 개념의 차이점은 전자가 인간이 추구하는 강한 내재라면, 후자는 신이 주체가 되어 신과 인간의 내재를 이룬다는 데 있다. 유일신 개념의 네 가지 유형을 간략히 도표화하면 아래와 같다.

유일신 개념의 네 가지 유형

유일신에 대한 네 가지 입장	신의 초월& 내재	유일신 유형	불변성&적응성
이슬람 철학자 (아비센나, 아베로에스)	초월	단순성(simplicity)	불변성
정통 이슬람 (전기 알 가잘리 입장)	초월과 약한 내재	단일신(Tawhid)[66]	불변성
수피즘 (후기 알 가잘리 입장)	초월과 강한 내재	신과의 합일(Fana)	불변성
기독교적 신 개념	초월과 전적 내재	삼위일체 유일신 (Three in One)	불변성&적응성[67]

---

66) 정통 이슬람의 따위히드 개념은 단일신 혹은 유일신으로 수적으로 하나을 강조한다.

67) Abraham Heschel은 신의 자기 비하(God's self -humiliation)는 인간의 약함에 대해서 신이 적응하는 것으로서 신의 자기 비하를 설명했다. Abraham heschel is cited in Molt-mann, *The Trinity and the Kingdom of God*, trans. Margaret Kohl (London: SCM Press, 1982) 27.; A. Christian van Gorder (2003), 99 재인용. "신적 불변성은 신의 부동성을 의미하는 것이 아니다. 신은 언제나 활동한다. 신과 인간의 관계에는 변경이 있지만 신의 존재나 속성, 목적, 행위의 동기, 약속에는 변경이 없다는 것을 의미한다. 기독교에서 성육신은 신의 실유나 완전성 또는 그의 목적에 아무런 변경을 가져오지 않는다." 루이스 벌콥, 고영민 역, 『조직신학』 개역판 (서울: 기독교문사, 1999), 274-281.

[참고문헌]

김균진. 『기독교조직신학 I』. 서울: 연세대학교 출판부, 1989.

벌콥, 루이스, 고영민 역. 『벌콥 조직신학』. 서울: 기독교문사, 1999.

아베로에스, 이재경 역. 『결정적 논고』. 서울: 책 세상, 2005.

이종성. 『삼위일체론』. 서울: 대한기독교출판사, 1991.

질송, 에띠엔느, 김기찬 역. 『중세철학사』. 서울: 현대지성사, 1999.

존 칼빈, 고영민 역. 『기독교 강요 1』. 서울 : 기독교문사, 2005.

Acar, Rahim. "Creaton: A Comparative Study between Avicenna's and Aquinas's position." Ph. D., Havard University, 2002.

_____. *Talking about God and Talking about Creation. Avicenna's and Thomas Aquinas' positions.* Brill: Leiden Boston, 2005.

Al-Ghazali. "*The Rescue from Error.*" Ali Khalidi, Muhammad. ed. Medieval Islamic Philosophical Writings. series editors Karl Ameriks, Desmond M. Clarke, *Cambridge Texts in The History of Philosophy.* Cambridge University Press, 2005.

Al-Ghazali. *al-Munqidh min al-Dalal (Deliverence from Error).* trans S.J., Mccarthy, R.J. preface C. S. C., Burrell, David. introduction by Graham, William A. *Al-Ghazali's Path to Sufism,* louisville: Fons Vitae, 2006.

Al-Ghazali. *Al-munqidh Min Al-Dalal,* trans. Abulaylah, Muhammad. *Deliverance from Error and Mystical Union with the Almighty.* Washington, D, C: The Council for Research in Values and Philosophy, 2001.

Al-Ghazali. *Ihya' ulum al-din (Book XXXV of The Revival of The Religious Sciences), Kitab al-tawhid wa'l -tawakkul (Faith in Diveine Unity & Trust in Dinine Providence),* with an Introduction and Notes by David B. Burrell, C,S,C. Louis ville: Fons Vitae, 2001.

Al-Ghazali. *Tahafut al-falasifah,* a parallel English Arabic text. translated, introduced, and annotated by Michael E. Marmura-1st ed. *The Incoherence of the Philosophers.* Provo. Utah: Brigham Young University Press, 1997.

Al-Jubouri, I. M. N. *History of Islamic philosophy.* Hertford: Bright Pen, 2004.

Avicenna. *The Metaphysics of the Healing.* A parallel English-Arabic text Translated, introduced, and annotated by Marmura, Michael E. Provo, Utah: Brigham Young University Press, 2005.

Bashier, Salman H. *Ibn al-'Arabi's Barzaka. The Concept of the Limit and the Relationship between God and the World.* Albany: State University of the New York Press 2004.

Elkaisy-Friemuth, Maha. *God and Humans in Islamic thought.* London and NY: Routledge, 2006.

Fakhry, Majid. *A History of Islamic Philosophy.* NY: Columbia University Press, 1983.

Gorder, A. Christian van, *No God But God -A path to Muslim-Christian Dialogue on God's Nature.* Maryknoll, NY: Orbis Books, 2003.

Ibn Rushd. "*The incoherence of the Incoherence,*" Ali Khalidi, Muhammad. ed. *Medieval Islamic Philosophical Writings.* series editors Karl Ameriks, Desmond M. Clarke,

Cambridge Texts in The History of Philosophy. Cambridge University Press, 2005.

Marmura, Michael E. 'Al-Ghazali', Adamson, Peter and Taylor, Richard C. edit, *Arabic Philosophy.* Cambridge University Press, 2005.

Morewedge, Parviz. *The Metaphysica of Avicenna (ibn Sina).* New York : Columbia University Press, 1973.

Ormsby, Eric. *Ghazali The Revival of Islam.* Oxford: Oneworld Publication, 2008.

Watt, W. Montgomery. *The Faith And Practice of Al-Ghazali.* Chicago: Kazi publications, 1982.

THE ISLAMIC WORLDVIEW IN ITS FORMATIVE PERIOD

Jung Nyun Kim Cho

I. INTRODUCTION

It is well-known that there have been some misunderstandings between Muslims and Christians when they are trying to explain their belief to each other. Not only because Muslims and Christians have used same words with different meanings (e.g., prayer, sin, Holy Spirit, son of God), but also because their misunderstanding came from the unrecognized differences in worldview.

According to the dictionary, worldview is defined as: 1) the overall perspective from which one sees and interprets the world, and 2) a collection of beliefs about life and the universe held by an individual or a group. Most people in the world filter what they hear and see through their own worldview.

Generally speaking, the worldview of the West may be defined as the way in which all the phenomena of the society is interpreted and understood. That interpretation is heavily dependent upon cultural or traditional exercises and scientific theories. However, Islamic worldview is not one formed from culture or social environment, nor is rely on the history or the scientific progress or some prevailed ideologies. It is the worldview which rather gives rise to and impacts on culture and civilization of the society. In other words, it may be based on some very powerful sources originated from ancient Arab culture which may have an absolute impact on every sector of the society in Muslim country. Therefore it is necessary to study the history and religious practice in Arabian Peninsula before the religion of Islam is formed.

The purpose of this paper is to identify the worldview of Islam through the study of pre-Islamic history and religious practices and to find out some relatedness between Islamic worldview and pre-Islamic culture if there is any.

II. HISTORICAL BACKGROUND OF ARABIAN PENNISULA

1. Pre-Islamic History in General

Pre-Islamic world of Arabian Peninsula is often called as the dark period of *Jahiliyya*.[1] Arab has been known since the time of Shalmanesser II in 853 BC and several Semitic peoples of various tribes made Arab as their home. Due to the comparably high rainfall of Yemen and easy access to the sea, several kingdoms was established such as Saba(possibly Sheeba in the Bible), Himyar, Qataban, and Hadramaut. The center and north of the peninsula was occupied by nomadic tribes, meanwhile the south was populated by immobile people. In northern province, Aramic, rather than Arabic was the most used language. Towns located at on oasis, and were controlled and inhabited by several tribes. These towns became a terminuses and stations on caravan routes and also became target of raids by rather poorer Bedouin nomads.

Due to nomadic way of life in north and central Arabia, it was difficult to establish large sedentary and stable states. Among several states, there were two well known but short-lived states, first one is the Nabateans which stretched from Palestine to the Gulf with its capital city in Petraand ruled from about AD 100. The Nabateans was attacked and taken over by the Romans, and a second kingdom was established in the North with its capital in Palmyra in 265. The leader of the state was Odenathus and under his widow Zenobia, it flourished and culminated as a

---

1) *Jahiliyya* is an Islamic concept of "ignorance of divine guidance" or "the state of ignorance of the guidance from God" referring to the condition Arabs found themselves in pre-Islamic society prior to the revelation of the *Quran*. By extension it means the state of anyone lacking the benefit of Islam and the *Quran*. The term is used several places in the *Quran*, for example : Is it a judgment of the time of (pagan) ignorance [*jahiliyya*] that they are seeking Who is better than Allah for judgment to a people who have certainty (in their belief) (5:50)

state. However the Roman Emperor Aurelian in 273 captured and extinguished the state. Two lesser known states in this area were Lakhmic, located in what is not Transjordan and southern Arabia, and Thamud. Lakhmic was the first known state to use Arabic as its official language.

The center region of the peninsular was called the hijaz where formed part of important trade route from the Mediterranean to the Arabian sea. The main key city of this merchant route was Mecca. In this period time Arabia benefited from the conflict between the Roman and Persian empires, because they did not open more efficient east-west trade route through Egypt. However, in the year of 384, the Roman and Persians finalized a peace treaty and the trade route through the *Hijaz* was no more needed and Arabia went into falling until 502, when the peace treaty was broken. From that year on wards, again Arabia faced new era of prosperity.

2. Pre-Islamic Religion and Its Practice

The Arabian society was formed by three major occupational groups such as cultivators who live in oases area cultivating grains, dates and oil and craftsman who centered in towns; and merchants who traveled to sell the products. As we studied in earlier chapter, for sedentary people in south with relatively high rainfall it was possible to establish the state, however for nomadic people in the north and central peninsular it was not possible to establish a state because of their frequent move.

Throughout the Pre-Islamic ancient Arabia, various religions and its practice appeared and recorded in the ancient civilization of Egypt and Assyria and in Biblical accounts as well. With these ancient religious practices, there are many temples, high places and holy places in Arabian Peninsula.

3. The ancient Pre-Islamic Religion was animistic in nature

The animism interprets everything from a spiritual philosophy rather than a materialistic philosophy. At this time, many socialists, including E. B. Tylor[2] saw human beings moving from an ancient worldview based on fear of the superpower to a modern worldview based on reality and science facts. The people in Pre-Islamic era live in the fear/power paradigm and see themselves in a physical world which co-exists with unseen powers. These powers could be appeared in human, animal, or even in lifeless trees or mountains and also sometimes regarded as having their own feelings and ability to connect between people and themselves.

In other words, the ancient Arabian nomads were fatalistic and basically had no real belief. The resurrection of the body was as foolish as a notion to the Arabians as it had been to the ancient Greeks. This life

---

2) He was a socialist who was active in studying the difference in thinking between EUropeans and other peoples living in Africa and South America at the end of 19th C. I his book, he interpret the word 'animism' from the Latin word anima for 'soul.'

is all there is, and so make the most of it.[3] They worshiped idols which they kept in their houses and in their temple, the Kaaba. They also feared trees, wells winds, and hills, believing them to be the dwelling places of good and evil spirit. The Kaaba was in important religious shrine. It housed many idols dedicated to the worship of several gods including Allah, "the God."

Power is a paramount factor in fear-based cultures.[4] In these cultures, the main way to deal with these unseen powers is to establish rules to protect people from harm and to procedures to appease these powers which might attack people. Each year, Arabic tribes from other parts of the region made a pilgrimage to Mecca to march in ritual around. These rules and procedures are sometimes referred as taboo which appeared as things like forbidden or unclean foods, sacred objects and special manners.

The powers of these kinds appeared in various forms, such as, ghosts, ancestors who live among people and special shapes like crescents, blocks, and triangles. To appease the powers, many kinds of rituals were practiced like offering of blood sacrifices with incense, offering money, or children as sacrifices to gods. With these rituals, religious personnel also came into scene to control these appeasement systems.

---

3) Frederick Mathewson Denny, Introduction to Islam (NY: Macmillan Publishing Company, 1985), 65.
4) In the Pacific Islands, it is called mana; the Iroquois of North America call it *orenda*; the Eskimo have the name of sila; the Chinese have the concept of *fung shui*, in folk Islam the name *baraka* (blessing or holiness) represents unseen power.

In some cases they were known as priests, holy men, prophet, shamans, or witch doctors. Whatever their name, their duty is all the way same to understand the needs and wills of the gods or demons and to communicate with those spirits.

In fear-based culture, the religious personnel controlled people through the use of fear. Therefore, they were very effective in controlling and as a result, whole community and people's groups came under the leadership of those religious leaders who has many possibilities to be a dictator.

4. The ancient Pre-Islamic Religion has local gods in most places

The ancient Pre-Islamic communities were understood as nomadic that they moved from place to place and they should aware of the local gods and their taboos and requirements as they traveled. Any merchants, travelers and nomadic people should be alert all the time to be free from any possible harm from these local gods.[5] For example, the Nabataean pantheon religious practices emphasized the local god of the mountain, Dashares, for settled people, meanwhile, the dolphin was revered by sea-going Nabataeans. For the Nabataeans in contact with the Romans invited Zeus in their pantheon, while those in contact with Egypt incorporated with Isis.

---

5) In Egypt, the eat was revered; in Edomit was the mountains; In Palestines special groves of trees and high places and many other location of temples and idols.

The religion of Pre-Islamic era was identified as a servant of power and became lost in the maze of changing power influences.

5. The ancient Pre-Islamic Religion : gods move from one place to other place

When people moved, they adopted the local gods for worship. From time to time they took their gods with them to a new place. Sometimes because of intermarriage, alliances, and conquering armies, their local gods and their effectiveness also influenced to foreign people. In some cases, the worship of their gods fortified as the fame of a civilization grew. For example, in ancient Egypt, as the fame of Egypt grew, the practice of Isis gradually known everywhere, to everybody.[6]

6. The ancient Pre-Islamic Religion : Monotheistic people group

The monotheistic people also worshipped unseen and all powerful god who was everywhere and not be identified by any kind of image. These monotheistic people did not employ animal shape or image for

---

6) As the cult of Isis spread throughout the civilized world she acquired distinct aspects, attributes, and symbols that became common everywhere. The Egyptian goddess Isis possessed the powers of a water goddess, an earth goddess, a grain or corn goddess, and a queen of the Underworld. By absorbing the other local Egyptian deities, Isis achieved a position for which there could be no other competition. Greek, and then Hellenistic, and finally Roman contact opened even wider opportunities for her to be identified in other pantheons under different names.

their god. The Jews and Israelites never use any material or symbols to describe their monotheistic God. However sometimes they employed the powerful names for describing their deity, such as *El, Allah*, and God. The monotheistic God's name changes from place to place and sometimes added and mixed to the pantheon of other gods for local worship.

7. The ancient Pre-Islamic Religion : holy places and development of the *Kaaba*

There had been some degree of acceptance among people that certain places could be 'holy' or 'forbidden.' These places were normally known as a temple, tomb, or some unusual geographical locations, such as great mountains, rocks, special valley or a particular tree. In those days, holy places centered inside sanctuary of temples and most worshippers gathered in front of the temple, usually a large court yard, and only the special privilege of coming into holy places was given to religious representatives. Common worship ritual took place in front of the temple with offerings, sacrifices and other religious items while the representative person worshipped inside the holy place.[7]

Ancient cities usually need many temples to worship different gods. Yet, smaller and poorer towns and villages cannot afford to build sev-

---

7) There is a good example of this in the city of Petra, where a large alter moninates the courtyard in front of Qasr al Bint, or the temple to Dushare.

eral temples for various worships for gods. To solve this problem, they developed a Kaaba,[8] or a local place that was considered as holy. All religious objects and were brought into that place, then people could pray before whatever god they want. Needless to say in Pre-Islamic era, Kaaba was the center for pantheistic religion and a strong supporter for pagan practices. This pantheistic practice came to an end when Muhammad declared that *Allah* was more powerful than any other gods in the world.

III. ISLAMIC WORLDVIEW

Most sociologists recognized three social issues which have existed since earliest times, the concept of fear, shame, and guilt. These are the foundations and building blocks of many different kinds of worldviews. In Pre-Islamic era, through the study of the Nabataeans, the major concept of the worldview was shame/honor paradigm. In this paradigm the group is more important than the individual and the group controls

---

8) According to Karen Armstrong, in her book *Islam A Short History*, the *Kaaba* was dedicated to Hubal, a Nabatean deity, and contained 360 idols which either represented the days of the year, or were effigies of the Arabian pantheon. Once a year, tribes from all around the Arabian Peninsula, Christian or pagan, would converge on Mecca to perform the *Hajj*. And according to the *Quran*, the *Kaaba* was built by the prophet Abraham and his son Ishmael as a house of monotheistic worship. However, by the time of Muhammad, the *Kaaba* had been taken over by pagan Arabs to house their numerous tribal gods. In 630 AD, Muhammad and his followers took over leadership of Mecca after years of persecution. Muhammad destroyed the idols inside the *Kaaba* and rededicated it as a house of monotheistic worship.

the concept of shame and honor and each individual as well.

This paradigm influenced the worldview of Islam later, Islamic society became a shame-based society and three fundamental aspects would be identified as shame, honor, and revenge.

1. Islam and Shame

· Group/Individual

Since the most Arabic people lived in nomadic life, they tend to do everything from a group. The large extended family system makes one group and the family gathering of all relatives makes the tribe. They defined their relationship with others in the words of 'near' and 'far.' If a person share same blood, he/she is near, if a person from other tribes, he/she is far. Through marriage and adoption, persons could move into near relationship and enjoy all the honors and advantages as an insider of the tribe. They usually asked for strong conformity and royalty from those who are near to them. This unity gives honor, security, and social prestige in a society. The individuals are protected and guarded within the group and they will defend their interests against outsiders no matter what happened to them.

· Relationships

Whole society is prevailed by a system of rival relationships. The reason is that this society is more or less governed by the power oriented value system, therefore great value and privilege are recognized when the dominating power is in effect. There are continuous struggle to dominate and to resist domination, and to destroy other rival groups. It is crucial to find out any kind of 'shame' to destroy other group to dominate them.

Arabs also fear isolation because an individual or a small group can function only in a large group which offers protection to them. This fear may originate from the nomadic life of Bedouin in a desert area for a long time. Being isolated in a desert means a horrible situation for an individual with a great possibility of being taken as a salve by other tribe and spending rest of the life in a low and mean status. By attaching together, individuals could offer each other some kind of protection. Therefore family and relationships became paramount in the society to find out who is near and far.

· Shame

In Arab society, there are various kinds of shame. First of all, the failure of conformity is one of them. The very meaning of Islam is to obey to the point of total submission to God. Their practice of public prayer and universal fasting is to force many Muslims to complete conformity. One Arab proverb says, "Innovation is the root of evil." If a person fails to conform, he/she is harshly criticized, and place him/her in shame by the society.

Shame can be appeared by an action. Raping women is considered as a shameful act, however, right and wrong in Islam should define in the context of the *Quran*. If the *Quran* does not provide any guidance, then society tells what is right and wrong, acceptable and unacceptable. If someone acts against society, he/she may be considered as shameful person.

On top of that, shame is not only an act against society but also a discovery by outsiders. This means if a shameful act does not discovered by others, that act is considered as no shame at all. One proverb says, "Where you are not known, do whatever you like." Therefore Arab people encourage to conceal a shameful deed and never to reveal that because it is considered as another disgrace and shame. There is an Arabic proverb says, "A concealed shame is two third forgiven."[9]

Another shame for Arabic people is the possibility of failure. They are very reluctant to accept challenges or responsibilities within the society, however when they are away from his family and tribe, they change drastically. This is because they are free from the possibility of failure. In this case their mind set is quite different from that of Orientals with similar shame/honor culture. When Oriental people face same kind of shame, their focus is on the individual, while most Arabs' focus

---

9) A Syrian scholar, Kazem Daghestani, tells of an Arab husband who caught his wife in bed with another man. He drew a gun and pointed it at the couple while addressing the man. 'I could kill you with one shot but I will let you go if you swear to keep secret the relationship you have had with my wife. If you ever talk about it I will kill you.' The man took that oath and left and the husband divorced his wife without divulging the cause. He was not concerned about the loss of his wife or her punishment but about his reputation. Public shaming and not the nature of the deed itself or the individual's feelings had determined his action.

is on outside forces. Exceeding anger, resentment and violence are focused on outside forces to shift the blame to them. Arab people will blame and react violently towards others.

Shame also can result when Arabs are not well treated as a special case. They are expecting to be the favorite, and their friends should continuously make sure them that they value more than others.

In shame/honor system of Arab society, it is important to realize that shame is not related to all the actions of wrongdoing. Shameful or honorable responses normally depend on the circumstances. The rule for telling a lie is bound to shame and honor. If shame can be avoided, or honor received then telling a lie is more honorable and things to be encouraged.

As we have studied, in Arab culture, shame should be avoided at all times. In case it happens, it must be hidden and covered. If it is exposed, it should be revenged to restore honor. Due to group oriented strong relationship, the fear of shame among Arab peoples is more powerful than that of the West. If a person is in shame, he/she looses the power and influence and through his/her shame, the entire group will suffer and be in a position of shame and may face crucial crisis of total destruction.

Shame may be eliminated by revenge and this is sanctioned by the *Quran* in Surah XI 173 saying, "Believers, retaliation is decreed for you in bloodshed." It may also be eliminated through payment of money by same kinsmen in the group. This need for revenge is getting more severe than ever before.[10]

· Peace

In traditional Arab society, peace is not paramount and a secondary value, when compared to the degree of shame/honor system. Traditionally, according to Arabic value system, war and strife were the normal state for them because raiding was one of the main sources for the economy. In the past, the ideal of permanent peace was restricted only to the community of Islam and to those non-Muslims under Islamic governance who paid tribute to Islam. Furthermore, Islam instituted *Jihad*-holy war as the relationship with non-Muslim states and never offer any kind of peace to them. This value system influences all aspects of life and commonly speaks, "There is honor within Islam, shame without."

2. Islam and Honor

Honor and shame are bound together as complementary, but contradictory in the meaning. Normally the absence of shame brings honor. However Arab people express their families as being honorable, because they avoid certain action against social conformity. Comforming to social custom is utmost to keeping one' honor, according to Arabic people and their value system.

10) In Egypt 1n 1972, out of 1,120 cases of murder, it was found that 25% of the murders were based on the urge to 'wipe our shame', 30% on a desire to satisfy 'wrongs' and another 30% on blood-revenge.

· Honoring

To honor people, it is paramount not to defy but to save one's face. For example there is the story of a father who is working under the hot sun with his two sons. When father asked a drink of water, the older one said, "No, I will." not and the younger one said, "Yes, I will." However, younger son did not get the water for his father, thus both sons did not do. According to the West and its value system, both sons were wrong. This seems not the case with Arab people who do not think in terms of right and wrong, but in terms of shame and honor. Saying "No" to father's face could be to dishonor him and would become shame on him, meanwhile saying "Yes" in front of him is to honor him, even though it ends up as a lie.

· Hospitality

The most honorable act in Arab culture is hospitality. They believe hospitality honors the guest and covers up any kind of shame that the host and the family might have. The host tries great effort to show hospitality to honor the guest and not to be shamed by them.

· Flattery

To honor people, there should be flattery in Arab society. Usually Arabs flatter someone when they want to honor that person exceedingly in front of other people. Flattery must be second in the Arab cultures of honoring someone, when hospitality is counted as first. Also, gift giving is another way to honor people and through gift, they show their willingness to honor the person.

3. Family History

Honor is also related to the family and personal history, therefore Arab people strive hard to keep the honor of the clan or tribe. It is the main duty for the eldest son of the family to keep the honor for whole family and to execute family member who does shameful act among the tribe.

4. Education and Marriage

Education also grant honor. A person with a doctorate degree will get great honor in Arab culture. Therefore, most Arab people strive to gain higher education to raise the entire status of the family and of the tribe. Even very poor families sacrifice and work hard to earn money to support a son to complete his higher education. Because higher education and achievement of a son always bring more honor to the family and ultimately to the tribe.

Marriage in Arab culture brings honor. Once a young man gets marry, he is placed better status in a family. When his first son is born, his status goes up even higher. They believe that a man's wife is also his honor, that's the reason why severe judgment comes upon his wife when she dishonors him through her misbehavior.

5. Arab Language

Arab people are more conscious of their language than any other people in the world and their consciousness is almost fetish. Language is everything to them; it is divine; it separates people who are near and far; it separates the educated from uneducated; it is the unique medium of artistic expression.

Poetry became an invisible tie between various kinds of clans and tribes, while the tribal community of blood serves as a visible bond. It was poetry which bound Arab people together as a people, rather than a mere collection of hostile primitive tribe, providing the basis for a larger sentiment. A poet is so important in an Arab family, because he was a shield to the honor of them, a weapon to keep off insult of shame, a means of maintaining their good and glorious deeds, and an instrument of establishing their family honor and fame forever. There are three occasions for Arabs wish one another joy; the birth of a boy; the appearing a poet in a family or tribe; and the foaling of a mare.

Therefore someone wants to study and understand Arab history and its culture, he/she must study Arab poetry first. Actually Arab poetry is full of pride and vainglory which speaks of their brilliant accomplishment, courage, and resolution and deeds. Sometimes glorifies themselves as a hero who is boastful and defiant. If someone study the poetry in detail, he/she will see through all the value system in them.

6. Money, Heritage and Wisdom

Many Arabs admire wealthy people. Down through the history, it is obvious to be noticed. Muhammad, the founder of Islam, was a rich, wealthy man himself. Arab people see the wealth as very honoring mean which could help the poor and the masses in great need and perceive the richness as something to be respected and portrayed in literary form of poetry. The rich leader could be very hospitable and generous, two paramount elements which are extremely valuable in obtaining honor and obliterating shame. The wealthy leaders spend money around, gaining respect and covering shame.

Any possible heritage from Muhammad makes Arab people very honored and proud and any trace of great leaders of their tribe achieve great honor. Every tribe and family has some stories of individuals how they achieved honors or how they performed honorable characteristics. Meanwhile, shameful figures in the family or tribe should be removed and erased to preserve the honorable heritage.

Arab people also respect wisdom and old people because they know all the old stories and can give out wise counsel to young people. The old people use the language in more formal and decent way than young people; they are often wealthy people because they use their wisdom to earn money or sustaining the tribal territory, land, people and tribal honor as well. Therefore wisdom is another virtue to related to honor in Arab culture.

7. Physical Strength, Alliance and Bravery

Most Arab heroes demonstrate tremendous physical strength. To become brave heroes Arab young boys are raised in the way of being manly and strong. Physical strength together with charisma and wealth are dominating combination in Arab society.

Someone with strong alliance between groups can be respected as a strong leader, since strength and wealth are recognized in a group setting in Arab culture. Most politicians demonstrate their power to use strong alliances with various powerful tribes and families.

Bravery also honors people. The story of Arab heroes does not concern whether they had victory or not, but concern about the act of bravery itself. The most important ingredient for them is to demonstrate how brave they are.

8. Loyalty and Violence

Since Arab culture represents group oriented mind set, loyalty to the family and tribe is crucial factor to maintaining honor. Insider never asks for correctness of the leaders of the tribe in front of other people. It is paramount for family or tribe to united together to survive.

Violence speaks honor and removes shame from the tribe. Whenever they have revolts, most of them are bloody and cruel. It is because they believe violence is the important virtue to demonstrate honor for the family and tribe.

IV. CONCLUSION

As we have studied earlier, there have been various tribes and clan had lived in Arabian Peninsulasince very early stage of the history. Due to nomadic way of life in north and central Arabia, it was also difficult to establish large sedentary and stable states. Most of them were nomads who traveled and maintained their desert lives as a throng mainly because of the geographical difficulties and dry weather.

The large extended families make one group and these groups grow in one clan or tribe. Since every individual is identified and found within tribal setting, shame/honor is the most paramount value system among their culture. These tribes in Arabian Peninsula were descendants of Abraham through the line of Ishmael.

About two thousand years ago, the worldview of Arab people was primarily shame/honor based with minor portion of fear/power system. In this shame/honor paradigm, the group is more important than the individual. Therefore the group has all the power to control people and establish the concept of shame and honor for the whole tribal group. It was also fear-based value system, therefore power was one of the respected virtue to be admired among people.

From this background study of Pre-Islam history and religion, we may conclude that all the factors, like ancient tribal value system, life style, their culture, religious practice, inspire Arab people in forming the worldview of Islam later. These footprints from earlier Pre-Islamic culture are found in Islamic worldview, such as group mindset, fear to be isolated, failure to conformity to the society, for shameful deeds among people. Meanwhile, for honorable deeds and thoughts are also found in Islamic worldview, such as respect for age, hospitality, gift giving, family history without any shameful records, higher education, marriage, wisdom, alliance and violence as well.

Most of the people consider the worldview of Islam is different from that of the West because Islamic worldview was not influenced by the culture or social tradition, nor is rely on the history or the scientific proof. It is the worldview which rather gives rise to culture and influence to form social tradition.

However, it is not quite the case. The worldview of Islam was also inspired and influenced by Pre-Islamic circumstances and environment of Arab people. It is deeply related to the value system of former inhabitants in same area. Therefore Islamic worldview is developed and formed through all kinds of impacts not only from outside but also from inside. It is the worldview which should be interpreted and understood in the context of history within diachronic perspective.

[References Cited]

Budd, Jack. *Studies on Islam: A simple outline of the Islam faith*. Translated by Middle East Mission. Seoul: Jerusalem Press, 1992.

Al-Kaysi, Marwan Ibrahim. *Morals and Manners in Islam A Guide to Islamic Adab*. London: The Islamic Foundation, 1986.

Chapman, Colin. *Cross and Crescent: Responding to the Challenge of Islam*. Downers Grove: IVP, 2007.

Denny, Frederick Mathewson. *An Introduction to Islam*. New York: Macmillan Publishing Company, 1985.

Gnuse, Robert Karl. *No other gods: emergent monotheism in Israel*. Sheffield: Sheffield Academic Press, c 1997.

Goldmann, David. *Islam and the Bible: Why Tow Faiths Collide*. Chicago: Moody Publishers, 2004.

Guillaume, A. *The Life of Muhammad*. Karachi: Oxford University Press, 2006.

Harris, Robert A. *The Integration of Faith and Learning: a Worldview approach*. Eugene: Cascade Books, c 2004.

Hiebert, Paul G. *Transforming Worldviews: An Anthropoligical Understanding of How People Change*. Grand Rapids: Baker Academy, 2008.

Iliff, Francis P. *Salam Alekum: Understanding Muslim Culture to Make Friends*. London: Interserve, 1995.

Kim, Ah Young. "*The Muslim Presence in Koreaand its Implications for Korean Evangelical Missiology.*" A dissertation, Fuller Theological Seminary. August, 2003.

Marrison, G. E. *The Christianity Approach to Islam*. Translated by Heng Bin Yim. Seoul: Asian History of Theology Institute Press, 1991.

Miller, Darrow L. "Worldview Development and Discipling the Nations." *International Journal of Frontier Missions* 14 (April-June 1997): 97-99.

Parshall, Phil. *Inside the Community: Understanding Muslims through their traditions*. Grand Rapids: Baker Books, 1994.

Moffett, Samuel Hugh. *A History of Christianity in Asia: Beginnings to 1500*. Marynoll: Orbis Books, 1998.

http://www.palestine-info.co.uk

http://www.iiu.edu.my/iaw/Students%20Term%20Papers_files/Asri%20and%20Fahmi%20 IslWWandCG.htm

http://www.teachingaboutreligion.org/SingleWorldview/muslim_worldview.htm

http://ancienthistory.about.com/cs/nepeople/a/saudiarabia.htm

http://www.bookrags.com/wiki/Ancient_history_of_Yemen

http://strategyleader.org/worldview/worldvbrown.html

http://www.wsu.edu/~dee/ISLAM/PRE.HTM

http://www.palestine-info.co.uk

http://www.crescentlife.com/spirituality/intellect_&_reason_islamic_worldview.htm

http://www.stanford.edu/~rhorn/a/policy/StrggleOfNrrtvs/3.SLDWorldViewConflicts.pd

이슬람의 사랑 개념

이현경

I. 서론

라흐만(Tanzil-ur Rahman)은 이슬람이 사랑의 종교이며, 알라는 근본적으로 사랑이라고 이슬람을 소개한다.[1] 알라의 사랑은 꾸란의 여러 구절들을 통해서도 증명되고 있다.[2] 또한 이슬람 신비주의임을 자처하는 수피즘은 사랑을 가장 강조하고 적극적으로 표현하고 있는 이슬람의 한 부분이다. 사랑은 수피즘의 핵심 개념이며, 수피와 알라의 관계는 '사랑하는 자'와 '사랑받는 자'로 표현된다. 수피들의 목표는 '사랑'의 단계에 도달하여 바로 이 '사랑받는 자'와 하나가 되는 것이다.[3]

---

1) Rahman, Tanzil-ur, *Essays on Islam* (Lahore : Islamic publications, 1988), 13.
2) Copleston, F.S., *Christ or Mohammed? : The Bible or the Koran?* (Herts: Islam' Challenge, 1989), 43, 46.
3) Ernst, Carl W., "The Stages of Love in Early Persian Sufism, from Rabi'a to Ruzbihan" in Leonard Lewisohn ed., *Classical Persian Sufism : from its origins to Rumi* (London: Khaniquhi Nimatullahi Publications, 1993), 434-455.

이슬람에서의 사랑 개념을 살펴보기 위해 본문에서는 정통 이슬람과 수피즘의 사랑 개념을 비교하여 다루고자 한다. 이 둘을 구분한 것은 정통 이슬람을 대표하는 이슬람 법학자들(ulama)과 수피들 간에는 서로를 용납하지 못했던 대립의 역사가 존재하고 있으며, 특히 '사랑'에 있어서 개념을 달리하는 부분이 있기 때문이다.[4] 따라서 동일하게 사랑의 알라를 말하면서도 그 내용을 달리하는 이슬람의 양 측면을 살펴보면서 각각이 말하고자 하는 사랑의 개념은 무엇이며, 그러한 개념 차이를 가져오는 이유가 무엇인지 알아보고자 한다.

II. 정통 이슬람의 관점

1. 인간을 향한 알라의 사랑

꾸란에는 알라의 선함을 제시해 주는 구절들이 많이 나온다. 꾸란에서 알라는 이 세상을 창조하고 창조된 세상을 통해 인간의 필요를 제공해 주고(Q 43:8-13), 선인과 악인 모두에게 자비를 베풀지만 또한 자신에게 속한 자들에게 특별한 은총을 베풀며(Q 14:6; 33:9), 자비가 무한한 분(Q 14:37, 16:18)으로 소개된다. 무엇보다도 자비로운 알라는 인간을 위해 사도들과 예언자들을 보내 주고(Q 5:23; 5:10), 인간을 바른 길로 인도하기 위해 무함마드

---

4) 정부와 대립했던 초기 수피들은 심지어 정부 지도자들과 악인을 동일시했다. 반면 이슬람 법학자들은 수피즘의 문제점을 강하게 제기하면서 그 이단성을 지적했다. 수피들은 알라로부터 직접적으로 얻게 되는 지식과 알라와 하나 됨을 추구했는데, 알라의 초월성을 강조하는 정통 이슬람은 수피즘의 이러한 이론을 결코 용납할 수 없었기 때문이었다. Shimmel, Annemarie, *Mystical Dimensions of Islam* (Chapel Hill: The University of North Carolina, 1975), 30-32

를 통해 말씀을 계시하신 분이시다. 알라를 따르는 자들을 인도해 주실 것을 약속하신 분인 것이다(Q 3:98-99; 12:38; 57:28-29; 3:158; 42:2).[5]

알라의 사랑을 보여 주는 자명한 예는 꾸란이 제시하는 구원관이라고 할 수 있다. 꾸란이 제시하는 알라는 인간을 구원하기 원하는 사랑의 알라이며, 꾸란은 알라의 사랑 때문에 가능한 구원관을 제시하고 있다. 아담은 실수를 범한 후 알라로부터 지상으로 내려가라는 명령을 받았다. 그 명령과 함께 알라는 가이던스를 보내 줄 것을 약속한다.[6] 알라는 지상에 내려간 인간을 그냥 내버려둔 것이 아니라 바른 길로 인도하고자 했던 것이다. 꾸란 57장 9절은 다음과 같이 기록하고 있다.

"알라께서 그분의 종에게 말씀(가이던스)을 보내사 암흑으로부터 광명으로 너희를 구제하고자 함이니 실로 알라는 인자하시고 자비로우시니라."

이 구절에 나타난 약속은 인간을 향한 알라의 은혜를 분명하게 보여 주고 있다고 할 수 있다. 알라는 인간에게 관심을 가지고 있고 바른 길로 돌아오기를 갈망하는 존재인 것이다.[7]

인간을 구원하고자 하는 알라의 사랑은 모든 인류를 대상으로 하고 있다. 꾸란 2장 36절은 "나의 인도(가이던스)를 따르는 자에게는 그가 누구이

5) Gardner, W.R.W., *The Quranic Doctrine of God* (Madras: The Christian Literature Society for India, 1916), 42-44.
6) 가이던스의 다양한 의미에 대해서는 Gardner, W.R.W., *The Quranic Doctrine of Salavation* (London: The Christian Literature Society for India, 1914), 2-3을 참조하라. 꾸란 7:11-28은 사탄의 유혹에 빠져 알라가 금한 나무의 열매를 아담이 맛보는 사건을 기록하고 있다. 이슬람 학자들은 이 사건을 아담의 실수이며, 아담의 회개로 완전히 용서받은 사건으로 해석하고 있다. 이 사건 후에 2장 35-39절에서 아담은 알라로부터 "모두 세상으로 내려갈지니 너희에게 가이던스를 보내 주리라."라는 명령을 받았으나, 이것은 죄로 인해 쫓겨난 것이 아니라 알라의 대리자라는 고귀한 직분을 맡아 지상으로 내려온 것이라고 본다. Geisler, Norman L.&Saleeb, Abdul, *Answering Islam : The Cresent in the Light of the Cross* (Michigan: Baker, 1998), 40-45.
7) Gardner, Ibid., 3, 15 참조. Q 65:11; 14:1, 5; 5:18; 33:42.

든 그에게 두려움이 임하지 않을 것"이라고 기록하고 있다.[8]

꾸란에서 구원은 모든 인류에게 해당되는 보편성을 가진 것이다. 꾸란은 알라의 자비가 미치지 않는 곳이 없음을 말하면서 파라오의 예를 들고 있다. 즉 교만과 죄악으로 가득 찬 파라오도 알라는 인도하고자 했다고 설명한다(Q 79:17-19; 12:37).[9]

그러나 구원의 대상이 모든 인류라고 해서 모든 사람이 다 구원을 받게 되는 것은 아니다. 꾸란은 사랑의 알라이지만 동시에 심판의 알라라는 것을 명백히 하면서, 알라가 제공하는 은혜를 받아들이는 자만이 그 유익을 얻을 수 있다고 말하고 있다(Q 61:5; 76:3). 또한 알라의 은혜는 모든 사람들을 대상으로 하고 있지만, 그 은혜를 받아들이느냐 아니냐는 인간의 몫이라고 말한다.[10]

꾸란 24장 53절은 알라가 제공하는 은혜를 인간이 받아들일 수 있는 길이 무엇인지 알려 준다.

"그분께 복종하면 그분의 인도함을 받게 될 것이다."

알라의 인도함을 받기 위해서는 알라에게 복종하는 것이 선행되어야 하는 것이다.[11] 여기서 복종이 의미하는 것은 꾸란이 의무로 제시하고 있는 여섯 믿음과 다섯 가지 실천사항을 지키는 것이다.[12]

믿음을 갖기 위해서는 지난날의 잘못에 대한 회개의 단계를 거치게 되는데, 회개에서 끝나는 것은 아무 의미가 없고, 반드시 행위가 뒤따라야 한

---

8) 참조. Q 2:257-8.
9) Ibid., 7, 11.
10) Ibid., 16.
11) Ibid., 6-7, 12.
12) 여섯 개의 믿음은 알라, 천사, 성서들, 사도들, 심판의 날, 예정설에 대한 믿음이고, 다섯 개의 실천사항은 신앙고백과 기도, 금식, 자선, 순례이다. 참조. Ibid., 23-25, 57.

다. 꾸란은 선행[13]이 구원을 위해 필수적인 것임을 강조한다. 회개하고 알라에 대한 믿음을 가지고 있음을 보여 주는 눈에 보이는 증거가 바로 선행이라는 것이다. 꾸란에 있어서 선행과 믿음은 결코 분리될 수 없는 것이다. 선행을 하는 자만이 믿는 자라고 꾸란은 누차 강조한다.[14]

또한 선행이 진실로 선행이 되기 위해서는 반드시 알라에 대한 진실한 믿음에서 우러나온 것이어야 한다. 꾸란은 알라에 대한 믿음이 없는 선행에 대해서는 알라께서 "그 행위를 헛되게 하실 것이라고 기록하고 있다(Q 47:32)." 심지어 믿는 자들의 선행이라 할지라도 믿음과 복종이 부족한 선행은 소용이 없다.[15]

꾸란 47장 33절은 다음과 같이 기록하고 있다.

"믿는 사람들이여! 알라께 순종하고 선지자에게 순종하라. 그리고 너희들의 행위를 헛되게 하지 말라."

더 나아가 꾸란에서 선행은 믿음의 증거일 뿐 아니라 선행을 많이 행하는 신자일수록 더욱더 정의로운 자로 인정받게 된다.[16]

이처럼 꾸란에서 구원은 인간이 노력한 대가로 주어진다. 그리고 여기서 구원이 의미하는 것은 사후 천국에 가는 것이다. 현세에서 인간의 알라에 대한 믿음과 복종의 보상으로 천국이 주어지는 것이다.[17]

꾸란은 "사악한 자는 그와 같은 것 외에는 보상을 받지 못하며, 선을 실

---

13) 꾸란에서 말하는 선행은 다섯 개의 실천사항을 비롯하여 정직, 친절, 관대함, 노하기를 더 더함, 용서, 자비, 인내 등을 포함한다. 관련 구절 : Q 2:177; 3:127-8; 4:40-42; 24:181-3; 90:12-18.
14) 참조. Q 20:111; 21:94; 22:49; 65:11. 이 외에도 다수의 구절들이 있다.
15) 이 구절에서 언급된 행위가 사악한 행위를 의미하고 있다고 생각될 수 있지만, 이 구절에서 말하는 행위는 알라에 대한 믿음이 없는 자들이 신을 기쁘시게 하기 위해 행하는 행위를 의미한다고 볼 수 있다(Ibid., 33).
16) Ibid., 29-37.
17) 꾸란에서 구원이란 사후 천국에 들어가는 것을 의미하는데, 천국은 사후에 가게 되는 장소의 개념으로 이해된다(Ibid., 21-22).

천한 믿음의 남녀는 천국으로 들어가리니…(Q 40:40)" "알라를 믿고 경외하는 자들에게는 이생에서와 내세에서 기쁜 소식이 있나니 그것은 구원이니라. 알라의 말씀에는 변함이 없느니라."라고 말한다(Q 10:64).[18]

천국이 철저히 인간 노력의 대가로 주어지는 것이기 때문에 천국에서 받는 보상도 현세에서 어떻게 행했는가에 따라 철저히 구분된다. 이에 대해 꾸란 46장 18절은 분명하게 기록하고 있다.

"모든 인간에게는 그의 행위 결과에 따라 등급이 있나니 알라는 그들의 행위에 따라 그들에게 보상하시매 그들은 공평한 대우를 받으리라."

이처럼 알라의 사랑이 없으면 구원이 불가능하지만, 구원받기 위해서는 인간의 노력이 필수적이며, 구원은 인간의 이생에서의 노력 여하에 따라 천국 내에서도 그 등급이 구분되게 된다.[19]

위에서 언급된 것같이 꾸란은 알라의 사랑 없이는 불가능한 구원관을 통해 알라의 사랑을 명백히 보여 주고 있지만, 그 구원을 위한 내용을 살펴보면 인간의 노력이 상대적으로 더 중요함을 알 수 있다.[20]

알라의 사랑으로 인해 인간이 구원받을 수 있다는 말의 의미는, 인간의 노력이 매우 중요하지만 아무리 노력해도 알라의 자비가 없으면 구원이 불가능한 것이라는 말일 뿐, 알라의 무조건적인 사랑을 의미하는 것은 아니다.[21] 꾸란에서 알라는 인간을 옳은 길로 인도하기 원하여 가이던스(말씀)를

---

18) Ibid., 17-18.
19) 참조, Q 4:97-98; Ibid., 19, 21.
20) Ibid., 51.
21) 꾸란에서 '사랑'이라는 의미로 사용되는 두 아랍어 'habba'와 'wadda'를 연구한 무함마드 다우드 라바르(Muhammad Daud Rahbar)는 꾸란에서 알라는 오직 이상적인(perfectly pioud) 신자들만을 사랑하는 존재라고 결론 짓고 있다(Nickel, "God's Love in the *Quran*"(2001), 25). 비비안 스테이시(Vivienne Stacey) 역시 알라는 자신을 사랑하는 자들만을 사랑하는 존재라고 말하면서, 이는 요한일서 4:16에서 말하는 하나님의 사랑과 대조된다고 결론짓는다. Vivienne Stacey, *Submitting to God* (London; Sydney; Auckland: Hodder&Stoughton, 1997), 51.

제공해 주는 사랑의 알라이지만, 인간과 직접적인 관계를 맺으면서 인간 가운데 임재하여 전적 은혜로 인간을 책임지는 알라는 아닌 것이다.

이처럼 사랑의 알라이지만 구원을 전적으로 책임지지 않고 인간의 노력에 좌우되는 구원관을 제시하고 있는 것은 꾸란이 제시하는 알라가 유일신이면서 초월적인 존재이기 때문이다. 초월적인 알라는 인간과 직접적인 관계를 맺을 수 없다. 꾸란이 누차 강조하는 것은 알라의 초월성과 그러한 알라를 결코 이해할 수 없는 인간의 한계이며, 따라서 인간은 알라에게 근접할 수 없는 존재라는 것이다.[22]

인간은 알라를 부분적으로만 알 수 있으며, 그것도 알라가 창조한 만물과 알라의 계시인 꾸란을 통해서만 가능하다. 그 외에 알라가 직접적으로 자신을 인간에게 계시할 수 있는 방법은 없다.[23]

꾸란에서 보여 주는 알라는 사랑의 알라이지만 인간과 상호적인 사랑은 할 수 없는 존재인 것이다.[24]

2. 알라를 향한 인간의 사랑 : 복종

인간을 향한 알라의 사랑이 그러하다면 알라를 향한 인간의 사랑은 꾸란에서 어떻게 표현되고 있는가? 인간을 향한 알라의 사랑이 무조건적인

---

22) 꾸란은 이 세상에 "알라에 비유할 것이 아무것도 없다(Q 42:11)."고 기록하고 있다. 이맘 Ja 'far as-Sadiq는 유일신 알라는 인간과 전혀 다르신 분이라고 말한다. 꾸란에서 알라는 지식과 능력에 한계가 없으신 분이시고, 태초부터 영존하시는 분이신 초월적인 존재이다. Musavi Lari, Sayyed Mujtaba, *God and His attributes : Lessons on Islamic Doctrine* (Bood one) trams, by Hamid Algar (Potomac: Islamic Educations Center, 1989), 114.

23) 참조. Ibid., 95-116.

24) 참조. Anderson, Norman, *God's Law&God's Love* (London: Collins, 1980), 101; Shimmel, Annemarie, *Mystical Dimensions of Islam* (Chapel Hill: The University of North Carolina, 1975), 53.

것이 아니라면, 그리고 인간과 직접적인 관계를 맺으면서 인간들 가운데 임하는 알라가 아니라면, 알라를 향한 인간의 사랑도 그를 향한 직접적인 것이 될 수 없다. 이런 의미에서 이슬람 법학자들이 인간과 알라와의 관계에 있어서 '사랑'이라는 개념을 금했다는 것은 이해하기 어렵지 않다. 이슬람에서 알라는 초월적인 존재이며, 초월적인 알라는 인간의 사랑의 대상이 될 수 없는 존재이다. 그렇기 때문에 알라를 사랑의 대상으로 삼는다는 것은 알라의 초월성을 위협하는 불경한 것으로 간주된다.[25] 따라서 정통 이슬람에서 말하는 알라에 대한 인간의 사랑이란 알라의 명령에 대한 사랑, 즉 율법에 대한 복종을 의미하는 것일 뿐이었다.[26]

위에서 언급한 바와 같이 알라의 사랑을 받기 위한 조건이 복종이기 때문에, 인간이 알라를 사랑한다면 그에게 복종해야 했다. 그리고 복종한다는 것은 이슬람이 율법적으로 제시하는 여섯 믿음과 다섯 가지 실천사항을 지키면서 이슬람이 믿음의 증거로 받아들이고 있는 선행을 행하는 것이다. 초월적인 알라가 제시하는 은혜의 방편이 여섯 믿음과 다섯 개의 실천사항이기 때문이다.

이와 같이 이슬람의 사랑 개념은 선과 깊은 관련을 가지고 있다. 알라의 명령에 복종하여 선을 행하는 것이 알라를 사랑하는 길인 것이다.[27] 꾸란은 "알라에게 구하고 의로운 것을 행하며 '나는 이슬람에 순종하는 자 가운데 있나이다'라고 말하는 사람만큼 아름다운 말을 하는 사람이 누구이뇨?(Q 41:33)"라고 말한다.

25) 안네마리 쉼멜, 김영경 역, 『이슬람의 이해』 (서울: 분도출판사, 1999), 153.
26) Shimmel, Annemarie, op. cit., 53.
27) Rahman, Tanzil-ur, *Essays on Islam* (Lahore: Islamic publications, 1988), 13.

Ⅲ. 수피즘의 관점

1. 복종을 넘어서는 사랑

수피즘에서 말하는 알라를 향한 인간의 사랑 역시 분명히 복종의 개념을 포함하고 있다. 앞에서 언급된 수피의 꿈이 보여 주듯이,[28] 수피들은 자아를 완전히 포기하고 알라의 종이 되어 철저히 그의 뜻대로만 행하기를 갈망하는 자들이다. 둔-눈(Dhun-Nun)은 매순간 알라가 주인이고 매순간 수피는 그의 종이라고 표현하고 있다.[29]

죽기까지 복종하고자 하는 수피의 의지는 "저에게 죽음을 명하신다면 저는 그것에 복종하여 죽겠습니다. 그리고 나에게 죽음을 주시는 분을 기쁘게 맞이하겠습니다." 하는 고백 속에서도 잘 드러나고 있다.[30]

수피즘에서 사랑 개념의 기초를 놓았다고 하는 라비아의 '사심 없는 사랑' 개념 역시 알라의 뜻이 무엇이든지, 그것이 좋게 느껴지는 것이든 고통스러운 것이든, 자신의 뜻이나 욕심은 하나도 없이 알라의 뜻을 무조건적으로 수용하는 완전한 복종의 개념을 포함하고 있다.

그러나 수피즘에서의 복종은 알라의 명령에 대한 종교적 의무를 행하는 단순한 복종의 의미가 아니다. 복종은 수피가 알라에게 철저히 속해 있음을 의미하고 있다. 복종의 주체나 대상조차도 존재하지 않는, 완전히 알라와 하나가 된 상태에서 알라의 뜻이 곧 복종하는 자의 뜻이 되는 상태인 것이다. 루미(Rumi)는 "내가 하고 있는 일에 대해 내가 알고 있다고 생각하는가? 숨소리 하나라도, 아니, 그 반이라도 내게 속해 있다고 생각하는가?"

---

28) 참조. "Ⅲ.D.1. 고통, 그리고 죽음과 부활"에서 '고통의 십자가'를 보여 주는 수피의 꿈.
29) Dhun-Nun, Vaughan-Lee, *Travelling the Path of Love: Sayings of Sufi Masters* (California: The Goddem Sufi Center, 1995), 98.
30) Shimmel, Annemarie (1975), 135.

하고 묻는다. 또한 무명의 수피는 "나는 보고 싶지도, 알고 싶지도 않다. 그저 사용되고 싶을 뿐이다."라고 고백하고 있다.[31]

수피즘에서의 복종 개념은 알라에 대한 절대적 신뢰를 바탕으로 하는 수피의 무조건적인 사랑에 대한 표현이기도 하다. 알라에 대한 수피의 사랑은 이성적이지 않은 사랑이다. 할라즈(Hallaj)는 수피는 알라에 대한 무조건적인 사랑의 대가로 알라를 알게 된다고 말한다.[32]

아따(Attar)는 사랑을 불에, 이성을 연기에 비유하면서, 사랑이 임할 때 이성은 사라져버린다고 말한다. 이성의 눈으로는 볼 수 없었던 이 세상의 본질을 알라의 사랑을 통해 보게 된다는 것이다.[33] 루미도 알라에 대한 사랑이 모든 이성을 잠재워버린다고 그의 시에서 읊고 있다.[34]

이와 같이 수피즘에서 말하는 사랑의 개념을 살펴보면, 복종의 개념을 포함하고 있지만 단순한 복종 이상을 의미하고 있음을 알 수 있다. 그렇기에 수피는 복종을 이야기하면서 자유함을 말할 수 있는 것이다. 누군가가 주나이드(Junayd)에게 "알라의 종이시여, 그러나 자유하신 분이시여, 어떻게 하면 그런 만족함의 경지에 도달할 수 있습니까?" 하고 묻자 주나이드는 사랑을 통해 용납을 배우게 되면 가능하다고 대답했다고 한다.[35]

같은 맥락에서 초기 수피였던 바예지드(Bayezid)는 사랑의 네 가지 측면[36]을 말하면서, 알라에 대한 복종뿐 아니라 알라와 수피 사이의 '신-인간의

---

31) Vaughan-Lee (1995), 99.
31) Vaughan-Lee (1995), 99.
32) Shimmel, Annemariel (1975), 72.
33) Attar, Vaughan-Lee (1975), 142.
34) Fatemi, Nasrollah S., Faramarz S., and Fariborz S., *Love, Beauty and Harmony in Sufism* (London: Thomas Yoseloff, 1978), 48.
35) Vaughan-Lee (1995), 98.
36) 바예지드가 구분한 사랑의 네 가지 측면은 첫째, 알라로부터 오는 은혜, 둘째, 알라에 대한 복종, 셋째, 알라를 끊임없이 기억하는 것, 넷째, 알라와 수피 사이의 사랑이다. Shimmel, Annemarie (1975), 132.

사랑'을 제시하고 있다. 수피즘의 사랑 개념이 정통 이슬람에서 말하는 복종의 개념을 포함하고 있지만, 복종의 개념을 넘어서서 그 이상을 말하고 있음을 분명히 한 것이다. 우마르 카얌(Umar Khayyam : 1123년 사망)은 그의 시에서 다음과 같이 읊고 있다.

> 나로 분명히 말하게 하라.
> "당신에 대한 사랑으로 나는 나의 삶을 내려놓습니다.
> 당신의 사랑이 나를 다시 살리실 것을 소망합니다.
> 칠십삼 개의 신조가 있을지라도
> 나는 당신(알라)에 대한 사랑 이외에는 아무것도 붙잡지 않을 것입니다."
> 신앙, 불신앙, 복종, 죄, 이런 것들이 다 무슨 소용인가?
> 사랑 이외에는 다 헛된 것을… [37]

할라즈에게 있어서 역시 사랑은 단순히 복종만을 의미하는 것이 아니었다. 그에게 사랑은 사랑받는 자(알라) 앞에 서는 것이며, 자신의 모습을 버리고 알라의 모습을 덧입는 것이었다.[38]

이븐 아라비(Ibn Arabi)는 율법의 중요성을 강조하면서, 알라를 따르는 자들이 마땅히 지켜야 할 것이라고 말하지만, 율법에 대한 단순한 복종에 의미를 두기보다는 외형적인 복종을 통한 내부의 변화를 궁극적으로 추구

---

37) Smith, Margaret, *The Sufi Path of love : an anthology of Sufism* (London: Luzac&Company, 1954), 128. "신앙, 불신앙, 복종, 죄, 이런 것들이 다 무슨 소용인가?" 하는 구절에서도 엿볼 수 있듯이, 복종의 개념을 넘어서 애정적 요소를 포함하고 있는 수피즘의 사랑 개념은 초월적인 신에 대한 사랑을 불경한 것으로 간주하는 이슬람 법학자들에게 정통과 이단의 시비를 불러일으키기에 충분한 주제였다. 수피들의 시에서 그러한 표현들을 찾아보기는 어렵지 않다. 한 예로 함자 판주리(Hamzah Fansuri)도 그의 시에서 "(사랑의) 경지에 이르렀다면, 종교적 의무에 매일 필요가 무엇인가?" 하고 읊고 있다. Hamzah Fansuri, *The poems of Hamzah Fansuri* ed. with an introduction, a translation, and commentaries, accompanied by the Javanese translations of two of his prose works by G.W.J. Drewes and L.F. Brake (Dordrecht: Foris Publications, 1986), 107.
38) Shimmel, Annemarie (1975), 71-72.

하고 있다.[39]

이와 같이 수피즘에서 말하는 사랑은 '신-인 상호간의 사랑'을 통해 창조주와 창조물이 서로를 알게 되는 단계이다. 수피의 눈이 창조주 알라를 향해 열리게 될 때, 알라의 눈 역시 자신을 구하는 수피를 향해 열리게 되고, 수피 안에서 알라는 창조물 속에 숨겨져 있는 알라 자신을 보게 되는 것이다.[40]

2. 사랑하는 자, 사랑받는 자, 사랑을 갈망하는 자 : 알라

수피즘은 정통 이슬람과는 달리 알라에 대한 사랑을 고백하고, 알라와 인간 상호간의 사랑을 말하고 싶어 한다. 이슬람 법학자들은 알라에 대한 사랑이 알라의 초월성을 위협하는 불경건한 행동이라고 여겼지만, 수피들은 꾸란 5장 59절의 "그분은 그들을 사랑하시고, 그들은 그분을 사랑하느니라." 라는 구절을 즐겨 인용하면서 알라에 대한 사랑을 고백하고 스스로 알라의 사랑을 받는 자들임을 자처했다. 비록 본문에서 분리되어 인용되기는 했지만, 이 구절이 알라와 인간 상호간의 사랑을 이야기하는 듯했던 것이다.[41]

수피즘은 사랑이 알라의 본질이라는 것에서부터 출발한다. 둔-눈이 해변가에서 만난 한 낯선 여인에게 사랑의 끝이 어디인가를 물었을 때, 여인은 "알라께서 무한하시기 때문에 사랑에는 끝이 없습니다." 하고 대답한다.[42]

---

39) Hirtenstein, Stephen, *The Unlimited Mercifier: The spiritual life and thought of Ibn 'Arabi* (Oxford: ANQA, 1999), 104, 68.
40) Vaughan-Lee, *The Lover&the Serpent, Dorset : Element* (1990). 참조. "I was hidden treasure, and I desired to be known, so I created the world (Hadith qudsi)."
41) Shimmel, Annemarie (1999), 153.
42) 수피 문학에서는 사랑을 설명하기 위해 종종 바다의 비유를 사용한다. 끝이 없는 바다는 무한한 알라를 상징한다. 주나이드는 '사랑은 물가 없는 무한한 바다'라고 시에서 읊고 있다. Fatemi, Nasrollah S., Faramarz S. and Fariborz S., *Love, Beauty and harmony in Sufism* (London: Thomas Yoseloff, 1978), 57.

둔-눈은 지식적으로 이해하기 어려운 문제에 대해 이런 식으로 이야기 형식을 빌려 설명하고는 했는데, 여인의 대답을 통해 둔-눈이 말하고자 하는 것은 사랑이 알라의 본질이라는 것이다.[43]

알라의 본질인 사랑은 그렇기에 태초부터 이미 존재하던 것이었다. 하피즈(Hafiz : 1320-1391)는 영원 전에 이미 사랑이 존재했고, 사랑의 불꽃이 이 세상을 불타오르게 했다고 말하고 있다.[44]

이븐 아라비는 사랑을 창조의 원초적인 동력으로 보고 있다. 창조자는 그의 사랑으로 이 세상을 창조했고, 따라서 창조자와 창조물은 하나라고 말한다.[45]

수피즘에서 알라는 단순히 초월적인 존재라기보다는 사랑을 갈망하는 존재이고, 사랑받고 사랑을 주는 존재이다. 루미의 시 "사랑받는 자가 원하지 않았다면, 알라를 사랑하는 자 그 누구도 알라와 하나가 될 수 없었을 것을…"[46]에서도 알 수 있듯이, 알라는 인간보다 먼저 사랑을 갈구하고 있다. 동일한 의미에서 루미는 "나는 알라께서도 우리를 갈망하고 있다는 것을 결코 알지 못하고 있었다."고 고백한다.[47]

마찬가지로 가잘리(Ghazzali)도 알라를 사랑하는 자를 그분도 사랑하고, 알라를 갈망하는 자를 그분도 갈망하고, 알라를 바라보는 자를 그분도 역시 보고 있다고 말한다.[48]

라지(Yahya ibn Mu'adh ar-Razi : 871년 사망)는 아무 필요도 가지고 있지

43) Shimmel, Annemarie (1975), 45.
44) Smith, Margaret (1954), 143.
45) Hirtenstein, Stephen (1995), 26.
46) Shimmel, Annemarie (1975), 139.
47) Vaughan-Lee, Llewellyn ed., *Travelling the Path of Love : Sayings of Sufi Masters* (California: The Golden Sufi Center, 1995), 145.
48) Ibid., 132.

않은 완전한 알라가 인간을 사랑하여야 한다는 것은 알라의 은혜로 인한 기적일 수밖에 없다고까지 고백하고 있다.[49]

이와 같이 수피즘에서 알라는 인간과 사랑을 주고받는 존재이며, 사랑 개념은 알라와 인간 상호간의 사랑에 초점이 맞춰져 있다. 7세기 수피 압드 알-와히드 이븐 자이드(Abd al-Wahid ibn Zayd : 793-4년경 사망)는 신과 인간 상호간의 사랑을 설명하기 위해 꾸란에도 나오지 않는 이쉬끄(`ishq : 정열적인 사랑)라는 단어를 사용했다.[50]

10세기에 들어서서 아불-후세인 안-누리(Abu'l-Husayn an-Nuri)도 이 단어를 사용하여 신과 인간 사이의 사랑 개념을 제시했고, 온갖 논쟁과 반대에도 불구하고 이 개념은 수피즘의 주요 흐름이 되었다는 것을 기억할 필요가 있다.[51]

수피즘은 인간이 사랑할 수 없는 초월적인 알라가 아닌 인간을 사랑하고 인간의 사랑을 받는 알라를 추구하는 것이다. 인간과 알라 사이에는 분명히 베일이 존재하고, 그래서 알라는 인간이 다가갈 수 없는 초월적인 존재이지만, 그 베일을 없애고 사랑의 단계에 도달하는 것이 수피의 목표이다.[52]

3. 내재하는 알라

이와 같은 알라를 향한 수피들의 염원은 내재하는 알라의 개념으로 나타났다. 꾸란 5장 59절을 즐겨 인용하던 수피들은 "우리(알라)는 그(인간)의

---

49) Shimmel, Annemarie (1975), 52.

49) Shimmel, Annemarie (1975), 52.
50) Ernst, Carl W., "The Stages of Love in Early Persian Sufism, from Rabi's to Ruzbihan," in Leonard Lewisohn ed., *Classical Persian Sufism : from irs origins to Rumi* (London: Khaniquhi Mimatullahi Publications, 1993), 438.
51) 참조. "III.A.4. 신(神)-인(人) 간의 사랑".
52) Shimmel, Annemarie (1975), 81.

생명의 혈관보다 그에게 더 가까이 있느니라."는 꾸란 50장 16절을 묵상하면서 초월적인 동시에 내재하는 알라를 깨달았다. 꾸란 6장 103절은 "그 누구도 알라에게 미치지 못한다."고 말하고 있지만, 꾸란 2장 115절은 "동쪽과 서쪽이 알라에게 있나니 너희가 어느 방향에 있든 간에 알라의 앞에 있다."고 분명하게 기록하고 있는 것이다. 꾸란 51장 20-21절은 "지상에는 믿는 자들을 위한 사인이 있고, 또한 너 자신의 마음속에도 있다는 것을 알지 못하느냐?"라고 묻는다.[53]

하디스에는 "알라는 드러나기를 원하는 숨겨진 보물이며, 그래서 세상이 창조되었다."는 예언자 무함마드의 말씀이 기록되어 있다.

수피들은 내재하는 알라로 자신 안에서, 자신 마음(heart, qalb)속에서 알라를 발견했음을 고백한다. 할라즈는 시를 통해 자신 속에서 계시하시며, 자신의 마음을 온통 가득 채우고 있는 알라에 대해 읊고 있으며,[54] 함자 판주리(Hamzah Fanzuri)는 그가 메카의 카바 신전에서 발견하지 못하던 알라를 마침내 자신 안에서 발견했다고 시를 통해 고백하면서, 알라는 자신을 분명하게 계시하시니 너 자신을 깊이 들여다보라고 권면한다.[55]

또한 알라가 매우 찾기 어려운 존재임을 인정하면서도, 그러나 사실 알라는 매우 가까운 곳에 계시다고 말하고 있다.[56]

---

53) Ibid., 25.
54) "…You have manifested Yourself so much that it seems to me that there is only You in me! I examine my heart amidst all that is not you…" Vaughan-Lee, op. cit., 201. 전 생애 동안 할라즈의 삶과 가르침을 연구한 루이 마시뇽(Louis Massignon)이 편집한 할라즈의 작품과 수집한 시들은 알라의 초월성과 함께 마음속에 내재하는 알라의 개념을 분명하게 제시해주고 있다. Shimmel, Annemarie (1975), 65.
55) Hamzah Fansuri, *The Poems of Hamzah Fansuri* ed. with an introduction, a translation, and commentaries, accompanied by the Javanese translations of two of his prose works by G.W.J.Drewes and L.F.Brakel (Dordrecht: Foris Publications, 1986), 109.
56) "…His place is hard to approach and entirely fenced in to His servants He is very mysterious…" (Ibid., 103, 참조, 95). "His radiance is a blazing glow In all of us It is He who is the cup and the arak Do not look for Him far away, my boy" (Ibid., 99).

이븐 아라비 역시 수피가 깨닫게 되는 것은 바로 "하늘도 땅도 나를 품을 수 없다. 오직 나의 신실한 종의 마음속에만 내가 있다."라는 구절이라고 기록하고 있다.[57]

수피들이 고백하는 이러한 내재하는 알라의 개념은 수피의 길을 걸으면서 경험하게 되는 것으로, 알라는 비단 수피의 마음속에서만 발견할 수 있는 존재가 아니다. 수피는 알라와 상호간 사랑의 관계를 통해 궁극적으로는 모든 만물 속에 내재되어 있는 알라를 보게 된다. 수피즘은 이 세상 모든 만물의 본질이 알라이며, 실상은 알라 이외의 아무것도 아니라고 말한다. 만물이 모두 다른 모습을 가지고 있는 것처럼 보이는 것은 베일에 가려져 있기 때문이며, 베일을 걷어내고 마음의 눈을 통해 보면 그 하나 된 본질, 즉 알라를 볼 수 있게 된다고 수피즘은 설명한다. 다양한 만물을 하나로 묶어 주는 것은 그 속에 숨겨져 있는 알라의 존재이다. 수피즘은 이를 유일성과 다양성(unity and multiplicity)이라는 말로 표현한다. 수피의 길은 바로 만물에 드리워져 있는 베일을 점차로 걷어 나가면서 다양성 속에 내재되어 있는 유일성을 보게 되는 과정이며, 이러한 단계에 도달하는 것이 모든 수피들의 염원인 것이다.[58]

그러면 여기서 말하는 만물의 본질로서의 알라, 만물에 내재되어 있는 알라의 개념은 무엇을 의미하는가? 거울의 이미지는 바로 이 내재하는 알라의 개념을 설명하기 위한 것이다. 다양한 생명체들은 유일한 알라를 드러내고 있는데, 인간은 마음속에 지니고 있는 거울을 통해서 그 거울 속에 비치는 알라를 보게 된다고 한다. 수피의 길은 바로 끊임없는 헌신과 염원을

---

57) Hirtenstein, Stephen (1995), 27.

58) Vaughan-Lee, *Love is a Fire : The Sufis' Mystical Journey Home* (Califormia: The Golden Sufi Center, 2000), 180-183.

통해 이 거울을 먼지 없이 깨끗하게 닦아내는 과정이며, 거울이 깨끗해질수록 만물을 가리고 있는 베일이 점점 더 엷어지고, 점점 더 분명하게 알라의 모습이 드러나게 된다고 보고 있다.[59] 따라서 자아의 눈으로 볼 때는 알라의 모습이 숨겨진 채 외형적으로 보이는 만물의 다양성만을 보게 되지만, 자아가 사라진 마음의 눈으로 볼 때는 다양성이 사라지고 숨겨져 있던 유일한 알라의 모습이 드러나게 되는 것이다. 여기서 드러나는 알라의 모습은 알라 자신이라기보다는 다양한 만물의 거울 속에 비치는 알라의 모습이다.

거울의 이미지를 통해 수피즘에서 말하고자 하는 것은 알라가 만물의 핵심을 이루고 있다는 것인데, 이는 알라로부터 만물이 창조되었기 때문이다. 알라로부터 창조된 만물은 그 중심에 알라의 이름이 새겨져 있으며, 만물은 알라를 반영하고 있는 거울이요, 알라의 사인이다. 알라는 초월적인 존재이고 인간이 결코 알 수 없는 존재이지만, 인간은 알라의 창조물을 통해 알라의 존재를 느끼게 되고, 만물 속에 임하는 알라를 경험하게 된다는 것이 수피즘의 가르침이다. 이러한 이유로 수피들은 사랑의 단계에 도달한 후 전혀 새로운 것을 보게 되는 것이 아니라 전에도 동일하게 존재하던 것을 새롭게 보게 된다고 고백한다. 즉 자아의 눈으로 보던 것을 마음의 눈으로 보게 됨을 의미하는 것이다. 그래서 사랑의 경지에 도달한 수피들은

---

59) 수피의 길의 마지막 단계에서 마침내 수피는 자신이 알라를 보여 주는 맑은 거울이 된다고 수피즘은 말한다. 사랑의 단계에 도달한 수피는 거울에 비친 알라와도 같아서, 거울에 비친 알라가 알라 자신은 아니지만 알라의 모습을 그대로 가지고 있는 것처럼, 수피는 알라를 그대로 보여 주는 거울로써 베일에 가려지지 않은 알라의 모습을 보여 주는 존재가 되는 것이다. 세상 모든 만물은 베일에 가려져 있는 반면, 성자들은 베일에 가려지지 않은 알라를 보여 줌으로써 사랑의 단계에 도달하지 못한 무슬림들에게 초월적인 알라를 간접적으로 보여 주는 역할을 하고 있다. 높은 영적 단계에 이르지 못한 무슬림들에게는 성자들이 내재하는 알라와 같은 존재가 되는 것이다. 참조. Vaughan-Lee, Llewellyn, *The Lover&the Serpent* (Dorset: Element, 1990), 121; Vaughan-Lee, *Love is a Fire : The Sufis' Mystical Journey Home* (California: The Golden Sufi Center, 2000), 211; Smith, Margaret, *The Sufi Path of love : an anthology of Sufism* (London: Luzac&Company, 1954), 135.

모두 동일하게 그렇게도 염원하고 갈망하던 알라가 늘 함께 있었음에도 전에는 알라의 존재를 깨닫지 못하고 있었다는 고백을 하고 있는 것이다.[60]

수피들은 주로 꿈을 통해 알라로부터 오는 지식을 얻고, 알라와 대화하며, 알라의 존재를 경험한다. 꿈은 수피들에게 있어서 알라와 친밀한 관계를 맺게 되는 주요 통로 중 하나이다. 이렇듯 꿈을 통해 현현하는 알라 역시 인간 내부에 이미 존재하고 있는 '진실한 나', 즉 인간 속에 창조 시부터 이미 존재하고 있던 알라의 모습을 만나는 것이다.

수피들이 꿈을 중요하게 생각하는 것은, 꿈은 눈으로 보이는 세상의 영역을 넘어 영적 영역까지도 모두 포함하고 있다는 믿음 때문이다. 이성과 자아가 잠들어버린 꿈의 영역에서 좀더 분명하게 '진실한 나'를 만날 수 있다고 믿는 것이다. 이러한 믿음은 인간이 알라의 이미지를 따라 창조되었으므로 그 깊숙한 부분에서 신적 특성(divine qualities)을 소유하고 있다는 원리에 근거하고 있다.

수피들에게 있어서 내재하는 알라는 이러한 인간의 본성에 따라 꿈을 통해 자신을 계시하는 존재이다. 따라서 수피들이 사랑의 단계에서 얻게 되는 알라로부터 오는 지식인 마리파(ma'rifa) 역시 알라가 이 세상 만물을 통해 어떻게 자신을 드러내며 보여 주고 있는가를 알게 되는 것을 의미한다. 수피들이 얻게 되는 지식은 이 세상이 알라를 보여 주는 거울로써 어떻게 숨겨져 있는 알라를 보여 주고 있는가를 깨닫게 되는 것이다.[61]

---

60) Vaughan-Lee, Love is a fire : The Sufis' Mystical Journey Home (California: The Golden Sufi Center, 2000), 182, 196-206 참조. 루미의 시 "The world is God's pure mirror clear… with love's own eyes the mirror view…" Smith, Margare (1954), 137.

61) 수피들은 이슬람의 "알라 이외에는 신이 없다."는 이슬람의 신앙고백이 바로 이 깨달음의 과정을 묘사하고 있다고 보고 있다. 수피들은 외형적인 만물의 알라가 없는 상태(There is no God)에서 본질적으로 알라만이 존재하는 상태(but God)를 깨닫게 된다는 것이다. Vaughan-Lee (2000), 206-212. 참조. Shimmel, Annemarie (1975), 64-65.

그러나 수피즘이 이러한 내재하는 알라의 개념을 말한다고 해서 초월적인 알라를 부인하는 것은 아니다. 수피즘에서 자아의 죽음을 강조하는 것은 알라가 초월적인 존재이기 때문이다. 초월적인 알라는 인간과 어떠한 관계도 맺을 수 없기 때문에 자아가 살아 있는 인간은 초월적인 알라와 함께 존재할 수 없고, 그래서 수피즘은 알라가 존재하면 수피가 없고 수피가 있으면 알라가 없다고 말한다. 자아가 죽은 자만이 알라의 임재 가운데 거할 수 있다는 수피즘의 원리는 초월적인 알라를 전제로 하고 있다고 할 수 있다.

또한 수피즘은 알라에 대한 경험이 결코 말로 설명될 수 없다고 말한다. 이것 역시 수피가 알라를 경험할 때 그 주체는 수피 자신이 아니기 때문이다. 인간 수피는 초월적인 알라를 결코 경험할 수 없다. 인간 수피가 가지고 있는 모든 것, 자아와 정신을 비롯한 모든 의식이 사라지고 아무것도 존재하지 않을 때 알라의 임재는 이루어지는 것이다. 수피의 길은 인간 수피가 이러한 자기 부재(non-existence)의 상태에 도달하는 길이며, 파나(fana)와 바꽈(baqa)가 바로 이러한 '자유'의 상태를 의미하는 말이다.[62]

그렇기 때문에 수피즘은 수피의 길의 마지막 단계에서 하게 되는 "나는 알라다."라는 고백이 결코 신성 모독이 아니라고 말한다. 이는 단지 자신이 완전히 사라진 상태에서 알라만이 존재하는 파나와 바꽈 상태의 표현이라는 것이다.

이러한 내재하는 알라의 개념을 용납할 수도, 이해할 수도 없었던 이슬

---

62) 바예지드 비스타미는 자신이 세 번째로 알라가 계신 곳에 이르렀을 때 그 거룩한 전(殿)도 알라도 보지 못하였다고 하면서, "알라 앞에서 나의 존재는 완전히 사라졌다. 나는 아무것도 아는 바가 없다. 내가 알라를 보았다는 것을 내가 본 적이 있는가?" 하고 묻는다. 그는 이를 통해 알라 앞에서 자신은 완전히 없는 상태임을 말하고자 하는 것이다. Vaughan-Lee (2000), 192-193.

람 법학자들은 수피즘의 개념을 강하게 비난했다. 알라의 초월성을 위협한다는 비난을 받았던 수피즘의 대표적인 인물은 '만물의 유일성(Wahdatu'l-Wujud, Unity of Existence) 이론'으로 유명한 수피 이븐 아라비이다. 정통을 자처하는 무슬림들은 이 이론의 위험성을 강하게 지적하면서 이븐 아라비를 이단이라고 비난하였다.[63]

특히 이븐 타이미야(Ibn Taimiya)는 수피즘이 창조물과 창조자와의 구분을 없앰으로써 알라의 초월성을 위협하고, 알라의 심판과 보상, 공의 등 이슬람의 정통 이론들에 도전한다고 비난하면서, 이븐 아라비가 바로 그러한 비이슬람적인 영향들을 집대성하여 수피즘의 이론으로 정착시킨 수피라고 보았다. 이븐 타이미야는 이븐 아라비 이전에 가잘리는 이슬람 신학만으로는 부족한 점을 지적함으로써 수피즘이 정통 이슬람의 범주 내에서 할 수 있는 역할을 제시해 준 반면, 이븐 아라비에 이르러서는 강한 헬레니즘의 영향 아래에서 수피즘이 정통으로부터 벗어나기 시작했다고 주장하면서, 수피즘 이론에 대한 자신의 반론을 통해 정통을 위협하는 수피즘의 위험성을 논박했다.

이븐 타이미야에 의하면 수피즘의 사랑 개념은 초월적 알라를 인간 사

---

63) 이븐 아라비에 대해서는 현재까지도 두 가지 엇갈린 반응이 존재하고 있다. 첫째는 그를 알라의 초월성을 위협하는 이단으로 보는 이븐 타이미야로 대표되는 경향과 둘째는 이븐 아라비를 매우 경건한 무슬림이요 참 성인이라고 보는 Firuza-badi나 Suyuti로 대표되는 경향이다. 이븐 아라비가 말하고자 했던 그의 진실한 관점이 무엇이었는가, 그는 진정 초월적 알라를 만물의 수준으로 끌어내린 범신론자였는가 아니면 알라로부터 오는 지식을 통해 참 진리를 깨달은 자였는가라는 것은 아직도 논쟁이 분분한 문제이다. 이븐 아라비의 방대한 저술활동이 그의 심오하고 논란이 분분한 사상에 대한 완전한 이해를 더욱 힘들게 하고 있는 것도 사실이다. Husaini, S.A.Q. *The Pantheistic Monism of Ibn Arabi* (Lahore: Ashraf, 1970), iii&38. 그러나 그의 '만물의 유일성' 사상은 이후 수피즘의 주요 개념으로 자리잡았으며, 그의 개념을 받아들이지 않는 자들도 그 사상의 영향력을 완전히 벗어날 수는 없을 정도로 수피즘 내에서 그의 영향력은 대단한 것이었다. 안네마리 쉼멜 (1999), 167-168.

랑의 대상으로 삼음으로써 알라를 지상으로 끌어내린 매우 불경건한 사상이었으며, 그러한 사랑 개념은 이슬람에서 결코 용납될 수 없는 것이었다. 또한 진정한 파나는 세상적인 것들에 분산된 사고를 알라에게만 집중시킴으로써 좀더 완전하고 집중적으로 알라를 구하게 되는 것이었다. 이는 종교적으로 권장되는 헌신의 행위를 통해 알라만을 향한 순수한 사랑과 헌신이 이루어지는 것일 뿐, 수피즘에서 말하는 것처럼 파나 상태에서 모든 사물에 실재하는 알라를 보게 된다는 것은 있을 수 없는 일이었다. 알라는 창조의 원인이요, 그 결과가 눈에 보이는 세상일 뿐이라고 꾸란은 분명하게 말하고 있는 것이다. 그에게 있어서 종교적 행위의 범주에 만족하지 못하는 수피즘의 파나 개념은 비난받아 마땅한 것이었다.[64]

이러한 이론적 반박을 통해 이븐 타이미야가 말하고자 하는 것은 인간과는 철저하게 구분되는 알라, 즉 위협받을 수 없는 알라의 초월성이며, 이것이 또한 이슬람 법학자들이 동일하게 주장하는 것이다.[65]

알라와의 연결성을 추구하는 수피들의 염원, 알라를 사랑하고 사랑하는 그 알라로부터 사랑받고자 하는 수피들의 갈망은 내재하는 알라의 개념으로 발전했지만, 반면에 인간과 신은 결코 만날 수 없는 존재라는 것이 이슬람 법학자들의 변하지 않는 입장이다. 인간이 신과 함께 나눌 수 있는

---

64) Memon, Muhammad Umar, *Ibn Taimiya's Struggle agaunst Popular Religion* (The Haque: Mouton, 1976), 26-33. 이 책은 수피즘의 이론들에 대한 이븐 타이미야의 반론들을 자세히 소개해 주고 있다.

65) 이븐 타이미야는 한발리 학파에서 법학을 공부했다. 이븐 타이미야의 종교적 견해에 대해서는 그의 생전에 이슬람 법학자들 사이에서 끊임없는 논쟁이 있었지만, 그럼에도 불구하고 그의 사후 그의 견해는 정통 이슬람을 대표하는 것으로 받아들여지고 있다. 참조. Haque, Serajul, *Imam Ibn Taimiya and his Projects of reform* (Dhaka-2: Islamic Foundation, 1982); Husaini, S.A.Q. *The Pantheistic Monism of Ibn Arabi* (Lahore: Asharf, 1970), 38; Geisler, Norman L.,&Saleeb, Abdul, *Answering Islam : The Crescent in the Light of the Cross* (Michigan: Baker, 1998), 47.

부분이 있다는 것, 즉 인간은 알라의 이미지를 따라 창조되었으므로 그 깊숙한 부분에서 신적 특성을 가지고 있다는 것은 그들에게 결코 용납될 수 없는 이론인 것이다.[66]

이처럼 이슬람 법학자들이 수피즘 이론의 위험성을 강조하는 것은 그것이 이슬람에서 용서받을 수 없는 가장 큰 죄로 여기는 쉬르크(shirk), 즉 알라 이외의 다른 것에 신성을 부여하는 행위라고 보기 때문이다. 이븐 아라비를 이단이라고 비난하면서 했던 말도 이븐 아라비가 성육신(incarnation, hulul)의 개념을 말하고 있다는 것이었다.[67]

그러나 이렇듯 일원론자 혹은 범신론자로 비난받는 이븐 아라비[68] 역시 알라의 초월성을 의심하지 않고 있는 것으로 보인다. 이븐 아라비는 세상을 세 개의 영역으로 나누는데, 보이는 영역(shuhud)과 보이지 않는 영역(ghayb), 그리고 제3의 영역-이 두 영역 사이에 존재하면서 두 영역을 연결시켜 주고 있는 중간 영역(barzakh)-이 그것이다. 이븐 아라비에 의하면 초월적인 알라와 인간은 눈에 보이는 영역인 지상에서는 결코 만날 수 없는 존재이고, 눈에 보이지 않는 영역은 초월적인 알라에게 속한 영역이므로, 알라의 임재가 이루어지는 것은 그 중간 영역인 제3의 영역이다. 그러나 알라의 임재 가운데에서도 여전히 인간은 알라를 모두 알 수는 없는데, 그것은 알라가 너무나 위대하고 초월적인 존재이기 때문이라는 것이 그의 설명이다.[69]

또한 신과의 하나 됨을 말하는 수피즘도 신의 실재적인 내재를 의미하

---

66) Memom, Muhammad Umar, *Ibn Taimiya's Struggle against Popular Religion* (The Haque: Mouton, 1976), 86.

67) Husaini, S.A.Q. *The Pantheistic Monism of Ibn Arabi* (Lahore: Ashraf, 1970), 38.

68) 후사이니는 앞의 책에서 이븐 아라비의 이론은 범신론적 일원론이라고 주장한다.

69) Ibn ʿArabi, *The Seven Days of the Heart : Prayers for the nights and days of the week* teams. by Pablo Beneito and Stephen Hirtenstein (Oxford: ANQA, 2000), 7-8. 이 외에도 Ibn ʿArabi, The Seven Days of the Heart에 수록되어 있는 이븐 아라비의 기도문에는 알라의 초월성을 고백하는 구절들이 여러 곳에 나와 있다. 참조, 안네마리 쉼멜 (1999), 168.

는 홀룰(Hulul)의 개념을 적극적으로 부인하고 있으며, 이븐 아라비도 예외는 아니다. 수피즘은 파나의 개념이 이단적 개념인 홀룰과는 달리 알라의 임재 앞에서 수피 자신이 없는 상태(nullification)를 의미하는 것이라고 강조한다.[70]

수피즘에서 거울 이미지와 알라의 사인을 말하는 것도 홀룰 개념과의 차이를 분명히 하기 위해서이다. 마찬가지로 이븐 아라비도 분명하게 알라는 베일에 가려져 있으며, 만물은 알라의 사인을 지니고 있다고 말하면서 홀룰의 개념을 부인하고 있다.[71]

그러나 이와 같이 명백한 이단인 홀룰의 개념은 부인하면서도 결과적으로 알라와 인간과의 관계성을 포기하지 않고, 오히려 꾸란의 구절들을 통해 그러한 이론의 합법성을 제시하는 수피즘에 대해, 이븐 타이미야를 비롯한 강경한 입장에서는 수피들이 실재적인 의미를 혼란시키고 있다면서 이는 정통 이슬람으로부터의 보복이 두렵기 때문이라고 비난하고 있다.[72]

더 나아가 그들이 증거로 제시하는 꾸란 구절들에 대해서도 꾸란 구절을 교묘히 이용하여 원하는 곳에 끼워 맞추고 적절한 꾸란 구절이 없을 때는 하디스의 내용을 끌어다 붙인다고 비난하면서 정통적인 개념을 파괴시키고 있다고 경고한다(Husaini, 1970:38).[73]

이러한 신관의 차이, 즉 내재하는 알라의 개념은 수피들에게 이슬람 법학자들이 제시할 수 없는 새로운 차원의 신앙의 길을 열어 주었다. 이슬람 법학자들에게 있어서 알라의 사랑은 종교적인 의무를 제시해 주는 것으로, 또한 그 알라에 대한 인간의 사랑은 알라의 명령에 대한 복종으로 나타났

70) Shimmel, Annemarie (1975), 144.
71) Ibn 'Arabi (2000), 39.
72) Memon (1976), 30.
73) Husaini (1970), 38.

지만, 수피즘의 내재적인 알라는 인간과 사랑을 주고받으면서 인간과 관계성을 가질 수 있는 인격적인, 임재하는 알라의 개념을 제시해 준 것이다.

4. 인격적인 알라

무하마드 이끄발(Muhammad Iqbal : 1938년 사망)은 개인적인 영성에 눈 뜨게 함으로써 무미건조한 무슬림들의 영적생활을 깨워 준 할라즈의 공헌을 지적하면서, 그렇기 때문에 살아 있는 알라에 대한 생생한 증언을 두려워하는 이슬람 법학자들과 대치할 수밖에 없었다고 평가한 바 있다.[74]

이러한 수피즘의 신앙은 수피들의 채택한 세 가지 신앙 규범인 이슬람(Islam)과 이맘(Iman), 그리고 이산(Ihsan)에서도 잘 나타나고 있다. 이슬람은 알라의 뜻에 대한 완전한 복종과 꾸란의 명령에 대한 전적인 수용을, 이맘은 꾸란에 계시되어 있는 알라의 모든 말씀에 대한 믿음을 의미한다. 꾸란에도 제시되고 있는 이러한 두 가지 신앙 규범에 더하여 수피들은 이산의 개념을 함께 말하고 있다. 이산은 '항상 알라를 보고 있다는 자세로 알라를 경배하라'는 뜻으로, 이는 매순간 알라가 임재하고 있음을 의식하면서 두려움과 존경심을 가지고 긴장을 늦추지 말라는 것을 의미한다. 수피들에게 있어서 알라는 그들이 있는 곳에 임재하여 늘 그들을 보고 있는 존재인 것이다.[75]

수피들에게 있어서 이러한 알라는 또한 자신의 기도를 듣고, 그 기도에 응답하며 반응하는 인격적인 알라였다. 이후의 모든 세대 수피들에 의해 반복되고 애송되었던 라비아의 기도는 사랑하는 자와 사랑받는 자 사이의

---

74) Shimmel, Annemarie (1975), 76.
75) Ibid., 29. 참조. Hirtenstein (1995), 126.

달콤한 대화로 일컬어지고 있다.

"알라시여, 밤이 지나고 새벽이 밝아옵니다. 내 기도를 당신께서 들으셨는지요. 나를 위로해 주실 분은 당신뿐이십니다. 당신은 내게 생명을 주셨고, 나를 돌봐 주시는 영광을 받으실 분입니다. 나를 문전에서 쫓아내실지라도 나는 당신을 떠나지 않을 것입니다. 나는 당신을 사랑하기 때문입니다."[76]

이븐 아라비에게 있어서도 역시 알라는 자신의 종들에게 자신을 부를 것을 요청하고, 부를 때에 기꺼이 응답하는 존재였다. 이븐 아라비의 기도문은 알라의 임재를 경험하며, 알라에게 말로 드릴 수 있는 가장 아름답고 적절한 본문으로 오랜 세월 동안 애송되었는데, 같은 기도문이라도 알라와 사랑의 단계에 이른 자에게 있어서의 기도는 단순히 기도문을 읊조리는 반복적인 행위가 아니라 알라와의 친밀한 대화로 변하게 된다고 설명한다. 그런 의미에서 수피즘에서 기도는 알라와 대화하는 수피의 말의 기록이며, 비록 한편에서 하는 말만 기록되어 있지만 그 기도에 응답하는 알라가 전제되어 있는 것이다.[77]

라비아의 예에서도 알 수 있듯이 수피즘 초기부터 기도를 들으시고 응답하는 알라의 개념이 존재하고 있었다. 초기 수피였던 라지(Razi)는 그래서 사랑의 작은 씨앗이 사랑 없는 70년간의 종교행위보다 낫다고 하면서 무한한 자비를 가지고 기도를 들으시는 알라를 말하고 있고, 니파리(Niffari, Muhammad ibn 'Abdu'l-Jabbar : 965년 사망)는 기도가 알라의 선물이라고 고백하고 있다.[78]

---

76) Ibid., 40.
77) Ibn 'Arab (2000), 3-6, 23.
78) Shimmel, Annemarie (1975), 51, 81. 참조. Smith, Margaret (1954), 121-122, 129.

수피가 파나의 단계에 도달하기까지 수피를 인도하는 스승도 알라이고,[79] 마침내 사랑의 단계에 도달하여 경험하게 되는 것 역시 알라와의 대화이다. 수피들이 염원하는 사랑의 단계는 다른 말로 하면 인격적인 알라를 만나게 되는 단계인 것이다. 바예지드 비스타미는 자신의 파나 경험을 묻는 조카에게 알라의 음성을 들었다고 말하고 있다. "바예지드야, 너는 나를 감당하기에는 너무 연약한 존재다."라는 알라의 음성에 대해 자신은 "그것이 바로 제가 원하는 것입니다."라고 답하자 "네가 드디어 진리를 깨달았구나!" 하는 알라의 음성을 들었다는 것이다(Shimmel, 1975:48).[80]

이러한 인격적인 알라는 수피에게 현현하여 자신을 계시하며 사랑을 전하는 존재로 그려지고 있다. 이븐 아라비는 알라를 사모하는 신실한 자들에게 알라가 다양한 모습으로 현현하는데, 이처럼 현현하는 모습이 다양한 것은 알라에 대한 다양한 이해 때문이라고 말하고 있다. 지상에서의 알라에 대한 이해는 부분적일 수밖에 없기 때문에, 인격적인 알라는 사랑하는 종이 자신을 이해하고 있는 모습으로 그에게 현현한다는 것이다.[81]

이것은 바로 루즈비한(Ruzbihan)이 자신에게 현현한 알라에게 직접 물은 질문이기도 했다. 루즈비한에게 나타난 알라는 "네가 나를 의심하기 때문에 형상화한 모습으로 네게 나타나는 것이다. 그러면 네가 나를 친밀하게 느끼고 나를 사랑할 것이기 때문이다."라고 분명하게 말한다. 루즈비한에게 있어서 알라는 사랑하는 자의 의문에 응답하고 사랑을 베푸는 존재

---

79) 세상을 향하고 있는 수피의 눈을 돌려 알라에게로 향하게 하는 분은 바로 알라이시다.
   Smith, Margaret (1954), 141.
80) Shimmel, Annemarie (1975), 48.
81) Smith (1934), 133-134, 126. 참조. 알라를 인간의 형태를 지닌 존재로 생각하는 것에 대해서는 전통적으로 강한 비판이 제기되어 왔으며, 꾸란에 나타난 알라를 의인화하려는 경향과 그러한 의인화를 철저히 배격하려는 경향 사이에는 늘 긴장이 있어 왔다.
   Ernst, Carl W., *Ruzbihan Baqli : Mysticism and the Rhetoric of Sainthood in Persian Sufism* (Richmond: Curzon Press, 1996), 68.

였다. 루즈비한의 기록은 이러한 인간의 모습으로 나타난 알라에 대한 환상의 경험으로 가득 차 있다. 그에게 있어 인간의 형상으로 현현하는 알라는 매우 자연스러운 것이었으며, 그것은 알라에 대한 이해를 돕기 위해서 그에게 꼭 필요한 것이기도 했다.[82]

이러한 인격적인 알라는 무한한 자비와 사랑을 가진 존재로 수피즘에서 그려지고 있다. 라지(Ar-Razi)의 기도는 무력한 죄인과 그러한 구제할 수 없는 죄인의 죄를 사해 줄 수 있는 무한한 자비와 사랑의 알라에 대한 고백을 담고 있다.

> 알라시여, 당신께서는 반역자인 바로에게 모세와 아론을 보내시면서 말씀하셨습니다. "그에게 부드럽게 권유하라." 주님, 당신께 반역하는 자에게도 그와 같은 자비를 보이셨다면, 당신을 진실로 따르고자 하는 자를 향한 당신의 자비하심은 어떠하겠습니까? … 알라시여, 죄인인 제가 어찌 당신을 부를 수 있겠습니까? 그러나 알라시여, 자비하신 당신을 제가 어찌 부르지 않을 수 있겠습니까?

라지는 죄를 지을 수밖에 없는 인간의 무력한 상태를 인정하면서, 모든 죄를 사해 주실 수 있는 알라의 능력을 굳게 믿었다. 그에게 있어서 인간은 알라의 사랑을 절대적으로 필요로 하는 존재이며, 알라는 그런 무력한 인간을 향한 무한한 자비를 지닌 존재였다.[83]

루미도 마찬가지로 죄의 사슬을 끊을 수 있는 것은 알라의 사랑밖에 없다고 읊고 있다.[84]

또한 이븐 아라비는 12세의 어린 나이일 때부터 알라로부터 환상을 보기 시작했다고 전해지는데, 환상들을 통해 그가 깨닫게 된 것은 무한한 알

---

82) Ernst (1993), 68, 72.
83) Shimmel, Annemarie (1975), 52.
84) Smith, Margaret (1954), 137.

라의 자비와 사랑이었다. 그에게 있어서 알라는 무한한 축복을 인류에게 내려 주시는 분이며, 인간은 모두 알라의 축복의 대상이었다. 이러한 무한한 자비의 알라 개념은 이븐 아라비에게 지옥이 영원히 불행을 겪을 수밖에 없는 영원한 형벌의 장소일 수 없다는 데까지 나아가게 했다. 그에게 있어서 지옥은 일시적인 것이며, 알라의 자비로 인해 언젠가는 모든 인간이 지옥에서 벗어나게 될 것이었다. 이 세상에 용서받지 못할 정도로 큰 죄는 없는 것이다.[85]

이러한 죄의 개념, 지옥의 개념은 이슬람 법학자들이 제시하는 것과 다른 것이었고, 이것이 바로 이븐 타이미야를 비롯한 이슬람 법학자들로부터 수피즘이 이슬람의 정통 개념인 공의와 심판 개념을 위협하는 위험한 사상이라고 비난받는 이유이다. 이슬람 신학에서는 인간의 끊을 수 없는 죄성과 무기력한 죄인인 인간의 개념을 부인하고 있으며,[86] 심판의 날에 대한 믿음은 이슬람에서 강조하는 여섯 믿음 중 하나로, 심판의 날에 자신의 행위대로 심판받아 천국과 지옥에 가게 된다고 설명한다.[87]

수피즘에서 강조하는 형제 사랑의 개념 역시 인격적인 무한한 자비의 알라를 만난 자들만이 말할 수 있는 이웃에 대한 사랑을 잘 나타내 주는 개념이다. 수피즘에서 사랑의 단계에 도달한 수피들은 알라를 닮은 자들이

---

85) Hirtenstein (1995), 65, 120-121. 참조, 이븐 아라비는 모든 창조물 중에서 인간만이 알라의 형상을 따라 창조된 유일한 창조물이지만, 인간은 그러한 모습을 잃어버렸다고 말함으로써, 그 역시 인간의 죄 된 모습을 인정했다(Hirtenstein. 1995, 180).

86) 꾸란에도 인간이 본질적으로 약한 존재라는 기록이 존재하지만(14:34, 37; 33:72; 28:32; 11:9, 12-19, 13; 16:4; 96:6 등) 이러한 본문들이 인간의 어쩔 수 없는 죄성으로 이해되고 있지는 않으며, 인간은 알라의 자비를 필요로 하기는 하지만, 스스로 선행을 행함으로써 구원에 이르게 된다고 설명한다. Geisler&Saleeb, Abdul, *Answering Islam : The Crescent in the Light of the Cross* (Michigan: Baker, 1998), 40-45, 122-126. 참조, 'Ⅲ.E.1.1) 인간을 향한 알라의 사랑'.

87) Memon, Muhammad Umar, *Ibn Taimiya's Struggle against Popular Religion* (The Haque: Mouton, 1976), 44.

요, 알라와 하나 됨을 통해 신성을 덧입은 자들로서 인간을 향한 알라의 무한한 자비를 형제에게 실천하는 자들이다. 이븐 아라비는 기록된 법에 따라서만 행동하면서 사랑의 마음이 없는 이슬람 법학자들을 향해 자기 스타일대로 법을 해석하는 자들이라고 강하게 비판하고, 그들과 공개적으로 논쟁을 벌이기도 했다. 또한 무한한 사랑의 실천자로서 백성들을 대신해 왕에게 용서를 강조하고, 자비를 요청하기도 했다.[88]

아불-하산 안-누리(Abu'l-Hasayn an-Nuri : 907년 사망)는 가장 진정한 영성은 형제 사랑으로 표현된다고 보았으며, 그에게 그것은 바로 타인을 자신보다 더 우선하는 것을 의미하는 것이었다.[89]

할라즈는 종교적 의무보다도 형제 사랑을 더 우선시 하는 데에까지 나아간 수피였다. 그는 순례를 행하는 것보다 고아들을 초청하여 음식을 베풀고 옷을 입히고 그들을 기쁘게 해주면서 마지막 날의 잔치를 준비하라고 사람들에게 가르쳤다.[90] 할라즈의 이러한 형제애는 정통 이슬람에서는 결코 용납할 수 없는 것이었다. 그러나 할라즈나 이븐 아라비를 비롯한 수피들이 결코 종교적 의무를 소홀하게 생각한 것은 아니었다. 이븐 아라비를 비롯하여 루즈비한이나 다른 많은 수피들이 메카를 순례했다는 기록이 있고, 그들을 따르는 추종자들에게도 종교적 의무를 지킬 것을 가르쳤다고 전한다. 티르미디(Tirmidhi)의 작품을 통해 알 수 있는 것은 성자 개념이 발전되기 시작한 매우 초기 단계부터 이미 종교적 의무를 중요하게 생각했으며, 결코 무시되어서는 안 되는 것으로 강조되고 있다는 사실이다. 티르미디는 수피가 알라에게 다가가기 위해서는 종교적 의무를 반드시 지켜야 하며, 종

88) Hirtenstein, Stephen (1995), 65-66, 184-185.
89) Shimmel, Annemarie (1975), 60.
90) Ibid., 71.

교적 의무로 규정하고 있는 것 이상을 행할 때 알라에게 가까이 가는 길이 열리게 된다고 설명하고 있다. 성자들은 종교적 의무를 결코 소홀히 하지 않는 자들이며, 오히려 이를 철저하게 준수하면서, 종교적인 금기들을 지키는 자들이다. 무엇보다도 사람들을 성스러운 법인 'shari'ah'로 이끄는 것은 성자의 중요한 역할 중 하나였다.[91] 이들을 비난하는 이슬람 법학자들 역시 그들이 종교적 의무를 게을리했다고는 말하지 않는다.[92]

사랑의 단계에 오른 수피들이 종교적 의무를 지키는 것을 매우 중요하게 생각함에도 불구하고 그에 못지않게 형제 사랑을 강조할 수 있었던 것은, 수피들이 내재하는 알라를 통해 인간과 인격적인 관계를 맺으며 사랑을 주고받는 알라의 무한한 사랑을 보았기 때문이다. 이슬람 법학자들이 제시하는 초월적 알라는 은혜의 방편으로 종교적 의무를 제시했지만, 수피즘의 내재하는 알라는 인격적인 무한한 사랑을 지닌 존재였고, 이러한 알라의 사랑을 실천하는 자들로서 사랑의 단계에 오른 수피들에게는 이웃사랑이 종교적 의무 못지않게 매우 중요한 것이었던 것이다. 이러한 이유로 이븐 아라비는 무슬림 대중들에게 도움을 주는 자로서의 성자의 개념을 말하면서, 수피의 길의 초기에는 은둔생활이 필요하지만 사랑의 단계에 도달

---

91) Radtke (1966), 91-92, 118.

92) 아파르는 라비아(Rabia)가 신실하게 기도와 금식, 순례 등의 의무들을 행했다고 기록하고 있고, Shah Ni'matullah는 수피즘에서 이방적인 요소들을 추방하고자 노력하면서 법을 철저히 지킬 것을 강조했다. Nurbakhsh, Javad, *Masters of the Path : A History of the Masters of the Nimatullahi Sufi Order* (Newyork: Khaniqahi-Nimatullahi Publications, 1980), 50; al-'Alawi는 정통 무슬림은 바로 종교적 의무를 철저하게 지키는 자들이라고 규정하고 있다. Lings, Martin, *A Moslem Saint of the twentieth century, Shaykh Ahmad al-'Alawi : His spiritual heritage abd lagacy* (London: George Allen&Unwin, 1961), 23 참조. Chittick, William C., *'Ibn "Arabi and His School"* in Seyyed Hossein Nasr ed,, *Islamic Spirituality : Foundations* (New York: SCM Press, 1985), 49; Ernst (1993), 2; Shemmel, Annemarie (1975), 35.

한 자들은 대중 가운데 거해야 한다고 가르친다.[93]

가난한 자들에게 영적인 위로를 주며, 그들의 필요를 채워 주고, 알라의 뜻을 대중들에게 전하는 중재자로서의 역할이 수피들에게는 매우 중요한 것이다.[94]

5. 사랑의 특징 : 패러독스

알라와 하나가 되는 단계인 사랑의 단계에 도달한 수피들만이 경험하게 되는 내재하는 알라의 개념과 그 알라를 통해 깨닫게 되는 인격적이고, 임재하는 무한한 사랑의 알라 개념은 이슬람 법학자들이 결코 용납할 수 없는 개념이었고, 끊임없이 정통성의 시비를 불러일으켰다. 유일신인 알라는 초월적이며 동시에 내재할 수 없는 존재이기 때문이었다. 그러나 수피즘은 초월적인 알라를 인정하고 있음을 분명히 하면서도 내재하는 알라의 개념을 포기하지 않는다. 알라는 초월적인 존재이기 때문에 알라와 하나됨을 경험하기 위해서는 자아가 완전히 사라져야 한다고 하면서, 이성적으로 이해되지 않는 이 단계는 경험해 보지 않고는 결코 설명될 수 없다는 말로 대신할 뿐이다.

이러한 이슬람 법학자들과의 대립과 말로는 표현될 수 없는 사랑의 단계에 대한 설명은 사랑의 개념에 대한 수많은 역설적인 표현을 낳았다. 알라와 하나가 되기 위해서는 자아가 사라져야 한다는 것 자체가 역설이며,

---

93) Chodkiewicz, Michel, *Seal of the Saint : Prophethood and Sainthood in the Doctrine of Ibn 'Arabi, translated by Liadain Sherrard* (Cambridge: The Islamic Texts Society, 1993), 55-56, 147-172.

94) Trimingham, J. Spender. *The Sufi Orders in Islam* (London: Oxford University Press, 1971), 230.

한 수피는 꿈의 내용을 설명하면서 "분명 나의 눈이었으나 나의 눈이 아니었다."라고 말한다. 초월적인 존재인 알라는 분명 인간과 다른 존재이지만, 인간의 내부 깊숙한 곳을 차지하고 있는 분이라는 수피즘의 개념에 대한 표현인 것이다.[95]

할라즈는 "알라에게 헛된 희망을 갖지도 말고, 그를 향한 너의 희망을 버리지도 말라. 알라의 사랑을 구하지도 말고, 사랑의 알라를 포기하지도 말라."라는 말로 사랑의 신비를 표현했다.[96]

알라는 창조물 가운데 계시지 않는 초월적인 존재이나 역설적으로 모든 창조물은 본질적으로 그를 드러내고 있고, 따라서 언제나 계신 분이다. 그는 만물 가운데 숨어 있지만 만물을 통해 자신을 드러내고 계신 분이시며, 인간도 그 신비의 일부인 것이다.[97]

"사랑의 개념만큼 미묘하고 설명하기 어려운 것은 없다."는 '사랑하는 자(the lover)'라는 별명을 가진 숨눈 알-무히브(Sumnun al-Muhibb : 900년 사망)의 말이 설명해 주듯이,[98] 수피들의 사랑에 대한 표현은 신비와 역설로 가득 차 있다. 사랑의 신비를 깨닫게 되는 것은 오직 알라로부터 오는 지식, 깨달음을 통해서만 가능한 것이다.[99]

---

95) Vaughan-Lee, Llewellyn, *The Lover&the Seroent* (Dorset: Element, 1990), 122.
96) Shimmel, Annemarie (1975), 71.
97) vaughan-Lee, *Love is a fire : The Sufis' Mystical Journey Home* (California: The Golden Sufi Center, 2000), 182.
98) Ernst, Carl W., "The Stages of Love in Early Persian Sufism, from Rabi's to Ruzbihan," in Leonard Lewisohn ed., *Classical Persian Sufism : from its Origins to Rumi* (London: Khaniqahi Nimatullahi Publications, 1993), 455.
99) Shimmel, Annemarie (1975), 140.

IV. 결론

정통 이슬람과 수피즘은 모두 사랑의 알라를 고백한다. 그러나 이슬람 법학자들과 수피들이 믿는 알라는 동일한 존재요 똑같이 사랑을 베푸는 존재이지만, 정통 이슬람에서 인간을 향한 알라의 사랑이 종교적 의무로 나타나고 알라를 향한 인간의 사랑은 알라의 명령에 대한 복종으로 나타나는 반면, 수피즘은 신과 인간 사이에 이루어지는 상호적인 사랑의 개념을 말하고 있다. 이슬람 법학자들이 말하는 알라는 인간이 근접할 수 없으며 따라서 인간과 그 어떠한 관계성도 가질 수 없는 초월적인 존재이지만, 수피들은 알라에게 근접하기를 시도하고, 또한 수피들이 믿는 알라는 사랑받기를 원하는 초월적이면서도 동시에 내재하는 존재인 것이다.

수피즘에서 이해하는 이러한 내재하는 알라의 개념은 수피들에게 새로운 차원의 신앙의 길을 열어 주었다. 그것은 수피의 기도를 듣고 그 기도에 응답하는 인격적인 알라, 기도를 통해 대화하는 알라, 수피에게 현현하여 사랑을 전하는 알라였다. 또한 이러한 인격적인 알라는 무한한 자비와 사랑을 가진 존재로서, 알라의 무한한 사랑을 깨달은 수피들은 그 사랑을 실천하는 자들이 되어 종교적 의무에 못지않게 형제에 대한 중요한 사랑을 깨닫게 해주었다.

[참고문헌]

Anderson, Norman. *God's Law & God's Love*. London: Collins, 1980.

Chittick, William C. "Ibn Arabi and His School" in Seyyed Hossein Nasr ed., *Islamic Spirituality: Foundations*. New York: SCM Press, 1985, 49-79.

Chodkiewicz, Michel. *Seal of the Saint: Prophethood and Sainthood in the Doctrine of Ibn 'Arabi* translated by Liadain Sherrard. Cambridge: The Islamic Texts Society, 1993.

Copleston, F.S. *Christ or Mohammed?: The Bible or the Koran?* Herts: Islam's Challenge, 1989.

Ernst, Carl W. "The Stages of Love in Early Persian Sufism, from Rabi'a to Ruzbihan" in Leonard Lewisohn ed., Classical Persian Sufism: from its origins to Rumi. London: Khaniqahi Nimatullahi Publications, 1993, 434-455.

Ernst, Carl W., *Ruzbihan Baqli: Mysticism and the rhetoric of sainthood in Persian Sufism*. Richmond(Surrey): Curzon Press, 1996.

Fatemi, Nasrollah S., Faramarz S., and Fariborz S. *Love, Beauty and harmony in Sufism*. London: Thomas Yoseloff, 1978.

Gardner, W.R.W. *The Quranic Doctrine of God*. Madras: The Christian Literature Society for India, 1916.

Gardner, W.R.W. *The Quranic Doctrine of Salvation*. London: The Christian Literature Society for India, 1914.

Geisler, Norman L.&Saleeb, Abdul, *Answering Islam: The Crescent in the Light of the Cross*. Michigan: Baker, 1998.

Hamzah Fansuri. *The poems of Hamzah Fansuri*. ed. with an introduction, a translation, and commentaries, accompanied by the Javanese translations of two of his prose works by G.W.J. Drewes and L.F. Brakel, Dordrecht: Foris Publications, 1986.

Haque, Serajul. *Imam Ibn Taimiya and his Projects of reform*. Dhaka-2: Islamic Foundation, 1982.

Hirtenstein, Stephen. *The Unlimited Mercifier: The spiritual life and thought of Ibn 'Arabi*. Oxford: ANQA, 1999.

Husaini, S.A.Q. *The Pantheistic Monism of Ibn Arabi*. Lahore: Ashraf, 1970.

Ibn 'Arabi. *Sufis of Andalusia*. tran. with Introduction and Notes by R.W. Austin, Sherborne: Beshara Publications, 1988 (1971 first edn.).

Ibn 'Arabi. *The Seven Days of the Heart: Prayers for the nights and days of the week*. trans. by Pablo Beneito and Stephen Hirtenstein, Oxford: ANQA, 2000.

Lings, Martin. *A Moslem Saint of the twentieth century, Shaykh Ahmad al-'Alawi: His spiritual heritage and legacy*. London: George Allen & Unwin, 1961.

Memon, Muhammad Umar. *Ibn Taimiya's Struggle against Popular Religion*. The Haque: Mouton, 1976.

Musavi Lari, Sayyed Mujtaba. *God and His attributes: Lessons on Islamic Doctrine*. (Book one), trans. by Hamid Algar. Potomac: Islamic Education Center, 1989.

Nicholson, R.A. *The mystics of Islam*. London: Routledge and Kegan Paul, 1914.

Nurbakhsh, Javad. *Masters of the Path: A History of the Masters of the Nimatullahi Sufi Order*. NewYork: Khaniqahi-Nimatullahi Publications, 1980.

Rahman, Fazlur. *Islam.* London: Weidenfeld and Nicolson, 1966.

Rahman, Tanzil-ur. *Essays on Islam.* Lahore: Islamic publicaitons, 1988.

Shimmel, Annemarie. *Mystical Dimensions of Islam.* Chapel Hill: The University of North Carolina, 1975.

Smith, Margaret. *The Sufi Path of love: an anthology of Sufism.* London: Luzac&Company, 1954.

Vaughan-Lee, Llewellyn ed. *Travelling the Path of Love: Sayings of Sufi Masters.* California: The Golden Sufi Center, 1995.

Trimingham, J. Spencer. *The Sufi Orders in Islam.* London: Oxford University Press, 1971.

Vaughan-Lee, Llewellyn. *The Lover & the Serpent.* Dorset: Element, 1990.

Vaughan-Lee. *Love is a Fire: The Sufis' Mystical Journey Home.* California: The Golden Sufi Center, 2000.

안네마리 쉼멜 지음, 김영경 역. 『이슬람의 이해』. 서울: 분도 출판사, 1999.

3부 이슬람 선교

변화하는 선교환경과 이슬람 선교

이현모

I. 서론

20세기에 기독교 선교는 괄목할 만한 성장을 경험했다. 복음이 지리적으로 전 세계에 확산되었을 뿐 아니라 20세기 후반부에는 주목할 만한 수적 성장도 경험을 했다. 그러나 20세기 기독교의 확장 부분을 엄밀히 살펴보면 대부분은 세계 거대 종교의 외부 지역에서 일어난 부흥들이었다. 남미에서 일어나는 부흥은 샤머니즘과 기독교의 혼합 상태에서 일어난 부흥이었고, 아프리카의 부흥도 토착종교와 기독교가 만나는 지역에서 일어나는 부흥이었다. 나머지 지역은 구공산권 지역으로서 공산주의가 종교 개념을 불식시킨 후의 영적 공백에서 발생한 부흥이다. 이에 비해서 기독교는 아직 핵심 이슬람 지역과 힌두교권, 소승불교권을 돌파하는 부흥을 경험하지 못했다. 남은 과업을 성취하기 위해서 21세기 선교는 거대 핵심 종교들과 정면 대결을 피할 수 없는 상황이다.

이중에서도 이슬람권은 독특한 상황에 처해 있다. 힌두교나 소승불교
도 선교에 장애가 되는 요인들을 가지고 있지만, 세계 선교를 지향하는 종
교가 아니고 장애 요인의 상당 부분이 자체 세계관의 문제와 내부적 상황
에 기인하고 있다. 이에 비해서 이슬람은 급변하는 세계 선교환경의 변화에
커다란 영향을 받고 있다고 하겠다. 이슬람은 종교적 정체성만을 가진 존재
가 아니기 때문에 전 세계의 정치·경제·문화에 적지 않은 영향을 미치고
있고 동시에 영향을 받고 있다.

현 시대는 '이슬람 열풍'이 부는 시기라고 하겠다. 이 열풍은 이슬람의
입장에서 긍정적 요인과 부정적 요인을 함께 가지고 있다. 20세기 동안에
이슬람은 7-8세기 이래로 유래 없는 지리적 확장과 수적 증가를 경험했고,[1]
이슬람 국가들은 경제·정치적으로 급격하게 위상이 증대되었다. 이는 이슬
람에게 긍정적 측면이 되었다. 하지만 정치적 이슬람 원리주의의 급격한 부
상은 이슬람을 평화적 종교가 아니라 국제 테러 집단과 동일시하는 부정적
인상을 주었고, 마침내는 미국과 유럽 지역을 중심으로 반(反)이슬람 정서
가 확대되는 상황에 이르렀다. 또한 최근의 중동과 북아프리카의 재스민 혁
명과 민주화 갈등은 이슬람의 다른 취약점을 보여 주고 있다.

이런 상황 가운데 이슬람은 변화하고 있다. 이슬람의 변화는 우리에게
기회와 위기를 함께 제공하고 있다. 선교학자들이 지속적으로 선교환경의
변화를 연구하는 것은 위기의 갈림길 상황에서 방향을 결정하기 위함이다.
본 연구의 목적은 최근 변화하고 있는 세계 선교의 상황들을 연구 분석해
보고 이에 따른 이슬람 선교 방향을 제시해 보고자 하는 것이다. 실제 지
구상에 벌어지는 모든 상황이 선교환경에 영향을 미치지만 이슬람의 미래

---

1) 유해석, 『이슬람이 다가오고 있다』 (서울: 쿰란출판사, 2003), 20-21.

방향에 관련된 이슈만으로 연구의 범위를 제한하고자 한다. 또한 각 이슈들은 독립적이지 않고 서로 연관되어 있지만 연구의 명료성을 위해서 크게 몇 가지로 구분하여 접근하도록 하겠다.

II. 20세기에 일어난 이슬람 변화의 개관 : 반서구적 원리주의의 부상(浮上)과 쇠퇴

새로운 주제는 아니지만 본 연구에서 다루려는 주제들의 문제 제기 배경으로 지난 세기에 일어난 이슬람 변화의 큰 흐름을 살펴보는 것에서 시작하겠다.

무함마드 사후(死後) 100년만에 스페인에서 페르시아 제국까지를 포함하는 거대 제국을 형성한 이슬람은 이후로 중앙아시아와 인도 지역을 제외하고는 외연적 확장이 멈추는 침체기에 들어가게 된다. 스페인에서는 732년에 샤를마뉴(Charlemagne)에게 푸아티(Poitier)에서 패배함으로 확장이 멈추게 되고, 11세기에는 레콘키스타(reconquista, 재정복) 운동으로 스페인에서 밀려나게 된다. 핵심 지역 중 하나였던 팔레스타인에서는 십자군 전쟁을 오랜 세월 동안 겪게 되었고, 마침내 몽골의 바그다드 침공(1219-1260)으로 중동 지역의 이슬람은 황폐해진다. 이후 오스만 터키에 의해서 자신의 세력과 영광을 유지하던 이슬람 제국은 1683년 오스만 터키가 유럽 진출에 결국 패배함으로 쇠퇴의 길에 들어서게 된다.[2] 특히 1789년 나폴레옹(Napoleon Bonaparte)이 이집트를 점령한 것은 이슬람 세력이 유럽 제국주의 세력에게

---

2) 오스트리아의 비엔나를 점령하려는 전투에서 두 번 패하고 러시아와는 세 번의 전쟁에서 모두 패한다. Bernard Lewis, *What Went Wrong? The Clash Between Islam and Modernity in the Middle East* (NY: Perennial, 2003), 6.

굴복하게 되는 결정적 계기가 된다. 이후 20세기 초 오스만 터키의 몰락과 함께 서구 국가들의 식민 통치를 겪으면서 이슬람 세력은 극히 약화되었다.

오스만 제국이 붕괴되자 이슬람 지역들은 식민 통치 기간에 독립 국가 형성을 꿈꾸게 되고 마침내 2차대전의 종식과 함께 이슬람 국가들이 우후 죽순처럼 독립국가로 등장하게 된다. 이후로 이슬람 국가들은 20세기 동안 양 극단을 오가는 진자 운동과 같은 변화를 경험하게 된다.

오스만 터키 이후의 이슬람 국가들은 더 이상 범세계적 이슬람 제국이 존재하지 않는 세상에서 민족주의 이슬람을 형성하고자 했다. 케말 파샤 (Mustafa Kemal Ataturk)를 중심으로 한 투르크 민족주의와 이집트를 중심 으로 한 범아랍 민족주의 등이다. 이런 신생 독립 이슬람 국가들은 대부분 세속화 이슬람을 지향했었다.[3] 이는 서구 세력의 지지를 등에 업은 친 서방 세력이 국가 권력을 장악했기 때문이다. 또한 민중 차원에서도 서구 기독 교 국가의 식민 통치에는 한이 맺히지만 서구의 강력한 힘에 미련을 가지면 서 자신들도 힘 있는 나라가 되기 위해 기꺼이 서구 문화와 제도를 받아들 이기를 원했기 때문이다. 이런 세속화 민족주의 이슬람은 이슬람 고유 가치 에 대해서는 약화되는 현상을 보였다. 서구식 통치제도와 입법, 사법, 경제, 교육이 이슬람 세계에 영향을 미치게 되었다.

그러나 이런 세속화 이슬람 시기는 대략 30년 정도로 종료되었다. 케말 파샤(Kemal Pasha)가 이끈 터키 민족주의 이슬람을 제외하고 다른 지역에서 는 민족주의 이슬람이나 근대화의 꿈이 대부분 실패했다.[4] 1970년대에 이르 게 되자 상황이 급변하였다. 변화는 친서방 지도자 세력들의 부패와 부정에

---

3) 최성재, "이집트의 코샤리 혁명과 이슬람의 변화," http://www.dongsanch.com/xe/?mod-ule=ducument&act=dispDocumentPrint&document (9/19/2011 접속).
4) 최성재, "이집트의 코샤리 혁명과 이슬람의 변화."

서 촉발하였다. 민중들은 친서방 지도자들에게 등을 돌리게 되었다. 또한 연이은 이스라엘과의 중동 전쟁에서 패함으로 말미암아 자괴감과 함께 범아랍 민족주의가 붕괴되기 시작한 것도 한 요인이었다. 서구 문물에 개방했지만 자신들은 여전히 무력하다는 깊은 실망감이 민중들로 하여금 세속화 조류에 반발하게 만들었다. 이 시기에 대안으로써 원리주의가 부상(浮上)하게 된다. 서구에 등을 돌리고 원래의 이슬람으로 돌아가자는 호소가 민중에게 먹혀 들어가게 되었다.

다른 차원에서는 70년대 초 오일 쇼크로 인한 중동 국가의 정치적, 경제적 세력 증가가 영향을 미치기도 하였다. 이제는 서구 세력에 맞서서 이슬람 신앙을 보호하고 고수할 수 있다는 생각이 주목받기 시작했다. 점차 반서구를 기치로 내세운 다양한 원리주의자들이 정권을 장악하는 사건이 벌어지게 되었다. 이라크에서는 사담 후세인(Saddam Hussein)이 1969년 쿠데타를 통해서 혁명 평의회 부의장으로 등장하고, 1979년 대통령으로 취임하면서 반서구 세력으로 등장하게 된다. 리비아에서는 무암마르 알 카다피(Muammar al-Qaddafi)가 역시 1969년 왕정을 쿠데타로 타파해서 정권을 잡게 되고 1972년 사회체제의 이슬람을 꾀하는 문화 혁명을 시도하면서 반서구 세력의 중심 중 하나로 떠오르게 되었다. 이런 반서구적 원리주의 운동의 완성은 1979년 이란 이슬람 혁명으로 마침내 정점(頂点)에 도달하게 된다. 부패한 친서방 세력인 팔레비(Pahlavi)를 축출하는 데 성공한 호메이니(Ruhollah Khomeini)는 아야톨라(Ayatollah)라는 직분을 얻으며 금의환향해서 이란을 엄격한 원리주의 이슬람 국가로 개조하는 데 성공한다. 호메이니는 특히 선과 악의 우주적 전쟁(우주적 지하드)을 선포하면서 악의 상징으로 서구 국가(특히 미국), 자본주의, 기독교 등을 지목하였다.[5] 이는 정치

---

5) 김영한, 『포스트모던 시대의 세계관』 (서울: 숭실대학교출판부, 2009), 306.

적 과격 원리주의자들인 이슬람 테러분자들에게 폭력의 사용을 정당화시켜 주는 역할을 하게 되었다. 이후로 세계가 이슬람 원리주의와 전선 없는 전쟁을 치루는 "제4차 세계대전"에 들어갔다는 주장까지 나왔다.[6] 70년대 초부터 30년 정도는 원리주의가 이슬람권을 지배하는 시기가 되었고 이 시기에 기독교 선교는 심하게 위축되었다. 선교사들은 추방당하거나 입국이 거절되었다.

반서구적 원리주의 운동은 2001년 미국 9·11 테러를 계기로 새로운 국면을 맞이하게 되었다. 오사마 빈 라덴(Osama Bin Laden)은 세계무역센터 건물을 자본주의, 서구제국주의의 상징으로 여겨서 폭파시키지만 이는 오히려 서구 국가들로 하여금 반서구적 원리주의 이슬람 국가를 공격할 수 있는 합법적 빌미를 제공하였다. UN 안보리의 인가를 받은 연합군은 아프가니스탄과 이라크를 합법적으로 공격해서 원리주의 정부를 제거하게 된다. 리비아의 카다피(Muammar Abu Minyar al Gaddafi)는 혁명 30주년을 계기로 반미에서 친미로 방향을 선회하면서 이 당시 공격을 피해 갔다. 탈레반, 사담 후세인, 카다피 등 대표적 반서구형 지도자들이 몰락하거나 선회하게 되자 반서구적 원리주의는 급속하게 쇠퇴하기 시작했다. 특히 원리주의가 주도하던 30년의 기간을 경험한 후 민중들도 반서구적 원리주의에 등을 돌리는 성향을 보였다. 이 기간 전투적인 반서구 운동으로 인해 무슬림은 테러분자 혹은 테러지원국이라는 인상을 전 세계에 강하게 남겼기 때문이다. 서방 세계에서 아랍계 사람들은 경계 대상이 되었고 심리적 압박으로 서방 세계에 남아 있기 어려운 상황까지 진척되었다. 이에 상당수 무슬림들은 이슬람은 평화의 종교라는 기치를 다시 들게 되었고, 전투적 원리주

---

6) "제4차 세계대전"이란 용어는 미국 정치학 교수인 브래스포드(Brassford)에 의해서 제안되었다. 참조, Christopher Brassford, "War of Words Brews Over 'World War IV,'" *The Korea Herald*, Fri. Jan. 17, 2002:7.

의자들을 참된 무슬림이 아니라고 매도하게 되었다. 반서구적 원리주의는 9·11 테러와 아프간 전쟁, 이라크 전쟁을 기점으로 쇠퇴기에 들어선 것으로 보인다. 쇠퇴한다고 하지만 아직까지는 진자 운동의 중간점에까지 내려오지 않은 상황이므로 현지에서는 강한 원리주의적 분위기를 여전히 느낄 수 있다. 그러나 서서히 힘을 잃어가고 있다고 평가된다.

이런 변화 가운데 2011년에 들어서자 마그레브 지역을 중심으로 한 북아프리카와 중동 지역에서 민주화 혁명들이 일어나자 이슬람의 환경은 급변하고 있다. 이슬람이 앞으로 어떤 방향으로 변화되어질지는 큰 관심사이며 어려운 예측 과제이다. 그러나 현재 영향을 미치고 있는 환경의 변화 요인들을 살펴보면서 이슬람의 변화를 예측하고 선교의 방향을 정해 보고자 한다.

III. 21세기 선교환경의 변화들

21세기 초기에 세계의 변화속도는 더 빨라지면서 예측불허의 변화들이 이슬람권에 영향을 미치고 있다. 이슬람은 단순한 종교로서만 존재하는 것이 아니라 정치사회적 이데올로기로 존재하므로 정치사회적 변화는 이슬람의 변화에 불가분의 영향을 주게 된다. 파슨스(Talcott Parsons)는 사회는 네 가지 기능이 존재하며 이 기능 중 어느 하나라도 균형이 깨어지면 그 사회는 흔들리기 시작하고 변하기 시작한다고 주장했다. 그 네 가지 기능은 유지 기능(maintenance function), 목적 달성 기능(goal attainment function), 통합 조정 기능(integration function), 도덕적 기능(moral function)이다.[7] 오늘

---

7) 이홍탁, 『사회학 개론』 (서울: 법문사, 1981), 290-291.

날 이런 기능들에 영향을 주는 다양한 환경의 변화가 일어나고 있다. 이런 요소들을 살펴보면서 이것이 이슬람에 어떤 변화를 초래할지를 예측해 보도록 하겠다.

앞에서 언급한 것처럼 전반적으로 반서구적 원리주의가 쇠퇴하기 시작했다고 평가하지만 미래 상황을 예측하기 쉽지 않은 시점이다. 이에 21세기 이슬람 선교환경에 영향을 주는 몇 가지 요인들을 분석해 보고 어떻게 대처해야 할지를 살펴보도록 하겠다.

1. 세계화와 이슬람

미국과 소련을 주축으로 하던 냉전시대가 끝나자 새로운 국제 사회의 질서로 세계화가 발빠르게 자리잡고 있다. 1995년 WTO가 구성되어서 세계의 경제질서를 통일된 하나의 구조와 법칙에 따라 개방, 통합하게 되었다. 오늘날 WTO에 가입하는 것은 선택이라기보다는 국제 사회에서 교역을 하기 위해서는 필수적 과제가 되고 있다. WTO는 이전의 국제적 경제조직과는 다르게 세계 무역 분쟁 조정권, 관세 인하 요구, 반덤핑 규제 등 막강한 법적 권한과 구속력을 행사하고 있다. WTO의 출현으로 본격적인 세계화의 문이 열리게 되었다.

세계화는 전 세계적인 자유무역을 촉진함으로 세계 경제를 활성화시키는 공헌을 한다. 전 세계적인 네트워크가 형성되어 이전에 상상하지 못했던 거대한 자본과 자원, 상품, 물류의 흐름이 형성되면서 경제 발전을 촉진시키는 성과를 보여 주었다.

그러나 이런 세계화가 끼치는 부작용도 적지 않게 드러나고 있다. 개발도상국의 권익을 보장한다고 말하지만 실제로는 선진국들의 이익을 추구하는 도구가 되고 있다. 세계화의 배경을 이루는 이데올로기는 신자유주의다. 신자유주의는 국가의 간섭을 최소화하고 교역을 가로막는 모든 장벽을 철폐함으로 최대의 자유 아래 무한경쟁을 권장한다.[8] 그러나 이런 무한경쟁은 자본과 기술을 가지고 있는 자에게 유리한 경쟁이 되므로 공평한 경쟁이라기보다는 가지지 못한 자들에게 불리한 경쟁이 된다. 부익부 빈익빈을 조장함으로 빈부의 격차는 더 심각해지게 된다. 이런 세계적 조류에 불이익을 당하는 그룹들은 반세계화 운동을 주장하게 된다. 즉 세계화 현상은 세계화에서 이익을 얻는 집단과 불이익을 당하는 반세계화 집단으로 세계를 양분하는 현상을 나타나게 된다. 이에 반서구적 정서를 가진 이슬람 국가들은 이런 흐름에서 반세계화 집단에 속한 것으로 평가되어져 왔다.[9] 그러나 현재의 환경은 이런 평가를 달리 보도록 만들고 있다.

90년대 시작된 세계화는 20년 가까운 세월을 거치면서 오늘날에는 초기와는 다른 양상을 보이고 있다. 초기에는 미국 중심의 세계화로써 벤자민 바버(Benjamin Barber)가 지적한 대로 맥도날드(McDonald)로 상징되는 모습을 보였다.[10] 그러나 점차 세계화도 다극화 현상을 보이게 되었다. 미국에 대항하여 유럽 연합이 구성되어서 새로운 거대 집단 경제구조가 형성되기도 하였고, 중국이 경제 대국으로 등장하면서 세계화의 모습을 바꾸어 가고 있기도 하다. 걸프 지역을 중심으로 한 산유국들은 석유자본에 대한 발언권을 강화하기 위하여 OPEC(Organization of Petroleum Exporting Countries)를 구성해서 세계화의 한 축을 형성하기도 하였다. 점차 세계화는 다양한 지역적 경제블록 구성을 조장하는 방향으로 발전해 가고 있다. 프

---

8) 한국행정학회 행정학 용어사전, "신자유주의," http://blog.naver.com/jhs016ok/90121904553. (9/10/2011 접속)
9) 최한우, 『이슬람의 실체』 (서울: KUIS Press, 2010), 274-288.
10) Bemjamin Barber, *Jihad versus The McWorld* (New York: Random House, 1995), 195 ff.

랑스는 지중해를 중심으로 한 경제블록 구성에 몰두하고 있고, 미국은 약화되는 입지를 강화하기 위해서 환태평양 경제블록을 구성하려고 노력하기도 하였다. 이런 다(多)중심적 세계화는 국제 관계에 적지 않은 변화를 가져오고 있고 앞으로도 계속 변화를 일으키게 될 것이다.

이런 흐름 속에서 이슬람 국가들은 이원화된 모습을 보이고 있는데 이런 갈라진 모습이 이슬람 선교에 영향을 미치게 될 것이다. 이슬람의 외연 확장은 현대 자본주의 사회에 딱 들어맞는 무슬림들의 경제활동을 통해서 이루어지고 있다. 다른 말로는 오늘날의 세계화 물결이 막대한 자원을 소유한 아랍인들의 상업적 수완을 최대한 발휘할 수 있는 여건을 제공하고 있다고 보이는 것이다.[11] 최근의 이슬람 다와(da'wah)가 세계화 흐름을 통해 이루어지고 있으며 그 도구로 자본의 힘이 이용되고 있는 것이다. 이슬람은 항상 서구 중심의 세계화 현상에서 반서구적 입장을 취하면서 객체(客體)의 위치에 있다고 평가되었는데 실제로 객체이면서 어느새 주체(主體) 중 하나의 역할을 감당하고 있는 것이다.

이슬람은 지하드로 상징되는 반세계화 흐름의 중심이었다. 그러나 더 이상 이슬람 국가들은 세계화에서 지하드 세력만이 아니라 적극적으로 지역 경제 블록에 참여하고 영향을 미치는 세력으로 변신하고 있는 것이다. 이는 반서구적 원리주의 운동이 이슬람 국가들에서 더 이상 확대되기 어려운 환경을 만들고 있다. 이런 추세는 이슬람의 미래 향방에 커다란 영향을 미치게 될 것이다. 이슬람 원리주의가 반서구적 가치를 중심으로 발전하기 어려워질 것이다.

---

11) 김영남, "현대사회에서 이슬람 '다와(선교)' 동향에 관한 고찰," *Muslim-Christian Encounter*, 3 no. 1 (2010, April): 66.

2. 범세계적 이민 현상(Global Immigration)과 이슬람

경제·사회적 세계화 현상과 연계되지만 동시에 구별해 보아야 하는 현상이 범세계적 이민 현상이다. 오늘날 역사상 유래가 없을 정도로 많은 사람들이 고국과 고향을 떠나서 이민생활을 하고 있으며 이민은 이제 메가트렌드라고 불릴 정도가 되었다. 2005년 UN 발표에 의하면 전 세계 이민자들은 세계 인구의 약 3%를 차지하고 있다.[12] 오늘날 기준으로는 2억이 넘는 인구이다.

20세기 초 이민자들은 주로 인구가 밀집해 있고, 경제적으로 가난한 중국인들이 중심이었다. 그러나 20세기 후반에 들어서자 이 모습은 급변하였다. 최근에는 상대적으로 가난하고 열악한 이슬람 국가들에서 노동 이주의 형태로 대규모 이민 현상이 나타나고 있다. 노동 이주 형식의 이탈은 방글라데시, 인도네시아, 필리핀, 파키스탄, 이집트 등지에서 집중적으로 일어나고 있는데 이들은 거대 핵심 이슬람 국가들이다. 유럽을 향한 이민은 주로 북아프리카와 터키 지역에서 일어났는데 이들도 역시 핵심 이슬람 국가들이었다. 20세기 말 이슬람의 지리적 확산은 이런 무슬림들의 범세계적 이민 현상이 주요 요인 중 하나였다.

무슬림들의 범세계적 이민 현상은 기독교에게는 본국 내에서 새로운 선교의 기회를 제공해 주기도 하지만 동시에 이슬람들에게도 획기적인 다와의 기회가 되고 있다. 이슬람 선교의 새로운 기회와 위기를 제공해 주는 것이다.

무슬림들의 이민은 다른 민족의 이민과는 다른 양상을 보이고 있다. 이슬람 자체가 개인의 종교가 아니라 강력한 공동체 종교이다. 이슬람 신앙

---

12) 법무부, 『2008년 출입국, 외국인 정책본부 연감』, 2008. 12.

을 유지한다는 것은 이주한 사회에서도 이슬람 공동체가 존재해야 한다는 의미이다. 무슬림들은 사회집단의 응집력을 만들어야 하는 종교 문화를 가지고 있기 때문에 이주한 사회의 이질적 문화와 사회에 적응하는 것이 교육과 계층에 따라 쉽지 않은 상황이다.[13] 결국 무슬림들의 이주 현상은 두 가지 다른 현상을 보여 주고 있다. 교육 수준이 있는 무슬림들은 이주한 사회에서 안정한 직업과 관계를 이루고 어느 정도 그 사회에 흡수되면서 이슬람 신앙이 세속화되거나 변화되는 계기를 맞이하게 된다. 그에 비해서 이주 노동자나 난민과 같은 경우는 사회의 이질성을 수용하지 못하고 정착 사회에서 자기들만의 공동체를 형성하고 고립되거나 겉도는 현상을 보이게 된다. 이런 경우 이슬람 신앙은 외형적으로 그들 삶의 강력한 정체성이 되어서 신앙이 강화되는 성향을 보이게 된다.

미국과 유럽에서 일어나는 무슬림 이주민들의 다른 성향이 이것을 잘 설명해 주고 있다. 유럽은 무슬림 이주민들로 인해서 테러와 폭동 등 사회적 혼란을 경험하고 있는 데 비해서 미국은 9·11 테러를 제외하고는 무슬림 이주민에 의한 테러와 폭동, 사회적 혼란을 경험하고 있지 않다. 그 차이점은 어디서 유래한 것일까? 우선 이민자들의 교육 수준의 차이가 있다. 미국의 무슬림들은 대학 이상의 교육을 받은 전문가 그룹이 많은 반면 유럽은 경제 구조상 하부 노동자들이 많다는 사실이다. 이로 인해 이민 사회에서 이슬람 공동체가 형성되는 측면에 차이를 보인다. 실제로 미국에는 디트로이트나 디어본을 제외하고는 무슬림 집단 지역이 없다. 그러나 유럽에는 대부분의 지역에서 이슬람 타운이 형성되어 가고 있다.[14]

---

13) 김영남, "현대사회에서 이슬람 '다와(선교)' 동향에 관한 고찰," *Muslim-Christian Encounter,* 3 no. 1 (2010): 72.

14) 매일선교소식, "유럽 이슬람과 미국 이슬람의 차이," http://www.peppermintcandy.com/cgi-bin/read. cgi?board=maeil&y_number=4672&nnew=1. (9/1/2011 접속)

유럽의 이슬람 세력 확장 현상을 보면서 한국에서 무슬림 이주 현상에 대한 대응 방향은 다음과 같아야 할 것이다. 우선 한국에 정착하는 무슬림의 대부분이 이주 노동자 계급이므로 이들은 한국 사회에서 동화 능력보다는 이질감을 더 느낄 것임을 알아야 한다. 결국 이를 방치하면 이슬람 공동체가 곳곳에 형성될 것이고, 한국 사회가 만약 이들에게 위협을 느끼고 배타적 반응을 보이면 이 공동체는 더욱 단단한 이슬람 세력으로 발전하게 될 것이다. 이를 막기 위해서는 한국교회가 중심이 되어서 증가하는 무슬림들을 배척이나 경계의 대상이 아닌 연약하고 불안 가운데 있는, 사랑이 필요한 대상으로 보는 운동을 일으켜야 한다. 이슬람 공동체가 한국에서 강화되는 것을 막는 방향으로 전략이 움직여야 한다.

이민이라는 사건 자체는 거대한 문화의 변화이다. 일단 이런 변화 가운데 있는 사람들은 불안과 도움을 필요로 하는 존재가 된다. 이민 초기에 이들은 자기들의 공동체 강화보다는 자녀들이 차별받지 않고 자신들도 한국 사회에 동화되기를 간절히 원하는 상태이다. 아직 한국의 무슬림들은 이민 초기 상태이므로 개종을 서두르기보다는 이들을 동화시키는 전략을 활용해야 한다.

3. IT 기술의 발달과 미디어의 영향

21세기 초 이슬람 지역에서 눈에 보이는 가장 커다란 변화는 미디어와 IT 기술의 보급으로 인한 환경의 변화이다. 아랍 지역 아파트의 스카이라인이 변화된 지는 이미 오래전 일이다. 옥상을 가득 메우고 있는 위성 수신 안테나들은 이슬람을 더 이상 외래 문화에서 단절시킬 수 없음을 보여 주는 것이다. 특히 중동 지역은 세계의 중심 지역으로 수백 개의 텔레비전 채

널이 수신 가능하다. 이어서 인터넷의 보급은 쌍방향 커뮤니케이션의 문호를 무슬림들에게 제공하게 되었다. 특히 가정에 매어 지내던 많은 여성들에게 인터넷과 위성 텔레비전 방송은 새로운 열린 세계를 제공하게 되었다.

지금까지는 실제 이런 매체의 효과는 제한적이었다. 이슬람 문화에 맞지 않는 서구 영화나 상황은 거부감을 일으키게 된다. 서구 드라마보다 오히려 한류 드라마가 중동 일부 지역에서 호응을 얻는 것은 이런 거부감을 다른 차원에서 증명해 주는 것이었다. 그러나 점차 시간이 지나면서 제한적이던 상황들이 점차 폭넓은 영향을 끼치는 상황으로 변화되고 있다. 남자들과 대등한 권리를 서구 여성들이 가지고 사는 것을 거의 매일 보면서 이슬람 문화에서 이전에 당연히 수용되던 여성 차별에 대해 불편한 마음들이 확산되고 있다. 여성의 참정권 제한이라든지 운전 금지, 여행 금지 등이 문제점으로 부상하게 되는 계기를 마련해 주었다. 마침내 이런 영향으로 인해 사우디아라비아도 여성의 참정권을 인정하는 방향으로 변화가 일어나고 있다. 이는 서구 매체의 영향이 결정적이었다고 할 수 있다. 스포츠, 패션, 라이프스타일, 인권 문제 등에서 무슬림들이 서구적 매체에서 받는 영향은 지대하다. 이제는 아무리 강력한 보수적 이슬람 국가라고 할지라도 이런 영향에서 벗어난 곳은 없다고 할 수 있다. 더욱이 청소년 계층에서는 돌이킬 수 없을 만큼 가치관의 변화를 일으켰다고 보인다.

그러나 최근 들어 페이스북과 트위터가 보급되면서 신속한 정보 전달과 커뮤니케이션이 대중들에게 제공되게 되었다. 상당수 원리주의 이슬람 국가들은 정보 전달에 있어서 어느 정도 통제를 받아왔던 것이 사실이다. 방송이 정부의 통제를 받고 신문이나 다른 대중매체들의 발달도 서구에 비해서 늦어졌다. 그러나 스마트폰의 보급과 페이스북, 트위터 등이 소개되자 이제는 정부가 정보 전달력을 통제할 수 없는 상황을 맞이하게 되었다. 집회와 결사의 자유를 제한하던 힘이 무너지게 되었다. 북아프리카와 중동을 휩쓸고 있는 민주화 열풍은 바로 이런 정보 전달력의 힘을 보여 주는 사건이다. 내부 상황이 순식간에 국제 사회에 알려지게 되자 국제 사회의 압력이 이슬람 국가에 직접적 영향을 미치게 되었다.

앞으로 이슬람 사회는 국제 사회와 무관하게 자신들만의 가치를 고수하는 것이 점차 힘들어지게 될 것이다. 정치적인 반서구 입장도 쇠퇴하지만 문화적인 반서구 운동은 이미 구호에 그치는 헛된 시도가 된 듯하다. 이런 미디어와 통신의 발달로 인해서 파슨스가 말하는 유지 기능과 통합조정 기능에 변화가 이슬람 국가에 초래됨으로 인해 사회의 기반이 흔들리지 않을 수 없게 되었다. IT 기술의 발달과 미디어의 발달로 인해서 이슬람 국가들은 더 이상 서구 문화를 배격하기 어려워지고 있으며 문화적인 측면에서 서구의 영향은 점차 더 커질 것으로 보인다.

이런 서구 문화의 파급은 이슬람 선교에 긍정적 환경을 만든다고 보인다. 물론 과도한 폭력, 성적 방종, 물질주의, 동성애, 마약 남용 등 서구 문화가 가지고 있는 부정적 측면들을 보여 주는 문제가 있지만 이런 측면은 사실 이슬람 사회 안에도 이미 존재하고 있다.

그러나 서구 문화가 가지고 있는 긍정적 요소들이 미치는 파급 효과를 무시할 수 없다. 서구 매체가 제공하는 프로그램들에는 피할 수 없이 기독교적 가치관이 바탕을 이루고 있다. 정직함, 질서 의식, 인간 사랑, 희생, 경건, 하나님을 향한 예배와 경배, 남녀평등, 인권 존중, 정의감, 근면, 노동에 대한 높은 가치 등이 드러나서 이슬람 사회에 부족한 윤리관들과 대조되면서 서서히 서구 문화에 대한 부정적 측면을 완화시키는 역할을 한다. 부정적 영향과 긍정적 영향이 함께 작용하기 때문에 일방적 평가를 하기 어렵지만 긍정적 측면이 실존하고 있다는 것을 주목해야 한다. 어쩌면 긍정적 영향을 주는 매체들을 의도적으로 이슬람 지역에 방송하거나 전달하는 사역도 진행해야 할 것이다. 무슬림들에게 서구 문화는 곧 기독교 문화이고 문화는 곧 종교의 산물이라고 보기 때문에 의미 있는 환경이 조성될 것이라고 보인다.

4. 다원주의와 포스트모더니즘의 영향

21세기의 특징을 다원주의와 포스트모더니즘으로 규정하면서 일부에서는 이런 사조의 변화가 이슬람 선교에 미치는 영향에 관심을 표명하기도 한다. 그러나 다원주의와 포스트모더니즘은 서구적 세계관에는 지대한 영향을 미쳤지만 이슬람권에 미친 영향은 미미하다고 보인다. 또 영향을 미쳤다고 해도 이는 특정한 부분에만 변화를 일으켰다고 보인다. 예를 들면 영화나 미술 등의 예술이나 건축물 등 제한적 영역들이다. 다원주의나 포스트모더니즘은 대부분의 이슬람 사회에서 서구처럼 자리를 잡지 못하고 있다. 그러므로 오히려 기독교 내부에 변화를 초래할지는 모르지만 이슬람의 선교환경에 미치는 변화는 별로 없다. 오히려 이슬람 다와가 전 세계적인 다원주의와 포스트모더니즘의 흐름을 십분 활용할 가능성은 있다. 본고는 기독교의 이슬람 선교를 중심으로 하기 때문에 이 문제에 대해서는 다루지 않겠다.

5. 북아프리카와 중동 지역에 부는 민주화 열풍과 이슬람 선교의 향방

2011년 초까지만 해도 아무도 상상하지 못했던 열풍이 북아프리카와 중동 지역에 불고 있다. 현재 이슬람 선교에서 초미의 관심을 가지고 주목하고 있는 것은 바로 이 예기치 않았던 이슬람 가운데서의 민주화 열풍의 향방이다.

2010년 12월 17일, 튀니지에서 대졸 출신의 실업자로 노점 행상으로 생계를 유지하던 무함마드 부아지지(Mohamed Bouazizi)가 경찰로부터 강제 철거와 부당한 대우를 당한 것에 항의하여 분신자살한 사건이 예기치 않은 큰 폭풍우를 불러일으켰다. 부아지지의 사건은 묘하게도 북아프리카의 현실을 가장 상징적으로 보여 주는 사건이었다. 대졸 출신의 청년 실업자라는 것이 북아프리카의 아픈 현실의 한 측면을 보여 주는 일이다. 독립 이후로 세속주의를 추종하면서 서구형 경제개발에 집중했지만 근대화에 실패하고 독재 형태로 변해 가던 정치 권력에 대해서 1980년대에 폭동과 시위가 벌어진다. 이에 대한 완화책으로 많은 청년들에게 교육의 문호를 제공했지만 결국 수많은 고급 청년 실업자들만을 양산한 꼴이 되었다. 정부는 민중의 불만을 해결하려는 시도보다는 경찰과 정보요원들을 중심으로 통제하는 경찰 국가의 모습을 보였다. 이 두 갈등이 충돌한 사건이 부아지지의 사건이라고 보인다.

부아지지의 자살은 민중들에게 분노를 일으켰고 경찰국가의 통제체제로도 막을 수 없는 디지털 세계인 인터넷, 모바일 폰, 페이스북, 트위터라는 통로를 통해 급속하게 공감대를 확산시키면서 대규모 군중 소요가 일어나게 된다. 이전에도 몇 번의 폭동과 파업 사태가 있었지만 정부의 조직적 통제를 이기지 못했었다. 그러나 디지털 세계는 이런 불만과 분노의 표출 방식을 바꾸었고 예기치 않았던 벤 알리(Zine el-Abidine Ben Ali) 정권의 퇴진을 일으키게 되었다. 벤 알리 정권의 퇴진은 예상 밖의 일이었다. 21년을 통치하던 벤 알리 정권이 문제를 가지고 있던 것은 사실이지만 북아프리카에서는 가장 안정한 정권으로 간주되고 있었기 때문이다.[15] 안정된 벤 알

---

15) 엄한진, "북아프리카 민주화 운동의 성격과 전망," 『경제와 사회』 통권 제90호 (2011):134.

리 정권이 붕괴되자 나머지 인접 국가들도 흔들리지 않을 수 없게 되었다.

디지털 세계의 정보력은 즉시 비슷한 문제를 가지고 있던 이집트, 예멘, 알제리, 시리아, 리비아 등 북아프리카와 중동 이슬람 국가로 민중 소요를 급속하게 확산시켰다. 이집트에서는 20년을 계엄 통치하던 무바라크(Hosni Mubarak) 정권이 결국 퇴진하게 되었다. 예멘에서는 아직 정권이 붕괴되지 않았지만 알리 압둘라 살레(Ali Abdullah Saleh) 대통령 정권의 미래는 극히 불투명한 상태가 되었다. 리비아와 시리아에서는 대규모 유혈 사태를 불러 일으키고 있다. 결국 리비아를 42년간 철권통치 하던 카다피 정권이 붕괴되고 카다피의 운명도 차일피일하는 상황에 놓이게 되었다. 1년 전만 해도 아무도 상상하지 못했던 격변이 북아프리카와 중동을 휩쓸고 있는 상황이다.

이슬람이란 종교 정체성을 중심으로 북아프리카와 중동의 민주화 혁명을 분석해 볼 때 몇 가지 논점를 발견하게 된다. 첫 번째는 이를 민주화 요구라고 부를 수 있는가라는 문제이다. 이슬람이라는 종교를 이해할 때 현재의 요구를 민주화라는 개념으로 규정할 수 있는가라는 문제이다. 두 번째는 첫 번째의 답에 영향을 받는데 결국 이 혁명이 어떤 결과를 만들어낼 것인가라는 것이다. 마지막으로는 이것이 21세기 초반 이슬람을 어떻게 변화시킬 것이며 기독교에게 선교의 기회를 줄 수 있을 것인가라는 문제이다. 이 문제들을 살펴보고 이슬람 선교의 향방을 예측해 보도록 하겠다. 어쩌면 앞에서 언급한 몇 가지 이슬람 선교환경의 변화를 총체적으로 집약해서 보여 주는 것이 작금의 혁명 사태라고도 할 수 있다.

첫째로 이슬람이라는 종교적 정체성의 관점에서 볼 때 이번 혁명들을 민주화 혁명이라고 할 수 있느냐라는 것이다. 이 문제가 중요한 것은 이 혁명에서 비종교적 성격이 종교적 성격을 극복할 것이냐 못할 것이냐에 따라서 중동 북아프리카 이슬람의 향방에 중요한 영향을 미칠 것이기 때문이다.

먼저 종교적 요소를 극복하지 못할 것이라는 주장들을 살펴보자. 이번 혁명이 종교적 요소를 극복하지 못할 것으로 보는 사람들은 이번 혁명을 민주화 혁명이라고 부르지 않고 '재스민 혁명'이라고 부른다.[16] 민주화라는 말 자체가 이슬람 국가에서 존재하기 어려운 용어라는 것이다. 『이슬람의 눈으로 본 세계사』의 저자인 타밈 안사리(Tamim Ansary)는 북아프리카의 혁명을 '민주화 운동'이라고 보는 시각은 철저히 서구의 시각이라고 비판한다. 이는 서구의 관점에서 세계 역사 발전의 최종 완성형은 민주주의적 자본주의가 된다고 보기 때문에 이번 혁명의 요구들에 대한 해답도 결국 민주주의가 될 것이라고 본다는 것이다. 안사리는 이는 이슬람을 모르는 사람들의 견해일 뿐이라고 일축한다. 독재에 반대해서 개인의 자유와 인권을 강조하는 것이 민주주의의 핵심인데 무슬림들에게 이런 개념의 민주주의는 공동체 지향적 전통과 부족 간의 네트워크를 갈라놓는 칼로써 악(惡)으로 간주될 뿐이라는 것이다. 이런 혁명을 통한 사회 변화에서 무슬림들이 기대하는 것은 민주주의와는 다른 '이상적 이슬람 공동체'의 형성이다.[17] 그러므로 이번 혁명이 결코 민주주의라는 열매를 낳지는 않을 것이라는 주장이다.

케도우리(Kedouri)도 이슬람 종교는 민주적인 정치 문화의 형성을 가로막는 존재라고 지적한다. 그는 1) 이슬람에는 정치와 종교가 분리될 수 없다 ; 2) 권위에 대한 복종을 강조하는 이슬람은 민주주의가 필요로 하는 개방적이고 비판적인 문화에 저해 요인으로 작용할 수밖에 없다 ; 3) 신을 정치권력의 유일한 정당성 근거로 상정하기 때문에 이슬람 국가는 본질적으로 반민주주의적이다 ; 4) 역사적으로 이슬람에는 국민 주권, 선거, 법치 국

---

16) 튀니지의 국화(國花)가 재스민이므로 이를 재스민 혁명이라고 부른다.
17) Tamim Ansary, 류한원 역, 『이슬람의 눈으로 본 세계사』 (서울: 뿌리와이파리, 2011), 30-31.

가, 삼권분립, 시민 사회와 같은 관념 토대가 되는 경험이 없다 ; 5) 이슬람
은 남성주의와 여성 억압에 기초하고 있으므로 민주주의가 수용되기 어렵
다는 근거를 제시한다.[18] 이런 주장을 따른다면 북아프리카와 중동의 혁명
운동이 결코 민주주의로 귀착되지 못할 것이라고 예측할 수 있다.

종교학자인 버나드 루이스(Bernard Lewis)도 "이슬람과 민주주의는 공존
하기 어렵다."고 지적한다. 이는 이슬람이라는 종교 자체가 근본적으로 민
주주의보다는 전제주의 형태에 기초하기 때문이라는 것이다.[19] 또한 중동과
북아프리카 문화를 이해하는 사람들도 아랍의 고유한 부족 차원의 강한
연대가 국가 차원의 민주주의를 어렵게 하는 요인이라고 지적하기도 한다.

그러나 이번 혁명을 분명한 비종교적 민주화 운동이라고 분석하는 사
람들도 많이 있다. 우선 혁명의 요인을 살펴볼 때 종교적 요인은 거의 없었
다는 것이다. 이번 혁명의 요인은 첫 번째로 장기 독재와 부패에 대한 염증
이었다. 튀니지의 벤 알리는 5선을 거치면서 21년을 통치했고, 무바라크는
20년 동안 계엄 상태를 유지하면서 독재를 행했다. 카다피는 42년째 리비
아를 독재하고 있다. 두 번째는 극심한 경제난과 식량 가격의 폭등이다. 지
난 10년간 식량 가격 지수(Food Price Index)가 2000년의 90에서 2011년에는
230으로 폭등했다.[20] 세 번째는 이슬람 국가들의 높은 청년층 비율과 청년
실업률이다. 지난 30년 동안 세계 인구는 1.5배 증가했지만 이슬람 국가들
은 2.0-2.9배 증가했다.[21] 혁명의 발단이 된 튀니지는 인구의 60% 이상이 25

---

18) 엄한진, "북아프리카 민주화 운동의 성격과 전망," 135. 재인용: Elie Kedouri, *Democracy and Arab Political Culture* (London: Frank Cass., 1994).

19) Bernard Lewis, *What Went Wrong? The Clash Between Islam and Mordernity in the Middle East*, 163-166.

20) "식량값 급등이 세상을 뒤흔든다," 한국일보 (4/26/2011). http://news.hankooki.com/ipage/world/201104/h2011042621421522450.htm. (9/5/2011 접속)

21) "재스민 혁명, 아랍 민주화 혁명의 시작," http://blog.naver.com/01192240258/80133039909. htm. (9/1/2011 접속)

세 이하의 청년층이다. 이에 비해서 청년 실업률은 30%가 넘자 불만이 고조되어 있었다.[22] 네 번째로는 소셜 네트워크의 힘이다. 이전에는 이런 불만이 고조되어도 연약한 시민 사회에서 집단적 행동으로 표출되기가 어려웠지만 소셜 네트워크의 힘으로 정보가 빠른 속도로 전파되고 특별한 주동세력이 없이도 데모 등의 집회가 가능하게 되었다. 튀니지에서 페이스북 사용자가 19%를 넘었다는 것이 이번 소요의 배경을 보여 주고 있다.[23] 또한 인터넷은 숨겨진 사실들을 계속 폭로해 주고 있다. 위키리스크의 정보 공개를 통해서 그동안 드러나지 않았던 이 지역 지도자들의 부패상이 적나라하게 드러난 것도 소요의 중요한 요인 중 하나이다.[24]

이에 대해 엄한진은 신자유주의 경제정책의 사회적 결과에 대한 반발, 장기 독재에 따른 권력과 부의 집중에 대한 반발, 외세와의 관계를 포함한 현재 사회체제에 대한 총체적 비판이라고 정리하면서 이번 혁명은 비종교적 성격을 지닌 반제 민주화 운동이라고 정의한다.[25] 그는 이전의 민주화 요구와 이번의 민주화 요구는 다르다는 점을 지적하고 있다. 이전에는 경제 개방 과정에서 재정 지원의 조건으로 외부 세계가 민주주의 제도의 도입을 요구했기 때문에 다당제, 직선제, 사회단체 결성의 자유화, 언론의 자유 보장 등 민주주의 요소들이 도입되었었다.[26] 또 다른 측면에서는 독립국가 형성 이후 지향했던 민족주의나 발전주의 같은 기존 정당성 기제가 더이상 유효하지 않은 권위주의로 빠지게 된 위기상황에서 할 수 없이 대안으로 민주 제도를 도입하기도 했었다.[27] 그러나 이런 민주주의는 '위로부터

---

22) "재스민 혁명, 아랍 민주화 혁명의 시작."
23) "페이스북 이용 현황," www.socialbakers.com.
24) "재스민 혁명, 아랍 민주화 혁명의 시작."
25) 엄한진, "북아프리카 민주화 운동의 성격과 전망," 『경제와 사회』 통권 제90호 (2011):133.
26) 엄한진, "북아프리카 민주화 운동의 성격과 전망," 139.
27) 엄한진, "북아프리카 민주화 운동의 성격과 전망," 139.

의 민주주의 도입'이라고 불리고, 볼피(Volpi)는 이를 '유사 민주주의(pseudo-democracy)'라고 지칭하기도 했다.[28] 위로부터 도입된 민주주의는 아이러니컬하게도 자유주의보다는 국가 전체의 이해를 강조하는 공화주의적 정치권력과 이슬람 원리를 정치에 도입하려는 원리주의자들이 주도하게 되는 결과를 낳았다.[29] 원리주의가 득세하게 된 이유는 시민 사회 세력이 워낙 약한 상황에서 대중 동원이 가능한 유일한 정치 세력이 이슬람 원리주의 세력이었기 때문이었다.

그러나 작금의 상태는 아래부터의 민주화 요구이기 때문에 이전과 다른 결과를 낳게 될 것이라는 주장이다.[30] 시민 세력이 없던 지역들에서 디지털 세대는 처음으로 시민 세력의 힘을 보여 주었다. 이번 혁명은 이전의 노조, 원리주의 집단들, 이슬람 단체, 이슬람 정당보다는 개개인이 소셜 네트워크를 중심으로 자발적으로 참여한 운동이었다.[31] 일부에서는 이번 민주화 운동의 배후에 무슬림 형제단과 같은 원리주의 종교 세력이 있다고 주장하지만 현재까지 무슬림 형제단이 개혁의 주 세력으로 등장하지 못하고 있는 모습을 볼 때 그것은 사실이 아닌 것 같다. 오히려 민주화 운동의 요구 사항이나 구호를 살펴볼 때 종교적 색채를 찾기 어려웠다. 튀니지에서 이들의 요구는 일자리 창출, 벤 알리 가족의 재산 환수, 구정권에 책임이 있는 외채의 상환 거부, 정치범 석방 등의 세속적 요구들뿐이다. 이집트에서는 임금 인상, 근로조건 개선, 생필품 가격에 대한 요구, 부패 정권의 재산 환수, 민주화 요구 등이었다. 알제리도 주거 문제, 일자리 문제, 정부의 고등

---

28) 엄한진, "북아프리카 민주화 운동의 성격과 전망," 140. 재인용, Frederic Volpi, "Pseudo-Democracy in the Muslim World," *Third World Quarterly*, 25. No. 6. (2004): 1061-1078.
29) 엄한진, "북아프리카 민주화 운동의 성격과 전망."
30) 엄한진, "북아프리카 민주화 운동의 성격과 전망," 151.
31) 엄한진, "북아프리카 민주화 운동의 성격과 전망," 147.

교육 개혁 조치 비판 등이었다.[32] 세속주의 이슬람의 통치가 실패하고 원리주의가 통치하게 되었던 70년대 이후로 한동안 실업이나 사회적 문제에서 종교 문제로 민중의 관심을 돌리는 데 성공했었다. 그러나 30여 년이 지나면서 경제 상황이 더 악화되자 이제는 이런 종교적 문제가 이데올로기로서 작용하는 힘을 잃어버린 듯하다. 이런 측면에서 이번 아랍의 봄은 '아래로부터의 민주화 운동'이라고 규정할 수 있다는 것이다. 독재 타도, 극소수 정치 계급에 의한 부패와 권력 독점 타파, 억압적인 장치들의 해체, 자유 쟁취 등 세속적 주제에 대한 세속적 해법을 요구하는 운동이라는 것이다. 그리고 혁명의 주 세력도 노동자, 실업자, 여성 등 종교적 특징보다는 경제적 요인에 의해 구분된 사람들이었다는 점도 주목해야 한다.[33] 그러므로 이번 민주화 혁명은 이전 이슬람 국가들이 경험했던 것과는 달리 무엇인가 민주주의에 가까운 열매를 맺을 것으로 기대한다는 주장이다.

이 문제를 종합해 보면 다음과 같다. 이번 혁명도 종교적 요소를 극복하지 못할 것이라고 보는 측면에서는 이번 재스민 혁명이 민주화를 요구하는 듯 보이지만, 결국 민주주의를 쟁취하지는 못할 것이고 오히려 이번 재스민 혁명을 통해서 서서히 힘을 잃어가고 있던 원리주의 세력들이 다시 주도권을 장악하는 상황으로 귀착되지 않을까라는 염려스런 전망을 제시한다. 원래 북아프리카와 중동 지역은 국가 권력은 강하지만 시민 사회는 극히 약한 지역이다. 그러므로 이번 운동이 민중들의 저항으로 시작되었지만 시간이 지나면서 시민 사회가 주도권을 놓치고 결국 민중 동원이 가능한 원리주의 종교 세력이 주도하게 될 것이라는 지적이다. 이들은 민주주의가 아니라 이슬람 원리주의가 지배한 이슬람 공동체의 회복을 목표로 하

---

32) 엄한진, "북아프리카 민주화 운동의 성격과 전망," 143-144.
33) 엄한진, "북아프리카 민주화 운동의 성격과 전망," 154-155.

게 될 것이다. 이런 우려가 현실화되면 이슬람 선교환경에 부정적 요인이 될 것으로 보인다.

그러나 비종교적 요소가 더 크고 종교적 요소를 압도할 것으로 보는 입장에서는 이번 민주화 요구는 아래로부터의 민주주의를 이슬람 국가에 도입할 가능성이 크다고 본다. 그러나 민주화에 대한 기대는 서구적 기대와는 다를 것으로 평가한다. 엄한진은 이번 혁명의 대상이 된 나라들이 공히 신자유주의 경제를 시도해 온 대표적 나라들이라고 지적한다. 신자유주의적 개혁의 성과는 양극화와 사회적 배제의 심화로 이 지역에서 나타났는데 이것이 혁명의 배경으로 작용했다고 주장한다.[34] 그러므로 외세의 경제적 정치적 지배에 반대하는 새로운 지역 질서가 요구되고 있고 그런 변화를 기대한다고 보았다.

일부 타당한 지적이지만 엄한진의 평가대로 되지는 않을 듯하다. 우선 중동 산유 국가들이 신자유주의 경제체계를 완전히 포기할 수 있겠는가라는 의문이다. 이들이 세계화의 추세를 거부할 수 있겠는가? 실제 중동이나 북아프리카 산유국가들이 지금과 같은 부를 축적하고 국제적 영향력을 끼칠 수 있었던 배후에는 세계화 과정이 이들에게 유리하게 작용한 측면이 있다. 막대한 석유 자본을 배경으로 한 아랍 자본가들이 세계화 물결을 타고 상업적 수완을 최대로 발휘하고 있는 것이 현재 이슬람 성장의 한 축을 만들고 있는 것이 사실이다. 이슬람은 상업을 칭송하고 상업적 이윤을 종종 신의 보상으로 간주하기도 한다.[35] 이런 측면에서는 이번 혁명을 민주화 운동이라고 할 때 신자유주의적 경제체제를 완전히 벗어나지 않은 서구적 민주주의 요소가 더 확장될 가능성이 있다고 보인다.

---

34) 엄한진, "북아프리카 민주화 운동의 성격과 전망," 148.
35) 홍성민, 『이슬람 경제와 금융』 (서울: KUIS Press, 2009), 151.

결론적으로 연구자는 이 두 가지 주장이 혼합된 형태의 방향으로 갈 것으로 예측한다. 튀니지에서 벤 알리 정권이 퇴진한 지 거의 9개월이 흘렀다. 이집트에서 무바라크 정권이 붕괴된 지도 거의 8개월이 흘렀다. 알리 압둘라 살레흐 예멘 대통령이 한 달 이내 퇴진할 것을 걸프 협력기구와 동의한 지도 거의 반 년이 지나고 있다. 그러나 새로운 민주주의적 열매는 아직까지 나타난 것이 없다. 조만간 새로운 대통령 선거가 있을 예정이지만 실제 상황은 혼미한 가운데 있다. 이는 이슬람 국가들의 민주화 역량의 한계를 보여 주고 있는 것이다. 우려했던 원리주의자들의 정권 장악도 가시적으로 나타나지는 않고 있다. 물밑으로 원리주의 정당들이 이전에 비해 활발해진 것이 사실이고 무슬림 형제단이 이집트에서 공인된 정당의 형태를 가지게 된 것은 큰 변화지만 이들이 실권을 장악하리라는 보장은 아직 없다. 아마도 세속적 요구를 만족시킬 수 있는 세력이 득세하게 될 것으로 보인다. 그러므로 이번 민주화 혁명은 원리주의가 조금 힘을 얻는 상황이 되기는 하겠지만 1979년 이란 회교 혁명과 같은 결과는 나타나지 않을 것으로 보인다. 연구자는 원리주의가 쇠퇴하는 흐름에 큰 변화를 일으키지는 않을 것이며 단지 약간 쇠퇴 속도가 늦어지는 정도의 영향만을 미칠 것으로 예측한다. 어떤 측면에서는 자유주의적 이슬람(liberal Islam)이나 유연한 이슬람(mild Islam)으로 변화 방향이 결정되는 데 유리한 환경을 만들 것으로 보이기도 한다. 자유주의적 이슬람이나 유연한 이슬람은 아직 공인된 용어는 아니지만 원리주의 이슬람의 대안으로 언급되는 용어들이다. 종교적으로는 꾸란을 좀 더 현대 사회에 맞게 해석하고, 신학적으로 진보적 견해를 가지며, 사회적으로는 여성의 지위와 보편적 인권을 좀더 포용하고, 테러리즘 등 폭력 사용에 반대하며, 문화적으로 반서구적 성향이 완화되는 이슬람을 의미한다. 이번 민주화 혁명은 이런 자유주의적 이슬람에 힘을 보태 줄 것으로 기대한다.

세 번째 이슬람 선교에는 어떤 영향을 미칠 것인가라는 문제이다. 선교 환경의 변화는 그 자체로서는 선교 사역에 직접적 영향을 미치지 못한다. 오히려 선교전략과 방법론이 직접적 영향을 미친다. 다만 선교환경의 변화는 적절하고 다양한 선교전략의 수립과 적용을 좀더 용이하게 해줄 수 있는가 아닌가를 결정해 주게 된다. 민주화 혁명이 연구자의 예측처럼 원리주의 쇠퇴를 역전시키지 못하고 오히려 시간이 좀더 걸릴지라도 자유주의적 이슬람, 혹은 유연한 이슬람을 조장하게 된다면 선교전략 수립에 긍정적인 선교환경을 제공하게 될 것이다. 그러나 종교적인 측면에서 현대적 해석을 한다고 해서 기독교를 인정하거나 수용한다는 의미는 아니다. 지난 30년 동안의 반서구적 원리주의를 경험한 이슬람은 이제 기독교 세력 앞에 무력한 존재는 아니다. 그러므로 선교전략에서 승리주의적 요소를 배제하려는 과감한 시도가 없이는 이슬람 선교는 여전히 어려운 과제일 것이다.

6. 이슬람 선교의 다원화

이전 이슬람 선교는 서구 교회들의 독무대였다. 현재도 중동 지역 선교사의 절반 정도가 미국인 선교사들이다.[36] 그러나 2003년 이라크 전쟁 이후 빠른 속도로 비서구 선교사들이 늘어나고 있다. 비서구 선교사들의 출현과 새로운 사역 방법은 이슬람 선교에 새로운 환경을 조성하고 있다. 비서구 선교사들은 이슬람 선교의 3대 장벽인 십자군 전쟁과 서구 제국주의의 식민지 수탈, 이스라엘에 대한 옹호라는 문제에서 상대적으로 자유하다.[37] 물론 비서구 선교사라도 신분이 드러나면 동일한 적대감을 받지만 중

---

36) *Carmel Training Manual* (Unpublished Material), 16.
37) 이현모, "최근 이슬람 선교의 변화에 대한 분석," 『복음과 실천』 37 (2006): 239.

립적 입장에서는 좀더 자유로울 수 있다. 개인적 친분을 맺어가는 측면에서는 유리하다고 하겠다.

선교적 접근의 방식에서 이전과 다른 다양한 방법이 사용되는 것도 또다른 환경 변화 요인이 되고 있다. 1970년대까지 선교사들은 선교사 신분을 숨기거나 바꿀 필요가 없었다. 그러나 오늘날은 선교사 신분이 아닌 사람들이 많고 NGO나 BAM 형태로 현지에 유익을 주는 통로를 많이 사용하고 있다. 기독교 계통의 학교나 병원은 좀더 드러나는 신분을 가지지만 다른 형태는 선교사의 신분을 드러나지 않게 해주고 있다. 선교의 개념 자체가 총체적 선교로 변해 가는 것도 이슬람권 선교에는 유리하다고 하겠다.

IV. 결론

연구자는 지난 70년 동안 이슬람이 대략 30년의 주기를 가지고 극과 극을 오가는 진자 운동을 하고 있다고 비유하였다. 독립 이후 서구화와 근대화의 과제를 포용하기 위하여 세속주의 이슬람 혹은 민족주의적 세속화 이슬람의 시대를 대략 1940년대에서 60년대 말까지 가졌다. 그러나 근대화에 실패하고 중동 전쟁의 패전으로 좌절감을 느낀 무슬림 민심은 원리주의 이슬람으로 급속하게 기울어졌다. 70년대에 등장한 원리주의는 뿌리는 와하비즘과 같은 종교적 원리주의이지만 실체는 반서구적 정치적 원리주의를 표방하게 되었다. 이 시기에 이슬람은 오일 달러를 바탕으로 해서 세력을 얻고 이슬람 보호정책과 세계 선교(다와)의 꿈을 제시하게 된다. 그러나 반서구적 원리주의 이슬람도 30년 정도의 시기를 보낸 후 2000년대에 들어서자 9·11 테러를 계기로 내리막길을 걷게 된다. 지나친 호전적 성향이 이슬람 종교 이미지를 훼손시켰고 이슬람 국가들의 국제적 고립을 초래했기 때문이다. 민중들도 이슬람과 테러리즘이 동의어로 사용되는 상황에 반감을 느끼게 되었다.

반서구적 원리주의 이슬람의 쇠퇴는 자유주의적 이슬람 혹은 유연한 이슬람으로 변화될 것으로 예측된다. 이런 환경 변화에 이전 시대보다 훨씬 복잡한 요소들이 가미되고 있다. 세계화는 이슬람 세계에 반서구화를 부추기는 역할을 한다고 이해되었었지만 실제 이슬람은 찬반 양론의 입장을 보이고 있다. 이슬람의 외연 확장이 실제로는 세계화와 자본주의 물결을 십분 활용한 결과이기도 하다. 오히려 세계화 물결은 반서구적 원리주의 운동의 쇠퇴를 유발시키는 요인 중 하나가 되기도 한다. 범세계적 이민 현상이 이슬람 다와 운동에 좋은 환경을 제공하고 있다. 그러나 지나친 경계는 오히려 고립된 이슬람 정치 공동체 형성을 조장하므로 무슬림을 차별하지 않는 동화 정책이 절실히 필요한 시기이다. IT 기술과 디지털 환경, 미디어의 발달은 이슬람 종교가 세계 무대에서 고립된 위치를 지킬 수 없도록 만드는 강력한 요소가 되고 있다. 미디어가 미치는 영향은 기독교 선교의 노력 못지않게 환경을 변화시키고 있다. 서구 문화의 파급은 일부에서 주장하는 것처럼 부정적 영향을 미치기도 하지만 서서히 기독교 가치관을 이슬람 사회에 전파하는 역할을 잘 감당하고 있다. 이런 요소들은 이슬람 선교에 좋은 환경을 제공하고 있다. 즉 반서구적 원리주의 이슬람이 자유주의적 이슬람으로 전이되는 것을 촉진하는 환경이 되고 있다.

현 시점에서 가장 커다란 환경 변화는 예기치 않았던 북아프리카와 중동에서의 민주화 운동이다. 아직 이 민주화 운동은 결과가 나오지 않은 진행형 상태이지만 여러 예측들이 제시되고 있다. 우선 이슬람 국가에서 민주화가 가능한가라는 문제에서부터 이 운동에 대한 평가가 다르다. 연구자는 현 민주화 운동은 1979년 이란 혁명과는 다른 세속적 결과를 도출할 것으로 예상한다. 원리주의자들이 혁명의 과정에서 어느 정도 자신들의 지분을 확대할 것으로 보이지만 반서구적 원리주의의 쇠퇴를 돌이킬 정도의 영향력을 얻지는 못할 것으로 보인다. 오히려 현재의 세속적 요구들은 반서구적 원리주의를 더 빨리 쇠퇴시키는 요인이 될지도 모른다. 결국 여러 선교환경의 변화는 현재 이슬람의 주류를 자유주의적 이슬람 혹은 유연한 이슬람으로 변모시키는 동인(動因)이 되고 있다고 보인다. 이는 이슬람 선교전략 수립에 긍정적 요인으로 작용할 것으로 보인다.

비서구 출신 선교사의 증가는 또 다른 환경변화 요인이다. 현재로써는 새로운 접근으로 새로운 기회를 가지고 있다. 그러나 비서구 출신이라는 사실만으로는 큰 성과를 거둘 수 없다. 전통적 서구 선교와는 다른 새로운 접근 방식과 선교 사역을 개발해야만 좋은 결과를 얻을 수 있을 것으로 보인다.

환경의 변화에는 적절한 선교전략의 발전이 따라야 긍정적 결과를 얻을 수 있다. 이슬람 선교에서 승리주의나 대립적 선교방식을 배제하고 상황화적 접근을 해야 한다는 것은 이미 보편적으로 인정된 상황이다. 더 급진적 입장인 내부자 운동 등이 제안되고 있지만 이는 좀더 신중한 신학적 검증과 실천적 검증이 필요한 단계라고 보인다. 꾸란을 가교로 사용해서 재생산성이 높은 작은 교회를 개척하는 전략이 아시아 지역의 이슬람 국가에서 좋은 결과를 얻고 있는데[38] 이를 다시 다른 지역에 파급하기 위한 전환 과정이 필요할 것으로 보인다. 무엇보다는 민속 이슬람에 대한 이해가 증가하는 것은 좋은 전략적 접근이라고 보인다.

환경의 변화는 사실 해석상의 문제나 예측에 불과한 주장이 되기도 한다. 연구자는 현재의 환경이 이슬람 선교에 긍정적 요인으로 작용한다고 평

---

38) 참조, Kevin Greeson, 이명준 역, 『무슬림을 위한 낙타 전도법』 (서울: 요단출판사, 2009).

가한다. 하나님이 주시는 기회를 붙잡는 것은 이제 우리 사역자들의 책임이 되고 있다.

21세기, 피할 수 없는 정통 이슬람과의 조우에서 이슬람 선교가 풍성한 열매를 얻기를 간구한다.

[참고문헌]

김영한. 『포스트모던 시대의 세계관』. 서울: 숭실대학교출판부, 2009.

유해석. 『이슬람이 다가오고 있다』. 서울: 쿰란출판사, 2003.

이홍탁. 『사회학 개론』. 서울: 법문사, 1981.

최한우. 『이슬람의 실체』. 서울: KUIS Press, 2010.

홍성민. 『이슬람 경제와 금융』. 서울: KUIS Press, 2009.

Ansary, Tamim, 류한원 역. 『이슬람의 눈으로 본 세계사』. 서울: 뿌리와이파리, 2011.

Barber, Bemjamin. *Jihad Versus The McWorld*. NY: Random House, 1995.

Greeson, Kevin, 이명준 역. 『무슬림을 위한 낙타전도법』. 서울: 요단출판사, 2009.

Kedouri, Elie. *Democracy and Arab Political Culture*. London: Frank Cass, 1994.

Lewis, Bernard. *What Went Wrong? The Clash Between Islam and Modernity in the Middle East*. NY: Perennial, 2003.

Carmel Training Manual (Unpublished Material).

김영남. "현대사회에서 이슬람 '다와(선교)' 동향에 관한 고찰." *Muslim-Christian Encounter*. 3 no. 1 (2010): 65-88.

엄한진. "북아프리카 민주화 운동의 성격과 전망." 『경제와 사회』 통권 제90호 (2011): 133-165.

이현모. "최근 이슬람 선교의 변화에 대한 분석." 『복음과 실천』 37 (2006년): 223-252.

Volpi, Frederic. "Pseudo-Democracy in the Muslim World." *Third World Quarterly*, 25. no. 6 (2004): 1061-1078.

매일선교소식. "유럽 이슬람과 미국 이슬람의 차이." http://www.peppermintcandy.com/cgi-bin/read.cgi?board=maeil&y_number=4672&nnew=1.

"식량값 급등이 세상을 뒤흔들다." 한국일보, 2011. 4. 26. http://news.hankooki.com/ ipage/world/201104/h2011042621421522450.htm.

"재스민 혁명, 아랍 민주화 혁명의 시작." http://blog.naver.com/01192240258/8013303 9909. htm.

최성재. "이집트의 코샤리 혁명과 이슬람의 변화." http://www.dongsanch.com/xe/?module=ducument&act=dispDocumentPrint&document.

한국행정학회 행정학 용어사전. "신자유주의." http://blog.naver.com/jhs016ok/90121904553. htm.

이슬람을 향한 기독교 선교의
역사적 흐름과 한국적 대안(1900-2012)

정마태

I. 서론

1906년 4월 4~9일 이집트의 카이로에서 사무엘 즈웸머(Samuel Zwemer, 1882-1912)가 주도하여 최초로 이슬람 선교 대회가 열렸다.[1] 이는 학생 자원 운동(Students Volunteer Movement-SVM)에 영감을 받아 헌신한 사람들 중 그 당시 세계 복음화가 가장 안 되고, 가장 어려운 지역인 이슬람권을 향하여 복음을 전하여야 한다는 열정으로[2] 카이로에서 열리게 되었다. 그 이후 2012년까지 기독교의 이슬람을 향한 선교 역사는 약 100여 년의 발자취

---

1) J. Dudley Woodberry, *From Seed To Fruit* (Pasadena, William Carey Library, 2008). Introduction.
2) Lyle L. Vander Werff, *Christian Mission to Muslims* (*Anglican and Reformed Approaches in India and the Near East, 1800-1938*) (Pasadena, William Carey Library, 1977), 225-226.

를 남기고 있다. 그러나 이슬람권을 향한 한국교회의 기독교 선교는 1961년부터 시작되었다.

지난 1,400년간이 이슬람과 기독교 간의 긴장과 대결의 역사라면, 그것은 이슬람과 서구와의 관계의 역사였다. 그러나 다행히도 한국은 이슬람 나라와 정치·경제·사회 등 여러 면에서 좋은 관계를 발전시켜 왔다. 그러므로 현재 시기는 한국인들에게는 세계의 무슬림들과 관계를 맺어 가는 일과 기독교 선교에 있어서 매우 중요한 역할을 감당할 결정적이고 역사적인 시기이다.

9·11 이후 전 세계가 테러와 이슬라모포비아에 휘말리고, 서방이 무슬림들에게 환영받지 못하는 새로운 선교환경이 만들어지는 동안 한국 선교사들은 점차적으로 이슬람권으로 들어가고, 무슬림들은 한국 땅으로 점점 더 들어오는 현상이 나타나게 되었다. 그러므로 서구가 무슬림들과의 관계에서 저지른 실수를 한국교회가 반복하지 않고, 그들과 새로운 관계, 그리고 더 나은 관계로 발전시켜야 하는 현실적 요청에서 필자는 이 글에서 1906년 카이로 대회 이후 현재까지 약 100년간의 기독교의 이슬람을 향한 선교의 역사적 흐름을 정리해 보고 앞으로 한국교회가 감당해야 할 이슬람 선교의 대안을 제안해 보고자 한다.

II. 1906년 이후 2012년까지의 이슬람 선교의 역사적 흐름

1. 지난 100여 년의 이슬람 선교 토양의 변화

1906년 첫 무슬림 선교 대회가 29개 선교단체에서 임명된 62명의 대표자들과 60명의 공식방문자들이 참석한 가운데 카이로에서 열렸다. 4년 뒤 1910년에 에딘버러 세계 선교 대회에서도 '단 하나의 유일한 질문은 기독교와 이슬람 중 어떤 종교가 압도할 것인가[3]'라고 질문하면서 이슬람 선교의 필요성과 도전을 절감하게 되었다. 결국 같은 해 1910년에 *The Moslem World* 저널이 만들어지고, 즈웸머가 편집장으로 36년간 수고하면서 무슬림 세계가 복음화 되는 일을 위해 온 몸과 마음을 다해 일생을 바쳤다.[4] 그후 다음과 같은 중요한 복음주의 이슬람 선교 대회들이 열렸다.

- 1911년 1월 23-28일 인도 럭크나우(Lucknow) 컨퍼런스[5]
- 휴식기 : 1, 2차 세계 전쟁으로 찌들어 있는 동안 이슬람 선교 운동은 지연됨.[6]
- 1978년 '무슬림 복음화 북미 대회' '복음과 이슬람'을 돈 맥커리가 편집[7]
- 1980년 6월 로잔의 한 분과로서 '무슬림 전도에 관한 소회의[8]
- 1987년 7월 네덜란드의 자이스트(Zaist) 대회
- 2007년 봄 파타야의 '이슬람 선교 컨설테이션' : 약 500명의 사역자들과 단체 대표들이 모여서 무슬림 사역의 글로벌 흐름과 실제 사역을 살펴봄.[9]

---

3) Brian Stanley, *The World Missionary Conference, Edinburgh 1910* (Grand Rapids: William B. Eerdmans, 2009), 15.

4) Lyle L. Vander Werff, *Christian Mission to Muslims* (*Anglican and Reformed Approaches in India and the Near East, 1800-1938*) (Pasadena, William Carey Library, 1977), 225.

5) Woodberry, *From Seed To Fruit*, vi

6) Woodberry, *From Seed To Fruit*, 7, 84.

7) Woodberry, *From Seed To Fruit*, 85. 그는 18년간 파키스탄에서 사역했고, 미국에서 1988년에 '무슬림 사역(Ministries To Muslims)'을 창립하여 현재까지 총재로 사역 중이다.

8) Sam Schlorff, *Missiological Models in Ministry to Muslims* (Upper Darby: Middle East Resources, 2006), 25.

9) Woodberry, *From Seed To Fruit*, viii. 그 자리에 열매 맺는 실제 사역을 위한 그룹에는 37개 나라들과 56개 선교 단체들과 기관들에서 온 280명 사역자들이 참여함. 이들은 738개의 교회를 개척한 팀을 대표하는 사람들이었고, 5,800명의 현지 사역자들로부터 수집한 94개

그러나 유럽을 중심으로 세계 교회 협의회(WCC)에서는 무슬림들과의
대화를 중심으로 1962년 제2차 바티칸 공의회 이후 수많은 회의와 대회들
이 있었다. 즉 1962년 이후 무슬림들과의 대화를 주도하는 WCC 중심의 에
큐메니컬 진영과 무슬림들에게 복음을 전하는 복음주의(World Evangelical
Alliance : WEA) 진영으로 점점 더 양극화되었다.[10] 그러면 지난 100년간 세
계 인구와 무슬림 인구 증가 추세와 상황은 어떤가? 데이빗 바렛(David B.
Barrett)과 돈 멕커리(Don McCurry)의 논문집(1978년에 편집)에 나타난 인구증
가를 보면 〈표 1〉과 같이 요약할 수 있다.

〈표 1 : 1900-2050년 세계 인구와 무슬림 인구 증가 비교〉

년 도	1900년	1978년	2010년	2050년
세 계 인 구	16억	42억	62억	90억
무슬림 인구	2억	7억[11]	15억[12]	25억[13]

출처 : *World Christian Trends*, AD 30-AD 2200, 4[14]

무슬림의 인구 성장은 매우 의미가 크다. 1900년에서 2050년에 걸쳐
서 세계 인구는 거의 6배의 성장을 예견한다. 그러나 무슬림의 숫자는 12

의 무슬림 사역 유형들을 평가하였다(이 컨설테이션 내용을 『씨앗에서 열매로*(From Seed To Fruit)*』라는 책으로 Dudley Woodberry가 편집-이 책은 곧 한글판으로 번역되어 출판될 예정임).

10) Schlorff, *Missiological Models in Ministry to Muslims*, 19.

11) Don M. McCurry, ed., *The Gospel and Islam: A 1978 Compendium* (California: MARC, 1979), 13, 598.

12) Woodberry, *From Seed To Fruit*, 85.

13) Woodberry, *From Seed To Fruit*, 11.

14) David B. Barrett, Todd M. Johnson, *World Christian Trends, AD 30-AD 2200* (Pasadena: William Carey Library, 2001), 4.

배 이상 증가하여, 2억에서 25억으로 증가하게 될 것으로 보인다. 이런 큰 흐름에서 한국교회의 위상과 책임이 어떻게 변했는가? 1910년 에딘버러 선교 대회에 참여한 1,215명의 대표자들 중 비서구 참여자들은 오직 19명뿐이었다.[15] 그중에 한국 대표로 윤치호가 옵저버 자격으로 참가했다. 1893년 당시 한국 그리스도인은 겨우 177명뿐이었다.[16] 그 이후, 100년이 지난 오늘날의 판도는 엄청나게 다르다. 오늘날 서부 아프리카와 동아시아 사이의 10/40 창 지역에서 일하고 있는 한국 선교사의 숫자가 영국 선교사의 수를 이미 앞서고 있는 실정이다.[17] 2011년 12월 현재 무슬림 나라에서 사역 중인 한국 선교사들은 약 4,494명이다.[18]

2. 사무엘 즈웸머와 초기 미국 기독교의 이슬람 선교

현대 이슬람 선교를 열어 준 선교사가 사무엘 즈웸머임을 부인할 사람은 아무도 없을 것이다. 그는 모펫(Robert Moffat)과 함께 1886년에 시작하여 1920년에 절정을 이룬 학생 자원 운동(SVM)을 주도한 지도자였다. 이 운동으로 약 20,000여 명의 미주 젊은 남녀 학생들이 세계 선교에 헌신하였다. 그러나 사무엘 즈웸머의 이슬람 사역에서 아래 두 가지 이슈를 보게 된다.

첫째, 그의 미국적 승리주의에 입각한 일방적 이슬람 선교를 보게 된다. 그의 위대한 공헌에도 불구하고 샘 셜로르프(Sam Schlorff)는 무슬림 선교

---

15) Stanley, *The World Missionary Conference, Edinburgh 1910*, 91, 97. 불행하게도 아프리카 흑인들은 한 명도 초대를 받지 못했다.

16) 앤드류 월즈 외, 이문상 역, 『기독교의 미래』 (파주: 청림 출판, 2006), 267.

17) Woodberry, *From Seed To Fruit*, 56.

18) Steve Sang-Cheol Moon, "Missions from Korea 2012: Slowdown and Maturation," *IBMR* (*International Bulletin of Missionary Research*) 36, no.2 (2012), 85 (전체 한국 선교사 19,373명 중 23.2%) 물론 많은 한국 선교사들이 기독교 사역을 하는 것으로 짐작한다. 이중 순수하게 무슬림 사역을 하는 한국 선교사는 상대적으로 매우 적다.

의 6가지 상황화 모델을 설명하는 중 그의 사역을 19세기 제국주의 모델로 간주했다. 그의 주된 저널이었던 *The Moslem World*에 수록된 논문들이나 그의 저서에서 나타나는 그의 글들을 볼 때, '이슬람의 옛 건물을 무너뜨리고 이슬람의 옛 터 위에서 새로운 기독교 사상체계를 세우는 선교 목적'으로 이슬람을 열등하고 죽어가는 종교로 간주하여 접근하였다. 이 모델은 그리스도와 복음의 유일성을 유지하는 데 장점이 있으나 이슬람과 기독교 간에 단절을 가져오고, 무슬림 개종자들은 '거부 구조(개종자들이 핍박을 받으며 신앙을 바꾸거나 도주하는 구조)'를 채택하므로 말미암아 북아프리카에서는 안정적이지 못한 교회들이 되거나 아예 전혀 아무 교회도 남지 않게 되는 결과를 초래했다.[19]

둘째, 다원화되었던 이슬람의 변화에 적절하게 상황화하는 일에 도움을 주지 못했다. 그는 점차적으로 그 당시 팽배했던 서구적 기독교 왕국 확장에 관심을 갖고 있었다.[20] '성경, 찬송가, 고백서들, 주석들을 자국의 언어로 번역하는 것 외의 상황화가 거의 없거나 전혀 없이 이슬람에 접근한 것에는 문제가 있었다.[21] 사실, 사무엘 즈웸머가 40년간 사역 후 열두 명 정도의 개종자를 얻었던 것[22]을 보면 그 당시의 척박한 현실과 그가 직면한 도전을 절감하게 된다. 1920년 이후 미국에서는 그토록 강력했던 선교 열정이 갑자기 쇠퇴하기 시작한다. 이러한 선교 쇠퇴로 인해 이슬람 선교도 함께 약화된 것으로 보인다.[23]

---

19) Schlorff, *Missiological Models in Ministry to Muslims*, 10-11.
20) Schlorff, *Missiological Models in Ministry to Muslims*, 234.
21) Schlorff, *Missiological Models in Ministry to Muslims*, 10-11.
22) 이수환,『상황화 선교신학』(파주: 한국 학술 정보 ㈜, 2011), 151.
23) 존 맥아더(John MacArthur), 조제광 역,『담대한 복음 전도』(서울: 생명의 말씀사, 2012), 377-378. 그레이스 커뮤니티 교회는 쇠퇴의 원인을 다음과 같이 세 가지로 지적하였다. 첫째, 선교사로 나선 학생들이 선교 열정은 매우 뜨거웠으나 대부분 신학적 기반이 부실했던 점(학생들의 신학은 자유주의 신학과 세계 종교에 대한 관심에 큰 영향을 받은 관

3. 유럽 기독교의 이슬람 선교와 WCC의 무슬림들과의 대화
   : 영국을 중심으로

첫째, 20세기 무슬림들과의 대화 시도와 여러 대회들이 있었다. 1951년 부터 이슬람 선교에 있어서 상당한 변화가 있었다. 1910년에 사무엘 즈웸머로부터 시작한 *The Muslim World*지는 1951~1960년에 Willem Bijlefeld가 세운 The New Duncan Black Macdonald Center for the Study of Islam and Christian-Muslim Relations와 함께 케네스 크랙(Kenneth Cragg)이 2대 편집자가 되면서 완전히 다른 접근 방식으로 전환하게 된다. 즉 더 많은 대화식 접근(More dialogical approach)으로의 전환이었다.[24] 이러한 전환은 무슬림들과 이슬람을 더 이해하자는 것에서는 좋았으나 선교의 열정은 식어지게 되는 결과를 낳게 되었고, 학술지 *The Moslem World*는 1960년에 문을 닫게 되었다.

케네스 크랙은 개신교 진영에서 이슬람과의 대화를 위한 신학적 토대를 놓는 데 주도적인 역할을 하며, 많은 무슬림-크리스천 관계 서적들을 저술하였다. 그의 공헌은 WCC가 주도했던 단순한 종교 간 대화가 아니라 꾸란과 성경을 넘나들며 두 종교를 더 깊이 비교·연구하였다. 그는 초기에 일방적인(Unilateral) 입장에서 다각적인(multilateral) 방향으로 나갔다. 그에게

계로 타협적인 초교파적 일치화 운동의 성격을 띠었음). 둘째, 선교 현장에 파송된 학생들을 배출한 터전이 지역교회와는 무관했던 점, 그 결과로 파송된 선교사들은 지역 교회의 인준이나 후원을 전혀 받지 못했던 점, 셋째, 학생 자원 운동이 교회의 선교를 이해하지 못한 점, 즉 신학적인 통찰력과 분별력이 없었던 탓에 "사회 복음"이 학생 자원 운동을 지배하기에 이르렀고, 학생 자원 운동이 절정에 달했던 1920년에 집회에 참석한 학생들은 구원조차 의심되는 상황이 벌어졌고, "복음을 전하는 일보다 인종관계, 빈곤 퇴치, 국제 평화와 같은 문제에 더 많은 관심이 집중되었음." 그리하여 학생 자원 운동은 사회 사역이 그리스도의 구원에 관한 복음을 선포하는 사역을 대체하는 역사로 전락하게 되었다.

24) Hugh Goddard, *A History of Christian-Muslim Relations* (Edinburgh University Press, 2001), 185.

있어서 그리스도는 양쪽 종교의 완성을 대표한다. 그의 후기 저작들에서 '종교 간(Inter-Religion)'이라 부르는 새로운 완성의 차원에 대한 여러 탐구가 그의 주요한 관심사였다.[25] 이슬람과의 대화는 에큐메니컬 운동의 소산이다. 시작 초기 발기인들은 세계 교회 협의회(World Council of Churches)였고 바티칸이었다. 로마 카톨릭 교회의 대화 프로그램은 제2차 바티칸 공의회(Second Vatican Council, 1962-1965)에서 '비기독교 종교에 대한 선언(Declaration on Non-Christian Religions)'을 만든 이후 여러 기구들이 창설되었다.[26]

둘째, 이슬람 선교에 있어서 종교 자유, 개종, 인권과 선교사들의 윤리 문제를 다루게 되었다. 2009년 스웨덴 오슬로에서 'UN 인권선언' 18조에 근거하여[27] '종교 또는 믿음의 자유에 대한 오슬로 연합 문건(coalition)'을 발표하여 종교 간의 자유, 개종할 권리와 개종의 범위, 인권 문제, 선교사들의 윤리와 선교사들의 활동 제한 등에 대하여 정리하게 되었다.[28]

4. 1973년 로잔 대회 이후 복음주의 이슬람 선교

1973년 빌리 그래함(William Franklin Graham)을 중심으로 복음주의 진영에서 시작된 로잔 운동은 이슬람 선교에도 영향을 주었다. 2010년에 남

---

25) Schlorff, *Missiological Models in Ministry to Muslims*, 20-21.
26) 유럽 교회 회의(Conference of European Churches-CEC)와 '유럽 비숍들의 대표자 협의회(Council of European Bishops' Conferences-CCEE)'의 CRME(Committee for Relations with Muslims in Europe, 유럽무슬림 관계 위원회) 최종 보고서(Final Report). 2009년 1월 19-21일 Munich-Pullach 회의 최종 보고서, Document 4.2, 1-40 요약.
27) 'UN 인권선언'이란 1948년 6월 국제연합(UN) 인권위원회에 의해 완성된 후, 몇 차례의 수정을 거쳐 1948년 12월 10일 파리에서 개최된 총회에서 만장일치로 채택된 선언이다.
28) 'The right to try to convince the other: Missionary activities and human rights'에 대하여는 http://www.oslocoalition.org/mhr.php and http://www.oslocoalition.org/mhr_background_eng.php를 참고하라.

아공에서 3차대회로 모이면서 '온전한 복음(The Whole Gospel)', '총체적인 선교(The Wholistic Mission)'가 자리를 잡게 되었다. 이러한 총체적 선교의 방향으로 인해 가난한 자들에 대한 관심이 높아지고 있고, 지역 개발 사역(CHE: Community Health Education 또는 Community Health Evangelism), 비즈니스 선교(Business As Mission), 의료 선교, 교육 선교, 문화 선교 등 평신도 전문인 선교가 그 어느 때보다 활성화 되고 있다.

로잔과 함께 또는 로잔 운동을 능가하여 총체적 선교를 하는 '미가 네트웍(Micah network)'이 1999년 쿠알라룸푸르에서 구제와 개발사역을 하는 단체의 리더들이 모여 출발하게 되었다. 라틴 아메리카의 지도자 르네 빠디야(Rene Padilla)가 최초 회장이 되었고, 미가서 6장 8절을 중심으로 믿음의 실천을 강조하며 이 운동은 점진적으로 확산되고 있다. 무슬림 나라들이 산유국을 제외하고는 대부분 가난하므로 이러한 총체적인 신학과 접근은 매우 중요하다.[29]

5. 무슬림 미전도 종족을 향한 교회 개척 운동

총체적 사역을 위한 움직임이 있는 동안 미국의 복음주의를 중심으로 한 '2000년 세계 복음화 운동(2000 and Beyond Movement)'과 '미전도 종족 입양 운동' 그리고 '10/40 창(Window) 복음화 운동'으로 인해 많은 현지 교회들이 개척되었다. 세계에서 가장 복음이 전해지지 않은 나라들이 무슬림권 지역들이므로 무슬림권에 더 집중하여 선교하려고 노력 중이다. 한국교

---

29) '미가 네트웍'을 알려면 다음 웹사이트를 보라. http://www.micahnetwork.org/news/meeting-goals-does-it-matter "사람아 주께서 선한 것이 무엇임을 네게 보이셨나니 여호와께서 네게 구하시는 것은 오직 정의를 행하며 인자를 사랑하며 겸손하게 네 하나님과 함께 행하는 것이 아니냐? (미 6:8)"

회는 미전도 종족 전도 운동에 가장 많은 영향을 받은 나라 중 하나이다.

총체적 선교가 복음주의 진영에 등장하면서 복음 전파가 먼저냐, 사회 참여가 먼저냐 하는 우선순위 문제가 늘 논의되어 왔었다. 한국교회는 전반적으로 사무엘 모펫(Samuel Hugh Moffett)의 신학적 입장을 따라온 것이 사실이다.[30] 즉 복음 전도와 사회활동에 모두 참여하도록 부름받았음을 인정하면서도 우선적 동반자는 복음 전도라는 입장이다.

이런 신학적 입장에서 비전59(무슬림권 내 교회 개척을 위한 세계적인 네트워크)나 교회 개척 운동(CPM-Church Planting Movement)을 통하여 무슬림 지역에도 매우 어렵지만 서서히 열매를 맺고 있는 중이다. 2012년에 데이비드 왓슨(David Watson)이 한국에 와서 CPM세미나를 열어 큰 반응이 있었다. 2007년 봄 파타야에서 개최되었던 컨설테이션에서 오늘날 무슬림 세계 안에 십만 명 이상의 무슬림 미접촉 종족이 247개가 된다고 확인된 바 있고,[31] 우선적으로 이 종족들에 사역자들을 보내고 있는 중이다. 또, 최근 들어 무슬림 가운데 교회 개척과 관련하여 상황화 문제가 제기되어 많은 논란이 일어났다. 소위 인사이더 운동 또는 존 트라비스(John Travis)의 C1-C6 상황화 패러다임이 그것이다.

6. 기독교 세계관 변화 운동

교회 개척 운동의 치명적인 결점은 기독교로 개종하기는 하나 마음의 회심이 안 되는 점, 즉 모자만 바꿔 쓰기식 개종으로 인한 교회 개척이 고질적인 문제였다. 폴 히버트(Paul Hiebert)는 이런 원인을 분석하면서, 21세기

---

30) 랄프 윈터, 스티븐 호돈, 정옥배 역, 『미션 퍼스펙티브』 (서울: 예수 전도단, 2010), 196-197.; Samuel Hugh Moffat '복음 전도' (우선적 동반자-The Leading Partner)
31) Woodberry, *From Seed To Fruit*, 87.

에는 '세계관의 변화'가 핵심 과제가 되어야 함을 주장한다.[32] 즉 크리스천과 같은 옷을 입고 교육을 받아서 그들과 비슷한 행동과 형식을 취한다고 크리스천이 되는 것이 아니고, 믿음을 신학적으로 알고 외워서 입으로만 앵무새처럼 고백한다고 크리스천이 되는 것이 아니라 그들의 세계관이 성경적/기독교적 세계관으로 바뀌어져야 크리스천이 된다는 것이다.

찰스 크래프트(Charles Kraft)와 폴 히버트[33]의 영향으로 세계관 변화에 대한 강조가 일어나고 있다. 즉 그리스도께 회심하는 일에는 (단순히 종교를 바꾸는 개종이 아닌) 반드시 세 가지 차원의 일이 일어나야 하는데, 행위와 믿음과 그리고 저변에 놓여 있는 세계관(Worldview)이 모두 바뀌어야 한다는 것이다. 이러한 변화는 일방적 선교가 아니라 무슬림의 세계관을 이해하려는 노력을 이끌어냈고, 장기적인 안목으로 더 깊은 제자 양육을 하도록 도전하였다.

7. 대결과 공존 : 이슬라모포비아와 공통된 말씀(A Common Word)[34]

첫째, 21세기에 들어서 이슬라모포비아가 발생하였다. 2001년에 9·11, 2004년에 3·11 스페인의 수도 마드리드에서 연쇄 폭탄 테러 사건, 2005년에 7·7에 런던 지하철에서 알까이다 등 과격 무슬림들에 의해 폭탄이 터지면서 세계는 이슬라모포비아에 휩싸이게 되었다. 영국 정부가 1997년 10월 22일 런던의 하원에서 러니미드(Runnymede) 재단 조사 위원회를 조직하여

---

32) Woodberry, *From Seed To Fruit*, 11.

33) Paul G. Hiebert, *Transforming worldviews* (Grand Rapids: Baker Academic, 2008), 10-11.

34) For the full contents of a Common Word, please see http://www.acommonword.com /index.php?lang=en&page=option1(20 Dec. 2009), and Sam Solomon and Al-Maqdisi, *The Truth about 'A Common Word'* 2008. 11-12.

'우리 모두를 향한 도전 : Islamphobia[35]라는 제목으로 영국 내 이슬라모포비아 이슈를 다루었다. 폴 히버트는 포스트모던 세계의 글로벌 현상에 종교가 문화적 정체성의 기초로 부상하는 점을 중요한 점으로 지적하면서 갈수록 많은 무슬림들이 미국 주도의 세계 질서에서는 언제나 그들이 괄시 받는 존재로 본다고 지적하였다. 그리고 그들은 서양식 대안을 거부하며 일차적 정체성을 이슬람교에서 찾는 흐름, 즉 신정국가를 세우려는 분위기가 갈수록 강해지고 있다고 지적하였다.[36]

둘째, 기독교와 이슬람 간에 대결과 공존의 두 기로에 서 있다. 21세기에 들어서서 이슬람 내에도 여러 변화들이 일어나고 있다. 즉 이슬람 근본주의의 부상, 무슬림들 내부의 글로벌 세속화, 무슬림들의 글로벌 이주 현상, 무슬림들의 시민 봉기(예 : 아랍의 봄), 무슬림들의 정체성 위기와 기독교로의 회심 등이다. 이슬람의 이름으로 자행되는 폭력과 살인과 타락과 이슬람 정권의 정치적 부패에 대해 깊은 염증을 느낀 젊은이들이 이슬람을 떠나 기독교로 개종하는 사건 등이 나타나고 있다. 동시에 무슬림 나라들 내외 크리스천들은 위기에 직면하고, 핍박과 고난과 순교가 증가하고 있다. 즉 양 종교 간의 대결과 공존 상황이 21세기의 다원주의와 다양성 현상과 맞물려 드러나고 있다. 다니엘 브라운(Daniel Brown)은 그의 책 『이슬람의 새로운 소개(A New Introduction to Islam)』의 맨 마지막에 다음과 같이 코멘트하였다.

"현대 이슬람은 분명히 서구에 사는 무슬림들과 다원주의의 도전에 의해 매우 심오한 영향을 받고 있다. 현대 무슬림들은 '다원주의 세계 내의 이슬람'과 '이슬람 내의 다원주의' 둘 다를 위한 대안적인 비전들을 택해야 하는 일에 직면해

---

35) Gordon Conway, ed., *Islamphobia; A challenge for Us All, Report of the Runnymede Trust Commission on British Muslims and Islamphobia* (University of Sussex, 1997), 5.
36) Conway, *Islamphobia*, 468, 486.

있다. 한 방향만을 생각하는 것은 실수를 저지르는 것이다. 전 세계에 존재하는 무슬림 공동체는 세계에 도전을 일으키고 있으며, 이러한 고투 가운데서 현대 무슬림 공동체의 가장 큰 도전은 다원주의라 보여진다."[37]

양방 간에 공존하려는 노력도 고무적이다. 이러한 이슬라모포비아 현상이 진행되는 동안 2006년 9월 12일, 교황 베네딕토 16세(Benedictus XVI)는 독일의 레겐스부르크(Regensburg) 대학교에서의 연설에서 이슬람에 대해 코멘트를 하게 되었는데 그로 인해 무슬림들이 세계적으로 널리 시위하게 되었다. 한 달 뒤인 2006년 10월 12일, 교황의 그러한 이슬람에 대한 입장을 비판하는 '교황에게 보내는 공개서한'을 38명의 최고 이슬람 학자들과 성직자들이 출판하게 된다. 일 년 후, 2007년 10월 11일, 더 큰 무리인 138명의 이슬람 학자들, 성직자들과 지성인들이 양 종교가 공통으로 존중하는 '하나님 사랑과 이웃 사랑'의 핵심 가치를 담은 '우리와 당신 사이의 공통된 말씀(A Common Word between Us and You)'[38]이라는 공개서한을 교황과 기독교교단 지도자들에게 보냈다. 이 '공통된 말씀' 문서는 개인들과 여러 기관들로부터 많은 반응을 받았다. 그 중 예일 대학교의 네 명의 학자들이 '하나님과 이웃을 함께 사랑함(이것이 '예일선언문'이 되었다.)'이라는 문건으로 가장 적극적으로 공개 응답하였다. 그리고 세계 기독교 지도자 300명이 '공통된 말씀'에 사인하게 되었다. 이러한 시도는 두 종교 간의 신학적인 합의점을 찾기 위한 노력이라기보다는[39] 이 지구상 인류의 반 이상이 그리스도인들과

---

37) Daniel W. Brown, Second ed., *A New Introduction to Islam* (West Sussex: Wiley-Blackwell, 2009), 298.

38) Miroslav Volf, Ghazi bin Muhammad, and Melissa Yarrington eds., *A Common Word, Muslims and Christians on Loving God and Neighbor* (Grand Rapids/Cambridge: William B. Eerdmans,2010), 1-8. 한국에서는 조용기 목사만 사인하였다.

39) 신학적 목적으로 *A Common Word*가 만들어진 것은 아나나 한 가지 신학적 비판을 보려면 Sam Solomon and Al-Maqdisi, *The Truth about A Common Word*, 2008을 참조하라.

무슬림들인 점을 감안할 때, 인류가 처한 위기를 우선 극복하고 평화 공존을 위해 두 종교 지도자들이 사회적·외교적·정치적으로 노력한 결과였다.

무슬림들을 대하는 여러 시도들은 복음주의 기독교 지도자들 내에서 세 가지 방식으로 나타났다. 즉 논쟁적인 접근 방식,[40] 자유적인 접근 방식, 복음적인 접근 방식이다.[41] 리차드 맥 컬럼(Richard McCallum)은 이 세 가지를 '분리(isolation), 순응(accommodation), 참여하는 정통(engaged orthodoxy)'이라고 요약하였다.

8. 한국교회가 배울 교훈들

우리는 앞에 진술한 여섯 가지 맥락의 역사적 흐름을 보고, 온고지신함으로 배울 것은 배우고 버릴 것은 과감히 버려서 한국적 대안을 찾아야 할 것이다.

첫째, 사무웰 즈웸머적인 기독교 승리주의를 버려야 한다. 즉 이슬람을 단순히 적으로 보고 무찌를 대상으로 보는 관점, 이슬람 문화나 그 자체를 멸시하는 기독교 제국주의 시각과 자세, 이슬람의 다양함과 다원화되는 것

---

40) Chesworth, John Anthony, *The Use of Scripture in Swahili Tracks by Muslims and Christians in East Africa* The University of Birmingham for the degree of Doctor of Philosophy Department of Theology and Religion School of Historical Studies (The University of Birmingham October 2007), 19-20. I use John's definition of Eirenic and polemic as below-Eirenic(al): Promoting peace (can also be spelt as Irenic). Used in Christian-Muslim relations to refer to an attitude and approach that promotes peace between different groups. Used here to refer to writing that is conciliatory and which attempts to improve relationships or to at least maintain the status quo. -Polemic(s): Controversial discussion and debate, especially in theology(also polemical). In Christian-Muslim relations, it refers to an approach which is disputatious and which deliberately sets out to be provocative. Used here to refer to writing that is insulting and offensive to the 'other faith'.

41) Programme for Christian-Muslim Relations in Africa, *50th Anniversary Celebrations Programme* (19-24 Nov. 2009), 13.

을 모른 채 일반화하는 경향은 버려야 한다.

둘째, 더 건강하고 균형 잡힌 무슬림들과의 대화로 발전해야 한다. 유럽 국가와 교회들은 지난 1,400년간 이슬람과의 논쟁에서 매우 지쳐 있다. 로마 카톨릭을 포함한 유럽 크리스천들과 무슬림들 양쪽에 십자군 원정, 양방 간에 수많은 살인들로 인해 많은 상처들이 있다.[42] 이런 역사적·종교적·정치사회적 배경을 통해서 유럽 교회와 WCC가 왜 이런 대화의 방향으로 나가게 됐는지 우리는 이해할 필요가 있다. 폴 히버트는 "기독교와 이슬람교는 모두 스스로 보편적 진리라고 주장하면서 글로벌 규모로 사람들을 회심시키려고 노력해 왔다."고 지적한다.[43] 이런 양 종교의 선교성 때문에 어떻게 공존할 것인가라는 질문에 쉽게 답하기 어렵다. 그러나 이런 질문에 답하기 위해 2009년 7월에 영국 복음주의 크리스천 지도자들과 무슬림 지도자들이 자신의 종교를 전파하는 데 있어서 지켜야 할 열 가지 윤리적 의무에 합의하였다.[44] 이러한 윤리 강령은 WCC의 방향과는 매우 다르다. 무슬

---

42) Hugh Goddard, *A History of Christian-Muslim Relations* (Chicago: New Amsterdam Books, 2000), 104. 1265년의 단테의 '신곡' 중 지옥편에서 '무함마드'가 지옥의 맨 밑에 위치한 것으로 묘사된 배경들은 유럽과 이슬람의 오랜 충돌로 인한 이유 때문이다.

43) 폴 히버트, 홍병룡 역, 『21세기 선교와 세계관의 변화』 (서울: 복있는 사람, 2010), 456.

44) (http://www.christianmuslimforum.org/downloads/Ethical_Guidelines_for_Witness.pdf) Guidelines for Ethical Witness(윤리적 증거를 위한 10가지 안내)
    1. 말뿐만 아니라 자세, 행동, 삶을 통해 증거
    2. 사람은 개종시킬 수 없고, 오직 하나님만이 개종시킬 수 있다. 어떤 믿음을 선택하는 일은 그들과 하나님 간의 선택사항임을 인정한다.
    3. 종교 선택의 자유 강조-강압적 전도 반대.
    4. 개종시키려고 가난한 자들을 돈 등으로 유인하거나 돕지 말 것.
    5. 개종은 물질의 유혹이 아닌, 마음으로부터 되어지도록 할 것.
    6. 자신의 종교를 옹호하기 위해 다른 종교를 멸시하지 말 것.
    7. 불편해도 자신의 종교의 믿음을 정직히 확실히 말할 것.
    8. 각종 활동의 동기를 정직하게 말하고, 그 활동 안에도 '전도'가 있음도 알림.
    9. 타 종교로의 개종자를 기뻐하고 지원하나 그를 잃은 믿음 공동체에 민감할 것.
    10. 다른 종교를 택할 때 우리가 상처받지만, 그들의 결정을 존경하고, 반대로 강압하지 말 것.

림들에게 그리스도의 유일성과 구원의 복음을 전하는 일을 아예 포기한 채 단순히 평화를 위한 대화를 하자고 만나는 것이 아니라 양 종교의 선교성을 그대로 양방이 이해하고 존중하는 가운데 선교하는 윤리를 채택한 점에서 진전이 있었다. 비록 작은 출발이지만, 이렇게 자유를 보장하고 서로 존중함으로 증거하는 일이 확산되면 바람직하겠다.

셋째, 로잔 복음 운동을 통한 균형 잡힌 총체적 사역이 강화되어야 한다. '로잔 운동'과 '미가 네트워크'로 인해 '총체적 선교'가 강조되는 점은 무슬림 선교에 있어서 매우 유익하다. 가난한 자들, AIDS 환자들, 환경 문제 등에 더 관심을 갖게 되어 다행이다. 전인적이고, 총체적으로 무슬림들에게 접근하는 일은 무슬림 문화에도 적절한 일이기 때문에 더욱 중요하다. 산유국을 제외한 대부분의 무슬림 나라들은 매우 가난하다. 환경도 열악하다. 질병도 많다. AIDS/HIV도 증가하고 있다. 종교에 상관없이 우리는 총체적으로 이들을 사랑하고 섬겨야 한다.

넷째, 균형 잡힌 구령의 열정이 타올라 전도와 양육과 교회 개척이 이루어져야 한다. 한 영혼을 구원하는 열정이 빠진 총체적 사역은 '사회 복음'으로 치우칠 위험이 늘 잠재되어 있다. 이런 점에서 크리스천 증인들은 UN 사역자들과 매우 다르다. 총체적 사역을 빙자하여 전도와 제자 양육이 서서히 약화되는 경향은 존 스타트(John Stott)의 영혼 멸절설(실제적인 지옥을 부인하고 영혼이 멸절한다는 그의 주장)이 한 몫을 한 것이 아닌가 싶다. 18세기에 미국의 죠나단 에드워드(Jonathan Edwards)는 실제 지옥을 믿었고 회개하지 않은 죄인들이 지옥에서 맞이하게 될 운명을 "진노하신 하나님의 손에 놓인 죄인들"이라는 제목으로 생생하게 설교하여 많은 회심자가 생겨났고 마을 전체의 분위기가 변화되었다. 총체적 선교로 인해 '예수 천당 불신 지옥'이 폄하되어서는 안 된다. '예수 천당 불신 지옥'을 통과한 총체적 선교

패러다임이 되어야 한다. 예수께서도 한 사람이 새(마 6:35), 참새(마 10:31), 양(마 12:12), 심지어 온 천하보다(마 16:26) 더 귀하다고 말씀하지 않았는가! 영혼 구원, 제자 양육, 교회 개척 등은 한국 선교의 매우 큰 강점이다. 무슬림권 내 교회 개척 사역에 이러한 균형 잡힌 구령의 열정이 한국 선교를 통하여 세계적으로 확산되기를 간구한다.

다섯째, 일반 은총 면에서 이슬람과 함께 인류 평화와 가난 문제, 환경 문제 등 전반적인 이슈들을 위해 평화적인 공존을 위해 노력해야 한다. 이슬람이 기독교의 종교적 관점에서 볼 때는 이단이지만, 정치적 관점에서 볼 때에는 OIC로 연합된 53개 이슬람 나라의 정치체제를 한국이 만난다는 점을 명심해야 한다. 그러므로 그들과 공존할 수밖에 없는데, 여기에는 많은 전문가와 지식과 지혜가 필요하므로 이런 영역에서 신속히 많은 기독교 전문가들을 양성해야 할 것이다.

III. 이슬람 선교를 위한 한국교회의 대안

1961년 10월 31일에 이화여대 선교부 파송으로 파키스탄에 전재옥(1960.8-1974.8), 조성자(1960-1967), 김은자(1960-1962)를 파송한 것이 한국교회의 이슬람 선교의 첫 출발이었다.[45] 반세기인 50년이 지난 오늘날 이슬람 선교에 발전이 있음에 대해 하나님 우리 아버지와 한국교회와 앞서 가신 귀한 선배들의 수고와 희생에 진심으로 감사를 드린다. 앞에서 지난 100년의 이슬람 선교를 역사적으로 살펴보았으니 이제는 이슬람 선교를 위한 한국교회의 앞으로의 대안을 제시하고자 한다.

---

45) 전재옥, 『파키스탄 나의 사랑』 (서울: 예영, 2008), 11.

2011년 12월 현재 무슬림 나라에서 사역 중인 한국 선교사들은 약 4,494 명이었다(전체 한국 선교사 19,373명 중 23.2%).[46] 그리고 2010년 12월 한국 내 체류 무슬림들은 〈표 2〉와 같다.

〈표2〉 이슬람 국가 출신 외국인 국내 체류 현황

(단위 : 명, %)

구분	2005년	2006년	2007년	2008년	2009년	2010년 12월
OIC 국민 체류인원	78,907	81,442	81,218	89,504	86,764	97,313
불법체류인원	36,566	35,828	35,432	31,639	25,714	23,592
불법체류율	46.5	44.0	43.6	35.3	29.6	21.5

출처 : 출입국-외국인 정책 본부

1. 이슬람 선교에 대한 건강한 신학적 틀

"좋은 신학이 늘 좋은 선교를 낳는 것은 아니다. 그러나 신학이 없거나 나쁜 신학은 확실히 나쁜 선교를 낳을 것이다."[47]라는 짐 테베(Jim Tebbe)의 말은 한국교회의 이슬람 선교를 위하여 매우 의미 있는 말이다. 한국 선교 는 필자의 리서치에 의하면 전도, 제자 양육, 교회 개척이 중심이 된 선교이 다. 이러한 사역적 실천은 건강한 신학에서 나와야 한다. 크리스토퍼 라이 트(Christopher Wright)는 '세계화된 기독교'를 인정하면서 남반구(비서구 교 회)의 신학적 기여를 기대하였다. 다국적 교회와 다방향 선교 시대에는 서 구 신학만으로는 부족하다는 의미이다.

---

46) Steve Sang-Cheol Moon, "Missions from Korea 2012: Slowdown and Maturation" *IBMR* (International Bulletin of Missionary Research) 36, no.2 (2012), 85.
47) 데이빗 그린리, 김요한, 백재현, 전병희 역, 『넓은 길에서 좁은 길로』 (서울: 예영, 2010), 107.

필자는 이 점에서 특별히 비서구 교회에서 무슬림들과 관련하여 서구적 신학에 부족한 부분을 보완해야 한다고 믿는다. 서구 신학이 잘못되었다는 것이 아니라 이슬람과 서구 기독교가 부딪쳐오면서 발전된 그들이 신학의 부족한 부분을 비서구가 보완해야 한다는 말이다. 십자군 전쟁을 계기로 12세기경 아랍 세계로부터 많은 영향을 받은 도미니칸 수도사인 토마스 아퀴나스(Thomas Aquinas)[48]가 그 당시 동료 도미니칸들을 위해 이슬람에 대해서 '이방인들에 대한 비판적 정리(Summary against the Gentiles)'을 쓸 때 동료 크리스천들을 위해 보충적으로 그 글을 쓴 것처럼[49] 오늘날 비서구가 성경적 관점에서 동료 크리스천들을 위해 이슬람 선교를 위한 신학을 보충해야 한다. 예를 들면, 창세기에 하나님께서 하갈(창 16:8, 11)과 이스마엘(창 17:20-축복 25, 26-할례)을 축복하신 점, 갈라디아서 4:21-31에 사라-이삭과 하갈-이스마엘에 대해 '비유'라고 분명히 밝히면서 바울 사도가 그 뜻을 분명히 재해석하는 점(즉 이 비유는 예수 그리스도를 믿는 이들과 믿지 않는 이들의 차이를 뜻함), 이집트와 시리아가 여호와께 돌아와서 그를 경배하며 세계 중에 복이 되리라는 약속(사 19:21-25), 팔레스타인들이 유다의 한 종족같이 되리라는 약속(슥 9:7)[50] 등에 대해 무슬림들을 의도적으로 의식하면서 '보완적인 신학'이 형성되어야 한다. 물론 오늘의 무슬림들이 이스마엘의 후손인가에 대해 밝히는 일은 별도의 주제임에도 불구하고 말이다. 이러한 보완적인 신학의 큰 틀 안에서 이슬람 선교가 이루어져야 한다. 또한 한

---

48) 김영재, 『기독교 교리사』 (수원: 합신대학원 출판부, 2009), 39.

49) Goddard, A History of Christian-Muslim Relations, 102-103, 116, 157. '토마스 아퀴나스의 철학적인 논리와 방법론에 있어서는 기독교 신학을 풍성하게 하였으나, 종교개혁 입장에서 그러한 시도가 성경이 가르치는 교리에 사람이 접근하는 데 오히려 그만큼 방해가 되는 것이다.' 김영재, 『기독교 교리사』, 31. 김영재의 언급은 토마스 아퀴나스의 신학 전반적인 면을 두고 한 평가이고, 무슬림 관계를 특별히 한정하여 한 말은 아니라 본다.

50) Christopher J.H. Wright, The Mission of God (Downers Grove: IVP, 2006), 498.

국 이슬람 선교의 신학적 틀은 복음의 보편성과 특수성을 기억하여[51] 무슬림들과의 관계에서는 보편적으로, 그러나 교회 자체 내에서는 특수적으로 적용해야 할 것이다. 즉 하나님 나라 관점으로 무슬림들을 바라본다는 것은 산상수훈을 통해 무슬림들을 바라보고 관계해야 함을 의미한다. "무엇이든지 남에게 대접을 받고자 하는 대로 너희도 남을 대접하라 이것이 율법이요 선지자니라(마 7:12)."라는 그리스도의 명령이 무슬림들과의 관계에서 무엇을 뜻하는가를 마땅히 생각해야 한다는 말이다. 예수께서 구약을 해석하시면서 "너희가…라고 들었으나 나는 너희에게 이르노니(마 5:21, 22, 27, 28, 31-34, 38, 39, 43, 44)"라고 구약을 그 당시에 재해석해 주신 것처럼, 신약이 완성되고 꾸란이 완성된 이후, 그리고 다원주의가 팽배해지고 있는 현대에 무슬림들을 향하신 하나님의 구원의 역사를 위한 건강한 신학이 시급히 재정립되어야 한다.

2. 무슬림권 내에서 '하나님의 공동체(교회)'의 의미

필자의 설문조사에서 한국 선교의 가장 강한 강점의 순서로 희생적인 헌신, 기도생활, 전도, 제자 양육, 교회 개척 순으로 나타났다.[52] 그러나 무슬림권에서의 교회 개척에 있어서는 수많은 도전들이 있다. 그중에 재정비되어야 할 과제가 교회론이다. '무슬림권에서 교회가 무엇이냐'라는 것이다. 핍박이 가세되는 무슬림 현황에서 한국적 제도적 교회를 발전시키기에는 많은 문제가 생긴다. 사무엘 즈웸머도 1912년에 "크리스천이 크리스천이라

---

51) Christopher J.H. Wright, *The Mission of God*, 38.
52) Matthew Jeong, Keung-Chul, *Toward Best Practice concerning Partnership between Koreans and other Nationalities: A Model for Interserve*. Dissertation of Doctor of Ministry (Pasadena: Fuller Theological Seminary, 2009), 86-90.

고 구원받는것이 아니고, 무슬림도 물론 그가 무슬림이라고 구원받을 수 없다. 그들이 (현존하는) 기독교와 공식적 가시적 관계 밖에 있어도 그리스도와 살아 있는 불가시적인 관계가 있는 모든 이들은 구원받을 것이다."라고 했다.[53] "두세 사람이 내 이름으로 모이는 곳에는 나도 그들 중에 있느니라(마 18:20)."라고 말씀하신 예수님은 지상 교회의 최소 단위를 두세 명으로 인정하는 것처럼 보인다. 제도적인 교회에 익숙한 한국과 서구 교회들이 무슬림권에서 사도행전적인 가정 교회를 격려하면서, 1세기적인 교회의 모습에 더 충실할 것을 제안해 본다. 사도행전 16장에 나타난 루디아 가정 모임, 빌립보 간수 가정 모임을 무슬림권 내 최소 교회 형태로 생각해 볼 필요가 있다. 그 당시 누가가 잠정적으로 빌립보에서 머물러 가정 교회들을 돌보았고, 바울은 순회하며 섬겼듯이, 박해와 도전이 심한 이슬람권에서 가정 교회(모임)들이 많이 생겨나면 1세기적 가정 교회처럼, 성숙한 현지 지도자들을 장로와 목사로 세워서 순회하며 여러 흩어진 가정 교회들을 돌보게 하는 것도 매우 좋은 대안으로 보인다. 폴 히버트가 그의 저서 『21세기 선교와 세계관의 변화』에서 철저하게 파헤친 것처럼 오늘날 우리가 가진 교회는 1세기 모습에서 매우 멀리 멀어진 모습인데 현재 한국의 제도적 교회가 진정성 있는 교회 모습인양 무슬림권에 복제하려는 시도는 끝나야 한다. 예수 그리스도의 DNA를 무슬림들 안에 복제하려는 진정성 있는 예수 복제는 환영하지만, 다른 나라의 제도적 교회를 무슬림권에 복제하려는 시도는 첫 단추를 잘못 꿰는 꼴이 되고 말 것이다. 1세기 교회의 모습을 성경에서

---

53) Samuel M. Zwemer, *The Muslim Christ* (Edinburgh and London: Oliphant, Anderson and Ferrier, 1912), 178-179. 'The Christian is not saved because he is a Christian. The Moslem, of course, cannot be saved because he is a Moslem. All who may be saved outside of formal and visible connection with Christianity will be saved because of a real and invisible connection with Christ.'

배우고, 한국교회가 탈 서구 교회, 탈 한국교회 작업을 거쳐서 교회의 성경적 모습을 찾아 무슬림권에서 교회를 형성하는 시도를 한다면 건강한 방향으로 가는 것으로 본다. 성경의 본문이 말하는 모습으로 들어가서 그 본문의 내용과 방향을 출발로 상황화를 시도하면 무슬림 문화권에 더 가깝고도 적절한 교회가 탄생될 것으로 믿는다.

3. 제자 양육을 통한 현지 교회 형성

무슬림 회심자들을 제자 양육하는 방식과 공동체인 교회로 모이게 하는 방식도 성경적이면서 현지 무슬림들에게 적합한 방식은 없을까? 이에는 '교회가 무엇인가?' '복음이 무엇인가?'를 다시 묻는 작업부터 해야 함을 뜻한다. 무슬림 회심자들에게 성경을 직접 읽게 하고, 그들의 관점에서 그들의 문화와 말로 표현하게 하며, 우리는 그들로부터 배우기도 하고, 또 그들과 쌍방으로 상호 의사소통함으로써 함께 배우는 방식 등 현지 문화에 적합한 여러 가지 방식들을 시도할 필요가 있다. 대부분 기독교 제국주의를 경험한 무슬림 나라들인만큼, 일방적 주입식보다는 겸손한 새로운 시도는 바람직하다. 그래서 최소한 '오만과 식민주의'를 피할 수 있을 것이다. '우리는 영적으로 가지지 못한 자들(지옥의 형벌을 받은 집단)과 대조되는 '가진 자들(지복을 소유한 자들)'이 아니라 우리는 모두 똑같이 '자비에 참여하는 자요 똑같이 자비를 받은 자들'이다(보쉬, 1991, 484).[54] "많은 사람들이 나를 제자 양육하고 훈련해 주기를 원했지만 어느 누구도 나의 친구가 되려고 하지는 않았다."는 현지 무슬림 회심자의 말을 기억하면서 제자화는 지식을 주

---

54) 히버트, 『21세기 선교와 세계관의 변화』, 551.

는 것이 아니라 관계를 맺어 가는[55] 관점의 변화가 일어나야 함을 잊지 말아야 할 것이다.

무슬림을 위한 전도지와 크리스천 책들이 재개발되어야 한다. 무슬림들은 구약에 있는 문화와 가치관들을 많이 공유한다. 명예와 수치, 대접, 가족과 공동체와의 결속 등이 그런 것들이다.[56] 의와 죄(Right or Wrong)에 기초하여 만들어진 '4영리'를 무슬림 문화에 더 친숙한 '명예와 부끄러움'을 기초로 달리 만들어 사용해 보는 것도 좋은 시도라고 본다. 무슬림 사역 자체에 대한 관점의 변화가 필요하다. 무슬림들과 관련한 우리의 사역이 '기독교'와 '이슬람' 사이의 전투관계로 보지 말고, 무슬림이나 크리스천들이나 상관없이 하나님께 순종하며 거룩한 삶을 사는 방향으로 바뀌져야 한다.[57]

화융 비숍(Bishop Dr. Hwa Yung)의 연구에 따르면[58] 이슬람 세력으로 인해 중동과 북아프리카 교회는 거의 사라졌지만, 예외적으로 성장한 교회가 있었다. 바로 7-14세기에 페르시아의 네스토리안 교회였다. 이슬람의 적대적인 상황에서도 선교사적인 열정으로 10세기에 절정을 이루었던 교회였다. 비록 삼위일체론에서 교리적으로 실패한 교회였으나 (예수님의 인성만을 주장한 단성론자들이었으므로) 이슬람 속에서도 왕성하게 성장한 것은 매우 고무적인 일이다. 그러나 이들이 아래와 같은 이유로 쇠퇴한 것을 역사적 거울로 삼아 한국교회도 이런 실수를 반복하지 않아야 한다.

55) 히버트, 『21세기 선교와 세계관의 변화』, 127.
56) 히버트, 『21세기 선교와 세계관의 변화』, 45.
57) Woodberry, *From Seed to Fruit*, 106.
58) Bishop Dr. Hwa Yung, "Nestorian Christian Witness Under Islam: A Comparative Study Of The Churches In Persia, Egypt And North Africa In The Early Centuries Of The Islamic Era" (2011.9.27 할렐루야 교회에서 'The Gospel and Our Neighbors'에서 발제)

1. 7-9세기에 교회가 성장하여 부와 힘을 축적되면서 교회 자체 내의 물질주의와 자리다툼과 정치력을 위해 싸우므로 힘이 약화된 점.[59]
2. 현지 문화에 지나치게 타협하여 토속화에는 성공한 듯하나[60] 기독교의 독특성을 찾아보기 힘들게 희석된 점.[61]
3. 매우 많은 새 회심자들을 충분히 가르치지 못하고 제자 양육하지 못함으로 인한 손실. 예를 들면 1009년 몽고에서 네스토리안 상인들에 의해 복음이 북몽고의 케라트 투르크족에 전파되어 약 200,000명이 회심했을 때 네스토리안 교회가 단 한 명의 사제와 한 명의 집사를 보내어 세례를 베풀고 제자 양육하게 한 점.[62]
4. 교회 내의 영적 힘이 약화되어 다른 이들에게 매력과 흥미를 잃어버린 점. 쿠빌라이 칸(Kublai Khan)이 마르코 폴로(Marco Polo)에게 '기독교가 영적 힘이 없어서 크리스천이 될 마음이 없다'고 말한 점.[63]
5. 복음이 현지에서 현지인들에게 낯설게 나타난 점. 현지어로 성경을 번역하지도 않았고, 예배 의식과 기본 교리 등이 시리아어(Syriac)로 남아 있고 중국말로 번역이 안 되어 현지인들에게 낯설었던 점, 그리고 중국에서 146년간 네스토리안 선교가 있었으나 한 명의 중국 지도자가 없었던 점 등.

---

59) A.R. Vine, *The Nestorian Churches. A Concise History of Nestorian Christianity in Asia from the Persian Schism to the Modern Assyrians* (London: Independent Press, 1937), 101.

60) David D. Bundy, "Missiological Reflections on Nestorian Christianity in China During the Tang Dynasty" in *Religion in the Pacific Era*, eds. F.K.Flynn and T.Hendricks (New York: Pragon House, 1985), 23.

61) G.W. Houston, "An Overview of Nestorians in Inner Asia," *Central Asiatic Journal* 34 (1980): 62, 64f.

62) Laurence E. Browne, *The Eclipse of Christianity in Asia. From the Time of Muhammad till the Fourteenth Century* (London: Cambridge Univ. Press, 1933), 101.

63) Houston, "An Overview of Nestorian in Inner Asia," 65.

18-20세기에 무슬림권에서 교회 개척을 성공적으로 했던 대표적인 선교사들의 예를 들면, 인도의 헨리 마틴(Henry Mart, 1781-1812), 토마스 발피 프렌취(최초의 라호르 비숍, 1825-1891), 루이스 베반 존스(인도의 헨리 마틴 학교의 초대 교장, 1880-1960), 그리고 이집트의 템플 가드너(Temple Gairdner, 1873-1928), 특히 알제리에서 사역한 프랑스 선교사 샤를르 드 포고(Charles de Foucauld, 1858-1916) 등이다. 우리는 다음과 같은 공통된 교훈들을 그 선교사들의 삶과 사역으로부터 배우게 된다.

1. 그리스도를 본받는 것의 중요성
2. 총체적 방식으로 현지 그리스도인들을 그리스도의 제자로 삼는 일
3. 지역 언어를 잘 하도록 배우며 꾸란 아랍어를 잘 배울 필요성[64]
4. 하나님 나라를 위한 글로벌 협력(파트너십)을 잘하는 일 등[65]

이러한 교회 개척과 제자 양육은 성경적 세계관으로 회심자들과 사역자들이 함께 양방으로 변화되는 것을 의미하는 것이지 전통적으로 사역자들이 그들에게 일방적으로 세계관 변화를 촉구하는 일방적 방향이 되어서는 안 된다. 우리 모두는 삼위일체 하나님 앞에서 기록된 성경말씀을 통하여 지속적으로 변화받아야 할 사람들이다.

최근에 샘 쉴로르프에 의해 이슬람 문화 속의 교회 개척에 대한 권장할 만한 모델이 제안되었다. 그것은 고린도후서 11:2-3에 의거하여 약혼 모델(The Betrothal Model)이라 불린다. 교회 개척자의 역할을 무슬림들을 그

---

64) Ali Merad, *Christian Hermit in an Islamic World: A Muslim's View of Charles de Foucauld* (New Jersey, USA: Paulist Press, 1999), 6.
65) Toword Best Practice concerning Partnership between Koreans and other Nationalities, 109.

리스도에게 약혼(중매)시키는 역할로 보는 데서 유래한 것이다. 무슬림들을 '빼내기 선교'하는 것이 아니라, '장벽 없는 교회(CWW : Church Without Walls)'와 '더 나은 이해를 위한 모임(MBU : Meetings for Better Understanding)'을 통하여 이슬람과 기독교를 분명히 구분하고 비교하여 둘 중 하나를 선택하는 기회를 주는 방법으로 무슬림들을 예수 그리스도께로 인도하는 것이다. '기독교적 의미들'을 꾸란 구절이나 이슬람 문화형식들 안에서 읽으려 하지 않으면서 상황화에 대한 유일하고 합법적인 신학적 출발점을 성경에서 찾는다. 이슬람과 기독교 메시지를 혼합하지 않고 정직하게 비교하여 그 모임의 참여자가 스스로 선택하도록 돕는 것이다. 이는 에큐메니컬 대화도 아니고, 메시지를 타협하거나 두 신앙을 혼합하려는 것을 목표로도 하지 않는다. 그렇다고 공적인 종교 간 비난도 아니다. 주의 깊게 선택된 주제를 중심으로 무슬림-크리스천들이 만난다. 이 결과로 크리스천보다는 무슬림들이 숫자적으로 더 압도적으로 참가하고 있다.[66] 이런 시도는 그가 아랍권에서 실천했고 또 미국에서 실천하여 실제적인 열매를 맺은 결과로서 제시된 좋은 모델로 보인다.

4. 기도와 성령의 역사를 통한 상황화

최근 들어 선교단체들과 선교사들 내에서 무슬림 선교 상황화에 대한 논의가 뜨거워지고 있다. 무슬림권 교회 개척 시 '상황화' 이슈와 '인사이더 운동' 그리고 'C1-C6' 등은 현재 논의 중이지만 무슬림들을 그리스도께로 인도하려는 다각적인 노력과 시도는 조심스럽게 격려되어야 한다. 상황화의

---

66) Schlorff, *Missiological Models in Ministry to Muslims*, 163-171.; 샘 쉴로르프, 김대욱, 전병회 역, 『무슬림 사역의 선교학적 모델』 (인천: 도서출판 바울, 2012), 302-314.

내용을 잘 이해하지 못한 이들이 함부로 매우 어려운 환경 가운데서 사역하는 그들을 폄하하고 비방하는 일은 앞으로의 건강한 무슬림 교회 개척에 있어서 부메랑 효과를 내어 우리들 모두가 더 낙심되는 결과를 낳게 될 수 있기 때문이다. 무슬림 선교사들은 예의와 존중심을 가지고 같은 동료들과 대화하고 충고하고 서로 배우는 자세로 나아가야 한다. 특별히 무슬림 나라에 현존하는 지역 교회/고대 교회들과의 관계에서 매우 민감하고 지혜로운 교회론적 그리고 선교론적 통찰력을 가지고 상황화 문제를 다루어야 할 것이다.[67]

나는 여기서 타문화권 사역자들이 직면한 상황화 이슈 자체를 다루려는 것이 아니라 다루어지지 않은 그러나 결정적으로 중요한 부분을 다루려한다. 즉 상황화 작업에 있어서 하나님 편에서 성령의 역할과 우리 편에서 간절한 기도의 필요성이다. 상황화 과정에서 (선교사이건 현지인이건) 사람들이 상황화 작업을 하지만, 자신들의 언어와 문화와 역사의 정황에서 성경적 세계관으로 평가하고 적용하고 변화하는 일은 결국 성령께서 빛을 각 사람에서 비추어서 깨닫게 하시고, 적용할 힘을 주실 때 적용 가능하고, 적절한 변화가 일어난다고 믿는다. 현대 선교의 상황화 신학을 정리한 스티븐 베반스(Stephen B. Bevans)의 상황화에 관련된 책들에서, 상황화를 결정적으로 결정케 하시는 분이 '성령님'이라는 점을 저자 자신도 빠뜨린 점은 큰 과실이라고 본다. 상황화의 작업에서 '성령의 역할'이 가장 결정적인데도 불구하고 말이다. 스티븐 베반스(Stephen B. Bevans) 교수는 『예언자적 대화의 선교(Constants in Context)』에서 지난 2,000년 간의 선교에서 불변수 여섯 가지를 1. 기독론, 2. 교회론, 3. 종말론, 4. 구원, 5. 인간론, 6. 문화라 보았다. 그

---

67) John Stringer. 'Contextualization: Transformational Trialogue' presented at International Council of Interserve (Nov. 23 2011 in London).

불변수 중에서 성령론은 빠져 있다. 신약 시대의 선교의 주인이 '성령'이라고 우리 모두 믿지만, 선교에 있어서 변하지 않는 여섯 가지 요인 중 성령님의 자리가 없다는 것은 인간 중심의 선교와 상황화를 뜻하는 것은 아닌지! 동시에 한국교회의 열정적 기도는 세계적으로 알려지고 있다. 한국교회들과 선교사들을 통하여 무슬림 여성 회심자들 안에서도 열매를 맺고 있다.[68]

세속화가 진행되는 최근에 들어와서 종교가 정체성의 핵심 요소로 다시 등장했다. 이슬람교에 바탕을 둔 위대한 문명들, 중국, 그리고 미국에서도 이런 현상이 일어나고 있다.[69] 세속화되어 가는 세계에서 이슬람은 더 종교적이 되고 있는 마당에 기독교 선교가 더 합리적이고 현대적이고 경영적인 방법론을 택하기보다는 성령님의 능력과 기도를 통한 영성과 종교성을 건강하게 잘 보존하고 개발하여야 한다. 하나님께서도 우리의 간절한 기도를 통하여 (로마서 9:1-3의 바울의 간절한 기도처럼) 역사하시기를 기뻐하신다. 왜냐하면 하나님께서는 그의 백성들의 기도를 통하여 일하시는 방식으로 스스로를 제한하셨기 때문에 우리는 반드시 기도해야 하고, 우리가 기도할 때 무슬림권 안에 성령님의 역사가 있을 것을 믿기 때문이다. 우리는 경건의 모습뿐만 아니라 경건의 능력도 회복되어야 한다(딤후 3:1-5).

5. 삼자 파트너십 형성과제

오늘날 비서구 교회(Global South)의 급성장과 세계 선교 참여-지역 교회 강조, 총체적 선교의 절대적 필요성에 의한 평신도 전문인 선교시대 도래, 해외/국내 디아스포라(Diaspora) 공동체를 통한 새로운 선교 형태의 등

---

68) Woodberry, *From Seed to Fruit*, 70, 76.
69) Hiebert, Transforming Worldviews, 257,

장, 국가 간·선교단체 간 파트너십 선교가 확장되고 있는 것을 본다. 최근 들어 대부분의 선교대회에 참여해 보면 비서구 지도자들이 많이 참여하는 것을 본다. 이제는 세계적으로 '현지 교회 시대'가 도래한 것이 분명하다. 이 것은 한국 선교가 무슬림권에 있는 현지 교회들, 무슬림 회심자들(MBBs : Muslim Background Believers)과 협력해야 함을 의미한다. 그들과 협력할 것 인가 말 것인가가 아니라 어떻게 협력할 것인가가 더 중요하다. 사실, 현지 교회들과 협력하는 일은 서구 선교사들이 이미 노력했었다. 중동, 파키스 탄, 인도, 방글라데시, 말레이시아, 인도네시아에서 자국 무슬림 전도를 위 해 현지 교회와 크리스천들을 훈련하는 프로그램들에 대해 현지인들이 침 묵하거나 또는 방어하는 결과를 보았다.[70] 그러나 서구가 아닌 아시아와 아 프리카에 더 근접 문화권인 한국교회가 그들을 접촉하여 협력하고자 할 때, 한국교회는 지난 약 30년의 한국 선교의 장단점을 심각히 통찰하면서 특 별히 최근의 '이슬람 파트너십'에서 통찰들을 통해 얻은 지혜와 진정한 겸 손으로 협력해야 한다. 즉 현지인들과 국제단체들과 한국교회/선교가 삼자 협력(Triangular Partnership)을 해야 한다. 무슬림권 선교는 어느 한 사람, 한 단체, 한 나라가 할 수 있는 것이 아니라 전 세계 교회가 성령님의 인도 아 래 추진해야 할 일이기 때문이다. 이러한 삼자 글로벌 협력이 이루어질 때 현지인들과 함께 선교사들의 문제가 되어 있는 상황화 문제도 서로 의논할 수 있고, 현지 교회 개척에 대한 최선의 대안도 이러한 파트너십을 통해 가 능할 것이다. 처음부터 많은 사람들과 협력을 하기보다는 작은 수로 성실 히 시작하여 실제적인 열매를 맺도록 함으로써 사역을 위한 목표 중심의 협력보다는 무슬림권 현지인들과 그리스도 안에서 친교를 맺고, 좋은 신뢰 를 쌓아가는 것이 급선무라고 보여진다.

---

70) Woodberry, *From Seed to Fruit*, 56.

6. 한국 정부의 역할 강화

앞으로 무슬림권에서 사역하는 선교사들에게 많은 어려움이 예상된다. 이러한 위기 관리 문제는 정부와 대사관과 여러 전문 기관들이 협력해서 풀어야 한다. 최근에 2011년 1월 24일에 '한국 위기 관리 재단'이 외교 통상부에 등록되어 정부와 함께 정식으로 출발하게 되었음은 고무적인 일이다. 이렇게 정부와 협력할 때 무슬림권 선교에서 일어나는 선교사 위기 관리를 위해 더 좋은 대안들이 나올 수 있다. 또 한국 정부뿐만 아니라 다른 나라 정부와의 협력해야 한다. 국내의 무슬림들이 증가할 것으로 예상되는 현 시점에서 정부의 역할은 매우 중요하다. 다문화 가정들이 늘어나면 정부의 역할이 늘어나기 때문이다. 국내 무슬림 노동자 처우 문제, 그들의 음식 문제, 국제 결혼 시 자녀들의 학교 이슈와 그들의 학교 음식, 모스크 이슈 등은 정부가 당면한 일들이다.

로마서 13장의 정부의 역할대로, 영국 정부가 국회의원들과 기독교 지도자들, 무슬림 지도자들, 유대인 지도자들을 모아 '이슬라모포비아'를 다루었듯이 한국도 이런 대비를 해야 한다. 이슬람의 총제적인 특성을 고려할 때 이러한 영역은 권력을 지닌 정부의 영역이므로, 이 영역을 정부가 미래 지향적으로 제대로 감당해 주지 않으면 한국은 장차 정치와 사회, 경제면에서 매우 어려움을 겪을 것으로 전망된다. 교회는 이슬람 종교와 이슬람 문화와 역사 등의 영역에서 한국 정부에 노하우(Know-How)를 전수함과 더불어 중요한 조언을 하므로 한국 내의 장래 이슬람과의 관계 발전을 위하여 정직하고도 적극적으로 협력해야 한다. '수쿠크' 문제로 시끄러웠던 일이 어제 같지만 이러한 도전은 빙산의 일각에 불과하다. 정부는 이런 영역에 중요한 인재를 키우는 일에 과감히 투자해야 한다. 최소한 필리핀, 말레이시아,

인도네시아, 영국, 프랑스, 독일 정부의 케이스를 공부하여 무슬림들과 한국 국민과 정부에 최선이 되는 정책적 그림을 만들도록 준비해야 한다. 바라기는 이러한 연구를 통하여 이슬람 국가와의 정치·종교, 문화, 경제의 영역에서 세계에서 가장 모본이 모델을 한국 정부가 만들 수 있기를 기대한다.

7. 차세대 크리스천을 위한 권고

필자는 소속 선교부 한국 본부의 갑작스런 필요에 의해 2007년에 한국에 귀국하여 본부 사역을 하게 되었다. 지난 5년간 국내 대표 사역을 하면서 한국의 모국 교회 현실을 점점 더 알게 되었다. 필자는 요한계시록 2:5 말씀이 두렵게 다가왔다.

"그러므로 어디서 떨어진 것을 생각하고 회개하여 처음 행위를 가지라 만일 그리하지 아니하고 회개치 아니하면 내가 네게 임하여 네 촛대를 그 자리에서 옮기리라."

내 자신부터 어디에서 떨어졌는지 살펴보며 회개하였다. 그러나 한국교회의 현실, 특히 주일학교, 중고등부, 청년부 학생들을 생각할 때 매우 가슴이 아프다. 이들이 다 어디로 갔는지! 선교의 출발은 지역교회에서부터다. 무슬림 선교를 이야기하기 전에 내 가정과 내 교회를 먼저 생각해야 한다. 가정과 교회가 중요한 모판이기 때문이다. 하나님께서 그 촛대를 우리 교회에서 옮겨 가신다면 우리는 유럽 교회처럼 껍질만 남는 교회로 전락하게 될 것은 뻔하다. 우리 자녀들이 믿음이 없는 세대가 된다면 그 다음 우리 손자의 세대는 급격하게 불신 사회가 될 것이다. 많이 지어진 큰 교회 건물에 누가 올 것인가? 경쟁을 다투었던 많은 신학교는 어떻게 될까? 우선 나와 우리 가정과 교회가 살아야 한다. 앞으로 20-30년이 지난 한국을 상상해 보라. 노인들이 많아지고, 청년들은 별로 없는 교회를 상상해 보라. 이런 교회를 원치 않는다면 우리 모두는 심각히 회개하고, 다음 세대를 위한 대대적인 회개와 기도를 통하여 교회의 정체성을 되찾아야 한다. 그리고 대안을 마련하고 실천해야 한다.

성령님의 예언대로 바울이 개척한 에베소 교회는 역사 속으로 사라져 버렸다(계 2:1-7). 하나님께서 촛대를 옮기셔도 하나님의 선교는 하나님의 뜻대로 하나님의 사람들을 통하여 이어질 것이다. 중국 교회를 통하여, 아프리카 교회, 인도 교회, 방글라데시 교회를 통하여 이슬람권을 향한 하나님의 선교를 이루실 것이다. 그러나 촛대가 옮겨진 그 나라에 무엇이 찾아올 것인지 심히 두렵다. 우리 모두 두려움으로 깊은 회개와 기도를 하자. 구체적인 대안으로 먼저는 한국교회를 위해 그리고 이슬람권 선교를 위하여 다음 세대를 준비하자.

위기는 항상 기회를 동반하였다. 이럴 때 낙심하지 말고, 희망과 믿음의 주인 되시는 하나님께 간구하고 지도자와 차세대들이 만나서 지혜를 모아, 차세대 크리스천들을 준비하여 필자가 제안한 내용과 방향으로 이슬람권 선교가 이루어지도록 하자. 지금은 한국교회가 미래 이슬람 선교를 위해 급전을 이룰 중요한 시점(Critical Moment)이다.

IV. 결론

우리는 매우 염려스러운 시대에 살고 있다. 우리의 모든 주변에서 불관용과 종교적 긴장이 일어나고 있다. 극단적인 주장이 힘을 얻고, 온건한 목소리들은 공격받고 있다. 그리고 이슬람과 기독교를 따르는 사람들 사이에서 가장 큰 분열이 일어나고 있다. 그러므로 오늘날 인간의 공동 가치와 공유된 영감을 강조하면서 문화 간, 종교 간의 지속적이면서도 건설적인 대화의 다리를 다시 놓는 작업이 매우 절실하다.[71] 사무엘 즈웸머의 무슬림 선교 이후 약 100년이 지난 지금, 한국교회는 이슬람을 향한 기독교 선교에 있어서 매우 중요한 사명을 받았다. 지난 100년의 실수들은 과감히 버리고 좋은 교훈들을 배우는 동시에 한국이 감당해야 할 짐을 지고서 한국은 먼 지평을 바라보며 (앞으로 100년을 바라보며) 무슬림들과 새로운 관계 형성을 통하여 이슬람을 향한 새로운 기독교 선교가 이루어지도록 노력해야 한다.

앞으로의 이슬람 선교를 위한 대안으로, 한국교회는 승리주의 등을 기초로 했던 과거 선교방식으로부터 탈서구화해야 하며[72] 복음서에서 예수 그리스도께서 보여 주시고, 사도행전에서 사도들이 보여 준 모본과 선교 원칙을 중심으로 하는 이슬람 선교신학적 틀과 교회론이 재형성되어야 한다. 서구 신학의 부족한 부분에 대한 이러한 보완적인 신학적 틀을 중심으로 기도와 성령의 역사를 통한 구원의 역사와 건강한 제자 양육이 이루어지고 현지에 적합한 교회가 세워져야 한다. 또한 글로벌 세계에서 글로벌 교회와 더불어 삼자 파트너십(한국과 현지와 국제 협력)이 긴밀히 이루어져야 한다. 이슬람의 통합적 성격을 감안하여 한국 정부는 자신의 중요한 역할을 자각하여 이슬람과의 관계에서 가장 좋은 국가적 관계 모델을 만들어 가야 한다. 그리고 우리 모두가 깊은 영성으로 한국교회의 정체성을 회복하여, 이슬람을 향한 균형 잡힌 선교의 본과 관점으로 차세대 크리스천을 시급히 준비하고 전수해야 한다.

---

71) Mark D. Siljander, *A Deadly Misunderstanding, A Congressman's quest to bridge the Muslim-Christian Divide* (Harper One, New York, 2008), 7-8. in Foreword.('A Deadly Misunderstanding'의 반기문 UN 사무총장의 서문에서)
72) 앤드류 월즈, 『기독교의 미래』, 89-107.; 224-243.

이슬람과 기독교는 둘 다 유일신을 믿는다. 둘 다 선교적이다. 둘 다 종말을 향해 달음질을 하고 있다. 두 종교의 사람들은 책의 사람들이다. 기도와 예배의 사람들이다. '종교적인 사람들'이다. '앞으로 크리스천 인구가 더 많아질까, 아니면 무슬림 인구가 더 많아질까?' 염려하는 이들이 많다. 그러나 살아계신 예수 그리스도와의 진실한 관계를 맺은 자만이 종국에 구원을 받을 것이다. 사무엘 즈웰머가 1912년에 한 말을 다시 기억하자.

"크리스천이 크리스천이라고 구원받는 것이 아니고, 무슬림도 물론 그가 무슬림이라고 구원받을 수 없다. 그들이 (현존하는) 기독교와 공식적 가시적 관계 밖에 있어도 그리스도와 살아 있는 불가시적인 관계가 있는 모든 이들은 구원받을 것이다."[73]

---

73) "The Christian is not saved because he is a Christian. The Moslem, of course, cannot be saved because he is a Moslem. All who may be saved outside of formal and visible connection with Christianity will be saved because of a real and invisible connection with Christ." Zwemer, *The Muslim Christ*, 178-179.

[참고문헌]

김영재. 『기독교 교리사』. 수원: 합신대학원 출판부, 2009.

랄프 윈터, 정옥배 역. 『퍼스펙티브』. 서울: 예수 전도단, 2010.

이수환. 『상황화 선교신학』. 파주: 한국 학술 정보 ㈜, 2011.

앤드류 윌즈, 이문장 역. 『기독교의 미래』. 파주: 청림 출판, 2006.

전재옥. 『파키스탄 나의 사랑』. 서울: 예영, 2008.

존 맥아더, 조계광 역. 『복음 전도』. 서울: 생명의 말씀사, 2012.

폴 히버트. 『21세기 선교와 세계관의 변화』. 서울: 복있는 사람, 2010..

Ali Merad. *Christian Hermit in an Islamic World: A Muslim's View of Charles de Foucauld.* New Jersey, USA: Paulist Press, 1999.

Stanley Brian. *The World Missionary Conference, Edinburgh 1910.* Grand Rapids: William B. Eerdmans, 2009.

Vine A.R. *The Nestorian Churches. A Concise History of Nestorian Christianity in Asia from the Persian Schism to the Modern Assyrians.* London: Independent Press, 1937.

Chesworth, John Anthony. *The use of Scripture in Swahili Tracks by Muslims and Christians in East Africa.* The University of Birmingham for the degree of doctor of Philosophy, Department of Theology and Religion School of Historical Studies, The University of Birmingham October 2007.

Wright Christopher J.H. *The Mission of God.* Downers Grove: IVP, 2006.

Barrett David B. Todd M. Johnson, *World Christian Trends, AD 30-AD 2200.* Pasadena: William Carey Library, 2001.

Brown Daniel W. *A New Introduction to Islam.* Second ed., West Sussex: Wiley Blackwell, 2009.

Flynn F.K.and T.Hendricks eds. *Dynasty' in Religion in the Pacific Era.* New York: Pragon House, 1985.

Woodberry Dudley J. *From Seed To Fruit,* Pasadena. William Carey Library, 2008.

Goddard Hugh. *A History of Christian-Muslim Relations.* Edinburgh University Press, 200.

Siljander Mark D. *A Deadly Misunderstanding, A Congressman's quest to bridge the Muslim -Christian Divide.* Harper One, New York, 2008.

Browne Laurence E. *The Eclipse of Christianity in Asia. From the Time of Muhammad till the Fourteenth Century.* London: Cambridge Univ. Press, 1933.

Vander Werff Lyle L. *Christian Mission to Muslims :Anglican and Reformed Approaches in India and the Near East.* 1800-1938, Pasadena, William Carey Library, 1977.

Hiebert Paul G. *Transforming Worldviews.* Grand Rapids: Baker Academic, 2008.

Schlorff Sam. *Missiological Models in Ministry to Muslims.* Upper Darby: Middle East Resources, 2006.

Zwemer Samuel M. *The Muslim Christ.* Edinburgh and London: Oliphant, Anderson and Ferrier, 1912.

Sam Solomon and Al-Maqdisi, *The Truth about 'A Common Word'* 2008.

Moon Steve Sang-Cheol. "Missions from Korea 2012: Slowdown and Maturation." *in International Bulletin of Missionary Research* 36, no.2, April 2012.

Don M. McCurry, *The Gospel and Islam: A 1978 Compendium.* California: MARC, 1979.

Miroslav Volf, Ghazi bin Muhammad, and Melissa Yarrington eds, *A Common Word, Muslims and Christians on Loving God and Neighbor.* Grand Rapids/Cambridge: William B. Eerdmans, 2010.

Conway, Gordon. *Islamphobia; A challenge for Us All, Report of the Runnymede Trust Commission on British Muslims and Islamphobia.* University of Sussex, 1997.

Conference of European Churches-CEC, Council of European Bishops Conferences, Committee for Relations with Muslims in Europe. *Final Report, Document* 4.2 1-40.

Bishop Dr. Hwa Yung. "Nestorian Christian witness under Islam : A Comparative Study of the Churches in Persia, Egypt and North Africa in the early centuries of the Islamic Era." 2011.9.27 할렐루야교회에서 *The Gospel and Our Neighbors*에서 발제안.

John Stringer. *Contextualization: Transformational Trialogue.* presented at International Council of Interserve on 23 Nov 2011 in London.

http://www.oslocoalition.org/mhr.php and
http://www.oslocoalition.org/mhr_background_eng.php (accessed 29 Oct. 2012).
http://www.acommonword.com/index.php?lang=en&page=option1(accessed 20 Dec. 2009).

BUILDING BRIDGES
BETWEEN CHRISTIANS AND MUSLIMS
: STORIES OF ENGAGEMENT AND UNDERSTANDING

Peter Riddell

I. INTRODUCTION

Since the Second World War, large population movements and migra-
tions helped create increasingly multi-faith societies in Western countries.[1]
At the same time, rapid developments in technology have created glob-
al communications networks. So societies that were in the past almost
exclusively Christian, and that had little perception or understanding of

---

[1] The observations in this article are largely based on Western contexts, where Muslim
minority communities have grown rapidly over the last half century. However, these
observations are also relevant for East Asian nations as well, such as South Korea, where
the Islamic community has grown thirty-fold during the same period, from 3000 in the
1960s to around 100,000 in 2006. Cf. Don Baker, "Islam Struggles for a Toehold in Ko-
rea," *Harvard Asia Quarterly* X no. 1 (Winter, 2006).

other faiths, were forced to view other religions in new ways. Churches in the West and beyond have responded to such change by reviewing Christian attitudes to and methods of engagement with other faiths.

Christian scholars have identified a spectrum of attitudes held by various Christians towards other religions. They are broadly grouped as follows:

- An exclusivist position, which applies to those who believe that Christianity, and only Christianity, possesses divinely revealed truth and offers a path towards salvation. This position tends to regard other religious faiths as either grossly misguided or outrightly Satanic.

- An inclusivist position, which holds that certain other faiths may include some elements of divinely revealed truth, but do not, apart from Christ, offer a complete path to salvation. In order to offer this, such religions need to embrace Christ. In other words, such religions without Christ represent, at best, a halfway house.

- A pluralist approach, which lessens the focus upon Christ and increases the primary focus upon God. Other religions are seen as alternative manifestations of God's truth and offer alternative routes to salvation. Thus Christianity becomes merely one of many paths to a knowledge of God and salvation.

The Christian churches largely took an exclusivist approach, especially during the first millennium, the period of the Crusades, and the European colonial era. But as the world moved into a post-colonial period following the Second World War, the Christian churches revised previous approaches. In the light of the new historical and social realities, they developed new policies and strategies for multi-faith contact.

Nevertheless, some churches have maintained an exclusivist position. Many others have made a marked move from exclusivism towards inclusivism, and some have shifted towards a clearly pluralistic position. All have been affected by internal divisions on what has become one of the most controversial subjects for the churches today.

The way in which this subject has been addressed at a structural level is informative for Christians seeking to engage with followers of other faiths at a local level. We will examine this more closely by looking at two major groups comprising Protestant Christians, and comparing their approaches to Muslim-Christian dialogue in particular. But before we do this, it is important to consider the fact of diversity within Islam.

II. DIFFERENT KINDS OF MUSLIMS

Muslim diversity can be seen in terms of different criteria: ethnicity (Arab, Turkish, Persian, Malay/Indonesian etc) ; geography (Arab World, Central Asia, South Asia etc., European) ; nationality (Egyptian, Moroccan, Pakistani, British, American) ; sectarian groups (Sunni, Shi'a, Isma'ili, Ahmadi etc.), and in various other ways.

But a particularly helpful way to consider diversity among Muslims is to consider differing Muslim views of and approaches to their sacred texts and to authority within the faith. If this is done we might see a two-fold split at the macro level, between Traditionalists and Reformists.

Traditionalists draw on the accumulated wisdom of scholars down the centuries to guide their own interpretation and practice of their faith. Such Muslims follow their religious readers in making important decisions. These leaders might be mosque imams or text-focused religious scholars (*ulama*), or if Muslims have particular mystical leanings they might be led by more charismatically-inclined spiritual guides (*wali*) who are believed to have special powers of blessing and even intercessory powers.

1. Competing in Reform

Against the Traditionalist stand the Reformists. For them scholarly wisdom accumulated down the centuries is a mixed blessing: on the one hand it can inform the big questions of the day, but it can also clutter up the essential message of the faith of Islam. Reformists broadly fall into two types. First are the literalists, for whom the primary texts and the Prophet Muhammad should form the main rudder for facing the challenges of the modern world. These reformists are more backward looking, reading straight from the page of the texts and the Prophet's life into the contemporary world. They are Islamist, in that they stress the holistic nature of Islam, making it relevant to politics, society, economics and so forth. Furthermore, this group aims to create Islamic states based on literal applications of *Shari'a* Law. This group includes some who are violent and respond to the call to military *jihad.*

Against the more literalist-minded Islamists stand Modernising Reformists. While they share the reforming zeal of the Islamists, wanting to use the primary texts as the rudder for facing the challenges of the modern world, the Modernisers treat the primary texts quite differently from the Islamists. The Modernisers read the texts rationally rather than literally, allowing their interpretation to be shaped by the realities of the modern world around them. They argue that some parts of the primary texts and *Shari'a* legal codes are time-bound in their application, having been suitable to 7th and 8th century social contexts but no longer having relevance to the 21st century world. While the Islamists look backwards for their answers, the Modernisers look ahead.

While such labels do not neatly fit all circumstances and all individuals, it is possible to broadly identify people and groups along these lines. We will now briefly consider the history and priorities of two Christian umbrella groups-the World Council of Churches and the World Evangelical Alliance-before looking more closely at the ways that these groups engage with Islam and Muslims.

III. APPROACHES TO MUSLIM-CHRISTIAN DIALOGUE

1. Ecumenism, Dialogue and the World Council of Churches

The World Council of Churches (WCC) dates back to 1937, when church leaders agreed to establish a world council to strengthen Christian unity. This initiative was delayed by theonset of the Second World War, but the proposal was presented soon after the war concluded.

The WCC was established on 23 August 1948 at its first general assembly in Amsterdam. By the first decade of the twenty-first century, the WCC comprised almost all principal Christian denominations, covering over 560 million Christians, and around 350 churches, denominations and fellowships. The WCC represents churches in over 100 countries and fellowships. While not formally a member of the WCC, the Roman Catholic Church sends observers to WCC events, and Catholic-WCC contacts are regular.

The WCC has experience a remarkable change in its membership. At the time of its establishment, almost two thirds of the founding churches came from Europe and North America. In the early 21st century, almost two thirds of the member churches come from the Caribbean, Latin America, the Middle East, Asia and the Pacific. This reflects a noticeable shift in the centre of gravity of world Christianity from Europe and North America to the Third World.

The WCC Commission on World Mission and Evangelism was established in 1961. It first met in 1963 in Mexico City, and three years later a consultation in Lebanon, attended mostly by Christian representatives based in Muslim countries, agreed to initiate meetings with Muslims.

In March 1967 a consultation was held in Sri Lanka where a significant statement was issued: "Dialogue implies a readiness to be changed as well as to influence others···The outcome of dialogue is the work of the Spirit."[2] Two years later, a Muslim-Christian dialogue under WCC auspices in Switzerland identified three principal aims of such dialogue:

1. to achieve greater mutual respect and better understanding.
2. to raise questions which lead to deepening and renewal of spirituality.
3. to lead Christians and Muslims to accept and fulfil common practical responsibilities.

In 1971, in recognition of the importance of the dialogue initiatives of the previous decade, the 24th meeting of the WCC Central Committee at Addis Ababa established a new unit, called Dialogue with People of Living Faiths and Ideologies, simply known as the Dialogue Unit.

In a watershed meeting in 1977 in Chiang Mai, Thailand, Guidelines on Dialogue were drawn up. The WCC itself observes that 'These guidelines serve as the basis of interreligious dialogue sponsored by the WCC and many churches around the world.'[3] Indeed, various local guidelines have been drawn up by various WCC member groups such as the Council of Churches of Britain and Ireland (CCBI), the Episcopal

---

2) Ataullah Siddiqui, *Christian-Muslim Dialogue in the 20th Century* (London: Macmillan, 1997), 30.

3) 'Guidelines on Dialogue with People of Living Faiths and Ideologies,' World Council of Churches, 1 February 2010, http://www.oikoumene.org/resources/documents/wcc-programmes/interreligious-dialogue-and-cooperation/interreligious-trust-and-respect/guidelines-on-dialogue-with-people-of-living-faiths-and-ideologies.html. (accessed 22 Sep. 2010).

Church of Canada,[4] and the Presbyterian Church (USA),[5] but they closely reflect the 1977 Guidelines of the WCC.

During the 1980s, the WCC gradually changed its focus from the international to the regional level for promoting dialogue activities, and in the early 1990s the Dialogue Unit was restructured to become a sub-unit of the WCC Secretariat called the Office of Inter-religious Relations (OIRR).

The WCC invited fifteen guests of other faiths to the 1998 General Assembly in Harare. Furthermore, the Assembly asked the OIRR to give visibility to 'dialogue and co-operation with people of other faiths.' Thus the WCC has been a pioneer in emphasising interfaith dialogue; moreover it has identified dialogue, rather than traditional mission, as the central plank of its multi-faith policy.

1) WCC Guidelines on Dialogue

In 1991, the Council of Churches of Britain and Ireland published a local version of the WCC's four principles of dialogue. Each of the principles was explained:

Principle 1 : Dialogue begins when people meet each other
  - Christians are encouraged to focus on individuals, not systems.
  In other words, when meeting a Hindu or a Muslim, Christians

---

4) *Guidelines for Interfaith Dialogue*, Ecumenical Office of the Anglican Church of Canada, Toronto (1986).

5) *Guidelines for Interfaith Dialogue*, Office of Ecumenical and Interfaith Relations, Presbyterian Church (USA), Louisville KY, http://www.pcusa.org/media/uploads/interfaith-relations/pdf/guidelinesforinterfaithdialogue.pdf. (accessed 11 Jan. 2012).

should not assume that they match stereotypes of the system of Hinduism or Islam.

Principle 2 : Dialogue depends upon mutual understanding and mutual trust

- Partners in dialogue should be free to define themselves, in their own terms. Christians should seek to clear away misconceptions held by others about what Christians believe and teach.

Principle 3 : Dialogue makes it possible to share in service to the community

- Community depends on the cooperation of all its parts. When the parts consist of people with differing religious faiths, dialogue offers a way towards harmony.

Principle 4 : Dialogue becomes the medium of authentic witness

- Dialogue based on trust provides opportunities for all to witness to their faith. It requires that each person be prepared to listen as well as to speak. The CCBI documentation adds that 'Dialogue assumes the freedom of a person of any faith including the Christian to be convinced by the faith of another'.

Further publications from WCC-affiliated church groups reinforce this new openness to other faiths. An example is *Generous Love: The Truth of the Gospel and the Call to Dialogue* prepared by the Anglican Communion Network for Inter Faith Concerns in 2008, which states:

"It is not for us to set limits to the work of God, for the energy of the Holy Spirit cannot be confined. 'The tree is known by its fruits', and'the fruit of the Spirit is love, joy, peace, patience, kindness, generosity, faithfulness, gentleness and self control.' When we meet these qualities in our encounter with people of other faiths, we must engage joyfully with the Spirit's work in their lives and in their communities."[6]

2. Mission, Freedom of Religion and the World Evangelical Alliance

There are many Christian Protestant groups which have not joined the WCC. These groups are chiefly evangelical, and many came together to form the World Evangelical Alliance(WEA), which functions as an umbrella body like the WCC but bears a number of features which set it apart from the WCC.

The WEA traces its origins to 1846, when 800 Christian representatives from 10 countries met in London to form "a definite organization for the expression of unity amongst Christian individuals belonging to different churches". This gathering resulted in the foundation of the Evangelical Alliance of the UK.

Just over a century later, a worldwide evangelical grouping was formed, with the establishment of the World Evangelical Alliance in 1951. By the early twenty-first century its global network comprised 128 national and regional Protestant evangelical church alliances, sup-

---

6) *Generous Love: The Truth of the Gospel and the Call to Dialogue* (London: The Anglican Consultative Council, 2008).

plemented by over 100 associate member organisations, together representing a constituency of approximately 420 million Christians.

The WEA is structured according to various departments : the Church and Society Department, the Leadership Development Department, and the Publications Department as well as various Commissions: the Commission for Women's Concerns, the Theological Commission, the Youth Commission, the Missions Commission, and the Religious Liberty Commission.

The Missions Commission of the WEA provides an approach to Christian-Muslim relations still considered a priority by large segments of the Protestant churches. This approach of traditional sending mission has increasingly been pushed off centre stage in the WCC with its preference for interfaith dialogue.

The WEA Missions Commission aims to initiate regional and national evangelical alliances where they do not exist, and where these alliances do exist, the WEA Missions Commission operates through 'providing a prophetic and proactive voice into the worldwide church in relation to theology, missiology and mission practice.'[7] The other WEA commission which bears directly on Christian-Muslim relations is the Religious Liberty Commission (RLC). The stated purpose of the RLC is crucial for understanding evangelical approaches to relationships with other faiths:

---

7) Mission Commission, World Evangelical Alliance, http://www.worldevangelicals.org/commissions/list/?com=mc (accessed 23 Sep. 2010).

"The purpose of the World Evangelical Alliance Religious Liberty Commission(RLC) is to promote freedom of religion for all people worldwide as defined by Article 18 of the United Nations Declaration on Human Rights, and in accordance with Scripture. Our aim is to help all people, but especially Protestant Christians, to exercise their faith without oppression or discrimination."[8]

The phrase "in accordance with Scripture" points to a characteristic feature of evangelicalism, namely the degree to which policy represents an outworking from Scripture. Furthermore, the emphasis on Protestant Christians demonstrates the WEA's position of overtly identifying itself as a special interest body. This contrasts with the approach of the WCC, for which a broad-based, ever-expanding ecumenism is the stated goal.

The RLC specifically targets freedom in a number of areas: religious education, public and private worship, sharing of one's faith, and the freedom to change one's faith. The RLC monitors infringements of religious liberty and reports on it on a regular basis via press releases and email notices. Furthermore, the RLC holds an "International Day of Prayer for the Persecuted Church" each year in November.

The nature of the work of the RLC means that Muslim locations and authorities, especially where Islamist revivalists are in power or exert great influence, regularly appear in RLC reports. The common prohibition in Muslim majority countries on non-Muslims sharing their faith with Muslims, and the widely reported discrimination and persecution

---

8) Religious Liberty Commission, World Evangelical Alliance, http://www.worldevangelicals.org/commissions/rlc/. (accessed 23 Sep. 2010).

against Muslim converts to Christianity, mean that RLC comment on practice in Islamic countries is quite robust.

Thus the work of the WEA, with regard to both the Missions Commission and the RLC, serves to supplement the differently orientated work of the WCC in Christian-Muslim relations. Though WCC consultations do address subjects such as religious liberty and freedom of religion, the dialogical focus and the mixed faith presence at WCC interfaith meetings means that some of the more challenging questions and statistics are not articulated in WCC contexts as much as occurs in WEA contexts.

IV. CASE STUDIES : MUSLIM-CHRISTIAN DIALOGUE IN PRACTICE

How are approaches to other faiths based on ecumenism, dialogue, mission and religious freedom translated into action at the grassroots level? In the following pages we will present a variety of case studies showing how Christians of different church groups build bridges and address obstacles in their engagement with Muslims.

1. Recommendations for Dialogue from the British Churches

The World Council of Churches' four principles of dialogue were expressed by the Council of Churches of Britain and Ireland (CCBI) in terms of a series of practical suggestions as to ways Christians could partner with adherents of other faiths. Areas of co-operation identified were in community meetings, clergy action, social action and advocacy, education, and worship.

Areas of co-operation	Recommended action for Christians
Community meeting	Make an effort to meet adherents of other faiths : neighbours, work colleagues, parents of children's school friends
	Contact a local inter-faith group
Clergy action	Christian clergy should provide counselling support to adherents of other faiths in times of crisis
	Clergy should get to know religious leaders of other faith communities personally and involve these leaders in matters pertaining to the whole community
Social action & advocacy	Cooperate in matters of common cause: racial harassment, drug abuse, inadequate housing
	Provide assistance to other faith communities to procure worship facilities, and freedom to observe dress codes, dietary restrictions, etc.
	Address the issue of access to public broadcasting by other faith communities
	Beware of linking Christianity with underlying racist attitudes. Religious argument can be used as a cover for racial prejudice.
Education	Rethink attitudes concerning religious education in schools
	Revise Sunday school materials to eliminate attitudes seemingly critical of other faiths
	Promote studies of world faiths and inter-faith relations at tertiary levels
Worship	Pray for people of other faiths
	Pray with people of other faiths

It should be noted from the above list of suggestions that diverse kinds of engagement are proposed. While exchange on theological and spiritual matters is included, dialogue is not seen to end there. There is also room for inter-religious dialogue on many different planes as well: joint civic action and advocacy, cooperation in pursuing common educational goals, and simple neighbourly interaction. In the case studies that follow, we will therefore address different kinds of dialogue, referring to particular case studies to illustrate how Christian-Muslim interaction has been fruitful.

In the United Kingdom, the above recommendations have been used in certain locations for increasing numbers of inter-faith dialogue activities, particularly among the more liberal wings of the various Protestant churches.

In Australia, the National Council of Churches of Australia was instrumental in the founding of the Australian National Dialogue of Christians, Muslims, and Jews in 2003. The specific actions proposed for this ongoing dialogue were regular meetings; media releases; news stories for the respective Christian, Muslim and Jewish communities; public forums and creation of educational resources.[9]

1) But Evangelicals do dialogue too

It would be a mistake to ignore the participation in dialogue by

---

9) 'The Australian Dialogue of Christians, Muslims and Jews', National Council of Churches in Australia', http://www.ncca.org.au/departments/interfaith.(accessed 23 Sep. 2010).

many evangelical groups, as the following case studies will show. In June 1980 the evangelical Lausanne Movement sponsored the "Mini-Consultation on Reaching Muslims" in Pattaya, Thailand. The recommendations of the Report of this gathering[10] called for respect for other cultures, training in churches, a call for sensitive proclamation, a call to dialogue, and a call to work for justice issues.

This report portrays the sharing of the gospel as an integral part of dialogue, finding Scriptural support for this view in saying "in the New Testament the word 'dialogue' often means a conversation conducted to convince another party of the truth (e.g., Acts 17:2, 18:4)." The report refers to this as discursive dialogue, and adds that there are other forms of dialogue in use in the modern day:

> "Dialogue on religious experience, in which members of different faiths seek to share their particular religious experience with one another. There is also the so-called secular dialogue, in which representatives of different faiths discuss ways in which greater communal understanding can be developed, how common action can be taken to correct various social evils, and how followers of different faiths can co-operate in the task of community development and national reconstruction."[11]

The report affirms dialogue as "a valid and even necessary activity for Christians." It argues that through dialogue people learn how

---

10) http://www.lausanne.org/en/documents/lops/58-lop-13.html. (accessed 25 Apr. 2012).
11) Cf. Eric J. Sharpe, "Dialogue of Religions," in Mircea Eliade (ed.) *The Encyclopedia of Religion* 4 (New York: Macmillan, 1987), 347.

others appreciate the significance of life, they can gain an insight into the nature of other people's religious experience, and avenues can be explored for pursing joint action on social issues. Emphasising this spirit of openness, the report adds "···it may be that the Christian can learn much from the life-style, devotion, or learning of the other."

However, this 1980 report enunciates clearly the other voice of Christianity, affirming key beliefs as non-negotiable: "We believe that Christians are called to witness at all times, and in all situations, to the new life which they have received through Jesus Christ by the operation of the Holy Spirit.···People must be allowed to accept or to reject the claims of Jesus Christ in an atmosphere of freedom." Criticism is made of dialogue in which:

> "Other religious systems 'complement' the Christian gospel — i.e., they have insights about the nature of God or the plan of salvation which the gospel lacks. To achieve a 'rounded' knowledge of God and his will, it is asserted, we must listen to the witness of other religions. Such a concept of 'mutual witness' we cannot accept, although personal appreciation of the nature of the gospel may become clearer through dialogue. The gospel itself is the full and complete revelation of God and his plan of salvation.··· dialogue is and should be an integral part of Christian mission.···The aim of dialogue must most surely be to learn and to appreciate, but it must chiefly be to teach and to tell men and women about Jesus Christ, the Way, the Truth, and the Life."[12]

The essence of the above balance between openness to other faiths

---

12) http://www.lausanne.org/en/documents/lops/58-lop-13.html. (accessed 25 Apr. 2012).

and affirming non-negotiable principles of Christianity was encapsulated in statements of the Lausanne Movement World Congresses of 1974, 1989 and 2010. The Lausanne Theology Working Group report prepared at the 3rd major meeting of the Movement in Cape Town in 2010 stated succinctly:

> "In short, all religions can include elements of God's truth, can be massively sin-laden, and can be systems of satanic bondage and idolatry."[13]

Thus for the Lausanne Movement, and for evangelicalism in general, dialogue has its place as part of the broad objective of transmitting the message of the gospel to all people. Freedom of religious choice is a key condition for this to happen, hence the emphasis of evangelicalism upon religious freedom and choice. Dialogue is seen as a means to an end, rather than an end in itself.

2. Model A : Dialogue on Religious Belief in Birmingham, UK

Perhaps the first kind of dialogue that Christians and Muslims think about is on the theological level: meeting to discuss matters of faith and belief. One such grass-roots dialogue activity which has been published by the WCC relates to a group engaging in dialogue on religious experience in Birmingham, UK.

---

13) http://www.lausanne.org/en/documents/cape-town-2010/1194-twg-three-wholes-condensed.html. (accessed 25 Apr. 2012).

Andrew Wingate, an Anglican minister and former missionary in India, initiated a series of dialogue encounters between his parishioners and Muslims in Birmingham.[14] Wingate writes: "My time in India convinced me that we come to understand other faith not from books and texts, but from meeting people···we meet with people who follow Hinduism or Islam, not with Hinduism and Islam."[15] This statement is consistent with the first principle of dialogue as drawn up by the WCC.

In order to initiate meetings, Wingate approached the local Islamic Centre in his area of Birmingham to initiate discussions. He received a positive response, which led to the first meeting between about fifteen Christians and Muslims, for which the agreed topic of discussion was "prayer." The second dialogue meeting was held at a local mosque. For this meeting, the Christian women and the Muslim women sat apart from the men, in accordance with standard mosque practice.

Many of the meetings were held in private homes of members of the dialogue group. The third meeting was held at the home of one of the Muslims. The focus for this session was on joint Scripture readings covering wide-ranging topics. At Christmas time the Christians participants paid a Christmas visit to the homes of Muslim contacts, and shared a meal together. A further meeting was held in one of the Christian homes. On this occasion, the family dog was kept away from the group

---

14) Andrew Wingate, *Encounter in the Spirit: Muslim-Christian Dialogue in Practice* (Geneva, WCC Publications, 1988).
15) Wingate (1988), 3.

out of respect for Islamic scriptural portrayals of dogs as unclean animals.[16]

As relationships developed there was room for more candid and heartfelt comments. For example, on one occasion one of the Christian women described Islamic worship as sombre and Islam as a sad religion on the basis of what she had observed. This led to considerable discussion.

Another meeting was held in Wingate's house. On this occasion the Muslim participants were all men, whereas the Christian group included women. As the dialogue meetings continued, Wingate records that the meetings between women tended to be on a one-to-one basis, in accordance with Muslim wishes. The meeting in Wingate's house centred around the place of Jesus in personal Christian faith. The meeting included personal testimonies by many of the Christians present, though a measure of Christian diversity was recorded on this point, with some Christians less inclined to speak of a personal relationship with Jesus as such.[17]

Concluding his work, Wingate ponders key questions which arise regularly from such inter-faith gatherings:

---

16) Ibn Mughaffal reported: "The Messenger of *Allah* (may peace be upon him) or dered killing of the dogs, and then said: What about them, i. e. about other dogs? and then granted concession (to keep) the dog for hunting and the dog for (the security) of the herd, and said: When the dog licks the utensil, wash it seven times, and rub it with earth the eighth time." Cf. Siddiqi, *Sahih Muslim*, I, Book 2, no. 551.

17) Wingate (1988), 20-22.

"…I am faced with the question whether they are worshipping the same God as me. Intellectually, I know they must be, as there is only one God, and that is a basic tenet of both our faiths. But deep in my heart, can I feel that they are doing so, even though they do not see God in his complete fullness(if I felt they did, then I would be a Muslim)?"[18]

This local activity successfully brought together Christians and Muslims to engage in dialogue discussions on respective religious beliefs and experiences. Meetings were carried out with due regard to issues of sensitivity and mutual respect, but nevertheless discussion on controversial topics arose. The overall tone seems to have been inclusivist rather than pluralist, with an emphasis on seeking to identify truths and shared beliefs without necessarily calling on either faith community to compromise on certain central tenets of either faith.

1) Dialoguing on the Apostles Creed

One potential focus of such dialogue with Muslims on religious belief might be the Christian creeds, developed by the early church to encapsulate its core articles of faith. The Apostles Creed provides a particularly useful reference point in seeking to identify possible theological bridges and obstacles between Christians and Muslims. It is divided into three sections, with every line being significant.

---

18) Wingate (1988), 60.

I believe in···

God the Father almighty
maker of heaven and earth

and in Jesus Christ, his only son, our lord,
who was conceived by the Holy Spirit,
born of the virgin Mary,
suffered under Pontius Pilate,
was crucified, dead and buried.
he descended into hell,
on the third day he rose again from the dead.
he ascended into heaven,
and is seated at the right hand of God the father almighty;
from there he shall come to judge the living and the dead.

I believe in the Holy Spirit;
the holy catholic church;
the communion of saints;
the forgiveness of sins;
the resurrection of the body,
and the life everlasting.

As a point of discussion with Muslim neighbours or acquaintances, the first section may provide a useful bridge. It identifies God as creator of both heaven and earth, which is consistent with the perception of God within Islam as articulated under the first Islamic article of faith. However, a perceivable difference surrounding the use of the term "Father" is a potential obstacle in Christian-Muslim relations. This expression is used figuratively in the Apostles' Creed, but Muslims tend to interpret this Christian usage in a literal sense, particularly in relation to God being the father of Jesus; indeed, at several points in the *Quran*, the suggestion of God having a son is strongly criticised. Therefore, discussion of this phrase would require Christians to emphasise the metaphorical use of the term "Father" in both the Apostles' Creed and, indeed, in broader Christian theology.

Regarding the second part of the Apostle's Creed, though Muslims accept Jesus as a prophet, they would not accept the first line which refers to his divinity. This would directly challenge accepted dogma presented under the fourth article of Islamic belief relating to the primacy of Muhammad among the prophets. However, Islamic belief can accommodate the second line "who was conceived by the Holy Spirit," as well as "born of the Virgin Mary." The 19th chapter of the *Quran* records that Mary became pregnant through the Spirit of God, not through man.[19] Furthermore, in accordance with orthodox beliefs, Muslims would not accept "suffered under Pontius Pilate, was crucified, dead and buried··· rose again from the dead." Islam does not allow for Jesus to have died on the cross. The *Quran* and its commentaries state that a substitute person who resembled Jesus was put on the cross and

---

19) The Holy Spirit was involved in a specific action at a particular point in time. That was the fertilisation of Mary, but that is not interpreted by the *Quran* or Muslims as in any way signifying the divinity of Jesus, who is regarded entirely as a human being. The impregnation of Mary by the Holy Spirit specifically points to the all-powerful nature of God to be able to do such a miraculous thing, according to Muslim belief.

was crucified in his place. Thus once again similarities exist in the view of Jesus, but some differences represent potential obstacles to Christian-Muslim interaction.

Regarding the third section of the Creed, Muslims believe in the Holy Spirit of God, but it is a different concept of the Holy Spirit from that understood in Christianity. In Islam the Holy Spirit serves as a vehicle for God to carry out particular events. Thus the Holy Spirit impregnated Mary. Elsewhere in the *Quran* the Holy Spirit takes various forms to implement God's wishes. In fact, it is one of the angels, referred to under the second article of faith of Islam. In Christianity, the Holy Spirit is much more central to the God head and indeed is regarded as a regular and essential element in God's ongoing communications with humanity. Thus the disciples were filled with the Holy Spirit on the day of Pentecost when they spoke in tongues.[20] But the coming of the Holy Spirit to humanity is not limited to historical events related in the Bible. The Holy Spirit continues to function as the dynamic presence of God in the life of the believer. Here again is a key difference potentially posing an obstacle to Christian-Muslim understanding.

The concepts of forgiveness, resurrection and everlasting life exist within Islam, particularly in connection with the last two Islamic articles of faith. These serve as potential bridges between the two faiths, though at a deeper level the detailed understanding of forgiveness varies across the two faiths, and can represent an obstacle if dialogue is mishandled.

20) Acts of the Apostles Chapter 2.

Bridges and obstacles in Christian-Muslim dialogue on religious belief can be summarised as follows :

BRIDGES	OBSTACLES
God as Creator	God the Father
Jesus as Prophet	Jesus as Son of God
Jesus born of the virgin	Jesus' crucifixion, death and resurrection
Jesus as Messiah	Holy Spirit (as Trinity)
Jesus calling his disciples	A Triune God
Jesus' miracles	Scriptures
Jesus' ascension	Forgiveness and punishment
Day of resurrection and judgement	God as love
Function of creeds	Prayer as personal communication with God
Concern for the poor	Mission and conversion
Social reform	

A word of caution is needed in concluding our discussion of dialogue on religious belief. Dialogue participants must be wary in approaching what may at first appear as areas of similar belief between the two faiths. Outward resemblances can be deceptive; similar terminology can mask deep-seated differences in understanding. Aspiring dialogue participants, in seeking to sensitively represent their own faith and interact with adherents of another faith, should proceed cautiously so as to avoid any risk of misrepresenting their own faith or the beliefs of others. This requires careful preparation, sometimes including formal study.

3. Model B : Dialogue for Conflict Resolution

A dialogue of a different form is seen in the WCC Encounter Youth Exchange Project. This was an inter-faith initiative of the Anglican Diocese of Chelmsford, England with the Maronite Diocese of Haifa and the Holy Land. The project was launched in September 1998, with the aim of seeking "to promote a better understanding of, and to work towards reconciliation between, Christians, Jews and Muslims by offering young people an opportunity for encounter by way of educational exchange visits between the Holy Land and England."[21]

Thus the purpose is not so much focused upon a deep exchange of respective theological perspectives. Rather it is dialogue aimed at conflict resolution through showing the human face of communities in adversarial situations, in the hope that cycles of negative stereotyping will be broken. In the words of Project Co-ordinator Anne Davison : "We're using them as role models - an awareness-raising thing. It will be a chance for our kids to see something positive.[22]

The project's first encounter occurred in September 1998 in the form of an inter-faith meeting in East London, attended by students and staff from King Solomon High School (Jewish), the Ursuline School and Canon Palmer School (Roman Catholic Church) and Muslim students from

---

21) Anne Davison, "Encounter Youth Exchange Project Between England and the Holy Land for Christians, Jews and Muslims," *Current Dialogu* (32), (December 1998).
22) *The Jewish Chronicle* (12 February 1999).

Newham College of Further Education, all based in Britain.

In the second Encounter, held in August 1999, twelve young British people between the ages of 16 and 18 (four Christians, four Jews and four Muslims), with an equal balance between boys and girls, travelled to Jerusalem to meet a similarly constituted group for a ten-day Encounter. They participated in workshops at Neve Shalom (Wahat as-Salam in Arabic), a unique village[23] where Jews and Arabs live side by side, committed to working through their differences.[24]

Prior to the Encounters, the respective groups participated in a preparation programme involving both cognitive and experiential activities. Both the preparation programme and the encounters included activities focussing on basic principles of dialogue and conflict management techniques. The Encounters also provided time for visits to places of worship and historical interest and for fun.

This programme is funded by sponsorship and participant resources, and carries the stamp of the WCC as promotional body. This shows another dimension to WCC inter-faith activities, moving beyond the dialogue on religious belief to engaging with some of the most intractable inter-community conflicts.

In a similar spirit but different location, a tripartite dialogue body grouping Christians Jews, and Muslims was formed in Australia in 2003

---

23) The website for this village is found at http://nswas.com/.
24) "Youth exchange project," *British Muslims Monthly Survey*, VII, no. 2 (February 1999), 10-11.

and called the Jewish-Christian-Muslim Conference of Australia (JCMA). Its first significant event was a residential conference, including forty-five people drawn from the three faiths in equal numbers with a wide range of interests and held in Brisbane from 23-26 August 2004. The event took as its model a series of interfaith conferences held in Europe on an annual basis since the initial gathering at Bendorf in Germany in 1973.

Participants were drawn from clergy, lay people active in congregational life, academics, welfare and community support professionals, and tertiary students. The programme included time to share personal experiences and approaches to worship, and have group discussions on differing religious beliefs and community life under the guidance of fellow conference participants with experience in interfaith dialogue.

Following the success of this initial conference, the JCMA organized an annual four day residential conference for families, men and women and a Women's only conference. JCMA subsequently obtained a Living in Harmony Grant from government to run a pilot Secondary Schools project in Metropolitan and Regional Victoria in 2006.[25]

4. Model C : Dialogue on Social Issues - Faith and Society

Dialogue initiatives have not been restricted to WCC-inclined church groups alone. Indeed, evangelical Christian contact with Muslim communities has witnessed an increasing variety of approaches, including

---

25) http://jcma.org.au/the-jcma

dialogue. One of the most significant initiatives in this regard was the Faith and Society dialogue group in Britain, that ran from 1997-2003.

The Faith and Society group resulted from an increasing perception among evangelical groups that there were many areas of shared social concern among Muslims and Christians, and that the potential for partnership on these issues was not being addressed through existing methods of Christian-Muslim interaction. Accordingly, a pilot conference was held at the London Institute for Contemporary Christianity in November 1997, called "Faith and Power." The stated aim of the conference was "to reflect on areas of public life in which Christians and Muslims seek to work out the social and political implications of their faith in an increasingly secular society in Britain today."

This conference included plenary presentations on issues of social concern by Christian and Muslim speakers, including Bishop Lesslie Newbigin of the Church of England, Professor Lamin Sanneh of Yale Divinity School and Professor Tariq Modood of the University of Bristol. The plenary presentations were followed by meetings of focus groups addressing specific themes. The Christian : Muslim ratio at this initial conference was 9:1, of an overall attendance approaching 200 people.

In the wake of the inaugural "Faith and Power" conference, a meeting of the organising committee was held on 6 January 1998. Members deemed the "Faith and Power" conference a success, but it was felt that effort should be devoted to achieving a greater sense of numerical balance between the faiths in future gatherings. Subsequent committee meetings in March and April 1998 led to the formal establishment of an ongoing dialogue group, under the leadership of Canon Christopher Lamb, Interfaith Secretary of the Church of England.[26]

A second conference for the renamed Faith and Society group was held on 7 October 1998 at the Islamic Foundation in Leicestershire. The theme was "People of Faith in Britain Today and Tomorrow," with the Christian plenary speaker being Canon Christopher Lamb and Dr Ataullah Siddiqui of the Islamic Foundation in Leicester. It was attended by around 140 people, with the Christian: Muslim ratio being approximately 60:40.[27] Of this number, around thirty-five expressed interest in participating in regular meetings of focus groups.[28] As a result, focus groups on Family, Sexuality and Gender, Education, and Religion and Public Life were convened in February and March 1999 to discuss relevant issues of common concern to Christians and Muslims.[29]

In October 1999 the Faith and Society group held its third annual meeting in Birmingham, and attracted around 100 Christians and Muslims, of whom around 80% were Christian.[30] The theme was "Seeking

---

26) Around the same time, a separate group focusing on mission and evangelism, called *Christian Responses to Islam* (CRIB), was established under the chairmanship of Bryan Knell, Head of Arab World Ministries UK. *Faith and Society and CRIB* were not organically linked but had some common membership.

27) The 1997 and 1998 conferences are discussed more fully in Ida Glaser. "Faith and Society in the UK." *Transformation* 17.1 (January/March 2000): 26-29.

28) *The Faith to Faith Newsletter* no. 1 (November 1998), 1.

29) *The Faith to Faith Newsletter* no. 2 (April 1999), 4.

30) Peter Riddell "Christians and Muslims are 'seeking the common good,'" *The Christian Herald* (23 October 1999), 3.

the Common Good". Reverend John Austin, Bishop of Ascot, Birmingham delivered a plenary presentation on behalf of Christian participants. He called on the audience to learn to tell their respective stories in "an inclusive way". He further lamented the state of economic imbalance in the world and called on people of faith to overcome jointly "the idolatry of economic concerns" in the modern world. Unlike Bishop Austin's presentation, which was virtually devoid of references to biblical text or overtly Christian discourse, Imam Abduljalil Sajid, a leading figure in the Muslim Council of Britain, set his plenary presentation firmly within an Islamic theological framework. Imam Abduljalil argued that the notion of the Common Good was heavily embedded within the vocabulary of the *Quran*, and the five pillars of Islamic duty were an effective device for encouraging Muslims to build concern for others into their daily lives. Imam Abduljalil called on people of faith to work together to increase the public role of religion.

Both keynote speakers agreed that dialogue did not demand complete compromise, and that different faiths involved in inter-faith cooperation should take care to preserve their distinctive features and beliefs. There was also agreement on the need to address the world-wide imbalance in the distribution of resources and wealth.

During the afternoon, participants broke into five focus groups, addressing a range of social issues: the media; family, sexuality and gender; religion and public life; education; and law. The media group based its discussion around the question of "How to get God in the headlines." Members agreed to seek to identify people of faith in the media who could assist to increase the public profile of religion. Members also agreed to lodge complaints when material offensive to religious concerns appeared in the media.

The group discussing family, sexuality and gender considered a practical case study of family breakdown, and underlined the importance of support and education in the early stages of family formation. In a similar vein, the religion and public life group considered several practical case studies, showing co-operation between Christians and Muslims in various British cities. The education group initiated plans for visits to mutual places of worship by Christians and Muslims. The Law group addressed the different philosophical bases to English and Islamic Law, and considered the challenge ahead with the advent of European laws in Britain.

The annual day conference for the Faith and Society group for the following year was held on 28 October 2000 in Bradford at the Carlisle Business Centre. The theme was "Faiths in Society: A Challenge to Policy Makers," and the particular focus fell on the city of Bradford, which contains a significant Muslim population. The event attracted around 90 participants, of whom approximately one quarter were Muslim.

The day began with reflections on Christian and Muslim scriptures. This was followed by a Christian plenary session, given by Guy Wilkinson, Archdeacon of Bradford. He spoke of the church's perception of its own place and of that of the Muslim community, and then considered the public policy perception of religions. He concluded by suggesting ways that Christians and Muslims could jointly engage with public society, calling for joint action on social issues, co-operation to address negative media images of religious communities, and efforts to overcome territorial separation (stating that "white flight" is the church's responsibility and that Muslims should not encourage territorial separation).

The Muslim plenary address was given by Mohammed Ajeeb, former Lord Mayor of Bradford. He called for frankness and honesty in dialogue, and cited instances of how Muslims had been victims of Islamophobia in Bradford and elsewhere in Britain. He stressed that Muslims perceived the Church as influential in public society, and called on the Church to assist the Muslim community in its situation of relative disempowerment.

In small group discussion, responses were given to the plenary talks. Some participants commented that significant public resources were channelled into the Muslim community and other minority communities in Bradford. One Asian Christian present asked how Muslims in Bradford contributed to the common good, rather than merely focusing on Muslim rights. This led to considerable discussion between Muslim and Christian speakers present. Focus groups met in the afternoon, assembled according to the topics of Law, Media, Education, Religion and Public Life, and Family, Sexuality and Gender

In the crisis surrounding the 9·11 terrorist attacks, the Faith and Society event planned for late 2001 did not proceed. After a two-year hiatus, a group of Christians and Muslims met on 29 October 2002 to plan a resurrection of the dialogue group.[31] This meeting set the topic for the next conference in 2003 as "Faith and Citizenship." Committee members agreed to seek funding from both Muslim and Christian sources, and mapped out the program for the 2003 conference.

The Faith and Society Day Conference of 26 May 2003 was held at the Islamic Cultural Centre, London Central Mosque, in Regents Park. There were 45 attendees, of whom only seven were Muslims, all speakers or committee members.[32] In his welcoming comments, Canon Michael Ipgrave set the scene by posing a key question: "We are citizens of this country. We are also people of faith···How do we belong together and interact with one another?"

The Muslim plenary speaker was lawyer Ahmad Thompson, a white British convert to Islam. He began by pronouncing the Islamic profession of faith, the *Shahada*, also quoting from *Quran* chapter 97. He declared that there were two kinds of people in creation: those with faith (*mu'minun*) and those who reject faith (*kuffar*). This division, he explained, would determine their fate: the Garden or Hell Fire respectively. Thompson devoted most of his talk to an expose of the Five Pillars of Islam.

In question time Thompson engaged in extended polemic on po-

---

31) Those present were Canon Michael Ipgrave (Chair), John Webber, Julian Bond, Peter Riddell, Saeed Abdulrahim, and Imam Abduljalil Sajid.
32) The poor Muslim attendance was due in part to an almost total absence of advertising of the event among the Muslim community.

litical issues, lambasting what he termed "*kafir* [infidel] kingdoms" and tyrannies, including the Pyramid civilization, the Incas, Stalinist Russia, and extending to the USA, commenting "Once America has control of the oil in Iraq, it will be able to eliminate its own balance of payments", and declaring that the Zionists want an empire from the Nile to the Euphrates. His talk concluded with the declaration that "if we people of *iman* [faith] make a stand when people of ignorance control society, we can transform society."

The Christian plenary speaker was Dr. Derek Tidball, Principal of the London School of Theology. He argued that "the Christian life cannot avoid addressing engagement with the world. But we cannot read straight off the page from Scripture." He pointed out that the Bible does not portray Christians living in a democracy. Therefore, he added, "we need hermeneutics to relate Scripture to the modern world." Tidball drew on four "moments in Scripture" (Israel as theocracy, the period of exile, the period of Jesus Christ, the period of the Apostles), then addressed the challenge of relating Scriptural principles to the modern world, concluding that "to require religious people not to participate in politics is in effect to disenfranchise a section of the population."

In further discussion, Ahmed Thompson called for every religious community in Britain to be self-governing, and that ecclesiastical councils, the Jewish Beth Din and *Shariah* Courts should all be recognised by the legal authorities of the land. In response, one Muslim participant said: "Thompson speaks as if there is nothing positive about the West.

That worries me." Thompson commented further : "It is important to understand why there are laws. For example, don't shun pork simply because it is prohibited. We should understand that the meat is bad. It is the only meat that goes bad from the inside out."

The 2003 Faith and Society conference proved to be the final event of this group. Throughout its life it had been beset by several problems. The first was the ever decreasing Muslim attendance, culminating in the 2003 meeting where virtually no Muslims from the general community participated. Furthermore, some unreasoned polemic from certain Muslim speakers, combined with some bland, self-effacing presentations from certain Christian speakers, created more dissonance than consonance among the audience, discouraging the kind of commitment needed for such dialogue groups to survive and flourish.

Nevertheless, Faith and Society provided an example of how evangelical Christian approaches to other faiths have diversified beyond traditional mission activities. In the early years (1998-2000) Faith and Society facilitated significant and ongoing contacts between evangelical Christians and Muslims in Britain. Though its discussions ostensibly addressed issues of social concern, nevertheless scriptural and theological references were also frequent from both sides, and provided an opportunity for Christians and Muslims to engage as people of faith, as well as common inhabitants of British society.

5. Model D : Christian-Muslim Debate

It is noticeable that dialogue activities such as those described above produce positive interest and engagement from two of the three Muslim categories discussed at the outset of this present paper: namely traditionalist and modernising Muslims. On the Christian side, participation in dialogue has been seen to come from liberal, traditionalist and evangelical wings of the churches.

There is one Muslim voice which has not yet been heard; namely, that of Islamist militants who, according to Ishtiaq Ahmed, represent 10–15% of Muslims in Britain.[33] Where do they fit into Christian-Muslim relations?

Islamist radicals in Western countries have been posing a unique set of challenges to the Christian faith. Islamic student groups on university campuses in Western universities have been engaging in increasing levels of anti-Christian polemic, as part of their mission (*da'wah*) activities. They have been distributing material written by such famous Muslim polemicists as Ahmed Deedat, in their effort to pose searching challenges about the reliability of the biblical materials. A relatively benign example of such anti-Christian polemic is the following:

> "The gradual realisation of the distortions present in a number of their holy
> books is bound to lead the Christians, sooner or later, to admit to the truth

33) Paul Vallely, 'Bradford rises above the ashes,' *The Independent* (14 January 1999).

of the fact that the greater part of the Judeo-Christian Scriptures have un-
dergone great changes and distortions. We have shown that the Christians
do not possess any authentic records or acceptable arguments for the au-
thenticity of the books of either the Old Testament or the New Testament."[34]

Such challenges have been ignored by most Christian groups en-
gaged in multi-faith contacts, whether liberal, traditionalist or evangeli-
cal. However, some evangelical groups have responded by accepting
challenges to public debates, following a practice used in earlier periods
by Christian missionaries such as Karl Pfander.

Such public debates are increasingly popular on Western university
campuses. In Britain they are typically organised by student Islamic
societies, and are designed around a strictly enforced structure. Such
debates attract large numbers. For example, a debate organised by the
Manchester University Islamic Society and the Christian Union on 19
April 1997 attracted 500 people, filling the hall to capacity and disap-
pointing many would-be attenders who were not able to enter the hall.
The Christian speaker was Jay Smith,[35] a prominent debater on Christian-
Muslim topics in Britain and the US. Muslim arguments were articulated
by Shabir Ali, a leading debater from the Da'wah Centre, Canada. Three
topics were discussed: 'Similarities and Differences between Islam and

---

34) M.M. Rahmatullah Kairanvi, *Izhar-ul-Haq (Truth Revealed): Contradictions and Er-
rors in the Biblical Text,* 2nd edn (Jeddah: World of Knowledge for Publishing and
Distribution, 1992), 52.
35) For a robust defence of the debate method, cf. Jay Smith, 'Courage in our convictions:
The case for debate in Islamic outreach,' *Evangelical Missions Quarterly,* 34, no. 1 (Janu-
ary 1998).

Christianity', 'The Nature of Sin' and 'What does Islam or Christianity have to offer the campus?' Each speaker spoke without interruption for ten minutes, then each was given five minutes to respond to the other. Questions were then received from the floor, with the Chair enforcing the strict rules of discussion and debate.

Since that event, public Christian-Muslim debates have been taking place with increasing frequency overseas around the world. For example, in Somerset West, South Africa, Jay Smith appeared in public debate with Yusuf Ismail, Muslim polemicist after the style of Ahmed Deedat, on the subject of "The Biblical and Quranic Approach to Peace and Violence" on 21 April 2012.

In Australia, Christian-Muslim debates have been held increasingly in Sydney and Melbourne since 2005. For example, on 15 September 2010 a Christian-Muslim forum pitted evangelical Bernie Power against Muslim convert Musa Ceratonio on the question 'Is the *Quran* the word of God?' The organisers expected an audience of around 30, but an additional 100 attended, demonstrating how such debates address a felt need of both Christians and Muslims. Dr Power similarly took part in a dialogical debate with Rafiq Clarkson at the Melbourne City Conference Centre on 20th April 2012 addressing the topic "Spiritual role models for the 21st Century." Over 200 Christians and Muslims were in attendance.

A place of regular debating interaction between Christians and Muslims in Britain is Speaker's Corner at Hyde Park, where militant Muslims had come to dominate the scene until challenged by the evangelical

Hyde Park Christian Fellowship since the latter years of the 1990s.

This approach can be more apologetic and polemical in methodology than dialogical. Arguing for the importance of this approach, Smith calls for a redefinition of 'dialogue' based on the biblical example of Paul's methodology, saying:

> "Paul's premise for dialoguing was not simply to learn from others, and from there to compromise his beliefs in order to evolve another set of beliefs. He knew this would bring about syncretism···he sought to prove what he said(Acts 17:3). He marshaled arguments to support his case, provided evidence, and therefore engaged in argument···His job was to persuade [his hearers] of the truth of the gospel. What they did with that truth was then their own responsibility."[36]

This method is highly controversial, attracting much opposition from within Christian circles, including evangelical opposition.[37] However, it also attracts considerable support. It requires a large dose of courage, both in terms of facing a particularly intimidating manifestation of Islam as well as dealing with hostility from certain Christian individuals and groups. At the time of writing, the debate methodology leads the way among Christian approaches to Islam which specifically address anti-Christian polemic from radical Muslim groups.

---

36) Smith (1998), 29.
37) Refer critique of Smith's methods from several Christian writers in Smith, 'Courage in our convictions.'

V. CONCLUSIONS

In a twenty-first-century context, is an exclusivist approach, argu-
ably based on a biblical model, the best way to achieve Christian goals?
Previous discussion, including the examination of selected case studies,
points to a wide variety of approaches to Christian-Muslim interaction.
We have examined various kinds of dialogue: dialogue on religious
belief, dialogue for conflict resolution and dialogue on social concerns
(called by some "secular dialogue"). In addition to these three, we could
add traditional mission (by both Christians and Muslims) as a mode of
interaction, campaigns on advocacy and justice, and apologetics in the
form of debate.

Our examination of church policy and practice, with a particular fo-
cus placed on the World Council of Churches and the World Evangelical
Alliance, suggests that different Christian groups share certain methods
but some modes of interaction are avoided by specific groups. Indeed,
the method chosen will be largely determined by the kinds of Chris-
tians and Muslims involved in the interaction. This can be tabulated as
follows, with the numbering system reflecting the broad priority given
by each Christian group to the respective mode of interaction:

Modes of Christian-Muslim Interaction

	Muslim modernisers	Muslim traditionalists	Islamists
World Council of Churches	1. Dialogue on religious experience 2. Dialogue on social concerns 3. Campaigns on advocacy and justice	1. Dialogue on religious experience 2. Dialogue on social concerns 3. Campaigns on advocacy and justice	
Christian evangelicals	1. Traditional mission 2. Campaigns on advocacy and justice 3. Dialogue on social concerns 4. Dialogue on religious experience	1. Traditional mission 2. Campaigns on advocacy and justice 3. Dialogue on social concerns 4. Dialogue on religious experience	1. Traditional mission 2. Campaigns on advocacy and justice 3. Debate/apologetics

Several important observations can be drawn from the above diagram:

- The World Council of Churches, predominantly representing liberals and traditionalists in its Protestant segments, tends to engage primarily with Muslim modernisers and traditionalists, preferring to ignore Islamist militants.

- The WCC prefers the modes of dialoguing on religious experience and social concerns, with a lessening emphasis on campaigning for advocacy and justice, and a disavowal of apologetics and debate.

- Christian evangelicals, grouped under the WEA, maintain the priority of traditional mission as well as advocacy and justice issues. Nevertheless, there is an increasing evangelical participation in dialoguing on religious experience and social concerns. Furthermore, the only Christian group to be responding directly to the Islamist minority and its antiChristian polemic comes from the evangelical stream, using debate.

The varied modes of interaction presented above are an appropriate reflection of the rich tapestry of both Christianity and Islam. Such diverse approaches may well be the most appropriate way for the future, given the diversity of Muslim communities with which Christians are interacting. It would be inappropriate to engage in robust debate with congenial Muslim traditionalists, just as it would be to engage in soft dialogue with Islamist militants. Christians interacting with Muslims need a kitbag of tools as it were, selecting the appropriate tool according to the type of Muslim with whom they come into contact.

[References Cited]

Baker, Don. "Islam Struggles for a Toehold in Korea." *Harvard Asia Quarterly* X no.1 (Winter, 2006), 25-30.

Davison, Anne. "Encounter Youth Exchange Project Between England and the Holy Land for Christians, Jews and Muslims." *Current Dialogue* (32), December 1998.

Generous Love: The Truth of the Gospel and the Call to Dialogue, London: The Anglican Consultative Council, 2008.

Guidelines for Interfaith Dialogue, Ecumenical Office of the Anglican Church of Canada, Toronto, 1986.

Guidelines for Interfaith Dialogue, Office of Ecumenical and Inter faith Relations, Presbyterian Church (USA), Louisville KY, 2012.

Glaser, Ida. "Faith and Society in the UK." *Transformation* 17.1 (January/March 2000): 26-29.

Knell, Bryan. "A Reflective History of CRIB (1998-)." *CSIOF Bulletin* 4 (2011), 22-26.

Lee, Hee-soo. "The Advent of Islam in Korea." *Istanbul: Research Centre for Islamic History, Art and Culture (IRCICA)*, 1997, 40-53.

Riddell, Peter. *Christians and Muslims: Prospects and Perspectives in a post-9/11 World*, Leicester: IVP, 2004.

Sharpe, Eric J. "Dialogue of Religions," in Mircea Eliade (ed.) *The Encyclopedia of Religion* vol. 4, New York: Macmillan, 1987.

Siddiqui, Ataullah. *Christian-Muslim Dialogue in the 20th Century*, London: Macmillan, 1997.

"Youth exchange project." *British Muslims Monthly Survey*, February 1999 VII, no.2, 10-11.

Wingate, Andrew. 1 *Encounter in the Spirit: Muslim-Christian Dialogue in Practice*, Geneva, WCC Publications, 1988.

Kairanvi, M.M. Rahmatullah. *Izhar-ul-Haq(Truth Revealed): Contradictions and Errors in the Biblical Text*, 2nd edn, Jeddah: World of Knowledge for Publishing and Distribution, 1992.

Smith, Jay. 'Courage in our convictions: The case for debate in Islamic outreach,' *Evangelical Missions Quarterly* 34, no. 1, January 1998.

변화하는 이슬람 세계와
이에 대한 기독교 선교적 조망

임스데반

I. 서론

2001년 9월 11일, 일단의 과격 무슬림들에 의한 항공기 납치와 동시 다발 자살테러로 뉴욕 세계무역센터 건물이 붕괴되고 수천 명의 무고한 시민이 죽게 된 사건 이후 이슬람 세계에 대한 관심이 높아지고 있다. 사실 이슬람 세계가 미래 세계에 어떤 영향을 미칠 것인가에 대한 토론은 구소련의 공산권이 무너진 직후인 1990년대 초부터 지식인들 사이에서 관심사가 되어 오고 있었다. 1993년 미국 정치학자인 S. 헌팅턴(Samuel Phillips Huntington)이 *Foreign Affairs* 지 그해 여름호에 실린 "The Clash of Civilizations?"란 논문을 통해 동서 냉전이 무너진 이후 이슬람 세계와 비이슬람 세계 사이의 대결구조가 국제 정치의 주요 관심사가 될 것이라 주장했고, 이에 대한 찬반토론이 무성했다. 특히 그는 동서 냉전이 무너진 직후 몇 년 사이에 벌어진 국제 분쟁들 대부분이 이슬람과 연관이 있다고 주장했다. 공산주의가 빠져나간 국제 분쟁의 장을 이슬람이 대신 채우고 있음을 다른 정치학자들의 사례 조사 결과를 통해 설명하기도 했다.[1]

한편, 헌팅턴의 주장은 이에 대한 이슬람권 학자들의 반론으로 이어지면서 확대되었다. 그러나 9·11 테러 사건은 결정적으로 이슬람 세계에 대한 전 세계의 관심을 더 높였고, 이슬람 세계의 미래가 어떻게 전개될 것이며 또 이것이 앞으로의 세계에 어떤 영향을 미칠 것인가에 대한 논의를 강화시켰다. 최근 중동에서 진행되고 있는 민주화 운동 역시 전 세계의 관심사가 되고 있는데 이는 위에서 언급한 일련의 상황들의 연장이란 면에서 세인의 큰 관심을 받게 되었다. 이슬람 세계를 세계 복음화 여정에서 꼭 극복되어야 할 가장 큰 선교 대상으로 여기고 있는 기독교 선교 입장에서도 이슬람 세계의 미래는 궁금한 사항이 아닐 수 없다.

그렇다면 이슬람 세계는 가까운 장래에 어떤 모습으로 변화할 것이며, 이는 기독교 세계 복음화에 어떤 영향을 미칠 것인가? 이것은 많은 사람들의 관심을 받는 질문 중 하나임에 틀림없다. 그러나 이 주제는 그리 쉽게 결론을 내릴 수 있는 주제가 아니다. 이슬람 세계의 최근 변화들은 다양한 변수들이 복잡하게 얽혀 상호작용하면서 진행되고 있고, 또 밝은 면과 어두운 면, 모두 포함하고 있기 때문이다.

---

1) 헌팅턴은 자신의 논문을 확대 연구하여 펴낸 그의 책 *The Clash of Civilizations and the Remaking of World Order* (1996)에서 "이슬람 세계는 피로 물든 국경선을 갖고 있다!" ("Muslims bloody borders")는 자신의 견해를 뒷받침하는 근거로 다른 세 정치학자의 국제 분쟁 사례 연구를 언급했다. 1993-94년 사이에 발생한 인종적 분쟁 연구(Ted Robert Gurr), 1993년 한 해 동안 발생한 국제 인종 분쟁을 분석한 뉴욕타임즈의 연구, 그리고 1992년 동안 발생한 서로 다른 문명 충돌로 인한 분쟁 연구(Ruth Leger Sivard) 등. cf. Samuel P. Huntington, *The Clash of Civilizations and the Remaking of World Order*, (New York: A Touchstone Book, 1996), 256-257.

무슬림 가운데 살면서 그들 가운데 하나님 나라의 실현을 갈망하는 현장의 선교사로서 최근 진행되고 있는 이슬람 세계의 전환기적 모습을 바라보면서 기대와 실망 사이에서의 혼동스러움을 경험하곤 한다. 기독교 입장에서 이들의 변화를 과연 어떻게 받아들여야 할까? 혹자는 이슬람은 공산주의가 어느날 갑자기 내부의 문제 때문에 붕괴했듯이 우리가 예상하지 못하는 상황에서 급작스럽게 붕괴될 것이며 이는 기독교 선교에 대한 엄청난 기회로 작용하게 될 것이라고 기대한다. 그러나 또 다른 사람들은 이슬람의 변화에 대한 위와 같은 기대가 지나친 낙관주의에 기초한 허상이라고 말한다. 개인적 삶과 공동체, 더 나아가서 죽음 이후의 심판과 내세를 포함하는 초월적인 문제를 다루는 이슬람 신앙은 단순히 정치 이데올로기에 불과했던 공산주의와 비견될 수 없다고 주장한다. 종교적 신념은 설사 현실의 삶이 붕괴되더라도 여전히 굳건히 사람들의 세계관과 신념을 지배할 수 있기 때문이다.

선교 일선에서 무슬림들과 함께 지내며 저들 가운데서 사역하는 무슬림권 사역자들 역시 동일한 혼동을 경험하고 있다. 서구 자본주의 중심의 세계화, 세속주의 세계관의 급속한 확산 등은 젊은 세대 무슬림들을 종교적 굴레로부터 자유롭게 만들고 이는 새로운 가치관에 대한 보다 열린 자세를 기대하게 한다. 그러나 이러한 도전들은 동시에 이슬람 근본주의적 정서를 자극하고 이슬람 신앙과 세계관을 현대적 상황에 맞게 재해석하고 강화하는 방향으로 이슬람 지식인들을 이끌고 있는 면도 있다. 이는 이슬람이 더 강화되고 선교적인 종교로 변신하도록 만들기도 한다.

이슬람 세계의 이러한 혼동스런 상황을 우리 기독교인들, 선교사들은 어떤 관점에서 바라봐야 하는가? 어쩌면 이슬람 세계의 변화를 야기하는 다양한 변수들 중 일부 변수만을 의존하기 때문에 이슬람 문명의 미래를 규정하는 더 많은 변수들을 놓치고 있지는 않은지를 질문해 봐야 한다. 그렇다면 이 변화를 이끄는 다양한 변수들은 어떤 것들일까? 이슬람 세계의 변화를 이끄는 다양한 변수들을 분석하는 것과 동시에 또한 이들의 전환기적 상황에 적합한 바람직한 기독교 선교 방향은 어떠해야 하는가라고 스스로에게 자문하는 것 역시 우리에게 던져진 과제 중 하나이다. 필자는 이 짧은 소고에서 위의 다양한 질문들에 대해 나름대로의 답변을 시도해 보고자 한다. 이 논의가 이슬람 선교를 바라보는 우리의 관점이 더 다양화되고 균형 잡는 데 도움이 되기를 바란다.

II. 이슬람 세계의 변화, 과연 그 본질은 무엇인가?

위에서 언급한 주제를 다루기에 앞서 이슬람을 어떻게 바라봐야 하는가에 대한 심각한 질문을 던진 한 영화 이야기를 해볼까 한다. "반역자(Traitor)"란 제목의 2008년 헐리우드에서 만든 액션영화이다.[2] 이 영화의 줄거리는 다음과 같다.

아랍어를 사용하는 수단 출신의 사미르(주인공)는 경건한 이슬람 지도자의 아들로 독실한 무슬림이다. 어린 시절 그의 아버지는 이슬람 근본주의 그룹에 의해 피살되었고, 그 사건으로 인해 사미르는 과격파 무슬림의 적이 되어 미국 CIA의 비밀요원이 된다. 그는 스파이로서 철저하게 과격파 무슬림 일원으로 위장한 채 이슬람 근본주의 과격파 조직에 잠입해서 그 조직을 붕괴시키는 작전에 투입된다. 그가 이슬람 과격파들을 파괴하려는

---

2) 제프리 나흐마노프(Jeffrey Nachmanoff) 감독이 2008년 제작한 영화. 영화 소개는 www.traitor-themovie.com 참조.

이유는 아버지에 대한 복수 때문이기도 하지만, 동시에 그는 이슬람 근본주의 사상으로 무장한 이들 테러리스트들이 진정한 이슬람의 적이라고 믿기 때문이다. 경건한 무슬림으로서 사미르는 이슬람의 이름을 모욕하는 이슬람 과격분자들을 이슬람의 이름으로 처단한다. 이 과정에서 그는 이슬람 테러조직의 중간 리더이며 자신의 절친한 친구를 배반해야 하지만, 그는 기꺼이 그를 배반한다. 그의 종교적 확신이 우정보다 더 강했기 때문이다.

이 영화는 두 가지 면에서 배반의 문제를 다루고 있다. 이슬람 근본주의 테러리스트 그룹 입장에서 보면 주인공 사미르는 이슬람 세계를 배반한 배교자이다. 그러나 사미르의 입장은 정반대다. 이슬람의 이름으로 폭력을 행하는 과격 테러리스트들이야말로 이슬람을 이용하여 자신들의 정치적 목적을 추구하는 이슬람의 적이며 그들이야말로 이슬람을 배반한 반역자들이라고 항변한다.

이 영화를 보면서 내내 '과연 누가 배신자인가?'라는 질문에 답해 보려 애썼다. 필자는 주인공 입장에 공감하지만, 무슬림들이 이 영화를 본다면 그들은 누구를 (이슬람의) 배반자라고 느꼈을까? 그 대답에 따라 이슬람 문명의 장래 방향이 달라질 것이다. 이 영화가 제시하는 대립되는 두 관점이야말로 이슬람 세계의 미래 변화 문제를 다룰 때 반드시 다루어야 할 주제라 할 수 있다.

물론 현실 세계는 영화가 소개하는 관점들보다는 훨씬 복잡하고 모호하다. 그러나 어디에 무게를 두느냐에 따라 이슬람 세계가 지향하는 미래가 어디를 향할 것인가를 가늠할 수 있게 해준다는 면에서 이 영화가 던지는 질문은 심오하다.

1. 최근 중동의 민주화 혁명 : 어떻게 이해할 것인가?

1) 중동의 민주화 혁명의 의미

2010년 12월 튀니지의 지방 소도시인 시지 부지드에서 대학을 졸업한 후 취업난에 떠밀려 길거리 노점상을 하던 모하메드 부아지지(26세)라는 청년이 노점상 단속 경찰에 항의하여 분신자살을 하게 된다. 이것이 촉발제가 되어 튀니지부터 시작하여 이집트 혁명으로 인한 정권 붕괴, 리비아 민주화·반정부 시위 등 중동·북아프리카 각국에 민주화 시위가 확대되고 있다.

일부 학자들은 이번 민주화 사태가 이슬람 권위주의의 정치적 영향력에 큰 변화를 가져다 줄 가능성이 있다고 전망하고 있다.

"이번 튀니지와 이집트의 혁명은 위에서 언급한 유목민의 가부장적 권위주의 인식체계와 이슬람 종교의 통치 및 통제방식의 틀을 무너뜨린 것이다. 결국 1980년 말 동구 공산권이 무너진 것과 같은 도미노 현상은 아니겠지만, 중장기적으로 대부분 중동 및 이슬람 정권이 이번 사태의 영향을 크게 받을 것이다."[3]

그러나 이번 민주화가 이슬람 종교 권위주의의 중동 정치 영향력을 약화시킬 것이라는 기대에 대해 경고를 보내는 관점들도 많다. 중동에 민주화가 도래했다고 속단하기 어려운 이유들이 많기 때문이다. 1979년 왕의 폭정에 대항한 이란 혁명의 끝은 이전보다 더 극심한 권위주의적 종교 정권의 등장으로 마무리되었다. 가자(Gaza) 지구에서 극단주의 단체 하마스(Hamas)를 집권하도록 만든 것 역시 민주주의였다. 요르단의 압둘라(Abdullah) 국왕과 같이 진보적인 지도자들이 시위로 인해 세력이 약화되는 것도 민주

---

3) 서정민, "중동민주화 성격과 파급효과"(2011), *e-Eurasia*. 30:3-4.

화 시위가 가져올 부정적 결과가 될 수도 있다.

"지금 중동의 민주화 바람을 성령의 바람이라고 속단하지 않았으면 좋겠다. 왜냐하면 이것은 독재에 시달리고 빵에 굶주렸던 백성들의 부르짖음이지 이슬람에 반기를 든 것은 아니라는 점이다. 백성들은 지도자가 필요하다. 누구든지 지도력을 발휘하려면 꾸란에 정통하고 그들의 공통분모인 이슬람 신앙을 강조하지 않으면 무슬림들의 공감을 얻기가 힘들게 된다."[4]

중동의 민주화 혁명을 주도하는 세력들은 과연 "Traitor" 영화 속의 주인공 사미르의 관점을 공감하는가? 아니면 테러를 통해 이슬람 가르침을 지킬 수 있다고 믿는 과격 무슬림의 관점을 지지하는가? 만약 전자의 사람들이 주도하는 운동이라면 이슬람 세계의 미래는 좀더 개방적이고 합리적인 이슬람 신앙의 정립으로 나아가겠지만, 만약 후자의 철학을 지지하는 운동이라면 이슬람 세계의 정치적 분위기는 더 보수적, 권위적으로 변할 수도 있다. 현 시점에서는 어느 누구도 그 미래의 방향성을 예단하기가 쉽지 않아 보인다.

2) 이슬람 세계의 변화를 이끄는 사상적 기초들

최근 중동 민주화 혁명은 두 가지 요소(근본주의 이슬람의 영향과 개혁주의적인 합리적 지식층의 등장)가 동시에 영향을 미치고 있다고 보여진다. 특히 정보통신 혁신에 의한 민중들의 각성과 자기 표현 확산 가능성은 이슬람 세계 미래 방향에 대한 복잡성을 더하고 있다. 현재 두 요소 중 어느 쪽의 영향력이 더 큰지는 아직 가늠하기 어려워보인다. 여기서는 이슬람 세계의 미래에 대해 주요한 영향을 미치는 몇 가지 관점들을 살펴보고 이런

---

4) 이만석, "재스민 혁명의 민주화 물결을 바라보며," MET_Mission. http://koreairanian-church.net/ (3/28/2011 접속).

관점들이 어떤 이슬람 세계의 미래를 제시할 것인지 가늠해 보고자 한다.

이슬람 문명의 미래에 대한 토의는 다음 두 가지를 전제하고 있다. 하나는 무슬림들의 과거에 대한 향수이다. 이슬람은 한때 전 세계 문명을 선도하던 선진 문명을 이룬 적이 있다. 이슬람 세계의 미래에 대한 토론은 "과거의 화려했던 이슬람 문명을 어떻게 오늘날 다시 회복할 수 있을까?"라는 질문에 대한 답을 찾아가는 과정이라 볼 수 있다. 물론 이 부흥을 성취하는 수단에 대해서는 다양한 관점이 있어 왔다. 본래의 이슬람 신앙으로 돌아가 모든 영역이 이슬람 법에 의해 통치되어야 한다는 이슬람 근본주의자의 관점도 있고, 서구 합리주의 세속주의 세계관을 받아들여 서구화에서 그 답을 찾으려는 시도도 있어 왔다. 이슬람 신앙의 영적 기반을 유지하되, 합리적, 비판적 토론을 통합하여 과거 이슬람의 권위주의를 벗고 이슬람 개혁주의로 나아가야 한다는 관점도 최근 대두되고 있다. 이 모든 관점들은 과거 이슬람 문명의 황금시대 부활이라는 질문과 연관되어 있다는 점에서 같은 길을 걷고 있다고 볼 수 있다.

다른 한 가지는 이슬람의 본질이 무엇인가에 대한 고민이다. 이슬람 세계는 이슬람 신앙적 토대를 떠나서는 성립될 수 없다. 종교로서 이슬람이 이슬람 사회의 근간임은 부인할 수 없다. 그러므로 이슬람 문명의 미래는 "이슬람의 본질이 무엇인가?"라는 질문과 깊이 연관되어 있다. 특히 이슬람의 계시인 꾸란 해석에 대한 다양한 관점들은 이슬람 세계의 미래를 예측하는 데 있어 중요한 변수가 되고 있다.

이슬람 문명의 미래에 대한 토론은 20세기 후반부에 들어 기존의 관점과 구별되는 새로운 관점들이 제기되면서 다양화되고 있다. 이들은 서구 세속주의 수용이나 이슬람 근본주의적 접근이 실패했다고 생각한다. 서구 세속주의를 적극적으로 수용하여 진행된 정치, 사회적 근대화 추구는 오히려 무슬림 사회의 부정부패, 권위주의 정권만 강화되는 부작용을 낳았고, 동시에 이슬람 근본주의 사상은 테러리즘, 이슬람 신앙의 교조화와 같은 또 다른 부작용으로 이어지고 있다고 본다. 그래서 그들은 이 양자와 거리를 둔 제3의 길에 대한 모색한다. 합리적인 토론과 이슬람의 영성을 통합하는 지식의 이슬람화(Islamization of knowledge) 운동이 그 한 예라 할 수 있다. 이 운동은 최근 이슬람 개혁주의(Islamic Reformation)라는 관점으로 이어지고 있다.

한편, 이슬람에 기초하여 무슬림 사회의 개혁을 역설하는 것과는 조금 다른 입장이지만, 일부 무슬림 지식인들은 여기서 한걸음 더 나아가 이슬람 사회의 붕괴를 주장하기도 한다. 이슬람 사회붕괴론은 아직은 큰 흐름을 이루고 있다고 보기 어렵지만, 최근 들어 이에 대한 토론이 활발해지고 있고 또 서구 사회가 이를 공론화하고 있어 기독교 선교 입장에서 그 추이를 지켜봐야 할 필요가 있다.

2. 민주화 혁명과 이슬람 근본주의

1) 이슬람 근본주의 관점을 지지하는 무슬림 대중

2004년 출판된 샘 해리스(Sam Harris)의 책 *The End of Faith: Religion, Terror, and the Future of Reason* 에 따르면 중동의 대다수 민중들은 여전히 이슬람 근본주의적 관점을 지지하고 있는 것으로 보인다. 해리스는 이 책에서, 자살테러 공격에 대한 중동 무슬림 대상의 설문조사 결과를 통해[5] 대다수 무슬림들이 여전히 이슬람 근본주의적 관점을 따르고 있다고 주장

---

5) 해리스는 이 책에서 "이슬람 수호를 위한 자살 공격"에 대한 설문조사 결과를 인용하였다. 이 조사는 2002년, 12개 이슬람 국가에 살고 있는 38,000명의 무슬림을 대상으로 실시되었다.

했다. 이 조사에 사용된 설문 중 하나는 다음과 같다.

"어떤 이들은 적으로부터 이슬람을 수호하기 위해, 민간인을 대상으로 하는 자살 공격 또는 다른 유형의 폭력 사용은 정당화될 수 있다고 생각한다. 그러나 다른 이들은 이런 유형의 폭력은 어떤 이유로도 정당화될 수 없다고 주장한다(Harris, 2004:125)."[6]

이슬람 수호를 위한 자살테러 공격에 대한 이 설문에 대한 무슬림 응답자들의 반응은 〈표1〉과 같다.

〈표1〉 정당화될 수 있다?

	Yes(%)	No(%)	DK/Refused(%)
Lebanon	73	21	6
Ivory Coast	56	44	0
Nigeria	47	45	8
Bangladesh	44	37	19
Jordan	43	48	8
Pakistan	33	43	23
Mali	32	57	11
Ghana	30	57	12
Uganda	29	63	8
Senegal	28	69	3
Indonesia	27	70	3
Turkey	13	73	14

'이슬람 수호를 위한 자살 공격' Harris (2004), 125

위 조사 결과는 대부분의 이슬람 국가에서 절반, 또는 그 이하의 일반 무슬림 대중들만이 이슬람 수호를 위한 자살폭탄테러에 대해 부정적임을

---

6) Sam Harris, *The End of Faith: Religion, Terror, and the Future of Reason* (NewYork: W.W.Norton&Company, 2004), 124-125.

보여 준다. 많은 무슬림들이 이슬람 수호를 위한 성전(聖戰 : *Jihad*)에서 죽게 될 경우, 즉시 천국으로 향한다는 믿음을 갖고 있는 것으로 보인다. 설문에 "자살폭탄테러", "민간인 대상"이라고 분명하게 언급하고 있음에도 이를 수용하는 태도가 상당해 높음을 보여 주고 있다.[7]

해리스는 이슬람 세계는 본질적으로 비무슬림 세계와 공존하기 어렵다는 입장이다. 그 이유로 그는 꾸란의 가르침과 무슬림들의 꾸란에 대한 맹종을 언급한다. 예를 들면 꾸란 9장 5절 같은 가르침은[8] 무슬림들이 비무슬림 세계를 본질적으로 용납할 수 없음을 가르치고 있고, 많은 무슬림들이 아무런 비판적 사고 없이 이 가르침을 수용하고 있다. 해리스는 이 꾸란에 대한 새로운 해석이 없이는 이슬람 세계가 위와 같은 태도를 넘어서기 어렵다고 전망했다.

> "물론 이 구절들은 정말로 지루하다. 그러나 이 책의 가르침들과 직면해서 그 내용을 대체할 수 있는 것들은 존재하지 않는다. 이 책에 쓰여진 아랍어의 질을 비판하려는 것이 아니다. 아마도 아랍어 자체는 훌륭하다. 그러나 그 책의 내용은 그렇지 못하다. 꾸란은 거의 매 페이지에서, 순종적인 무슬림들을 향해 불신자들을 경멸하라고 가르친다. 거의 매 페이지마다 종교전쟁을 위한 근거들을 제공하고 있다." (Harris 2004:123)

---

7) 이 조사는 좀더 이슬람에 대해 보수적 태도를 갖고 있는 나라의 무슬림들, 사우디아라비아, 예멘, 이집트, 수단, 이라크, 그리고 팔레스타인 거주 무슬림들의 의견이 포함되지 않은 것임을 감안하면, 중동 무슬림들의 과격한 테러를 정당화하는 이슬람 근본주의적 영향력은 이 조사결과보다 더 강할 수 있다.

8) "But when the forbidden months are past, then fight and slay the Pagans wherever ye find them, and seize them, beleaguer them, and lie in wait for them in every stratagem (of war); but if they repent, and establish regular prayers and practise regular charity, then open the way for them: for God is Oft-forgiving, Most Merciful." (꾸란 9장 5절). *Quran* translated by Yusuf Ali Abdullah

만약 해리스의 주장이 옳다면, 이번 중동 민주화 혁명 역시 그 저변에 이슬람 근본주의 가르침에 대한 동의가 작동하고 있다고 봐야 할 것이다. 그렇다면 이슬람 세계의 미래는 그리 장밋빛으로 볼 수 없다. 어쩌면 이 대중들의 지지를 업고 더 보수적인 이슬람 세계관에 기초한 정권과 사회구조가 나타날 가능성도 없지 않다.[9]

2) 이슬람 근본주의가 그리는 미래

그렇다면 무슬림 대중으로 하여금 테러리즘과 폭력을 수용하도록 만들고 이슬람의 배타성을 강조하는 이슬람 근본주의 사상은 어떤 미래를 지향하고 있는가? 이슬람 세계의 미래에 대한 청사진 중 현대 무슬림 세계에서 가장 영향력이 있는 운동 중 하나가 바로 이슬람 근본주의 운동이다.[10] 현대 무슬림 사회의 변화들을 이끄는 세력들은 상당수가 이슬람 근본주의 사상을 자신들의 지도 이념으로 삼고 있기에 이슬람 근본주의에 대한 이

---

9) 물론 해리스는 그의 주장을 부정적 결론으로 끝맺지 않았다. 그는 이슬람 지식인들에 의해 꾸란에 대한 재해석을 시도하고 이슬람 내부의 개혁이 이뤄진다면, 헌팅턴이 주장하는 이슬람과 서구의 문명 충돌의 가능성을 줄일 수 있다고 보았다. "이슬람은 과연 문명 사회(civil society: 저자의 정의에 따르면 보복의 두려움 없이 자유롭게 비판할 수 있는 사회)와 함께 공존할 수 있는가? 좋은 무슬림이 된다면, 군사적, 경제적 힘을 갖고 있더라도 다른 문명사회에 막무가내식 두려움을 주지 않을 것이라고 믿을 수 있는가? 필자는 이 질문에 대해 '아니오.'라고 답할 수밖에 없다. 만약 이슬람과 서방 사이에 안정적인 평화를 취하고자 한다면, 이슬람 안에 근본적인 혁신(radical transformation)이 이뤄져야 할 것이다. 이 변혁은 먼저는 무슬림들이 기쁘게 받아들일 만한 것이어야 한다. 그리고 이 변혁은 무슬림 자신들의 내부로부터 나와야 한다. 그러기에 이슬람 문명의 운명은 이 과정을 주도할 '온건한(moderate)' 무슬림의 손에 달려 있다고 말하는 것은 결코 과장이 아니다." (Harris (2004), 152).
10) 무슬림 세계의 Re-Islamization를 지칭하는 용어로 근본주의(fundamentalism)를 사용하는 것이 적절한가에 대한 토론이 있어 왔다. 일부 무슬림 학자들은 본래 이 용어가 기독교 개신교에서 성서의 가르침을 문자 그대로 적용하려는 태도를 일컫는 용어였기 때문에 이슬람 상황에 적용하는 것은 적절치 않다고 주장하기도 한다. 그러나 이슬람 부흥 운동의 핵심요소가 이슬람 계시를 문자적으로 적용하려는 것임을 드러내는 이보다 더 적절한 용어가 없기에 현재는 널리 사용되고 있다.

해 없이 현대 무슬림 사회의 변혁을 설명하는 것이 불가능하다. 그렇다면 이슬람 근본주의의 주장은 무엇이며 이들은 현대 무슬림 사회 변동에 어떤 의미를 갖고 있는가?

먼저, 이슬람 근본주의자들은 이슬람 문명의 과거 영광을 되찾으려면 이슬람 신앙을 더 엄격하게 회복해야 한다고 믿는다. 그들은 이슬람 문명이 뒤처진 이유가 이슬람을 더 엄격하게 적용하지 않았기 때문이라 이해한다. 그러므로 이슬람 가치의 회복이 이슬람 근본주의의 핵심 과제라 할 수 있다.

이슬람 근본주의는 과거 역사에 깊은 관심을 기울인다. 그들은 이슬람 역사의 두 시대에 주목한다. 그 하나는 긍정적이고 모범이 되는 이슬람 형성 초기의 이슬람 역사로, 무함마드 통치와 칼리프들의 통치기간 동안 이슬람 세계는 대제국으로 성장했으며, 문화적으로도 가장 발전된 시기였다. 이슬람 근본주의는 과거의 황금시대를 회복하는 것을 이상으로 생각한다. 또 다른 시기는 부정적이고 수치스런 역사이다. 17세기 이후는 이슬람 문명이 결정적으로 쇠퇴하는 시기로, 전쟁에 패하고 정치적으로 부패한 시기였다. 이슬람 가치는 유명무실해졌으며 이슬람 세계는 서구 제국주의에 의해 식민지로 전락했다. 이슬람 근본주의는 두 시기를 대비하면서 이슬람의 본래 모습을 회복하는 것이야말로 이슬람 문명의 밝은 미래를 보장하는 것이라고 주장한다. 그런데 이 과정은 정치·문화·영적으로 이슬람 세계 깊숙히 뿌리내리고 있는 서구 세속주의 사상과의 투쟁에서 승리하지 못하면 성취될 수 없다고 믿는다. 반서구, 반세속주의 투쟁을 강조하는 이유가 여기에 있다.[11]

---

11) Lawrence Davidson, *Islamic Fundamentalism: An Introduction* (Westport: Greenwood Press, 2003), 3.

이슬람 근본주의자들은 무함마드를 따라야 할 표준으로 여긴다. 무함마드는 당시 다신론 우상 숭배에 의해 지배되고 있던 메카를 유일신 신앙으로 정복했고 이슬람 신앙으로 다스려지는 사회를 형성, 당시 세계의 절반 가까운 지역을 지배하기에 이른다. 동시에 이슬람 신앙에 기초한 당대 최고의 선진 문명을 일궈냈다. 이슬람 근본주의는 과거 이 시기로의 회귀를 꿈꾼다. 이슬람 신앙에 기초한 사회질서, 문화를 지향하고, 정치적으로는 샤리아 이슬람 종교법에 의한 통치를 추구한다. 꾸란과 하디스에 기초한 엄격한 이슬람 종교법에 의한 통치를 이상으로 여긴다.[12]

최근까지 이슬람 근본주의 사상은 무슬림 대중들의 사고에 깊이 영향을 미쳤다. 그러나 이슬람 근본주의는 다음 몇 가지 면에서 비판을 받고 있다. 1) 이슬람 신앙을 정치적으로 이용하고 있다. 이슬람 근본주의의 정교일치의 정신은 종교지도자들의 절대 권력화를 허락하며, 종교가 정치적 목적에 악용될 수 있는 여지를 주고 있다고 비판받고 있다. 2) 무슬림들의 열린 사고, 비판적 토론을 허용하지 않는다. 그동안 이슬람 근본주의 과격파들이 이슬람권 토론을 주도해 왔는데, 이들은 종교적 가르침을 절대화하여 이에 대해 어떤 의문도 갖지 못하도록 통제한다. 그런데 근대적 교육의 확산, 미디어 통신의 발달 등으로 인해 새롭게 형성되고 있는 합리적 사고로 무장한 무슬림 지식인들이 이 토론에 다수 참여하게 되면서 이들의 논리는 고등교육을 받은 일반 무슬림들 사이에서 설득력을 잃고 있다. 3) 이슬

---

12) 이슬람 근본주의는 다음 몇 가지 전제를 공유한다. 1. 무슬림 세계는 이슬람 원리에서 떠나 수세기 동안 정치적, 도덕적으로 부패했다. 2. 이 부패는 이슬람 사회를 약화시켰고 결국 서구의 식민지로 전락했다. 서구의 세속적 영향력은 이슬람 사회를 더욱 약화시켰다. 3. 이슬람 사회의 부패와 서구로부터 유입된 세속적 세계관 극복을 위해서 이슬람 세계는 Re-Islamization 되어야 한다. 4. Re-Islamization는 이슬람의 정치세력화를 통해 성취될 수 있으며, 그러므로 이슬람 근본주의 운동은 본질적으로 정치지향적이다. (Davidson 2003:12).

람 근본주의의 지나친 정치성과 테러리즘으로 대변되는 폭력은 무슬림들의 마음이 멀어지게 만드는 요소이다. 4) 마지막으로, 이슬람 근본주의적 사상에 기초한 정치실험들에 대한 부정적 평가의 부담이다(이란, 수단, 파키스탄 등). 이슬람 근본주의 사상에 따른 통치를 시도했던 지역들에 대해 부정적 평가,[13] 그리고 테러리즘과의 연관성 등 부담이 되고 있다.

이러한 부정적 이미지는 이슬람 근본주의가 무슬림 대중 마음 깊숙히 영향을 미치면서도 동시에 한계로 작용하고 있다. 다가오는 중동 이슬람권의 민주화 혁명에 이슬람 근본주의가 어떤 역할을 할 것인가는 이 부정적 이미지를 어떻게 극복하느냐와 관계가 있다고 볼 수 있다.

3. 개방적 합리성의 확대와 이슬람 세계의 변화

1) 정보통신의 혁신과 열린 사회로의 전환

그러나 중동의 이번 민주화 혁명이 새로운 진보주의 성향의 민주의식의 표현일 수 있음을 보여 주는 분석들도 여럿 제시되고 있다. 그 하나는

---

13) 보수주의 이슬람 혁명의 시발점인 이란의 정치적 변화가 그 대표적 예라 할 수 있다. 이란은 이슬람 혁명을 주도하던 보수주의 정치 세력이 최근 선거를 통해 대중의 지지를 얻는 데 실패해 왔다. 1997년 5월 선거에서는 83%의 투표자들이 이슬람 혁명을 주도한 보수 세력이 아닌 개혁 세력에 표를 던졌고, 이후 이어진 지방의회 선거, 국회의원 선거, 대통령 선거에서도 동일한 경향을 보여 주었다. 특히 전체 인구의 40%에 해당하는 (1996년 기준) 15세 이하 젊은이들은 개혁주의 성향을 지지하고 있어, 미래 세대가 얼마나 이슬람 혁명을 지지할 것인가에 대해 회의적으로 보는 관점이 많다. 이란의 이슬람 혁명의 실패를 지적하는 자료로는 다음과 같다. Cf. John Lyons, "Islamic revolution a failure: Mir Hussein Mousa vi," The Australian. (04 Feb. 2010); Hamid Dabashi, "The End of Islamic Ideoogy – Iran," *New School for Social Research*, from the website of http://www.findarticles.com/p/articles/mi_m2267/is_2_67/ai_63787340 ; Chris Cutrone, "The Failure of the Islamic Revolution: the Nature of the Present Crisis in Iran," *The Platypus*. (15 Feb. 2010), from the website of http://newyork.platypus1917.org/the-failure-of-the-islamic-revolution/ ; Hamidreza Jalaeipour, "Iran's Islamic Revolution: Achievements and Failures," *Critique: Critical Middle Eastern Studies*, 15 (3):207-15 (2006).

권력 분산(Power diffusion) 이론을 중심으로 한 나이(Joseph S. Nye Jr) 교수
의 분석이다.

　조지프 나이 교수는 최근 중동의 혁명적 변화의 핵심 요인을 전혀 새로
운 관점에서 접근한다. 그는 튀니지와 이집트 혁명에서 주의 깊게 볼 만한
점은 소셜 네트워트서비스(SNS)를 통하여 민중의 결집을 이루어내어 정권
붕괴를 이루어냈다는 점이라 주장한다. 중동 민주화 혁명을 정보통신의 혁
신과 연관하여 분석한 나이 교수의 설명은 설득력이 있어 보인다. 그는 최
근 쓴 자신의 책 『권력의 미래(*The Future of Power*)』(2011)에서 "'디퓨전 파
워(Diffusion Power : 소수의 엘리트에 집중되어 있던 권력이 정보통신의 발달로 인
해 일반 대중에게 분산되었다는 의미)"를 언급했는데[14] 중동에서 최근 벌어지
고 있는 상황은 이 디퓨전 파워 현상을 가장 잘 보여 주는 사례라고 주장
한다. 그동안 중동 국가 국민들은 경제적 어려움과 정치적 억압을 겪으면
서도 독재와 극단적인 종교 정권 외에는 선택의 여지가 없다고 여겨왔다.
하지만 트위터, 페이스북 등으로 대표되는 인터넷 정보통신의 발달은 중산
층을 단합시키고 그들로 하여금 조직적으로 활동할 수 있도록 했다. 나이
교수는 이 디퓨전 파워 현상이야말로 이번 중동 민주화 혁명의 가장 큰 특
징이라고 주장한다.

　인터넷 등 정보통신의 혁명이 중동 이슬람 지역의 정치 사회적 변화에

---

14) 이번 세기에 두 방향의 권력 변화(power shift)가 진행되고 있다. 권력 이동(power transi-
tion)은 권력 주체가 새로운 세력으로 이동하는 것으로 역사상 늘 있어 왔던 현상이다. 그
러나 권력 분산(power diffusion)은 새로운 현상이다. 오늘날 가장 통제적인 정부조차도
권력에 영향을 주는 정보 흐름을 통제할 수 없다. 권력의 근간이 되는 정보가 대중들에게
자유롭게 노출되어 있다는 말이다. 오늘날 우리가 중동 민주화 혁명에서 보는 바와 같이,
예전에는 흩어져 힘의 결집이 불가능하던 대중들이 급속한 정보 공유를 통해 권력화하고
있다. 정보통신 혁명을 통해, 지방 구석의 문제가 한순간에 국제적인 관심사가 될 수 있다.
개인 또는 개별 단체들이 전 세계 정치에 영향을 미칠 수 있는 길이 열린 것이다. Cf. Joseph
S. Nye, Jr. *The Future of Power* (New York: Public Affairs, 2011), 113.

주요 변수가 되고 있다는 사실은 선교적으로도 의미가 있다. 먼저 중동의 폐쇄적인 사회가 정보 통신 혁명으로 인해 외부의 다양한 정보들이 흘러들어가고 흘러나올 수 있음을 보여 준다. 새로운 정보의 유통을 통해 타종교의 가르침과 같은 외부의 새로운 가치에 대해 더 개방적인 태도를 갖게 됨을 의미할 수 있다.

한편, 튀니지와 이집트 혁명은 아랍인의 심리구조(mentality)를 바꾸어 놓았다. 앞으로 더 많은 시간이 필요하겠지만 이번 시민 혁명이 중동 무슬림권 전체의 정치적 근간을 흔들 것이라는 전망이다. 다른 아랍 국가들이 앞다퉈 민주적 조치의 이행 공약을 내거는 등 자구책을 내놓고 있는 이유도 여기에 있다.

많은 이들이 이번 중동 민주화 혁명을 1980년대 말 동유럽 공산권 몰락과 비교한다. 수십 년간 지속된 독재 정권의 압정을 시민의 힘으로 떨쳐내고 민주화 시대를 열고 있다는 점에서 그렇다. 그러나 서정민 교수는 이번 중동 민주화 혁명을 18세기말 프랑스 혁명에 더 가깝다고 주장한다. 프랑스 혁명은 신권 왕정의 절대주의체제에 반기를 들고 자유로운 개인으로서 평등한 권리를 확립한 '사상 혁명'이었다. 최근 중동의 민주화 혁명도 그 뿌리를 살펴보면 전통적인 이슬람 세계관에 기초한 중동 정치 사회 구조에 대한 도전으로 이해될 수 있다. 혁명을 지지하는 무슬림 대중들은 이슬람 사회에 뿌리 깊이 박혀 있는 '가부장적 권위주의적 사고방식'에 정면으로 도전하고 있다. 중동 민주화를 주도하는 이들 중 다수는 이슬람 권위주의를 개혁하기 위해 노력해 온 아랍의 세속주의 지식인들의 영향을 받고 있다고 보여진다. 중동의 개혁 성향의 지식인들은 권위주의적 이슬람 사회 극복을 위해 최근 많은 계몽적·개혁적 성향의 글을 내놓고 있는데, 일반 대중들, 무슬림 지식인들은 정보통신의 혁신으로 인해 이 정보들을 아무런 장애 없이 접근하고 있다. 이 개혁적인 무슬림 지식인들의 노력이 최근 시민 주도 민주화 혁명의 밑거름이 됐다고 설명한다.

시리아 이슬람 학자인 무함마드 샤루르(Muhammad Shahrur)의 사례는 그 대표적인 한 예가 될 수 있다. 샤루르는 자신이 쓴 책 *Al-Kitab wa-'l-Quran* (The Book and the *Quran*, 1992)을 통해, 전통적 이슬람에 대립되는 개혁적인 꾸란 해석 관점을 역설했다. 그는 코페르니쿠스 혁명의 비유를 통해 종교지도자들에 의해 독점된 꾸란 해석을 비판했다. 코페르니쿠스 이전까지 어느 누구도 "태양이 지구를 중심으로 돌고 있다."는 주장에 이의를 제기할 수 없었다. 마찬가지로 최근까지 꾸란 해석은 오래전 신학자들이 세워놓은 해석을 절대 넘어설 수 없다고 생각했다.

그러나 태양이 지구 주위를 돌고 있고 있다던 주장이 사실이 아니었던 것처럼, 꾸란은 중세 이후 경전 해석을 지배해 온 신학만이 하나님의 뜻을 바로 이해하는 유일한 길이란 주장 역시 사실이 아니다. 샤루르는 하나님이 인간에게 부여해 준 지성을 사용하여 누구나 꾸란을 해석할 수 있다고 주장했다. 그런데 놀라운 점은 종교지도자와 이슬람 정부에 의해 강력한 통제를 받았음에도 불구하고[15] 이 책은 중동 전역에 수만 권 이상이 팔려 나갔다는 사실이다. 수십 만의 무슬림 지식인들이 샤루르의 책을 통해 개혁적인 사상을 받아들였고 영향을 받았다. 바로 이러한 점이 중동 이슬람 사회의 변화의 사상적 토대가 되고 있다는 주장에 힘을 실어 주고 있다.[16]

---

15) 그에 반대하는 이슬람 학자들에 의해 최소한 19권 이상의 샤루르를 비판하는 책이 출판되었고, 그외에 수많은 논문들과 신문기사들이 발표되기도 했다. 이슬람 지도자들과 정부도 이 책의 유통을 방해했다. 일부 이슬람 학자들은 그를 선지자 무함마드 명예훼손으로 법정에 세우려 했다.

16) 샤루르는 꾸란이 신의 계시를 담은 완전한 책임을 부정하지 않는다. 그러나 그 책을 해석하는 관점들은 인간의 해석이라고 주장한다. 꾸란에 대한 어떤 해석도 신적 권위로 절대화되어서는 안 된다. 무함마드 자신의 계시 해석인 *Sunnah*나 이슬람 법을 규정한 이슬람 법학자, 신학자들의 주장도 신적 권위로 정당화되어서는 안 된다. 샤루르는 신의 이름으로 이

다른 하나는 데일 이클맨(Dale F. Eickelman) 교수의 분석이다. 이클맨 교수는 1990년대 말 문화인류학적 접근을 통해, 중동 이슬람 사회가 이전의 이슬람 권위주의를 벗고 보다 비판적이고 합리적인 토론을 보장하는 새로운 이슬람 세계관을 지향할 수 있음을 보여 주고 있다. 이클맨 교수는 이슬람 사회 변화의 주된 요인의 하나로 고등교육의 확산과 정보통신 기술의 확대에 의한 무슬림 대중의 정보 접근 가능성이 높아진 것을 들고 있다. 1950년대 독립한 대다수 중동 이슬람 국가들은 1960년대와 70년대에 접어들면서 국가발전을 위한 교육의 확대를 급속히 진행하였고, 그 결과 문맹률이 급격히 낮아졌고, 고등교육을 마친 국민의 수가 기하급수적으로 증가하였다.[17] 높은 교육보급률 때문에 문자 해독률이 높아지면서 무슬림들은 더 많은 정보를 접할 수 있게 되었다.

한편 최근 정보통신 혁명으로 인해 무슬림 대중들의 정보 접근 가능성은 혁신적으로 높아졌다. 인터넷, 페이스북이나 트위터, 그리고 알자지라와 같은 위성 TV 방송 등을 통해, 무슬림 대중들은 국제 정세와 무슬림 사회 현안, 더 나아가서 이슬람 신앙의 핵심적인 주제에 대해 보다 다양한 관점들이 존재함을 알게 되었고, 해당 주제에 대한 자신들의 견해를 갖고 이를 표현하는 데까지 이른 것으로 해석되고 있다.

슬람 법을 강요하는 것은 오직 정치 권력을 소유한 자들의 이권을 보장할 뿐이며, "이슬람 세계의 정치역사는 권력을 강탈하고 정당화하기 위해 종교를 이용하는 놀라운 습관들로 가득 차 있다."라고 주장한다. Cf. Andreas Christmann, ed. *The Quran, Morality and Critical Reason: the Essential Muhammad Shahrur* (Leiden: Brill, 2009), 395.

17) 1956년 프랑스로부터 독립한 모로코의 경우, 1957년 13,000명의 중학교 졸업생만이 존재했으나 1992년 통계에 따르면 그 수는 150만 명으로 증가했다. 1965년 2만 명이던 대학생 수는 1992년 24만 명으로 늘어났다. 오만의 경우는 더 극적이다. 1975-76년에는 단 22명의 중학교 졸업생이 존재했으나 1987-88년에는 13,500명으로 늘어났고, 1996-97년에는 다시 76,500명으로 증가하였다. cf..Dale F. Eickelman, Jan. "The Coming Transformation in the Muslim World," *Current History* (2000). 17-1

2) 이슬람 개혁주의의 영향력 확산

이슬람 근본주의에 대한 비판적 논의가 확산되고, 정보통신 혁명으로 인해 일반 대중의 정보 접근이 용이해지면서 이슬람 세계의 미래에 대한 새로운 관점들이 힘을 얻고 있다. 최근 이슬람 사회의 미래에 대한 새로운 대안으로 이슬람 개혁주의 사상이 이슬람 사회 지식인들 사이에 퍼져나가고 있는 것이 그 대표적인 사례라 할 수 있다.[18]

물론 이슬람 개혁주의 사상은 오래전부터 무슬림 지식인들 사이에서 논의되어 오던 주제이다. 근대 이슬람 역사 속에서 이슬람 개혁주의를 주창한 학자는 알 아프가니(Sayyid Jamal al-Din al-Afghani)라 할 수 있다.[19] 그는 이슬람 문명이 서구 문명에 비해 뒤처진 것을 극복하기 위해서는 이슬람 종교개혁(reformation)이 필요하다고 주장했다. 그는 서구 사회가 근대 문명을 이뤄낼 수 있었던 것은 마르틴 루터(Martin Luther) 같은 종교개혁자들이 기독교 종교개혁을 성공했기 때문이라고 했다. 루터가 중세 카톨릭의 종교지

---

18) 2008년에 세워진 *Critical Thinkers for Islamic Reform at Oxford University*라는 그룹은 이슬람 개혁이란 주제로 국제적인 컨퍼런스를 개최하고 있다. 개혁주의적인 무슬림 학자들의 학술회의인 이 모임에 대해 그들은 다음과 같이 모임 취지를 설명하고 있다. "The conference will be held at Oxford University in June 11-13. The participants are individuals who agree on the imperative of a drastic reformation in the Muslim world. Though each of us are independent thinkers, we are all in agreement regarding the urgency of reforming our theology, attitude, action and our organizational strategies to further align ourselves to the *Quran* interpreted in light of reason. We have successfully organized a conference in Atlanta, USA in 2008 where thinkers and scholars from both the East and West came together in an effort towards instigating a reform to promote monotheism, peace, justice, progress, critical thinking, and freedom in the Muslim world. The conferences have multiple objectives. Among these are: Facilitate opportunity for reformist Muslim leaders to meet each other personally and exchange ideas. …" http://www.islamicreform.org/ (accessed 31 Aug. 2011).

19) 알 아프가니는 1838년 이란에서 출생한 무슬림 학자 및 활동가로서 19세기 말, 서구의 압력에 맞서 서구를 극복하기 위해서는 이슬람 개혁 운동이 필요하다고 주장했다. M.A. Zaki Badawi, *The Reformers of Egypt* (London: Croom Helm, 1976).

도자 중심의 종교권위주의를 이겨내고 성경으로 돌아가 기독교 영성을 회복했던 것처럼, 이슬람도 종교지도자들의 권위주의를 극복하고 인간의 합리적 토론을 억누르던 모든 종교적 전통을 벗어던져야 한다고 주장했다. 그는 꾸란 구절을 인용하여 이슬람이 종교적 권위주의를 극복하고 내부로부터 개혁을 이뤄내야 함을 강조했다.

> "만약 누군가가, '만약 이슬람이 당신이 말씀한 대로라면, 왜 무슬림들은 이처럼 불쌍한 상태에 놓여 있는 겁니까?'라고 묻는다면, 나는 이렇게 대답할 것이다. '그들이 참된 무슬림으로 있었다면, 그들은 온 세계가 그들의 탁월성을 인정했던 바로 그 예전의 상태에 지금도 머물렀을 겁니다. 그러나 현재의 형편없는 상태에 머물게 된 이유에 대해서는, 단지 다음 꾸란 구절로 답하겠습니다. 실로 알라께서는 사람들이 저들 내부의 것을 바꾸기 전에는 저들의 상태를 변화시키지 아니하시리라(꾸란 13:11)."[20]

알 아프가니는 계시를 종교지도자들이 독점하고 일반 대중의 꾸란 해석을 금한 것이야말로 이슬람 문명 부활의 걸림돌이라고 주장했다. 루터가 종교지도자들의 계시 해석 권리 독점을 정당화하던 중세 기독교를 부정하고, 경전의 계시를 일반 대중에게 돌려 주었던 것처럼 이슬람 사회도 기독교의 종교개혁의 정신을 적용해야 한다고 주장했다.

20세기 후반, 대표적 이슬람 철학자 중 한 사람인 파즐러 라만(Fazlur Rahman) 역시 이슬람 근본주의가 이슬람 문명의 쇠퇴 문제를 서구의 세속주의 영향에서 찾는 것과는 반대로, 이슬람 내부의 문제에서 찾는다. 그는 이슬람 문명의 문제점은 서구의 식민지화, 세속주의 영향이 있기 훨씬 전

---

20) Sayyid Jamal al-Din Al-Afghani, "The Evils of the Neicheris and Virtues of Religion," in Nikki R. Keddie, *An Islamic Response to Imperialism: Political and Religious Writings of Sayyid Jamal al-Din "al-Afghani"* (Berkeley: University of California Press, 1968), 173.

인 13-4세기부터 이미 시작되었다고 지적한다. 그것은 외부가 아닌 이슬람 내부의 문제였다. 이슬람 세계는 신학에 대한 지나친 강조 때문에 철학, 과학의 합리적 토론을 마비시켰고, 신학의 강조는 꾸란의 계시 자체에 대한 관심을 약화시켰다. 또 한 가지, 꾸란 연구에 대한 관심을 약화시킨 요인은 수피즘의 확산이었다. 수피즘은 신과의 합일을 추구하며 그 방법으로서 신비주의적 체험을 강조했다. 이는 합리적 꾸란 연구를 약화시켰다. 라만은 이슬람 문명의 부흥을 위해서는 이슬람 계시의 원천인 꾸란 연구가 회복되어야 한다고 주장한다. 그는 이슬람 법학자들의 전통에 대해 비판적이다. 법학자들의 주석들은 꾸란 연구를 마비시켰다고 보기 때문이다. 신학자들의 전통적 견해와 주석들은 여전히 역사적 상황과 인간적 오류를 포함하기 때문에 순수한 계시인 꾸란 연구를 대신할 수 없다. 그러므로 이슬람 문명의 부활은 올바른 꾸란 연구를 위한 해석학 정립에서부터 시작되어야 한다고 주장한다.[21]

라만의 꾸란 해석학은 이슬람 개혁주의적 접근을 이해하는 데 매우 중요한 관점을 제공한다. 이슬람의 부흥은 신학자들의 전통이나 종교지도자들의 교조적 가르침이 아니라 신의 계시인 꾸란의 가르침 앞에 직접 설 수 있을 때 비로소 바르게 성취될 수 있다고 주장한다. 즉 이슬람 개혁주의의

---

21) F. Rahman은 파키스탄에서 출생한 이슬람 학자로 1988년 사망하기 전까지 Islamic Thought at the University of Chicago에서 교수로 가르쳤다. 그는 새로운 꾸란 해석학을 제시했는데, Rahman의 꾸란 해석학은 이슬람 개혁주의의 중요한 지침이 되고 있다. 그는 꾸란의 계시를 영원불변의 신의 계시와 그 계시가 선포된 당시의 역사적 정황이 얽혀 있는 것으로 이해한다. 그렇기 때문에, 꾸란은 신적 계시와 역사적 정황, 둘의 상호작용에 대한 이해를 통해서 해석되어야 한다. "꾸란을 통해 참된 이슬람 법과 원칙들을 세우기 위해서는, 다음의 두 방향의 운동이 전제되어야 한다. 첫째로, 꾸란 계시가 주어진 구체적 역사적 정황을 파악하고 그 상황 가운데 선포된 영원불변한 신의 계시의 보편적인 가르침이 무엇인지 구분해 낸다. 두번째로, 이렇게 추출된 계시의 보편적 가르침을 현재의 상황에 맞춰 특정한 법과 제도로 적용시킨다." Cf. Fazlur Rahman, *Islam and Modernity: Transformation of an Intellectual Tradition* (Chicago: The University of Chicago Press, 1982), 20.

핵심이 여기에 있다.

알제리 출생의 무슬림 학자로서 프랑스 소르본느 대학 교수로 활동하고 *Arabica: Journal of Arabic and Islamic Studies* 편집자로 활동하고 있는 무함마드 아르코운(Muhammed Arkoun)의 주장은 오늘날 이슬람 내의 개혁주의적 지식인들의 관점을 잘 대변한다.

> "개혁주의적 관점을 가진 무슬림 지식인들은, 보수적, 전통적 이슬람주의자와 전체주의적인 정치지도자들에 의해 세워진 교조적 이슬람(dogmatic Islam)이 시대에 뒤떨어진 것이라고 믿는다. 교조적 이슬람은 제거되어야 하며 이것은 영적이고윤리적인 '진정한' 이슬람으로 대체되어야 한다. 정치적 구호로 포장된 이슬람은 이미 꾸란과 선지자에 의해 가르쳐진 본질적이고 실존적인 이슬람에서 벗어난 변질된 이슬람이다. 현대 상황에 맞는 인본주의적이고 민주적인 이슬람적 의미를 찾으려면 무슬림 지식인들은 새로운 통찰력을 가지고 근대적인 꾸란 연구 방법론을 적용할 수 있어야 한다."[22]

아르코운은 꾸란 해석의 새로운 접근이 필요하다고 강조한다. 전통적인 석의(exegesis) 중심의 꾸란 연구는 해석학(hermeneutics) 중심의 연구로 전환되어야 하며, 이슬람 관련 토론은 신학이 아닌 철학적 방법론이 강조되어야 한다. 이전에 "논외 주제(unthought)" 또는 "논의 불가(unthinkable)"라고 분류한 뒤 이슬람 학자와 지도자들의 전유 영역이었던 영역들을 과감하게 일반 무슬림 지식인들에게 논의를 위해 개방되어야 한다. 이를 통해 이슬람 신학에 의한 권위주의적 통제가 제거되어야 하며 신성불가침처럼 취급되던 이슬람 전통, 신학에 대한 자유롭고 비판적인 토론이 보장되어야 한다고 주장한다. 실제로 이런 주장은 단지 서방에서 활동하는 무슬림 학자들에 국

---

22) Nasr Abu Zayd, *Reformation of Islamic Thought: A Critical Historical Analysis* (Amsterdam: Amsterdam University Press, 2006), 83.

한된 주장이 아니라 아랍권과 이란 등 중동 내의 다양한 학자들, 민주화 운동 지도자들에 의해 공감되고 확산되고 있다는 점이 흥미롭다.

이란 학자인 아부드카림 소로우쉬(AbdolKarim Soroush)의 주장도 이슬람 개혁주의를 지지하는 주장으로 널리 알려져 있다. 소로우쉬 역시 꾸란을 비롯한 이슬람 경전 해석이 소수 종교지도자에 의해 독점되는 상황을 부정하고 일반 무슬림도 자유롭게 경전을 연구할 수 있어야 한다고 주장한다.[23]

최근 민주화 시위가 활발하게 진행되고 있는 이란은 이슬람 개혁주의의 영향 속에서 이슬람 개혁의 움직임이 있는 곳으로 알려져 있다. 이란 내에서는 종교권위주의에 의한 통치에 대한 반발이 일어나고 있는데[24] 그들의 저변에는 이슬람 개혁주의의 논리가 흐르고 있다. 이란에서의 이슬람 개혁주의의 전통은 1900년대 초 이슬람 입헌군주제 도입을 둘러싼 논쟁으로 거슬러 올라간다. 무슬림 개혁자들은 종교지도자들의 정치 관여를 줄이고 일반 대중들의 근대적 사고 접근을 허용해야 한다고 주장했다. 이슬람 개혁주의 사상은 1960년대 대중들의 종교의식이 종교지도자들의 독점적 가르

---

23) Mahmoud Sadri and Ahmad Sadri, eds. *Reason, Freedom, & Democracy in Is-lam: Essential Writings of 'Abdolkarim Soroush* (Oxford: Oxford University Press, 2000).

24) 테헤란 교육대학 교수이자 이란의 민주화 운동을 이끄는 지도자 중의 한 사람인 하셈 아그하자라이의 주장을 통해 이슬람 종교개혁의 일면을 엿볼 수 있다. 민주화 시위를 주도한 혐의로 이란 정부에 의해 체포된 그는, 이슬람이 종교권위주의자들의 굴레로부터 벗어나야 한다고 주장한다. 그의 주장의 핵심은, 하나님을 만남에 있어서 종교지도자의 중재는 필요하지 않다는 것이다. 왜냐하면 종교지도자들은 이슬람을 자신들의 권력의 도구로 남용하기 때문이다. "오늘날은, 그 어느 때보다도 Shari'ati 선생이 주장한 '이슬람 휴머니즘' '이슬람 프로테스탄트(Islamic Protestant)'가 필요하다. 권력을 장악한 종교지도자들은 이슬람의 이름으로 마음대로 행한다. 그들은 인권에 관심이 없다. … 이란 정권은 이란 국민을 자기 편과 다른 편으로 나눈 뒤, 다른 편(즉 종교권위주의에 반대하는)에 대해 마구 대한다. 그들은 자신들의 종교적 권위를 앞세워 사람들의 집에 들어가 재산을 강탈하고 폭력을 가하고 죽이기까지 한다. 이것이 이슬람의 논리인가? 이슬람이 인권과는 무관한 종교인가?" cf. Thomas Friedman, "An Islamic Reformation?" *The New York Times* (4 Dec. 2002). http://www.nytimes.com/2002/12/04/opinion/an-islamic-reformation. html?src=pm

침으로부터 벗어나야 한다고 주장한 알리 샤리아티(Ali Shari'ati)에 의해 다시 이란 내에 등장했다. 2000년대 들어 이란의 민중운동가인 하셈 아그하자라이(Hashem Aghajari)에 의해 샤리아티의 가르침이 이란 정치에 부활되었다. 아그하자라이는 이란인들은 종교지도자들의 지배에서 벗어나야 하며 이를 위해서는 신학자들의 해석에 매이지 않고 하나님의 거룩한 계시로부터 직접 가르침을 받을 수 있어야 한다고 한다. 종교지도자, 이슬람 신학자의 간섭은 오히려 하나님의 계시를 직접 듣지 못하도록 하는 걸림돌이 되고 있기에 기독교 종교개혁 운동이 중세 카톨릭의 종교권위주의, 성직자 권력화을 벗어던지고 성경으로 돌아간 것처럼, 이슬람 역시 종교개혁이 필요하다고 주장했다.[25]

이들의 주장은 이슬람이나 경전으로서 꾸란의 권위를 부정하는 것이라기보다는 자유롭고 비판적인 토론을 통해, 보수 이슬람 학자들에 의해 독점되어 온 이슬람 신앙적 토론을 일반 대중과 지식인들에게 개방하라는 것이다.[26] 그들은 꾸란의 계시 자체와 그 계시를 해석하는 신학을 구분한다.

---

25) Syed Farid Alatas, "Contemporary Muslim Revival: The Case of 'Protestant Islam'," *The Muslim World*, 97, July (2007), 514.

26) 이슬람 개혁주의를 지향하는 The Monotheist Group이 새로운 번역으로 내놓은 꾸란(영어판)은 흥미로운 시도를 하고 있다. 이 꾸란은 독자 스스로 본문을 읽고 독립적으로 계시를 해석하도록 격려하고 있다. 이를 위해 기존 꾸란에 포함되어 있던 주석/설명 부분을 제거해 버렸다. 이 꾸란 서문에서 그들은 이 번역의 목적을 아래와 같이 적고 있다. "*The Qur'an: A Monotheist Translation* is the result of a group effort by people who do not belong to any denomination, and, for the first time in many centuries, are simply proud to call themselves "Muslims," submitting to God alone. (중략) Also, while many translators have been sincere in their rendering of the Arabic meaning of the words, they have been unable to refrain from adding comments in the form of "parenthesis" within the text of the translation or in the form of footnotes and appendices to reflect their views on certain verses or the views of the denomination they adhere to. *The Quran: A Monotheist Translation* is unique in the fact that it uses neither footnotes nor comments letting the text speak for itself and delivering to the reader a rendition of the pure message of *the Quran* which is in itself a 'fully detailed' Book." Edip Yuksel, Layth Sa-

현재는 신학과 계시 자체의 구분이 모호하게 되어 있고 이것이 이슬람 사회의 종교권위주의를 합법화시키고 있다고 지적한다. 일반 무슬림들이 기존의 신학으로부터 자유롭게 꾸란의 계시를 스스로 해석하고 적용할 수 있도록 허용하라는 것이다. 이런 주장은 서구 근대화주의자 또는 극단적인 이슬람 근본주의에 의해 주도되는 이슬람 정치철학을 보다 다양한 관점에서 재구성하려는 의지로 연결되고 그런 움직임이 민주화 운동의 한 맥락으로 자리잡고 있다고 봐야 한다.

4. 이슬람 붕괴론의 대두

팔레스타인 과격 이슬람 단체 하마스의 창설자 중 한 사람인 쉐이크 하산 유스프(Sheikh Hassan Yousef)의 아들로 최근 이슬람에서 기독교로 개종한 모삽 하산 유스프(Mosab Hassan Yousef)는 현대 사회의 매스미디어, 특히 인터넷이 이슬람 사회의 젊은이들 사고에 커다란 영향을 미치고 있으며 이는 이슬람의 붕괴로까지 이어질 수 있다고 주장한다.

"지난 1,400년 동안 무슬림들의 마음을 가둬놓았던 담은 이제 더이상 존재하지 않는다. 이슬람 지도자들은 무슬림들이 이슬람에 회의를 품을 것이 두려워 오랜 세월 동안 그들 주변에 종교적 담을 높이 세워놓았다. 이 담 안에서 무슬림들은 진정한 이슬람이 무엇인지 모른 채 갇혀 지내 왔다. 지도자들은 '무슬림들은 자신의 신앙에 대해 어떤 질문도 해서는 안 된다.'고 강요해 왔다. 그러나 세상이 바뀌었다. 무슬림들에게 출구가 생겼다. 현대적 미디어들이다. 세상과 단절시키기 위해 아버지가 딸을 자기 방에 가둬둔다고 하자. 그 딸은 자기 방에 있는 컴퓨터를 열고 온 세상을 다니며 다양한 정보를 접할 수 있다. 인터넷을 통해 어떤 정보에도 다가갈 수 있게 되었다. 무슬림들은 이슬람에 대해, 타종교에

---

leh al-Shaiban and Martha Schulte-Nafeh, *The Quran: A Monotheist Translation* (Brainbow, Press, 2011), i. http://www.free-minds.org/sites/default/files/quran.pdf (accessed 31 Aug. 2011)

대해 자유롭게 질문하고 그 답을 찾아나설 수 있다. 이 세상에는 이슬람 외의 다양한 관점들이 있음을 알게 되었다. 향후 25년 동안 무슬림 사회, 아랍 세계 는 이 변화의 격랑을 직면하게 될 것이다."[27]

모삽 하산 유스프는 폭스 뉴스(*Fox News*)와 행한 인터뷰에서 이슬람 세계는 내부적으로 심각하게 분열되어 있으며 붕괴의 위기에 직면해 있다 고 주장했다. 그는 팔레스타인 독립을 위한 과격 저항운동을 주도하고 있 는 하마스 설립자의 아들로 과격 이슬람 활동에 적극 참여한 적도 있다. 그 런 그가 이슬람 내부의 문제를 지적하면서 이슬람은 그 내부로부터 심각하 게 붕괴되고 있고 머지않은 장래에 실제로 붕괴의 과정을 겪게 될 것이라 고 주장하고 나섰다.

최근 소말리아 출신 무슬림 여성으로 네덜란드에서 하원의원을 지낸 아 얀 허시 알리(Ayaan Hirsi Ali)는 그의 책 『이단자(*Infidel*)』와 *Nomad* 를 통해 이슬람 세계의 한계를 설명하고 있다. 아얀은 소말리아 야당 지도자의 딸 로서, 부모가 강제한 결혼로 정한 거부하고 네덜란드로 탈출하여, 그곳에서 무슬림 여성 인권을 위해 노력하다가 네덜란드 하원의원까지 된 입지전적 인 인물이다. 아얀은 이슬람 세계의 붕괴를 주장하지는 않지만 스스로 이 슬람 신앙을 포기함으로써 이슬람의 내적 한계를 통렬하게 지적했다. 그녀 는 신앙으로서 이슬람은 서구의 세속적 가치관과 공존할 수 없으며, 만약 이것이 가능하게 되려면, 꾸란 해석을 중심한 이슬람의 본질적인 개혁이 선 행되어야 한다고 주장한다. 네덜란드 하원의원으로서 아얀은 무슬림 사회 의 문제점들, 특히 여성 인권 보호를 위해 헌신적으로 일했다. 아얀은 무슬

---

27) Jonathan Hunt, "Son of Hamas Leader Turns Back on Islam and Embraces Christian-ity," *Fox News* (August 12, 2008), http://www.foxnews.com/story/0,2933,402483,00. html (accessed 24 Jun. 2011)

림 극단주의자들에 주도된 9·11 사태를 지켜보면서 이슬람을 떠났다. 이슬람 근본주의의 테러리즘을 통해 이슬람 신앙의 한계를 보았기 때문이다.[28] 무슬림 여성 인권 운동 과정에서 이슬람 신앙의 한계를 직면한 것이 또 다른 이유였다. 그녀는 이슬람 신앙을 떠나 무슬림 사회의 문제를 비판했다는 이유로 생명의 위협을 받고 있지만 그녀의 용감한 증언과 저술을 통해 이슬람 사회 내부의 문제점들이 외부에 알려지고 있고 이는 이슬람을 새로운 시선으로 바라보도록 만들고 있다.

이집트계 독일학자인 하메드 압들 사마드(Hamed Abdel-Samad) 역시 최근 출간한 그의 저술을 통해 이슬람 세계의 붕괴를 예견했는데 그는 이슬람 사회를 타이타닉호의 파선에 비유한다.

"무슬림 세계는 오늘날 파선 직전의 타이타닉호와 비견될 수 있다. 난공불락으로 보이는 거대한 여객선 타이타닉. 슬프지만 이슬람의 모습이다. 이 선박은 어떤 파도에도 동요되지 않는 거대한 위용을 자랑하며 대양에 외롭게 떠 있다. 그런데 전 세계를 향해 자신만만하게 항해를 시작한 이 배는 빙산과 충돌하면서 불과 몇 시간만에 침몰한 것처럼, 이슬람 세계는 구원의 소망 없이 근대(modernity) 세계라는 차가운 대양에 침몰하고 있다."[29]

급속한 인구 증가, 이슬람 근본주의자들의 목숨을 내던지는 종교적 열정 등으로 인해 이슬람 세계는 강력해 보이고 확산되는 듯 보일 수 있다. 그러나 압들-사마드는 이는 실제 이슬람 세계의 모습과 거리가 있다고 주

---

28) 아얀은 그의 책 『이단자』를 통해 자신이 왜 이슬람을 떠나게 되었는가를 설명한다. 그녀는 소말리아인으로서 자신이 겪은 개인적인 경험들을 소상히 설명하면서, 이슬람 사회 속에서의 왜곡된 인간의 삶, 사회적 한계 등 비판한다. 그녀는 현재 이슬람을 떠나 무신론자로 미국에서 살고 있다. Cf. 아얀 히르시 알리, 『이단자』 (서울:알마, 2010).

29) Hamed Abdel-Samad, "The Muslim World and the Titanic," *The Globalist* (accessed 16 Sep. 2010). http://www.theglobalist.com/printStoryId.aspx?StoryId=8697

장한다. 오히려 그는 서구의 선진 물질 문명과 세속주의 물결에 직면하여 이슬람 세계는 내부로부터 무너지고 있고, 불안해 하고 방어적인 몸부림을 하고 있다고 말한다. 이슬람 사회는 내부로부터 심각하게 병들어 있고 사회 문화적으로 위축되어 있다. 21세기의 세계화된 새로운 시대의 요구에 대해 적절한 답을 제시하지 못하고 있고, 그 결과 새로운 세대들은 이슬람으로부터 멀어지고 있다. 과격 이슬람의 폭력에의 호소는 그 좌절감의 표현으로 이해되어야 한다. 압들-사마드는 일부 이슬람 종교개혁 운동을 통해 혁신을 시도하지만 그것은 무너져가는 건물 외벽을 아름다운 색의 페인트를 칠하는 것처럼 근본적인 대안이 되지 못하고 있다고 주장한다. 이슬람 신앙의 본질적인 재해석이 수반되지 않는 한 이슬람의 붕괴를 막을 수 없을 것이라 전망한다.

III. 무슬림 세계 변화를 바라보는 기독교적 관점

이슬람의 한계를 인식한 뒤 목숨의 위협을 감수하고 이슬람을 떠난 아얀 허시 알리 이야기는 기독교인들에게 많은 생각거리를 제공한다. 그녀의 책 『이단자』에서 이슬람 형제단에도 가입하여 적극적으로 이슬람 부흥 운동에 참여하던 그녀가 이슬람을 떠나기로 한 이유를 설명한다. 아얀은 이슬람이 서구에 비해 도덕적으로 우월하고 완벽한 신앙이라 확신했지만, 서구에 와서 살면서 그 확신이 흔들렸다. 이슬람 세계관에 의해 지배되고 있는 자신의 조국(소말리아)은 끝없는 전쟁과 사회 혼란, 인권 유린을 벗어나지 못하고 있는 데 반해, 서구의 세속적 세계관은 상당히 안정된 모습을 유지하는 것을 보고 혼동에 빠진다. 그리고 그 이유를 알기 위해 네덜란드에서 정치학을 공부하게 된다. 그리고 이슬람의 한계를 인식하게 되고 이슬람을 떠난다.

이 과정 속에서 그녀는 성실한 기독교인인 여러 서양 친구들의 도움을 받는다. 비록 기독교로의 개종까지는 이르지 않았지만, 그녀는 그녀의 또 다른 책 *Nomad: From Islam to America, A Personal Journey Through the Clash of Civilization* (2010) 서론 부분에서 무슬림들, 특히 서구로 이민 온 무슬림들이 이슬람 세계의 무지, 억압을 벗어나 합리적 대화가 가능한 세계관을 갖도록 도와줄 수 있는 세 집단을 언급했는데 그 중 하나가 기독교인들의 역할이다.[30] 기독교가 기독교적 가치관에 철저히 헌신해서 그 가치관을 무슬림 가운데 실천하는 것, 즉 저들의 인권 회복을 지원하고 바른 세계관을 정립하도록 돕는 데 기독교의 역할이 꼭 필요하다고 말한다. 이것은 개혁주의적 세계관을 갖고 있는 지식인 무슬림들 가운데 기독교가 어떤 접근을 해야 하는지 잘 보여 준다.

1. 극복되어야 할 이슬라모포비아

존 L. 에스포지토(John L. Esposito)는 그의 책 *The Islamic Threat: Myth or Reality?* (1992)에서 이슬람이 유럽, 미주 등 비이슬람 지역에 위협이 되고 있는가를 다루고 있다. 이슬람 과격파들의 테러 등 근본주의 이슬람 세력

---

30) 아얀이 주장한 세 기관은 다음과 같다. 첫째, 비판적 사고를 키워 주는 서구 사회의 공교육 시스템, 둘째, 여성 인권 운동 그룹들의 활동, 그리고 마지막으로 기독교 공동체들의 봉사였다. 그런데 그녀가 말하는 기독교는 무슬림들의 개종을 목적으로 접근하는 근본주의적 기독교나 이슬람과의 관계 유지를 위해 이슬람의 해악을 눈감아 주는 영국 성공회 같은 포용주의적 기독교 그룹을 의미하지는 않는다. 여기서 아얀이 말하는 기독교는 개혁주의 입장에 서서 사회 참여를 주장하는 중도적 기독교를 말한다. Cf. Ayaan Hirsi Ali, *Nomad: From Islam to America, A Personal Journey Through the Clash of Civilization* (London: Simon &Schuster, 2010), xviii-xx.

의 확산이 서구 사회에 부정적 영향을 끼치는 것은 사실이지만, 에스포지토는 이 위협은 과장되고 왜곡되었다고 주장한다. 전통적으로 서구 사회가 갖고 있는 이슬람에 대한 왜곡된 선입견이 현대에 들어 확대되었다고 말한다.

> "서구와 이슬람이 세계관과 가치관 차이로 인해 조만간 서로 충돌할 것이라는 믿음은, 서구에서 발표되는 여러 기사와 논문 제목들을 통해서 엿볼 수 있다. '아직도 진행 중인 십자군 전쟁', '위기의 새로운 초생달 : 전 지구적 봉기', '부흥하는 이슬람, 서구를 압도하다', '무슬림 분노의 뿌리', '근대주의에 대한 이슬람의 선전포고' 등등. 이런 구호들이 대중들의 관심과 상상력을 자극하는 것을 통해, 이슬람의 본질과 무슬림 세계의 정치적 현실, 그리고 서구와 이슬람의 다양한 관계들은 왜곡되고 과장된다. 그리고 이런 왜곡과 과장은 이슬람에 대한 무지, 편협된 이해와 결합하면서 무서운 속도로 사람들의 확신으로 자리잡는다."[31]

이슬라모포비아(Islamophobia)는 이슬람과 무슬림을 증오하고 두려워하게 만드는 편견을 일컫는 말이다.[32] 이 현상은 이슬람을 바로 이해하지 못하게 만들고 근거없는 두려움과 증오를 양산한다. 최근 한국교회에도 이슬라모포비아 현상이 나타나고 있다. 이슬라모포비아의 왜곡과 과장을 극복하고 바른 이해에 기초하여 무슬림들 안에 하나님 나라가 확산되도록 하는 방법을 찾아야 할 것이다.

한국교회에서 제기된 이슬라모포비아는, "무슬림들이 한국을 이슬람화 시키기 위해 몰려오고 있다!"는 것이다. 이슬람은 매우 강력한 집단이고 그들은 막대한 자금력을 앞세워 한국을 이슬람화시키기 위해 조직적으로 선교활동을 벌이고 있다고 주장한다. 무슬림 인구의 확산과 이들의 조직적인

---

31) John L. Esposito, *The Islamic Threat: Myth or Reality?* (New York: Oxford University Press, 1992), 4-5.
32) 이 용어는 1980년 말부터 사용되기 시작했고 2001년 9·11 사태 이후 대중들에게 널리 알려졌다.

선교활동을 미리 인지하지 않고, 또 이들의 활동을 적절히 저지하지 못한다면, 머지않아 한국 사회는 과격 무슬림 세력들에 의해 엄청난 사회혼란을 겪게 될 것이라고 말한다. CIA 보고판으로 알려진 '이슬람화 8단계 전략[33]'을 따라 한국의 이슬람화가 진행되고 있으며 이는 머지않은 장래에 한국 사회의 골칫거리가 될 것이라고 전망한다.

이에 대해 청어람 아카데미에서 "이슬라모포비아(Islamophobia), 실체를 진단한다"(2010)라는 제목으로 열린 세미나에서 김동문 목사는 이슬람의 위협은 사실에 기초하고 있지 않으며 이런 분위기는 오히려 무슬림 선교에 장애요인이 된다고 역설했다.[34] 한편 한국선교연구원(KRIM)이 주최한 '제36회 선교학 포럼'에서 정마태 선교사는 "'이슬람 쓰나미가 몰려온다'는 슬로건은 한국인들로 하여금 이슬람교와 무슬림들을 두려워하게 만들었다."며 "이는 무슬림들이 예수 그리스도의 복음을 듣지 못하도록 가로막는다."고 밝혔다. 정 선교사는 이슬라모포비아로 인해 문턱에 찾아온 무슬림들에게 예수 그리스도를 나눌 수 있는 황금의 기회를 놓치고 있다고 지적하면서 이러한 반목은 기독교권과 이슬람권 사이의 골만 더 깊게 만들 수 있다고 주장한다.[35]

최근 변화하는 이슬람 세계를 바로 파악하고 이에 적절한 선교전략을

---

33) 이 보고서는 CIA에서 나온 보고서는 아닌 것으로 판명되었다. 2007년에 발표한 이 보고서 'The World Fact Book (2007)'에 따르면 1단계, 한 국가에 무슬림 인구가 1% 내외일 때는 평화를 사랑하는 그룹으로 위장하여 잠복하고, 2단계, 2~3%로 소폭 증가할 때는 감옥에 있는 재소자들을 집중적으로 이슬람으로 개종을 시킨다. 3단계, 무슬림 인구가 5%를 넘어설 때는 무슬림 인구를 높이기 위한 본격적인 전략이 시작된다. 4단계, 무슬림 인구가 20%를 넘어서는 순간부터 폭동과 소요사태가 일어나고 5, 6, 7, 8단계를 넘어서서 40, 60, 80% 그리고 100%에 이르게 되면 인종청소와 대학살이 시작되고 끊임없는 테러와 전쟁, 폭동으로 인해 사회는 혼란과 공포, 불안한 상태에 빠지게 되고 만다.
34) 김동문, "CIA도 모를 CIA 보고서 : 이슬람화 전략 논쟁, 그 진실", 『복음과 상황』 220호.
35) 정마태, "한국교회 무슬림 선교의 최대 장애물은 이슬람포비아", 뉴스미션 (2010.5.29).
http://newsmission.com/news/2010/05/29/1113.35571.html

세우기 위해서는 먼저 이 '이슬라모포비아'가 극복되어야 한다. 무슬림 중에는 과격파들이 존재하는 것이 사실이고 이들에 의한 위협이 있는 것이 사실이지만, 그들이 15억 이슬람 세계 전체를 대변하는 것은 아니다. 오히려 이들은 그 폭력성 때문에 대다수 무슬림으로부터 비판을 받고 있다. 이슬람 세계의 변화는 다양한 변수들이 복잡하게 얽히면서 진행되고 있기에 이 모든 변수들에 대한 균형 잡힌 안목을 세우는 것이 중요하다.

2. 기억해야 할 이슬람 세계 이해의 다양성

필자가 사역하는 대상은 동남아 한 지역의 무슬림들이다. 이 지역 무슬림들은 독립 운동으로 인해 주(主)종족과 오랜 갈등관계에 있고 이슬람 근본주의에 강한 연대감을 갖고 있다. 필자는 최근 이곳 무슬림 사회의 젊은 지도자이자 국립대학 이슬람학과에서 가르치고 있는 한 무슬림 교수와의 대화를 통해 이곳 젊은 지식인 지도자의 고민을 엿볼 수 있었다. 그는 서양으로 유학을 다녀온 30대 후반의, 이곳 무슬림 사회의 촉망받는 차세대 지도자 중의 한 사람이다. 필자는 그에게 과연 모든 정보가 열려 있고 세계화된 오늘날, 타종교와의 공존을 부인하고 배타적 거부로 일관하는 이곳 무슬림 사회의 미래가 어떻게 될 것인가를 물었다. 그는 이슬람 근본주의적 태도에 젖어 있는 기성세대 지도자들의 경우, 극단적 신앙주의에 익숙해 있어 열린 비판적 대화를 받아들이지 못한다고 하면서, 그러나 이로 인해 서구적 가치관에 노출되고 세속 학문을 공부한 젊은 세대 무슬림들이 이슬람 세계관으로부터 멀어지고 있다고 안타까워했다. 몇 년 뒤 새로운 젊은 세대가 무슬림 사회를 주도하게 될 때 새로운 이슬람 정신이 필요하게 될 것이라고 역설했다. 그 교수의 지적처럼 거의 모든 이슬람 지역에서, 젊은 세대들을 위한 새로운 이슬람 세계관과 이해가 필요해 보인다. 앞에서 언급한 이슬람 개혁주의적 사고(思考)가 가까운 미래에 이슬람 사회를 주도하는 이념이 될 수도 있을 것이다.

이슬람 세계는 최근 매우 급진적이고 근본적인 변화를 겪고 있다. 그리고 이 변화들은 향후 이슬람권 선교에 많은 영향을 미칠 것으로 보인다. 그런데 최근 중동 이슬람의 민주화 혁명을 보도하는 인터넷 기사들을 분석하면서 한국 사회(교회)의 이슬람 사회 분석이 한쪽으로 치우쳐 있다는 느낌을 받는다. 신문기사를 통해 보도된 내용들은 대부분 '이슬람 민주화가 한국 경제에 도움이 될 것인가? 교회 건물 건축을 허용하는 종교적 개방정책을 허용할 것인가?'와 같은 눈에 보이는 현상에 초점이 맞춰져 있다. 그러나 장기적인 변화의 방향성을 가늠하려면 가시적인 정치적·종교적 변화에 그치지 않고, 그들 내면에 진행되고 있는 세계관, 종교신학적 관점, 또 사상적 토론 방향성의 변화에 주목해야 한다. 이런 면에서 이슬람권 지식인들 토론의 방향에 대한 다양한 연구가 활성화될 필요가 있다.

이슬람 세계는 한때 전 세계를 선도하던 화려한 역사를 갖고 있었고, 지금도 많은 수의 지식인들이 이슬람 문명의 미래를 내다보며 다양한 토론을 벌이고 있다. 물론 이들의 토론은 단순히 서구 사상을 수용하고 따라가는 형태는 아니다. 오히려 그들은 서구 주도의 오늘날 국제 사회를 서구 제국주의의 연장으로 보고 거부한다. 오히려 자신들 세계관, 신앙관에 근거한 나름의 세계를 구축하려는 경향이 강하다.[36]

---

36) 무슬림 학자들 중 다수는 서구 중심의 세계화 현상에 대해 비판적이다. 그들은 오늘날의 세계화를 서구 헤게모니의 확장 과정이며, 이전 식민주의의 연장선이라고 이해한다. 물론, 정보통신의 혁명 등으로 인한 세계화의 거대한 흐름을 거스를 수는 없지만, 이것들을 이슬람적 세계관으로 재해석하려고 한다. 즉 진정한 세계화는 각 문명의 독특한 정체성이 유지된 상태에서 통합될 때 가능하다고 역설한다. 각 문명의 가치관과 문화의 독자성이 유지되는 모자이크 형태의 다양성이 공존하는 것이어야 한다. cf. Zeenath Kausar, *Coloniali-*

선교는 일방적으로 우리의 것을 주입하는 것이 아니다. 저들의 입장에서 서서, 복음과 하나님 나라가 설명되고 선포되어야 한다. 소위 수신자 중심의 의사소통(Receptor-oriented Communication)이 이뤄져야 한다.[37] 그런 면에서 이슬람 사회 지식인들의 고민을 이해, 공유하고 이를 통해 복음에 대한 개방성을 점차 넓히는 것이 반드시 필요하다. 직접적인 전도와 교회 개척과 함께 이슬람 지식인들의 고민을 이해하고 그들과 공감할 수 있는 역량을 키우는 것 역시 기독교 선교 사역의 중요한 한 면임을 간과해서는 안 된다.

이슬람권 사역자들에 대한 교육에 있어서도 이 점이 고려될 필요가 있다. 그동안 이슬람 연구가 지나치게 이슬람 근본주의의 정치적 경향과 정통 이슬람 신학 중심으로 치우친 감이 없지 않다. 이슬람 사회의 다양한 얼굴, 특히 이슬람 사회의 장기적 방향성에 영향을 미치는 사상적, 지적 토론의 영역을 간과한 면이 있다. 앞으로 이슬람권에서 사역할 사역자들은 이슬람 문명 이해를 위한 총체적 교육을 받고 이슬람 사회에 배치될 필요가 있다. 정통 이슬람 신학 연구와 함께, 민속(Folk) 이슬람과 같은 토속화 된 이슬람 신앙, 개혁주의적 시도들, 세계화 세속화 속에서 변화를 겪고 있는 젊은 세대들의 세계관 이해와 같은 문화인류학적 접근, 이슬람 지식인들의 사이에 토론되고 있는 이슬람 문명의 미래에 관한 지적인 논쟁에 대한 관심 등이 포함되어야 한다.

---

zation to Globalization: 'Might Is Right' Continues, Earthly City Versus Civilized City, Madinah (Selangor: Thinker's Library, 2007).

37) Charles H. Kraft, Communicating the Gospel God's Way (Pasadena, CA: WilliamCarey Library, 1979).

IV. 결론

"무슬림이 몰려오고 있다!" 이 말이 어떤 느낌으로 다가오는가? 최근, 이슬라모포비아가 한국 사회에서 이슈화 되었을 때, 이 말은 두려움과 공포의 느낌으로 사람들에게, 특히 기독교인들에게 다가왔던 것 같다. 많은 이들이 이슬람 세계의 음모에 대해서, 이슬람이 한국 사회에 뿌리내리게 되었을 때 야기될 어두운 미래에 대해서 염려했다. "무슬림이 몰려오고 있다!"라는 말이 왜 반가움으로 다가오지 않았을까? 우리가 찾아가기 어려워 복음 전하는 일이 거의 불가능하게 여겨지던 이슬람 국가의 사람들이 일자리를 찾아, 공부하기 위해, 아니면 단순한 여행자로 우리 곁으로 몰려오고 있다면 반가운 일이 될 수도 있지 않은가? 이것은 이슬람에 대해 우리 그리스도인들이 막연한 두려움을 갖고 있기 때문이 아닐까?

무슬림은 우리와 똑같은 사람들이고 그들 역시 죽음 이후의 심판에 대해 두려워하고 있다. 그들에게도 예수 그리스도의 복음은 '기쁜 소식'이다. 만약 우리가 복음에 대한 확신이 확고하다면 저들의 몰려옴은 오히려 우리에게 기회가 될 수 있다.

막연한 두려움의 뿌리는 아마도 무지가 아닐까 싶다. 이슬람에 대해 잘 모르기 때문에, 아니, 이슬람에 대한 잘못된 고정관념 때문에 두려워하게 된다. 무슬림들은 막무가내의 사람들도 아니고 종교적 신념을 위해서는 자기 목숨을 초개같이 내던지는 그런 영웅들만 있는 것도 아니다. 그들도 우리와 같은 고민과 아픔을 갖고 있는 연약한 영혼들일 뿐이다.

무슬림들 역시 정신세계의 변화를 겪고 있다. 그 변화 속에서 무슬림들도 어쩌면 "기독교인들이 몰려오고 있다!"라고 두려움 섞인 절규를 외치고 있는지도 모른다. 물론 그들이 이해하는 기독교는 우리가 이해하는 성경적 복음을 의미하지는 않는다. 오히려 타락한 기독교 문화, 즉 서구의 세속 이데올로기를 의미한다. 무슬림 지식인들의 정치, 철학, 사회학적 토론들을 들여다보면 기독교 문명의 세속주의 영향력에 대한 두려움의 정서가 깊이 배여 있음을 알 수 있다. 이들은 서구의 물질문명, 세속주의 세계관에 의해 이슬람 사회의 대중들, 특히 젊은 세대를 빼앗기고 있다고 불안해 한다. 이들의 기독교 또는 기독교 선교사에 대한 공격은 기독교 세력의 이슬람 침범(?)에 대한 방어적 태도에서 나온 것일 수 있다.

유럽의 이슬람화에 대한 우려에 대해서도 다른 견해가 있음을 알아야 한다. 이민을 통해 유럽으로 유입되는 많은 수의 무슬림 때문에 전체적인 무슬림 인구가 증가하는 것은 사실이지만, 실제로는 서구의 세속주의 가치관에 의해 더 많은 수의 무슬림 젊은이들이 이슬람 신앙에서 떠나고 있음도 기억해야 한다.

최근 이슬람의 붕괴를 주장해서 주목을 받고 있고, 이집트 출신으로 독일에서 교수로 일하고 있는 압들-사마드의 주장은 이주 무슬림을 새롭게 바라보도록 한다. 그는 많은 무슬림들이 서구 사회로 이민 오는 것에 대해서 다른 해석을 하고 있다. 무슬림들의 서구로의 이민은, 서구를 이슬람화하기 위한 것이라기보다는 자신들의 고국인 이슬람 사회가 살기 어려워 탈출하는 것으로 이해해야 한다. 즉 이슬람 세계 내부 문제의 표출로 이해되어야 한다는 말이다.

이것이 사실이라면, 무슬림들이 한국 사회로 이주하는 현상은 오히려 한국교회에게 기회가 될 수도 있다. 이슬람이 몰려오고 있다고 두려움에 차서 패닉 상태로 좌충우돌할 필요가 없다.

우리가 선교지에서, 한국 사회 내에서 만나는 무슬림들은 한 세대 전의 무슬림과 다르며, 또 다음 세대의 젊은 무슬림들은 오늘날 우리가 만나는 무슬림들과 또 다른 무슬림들일 것이다. 저들의 변화를 주목하고 이해하는 것이 중요한 이유이다. 이클맨 교수의 다음과 같은 지적은 시사하는 바가 크다.

"실로 십억이 넘는 무슬림 세계 속에서 오늘날 일어나고 있는 엄청난 영적, 지적 소용돌이를 단지 근대적이고 자유주의적인 모든 것을 부정하는 극단주의 현상으로만 설명하는 것은 상황을 오도하는 것이다. 물론 이슬람 극단주의 역시 극적으로 진행되고 있는 이슬람 세계 변화의 한 면이긴 하다. 그러나 그것이 전부는 아니다. 이보다 더 이슬람 세계를 흔드는 요인은, 정보통신의 혁명과 교육의 확산으로 인해 더 많은 무슬림들이 이슬람 신앙과 자신이 속한 사회에 대한 지식에 접근하게 되었다는 것이다. 요약하면, 국가, 정부관리들, 전통적인 종교학자들, 설교자들은 이전과 비교하여 정보를 독점하고 대중을 통제하기가 점점 더 어려워지고 있다는 말이다."[38]

이슬람 세계는 인터넷, 페이스북, 트위터와 같은 정보통신의 혁명, 교육의 확대, 이민과 취업 등으로 인한 활발한 인적 교류로 인해 급격하게 변화되고 있다. 열린 토론의 확산, 서구 세속주의 물결, 그리고 민주화 혁명의 격랑 속에서 변화의 몸살을 앓고 있다. 이슬람권의 복음화를 꿈꾸는 모든 그리스도인들은 사랑을 가지고 이들의 변화를 주시할 필요가 있다. 그리고 그 변화들을 이끄는 요인들이 무엇이며, 그것이 지향하는 이슬람 세계의 미래는 어떤 사회인지, 무슬림들의 정신세계가 어디를 향하고 있는지 등 더 깊은 이해를 위해 노력해야 한다. 이러한 이해의 확장은 저들을 향한 선교 활동에 직·간접적으로 영향을 미칠 것이기 때문이다. 최근 중동의 민주화 혁명은 이러한 면에서 우리에게 새로운 도전이 되고 있다.

---

38) cf. Dale F. Eickelman, "The Coming Transformation in the Muslim World," *Current History,* 99, no. 633 (January 2000), 16-20.

[참고문헌]

Al-Afghani, Sayyid Jamal al-Din. 1 "The Evils of the Neicheris and Virtues of Religion," in Nikki R. Keddie. *An Islamic Response to Imperialism: Political and Religious Writings of Sayyid Jamal al-Din "al-Afghani".* Berkeley: University of California Press, 1968.

Ali, Ayaan Hirsi. *Nomad: From Islam to America,A Personal Journey Through the Clash of Civilization.* London: Simon&Schuster, 2010.

Christmann, Andreas. ed. *The Quran, morality and critical reason: the essential Muhammad Shahrur.* Leiden: Brill, 2009.

Davidson, Lawrence. *Islamic Fundamentalism: An Introduction.* Westport: Greenwood Press, 2003.

Eickelman, Dale F. "The Coming Transformation in the Muslim World," *Current History.* 99, no. 633, January 2000, 16-20.

Esposito, John L. *The Islamic Threat: Myth or Reality?* NewYork: Oxford University Press, 1992.

Friedman, Thomas, "An Islamic Reformation?" *The New York Times,* Dec.4, 2002.

Huntington, Samuel P. *The Clash of Civilizations and the Remaking of World Order,* New York: A Touchstone Book, 1990.

Harris, Sam. *The End of Faith: Religion, Terror, and the Future of Reason.* NewYork: W.W. Norton&Company, 2004.

Nye, Jr., Joseph S. *The Future of Power.* New York: Public Affairs, 2011.

Kausar, Zeenath, *Colonialization to Globalization: 'Might Is Right' Continues, Earthly City Versus Civilized City,* Madi0nah. Selangor: Thinker's Library, 2007.

Kraft, Charles H. *Communicating the Gospel God's Way.* Pasadena, CA: William Carey Library, 1979.

Rahman, Fazlu. *Islami and Modernity: Transformation of an Intellectual Tradition.* Chicago: the University of Chicago Press, 1982.

Sadri, Mahmoud and Ahmad Sadri, eds. *Reason, Freedom & Democracy in Islam: Essential Writings of Abdolkarim Soroush.* Oxford: Oxford University Press, 2000.

Yuksel, Edip, Layth Saleh al-Shaiban and Martha Schulte-Nafeh. *The Quran: A Monotheist Translation.* Brainbow Press, 2011.

Zaki Badaw. *The Reformers of Egypt.* London: Croom Helmm, 1976.

Zayd, Nasr Abu. Reformation of Islamic Thought: A Critical Historical Analysis.Amsterdam: Amsterdam University Press, 2006.

아얀 히르시 알리, 「이단자」, 서울: 알마, 2010.

무슬림 전도를 위한 기본 원리

김성운

I. 서론

최근 이슬람에 대한 관심이 증가하면서 무슬림 전도에 대한 관심도 높아지고 있다. 무슬림 사회에서 그리고 국내에서 무슬림들을 대상으로 복음을 전하는 사역자와 교회와 단체가 증가하고 있는 것은 이런 현상을 반영한다. 그러나 높아지는 관심만큼 무슬림 전도의 열매가 증가하는 것 같지는 않다. 이전보다는 나아졌지만 무슬림 전도는 양적인 면에서나 질적인 면에서 여전히 답보 상태에서 벗어나지 못하고 있다.[1] 무슬림들이 그리스도께 나아와 회심하지 못하는 요인은 여러 가지로 설명될 수 있다. 사람들은 흔히 그 요인이 이슬람이라는 종교적 특성과 관련되어 있다고 생각하지만 사실 그렇지 않다. 이슬람이 지니고 있는 반기독교적인 성격이 복음 전

---

1) 아직도 전체 선교사의 2% 미만이 무슬림 선교에 임하고 있다.

파와 무슬림들의 회심에 중요한 장애요소로 작용하는 것은 분명하지만 결정적인 것은 아니다. 그런 장애들은 불교권이나 힌두교권 등 종교적 근본주의가 민족주의와 결합하여 세력을 떨치는 곳이나 서구 세속주의 사회의 한가운데도 존재한다.

그렉 리빙스턴(Greg Livingstone)은 무슬림 전도에 열매가 적은 이유를 17가지로 설명한다.[2] 17번째로 제시되는 '무슬림들의 위협으로 인한 사역자들의 두려움'을 제외하면, 다른 이유들은 크게 두 가지로 요약될 수 있다. 첫째는 무슬림 선교에 대한 교회의 무관심 또는 잘못된 전략이고, 둘째는 무슬림들 가운데 활동했던 사역자들의 효과적이지 못했던 접근방법이다. 첫 번째 요인이 무슬림들에 대한 적대감과 그들의 구원에 대한 무관심을 만들어낸다면, 두 번째 요인은 무슬림 전도의 빈약한 열매를 만들어낸다. 이런 두 요인이 함께 작용하면 무슬림들은 결코 그리스도를 믿지 않을 것이라는 오해를 만들어내어 무슬림들에게 복음을 전하는 일을 더욱 어렵게 만들게 된다.

이런 의미에서 한국교회의 일부에서 진행되고 있는 이슬람과 관련된 오리엔탈리스트적인 논의들은 무슬림 전도에 부정적인 영향을 준다. 서구의 오리엔탈리즘 관점에서 무슬림 이해를 시도하는 것은 편협할 뿐만 아니라 무슬림 전도에 해로운 것이다. 그러한 관점에서 이슬람과 무슬림들에게 접근하게 되면 이들을 전도하는 것이 불가능하다는 생각을 갖게 하거나 서구 교회가 실패했던 승리주의(triumphalism)적 또는 우월주의적 태도에 바탕을 둔 십자군식의 선교를 되풀이하게 한다. 이런 식의 접근은 무슬림들로 하여금 교회와 기독교의 선교에 대해 가지고 있는 오래된 편견과 오해를 강화시

---

2) 그렉 리빙스턴, "왜 그처럼 열매가 적은가?," 키스 스와틀리 편저, 정옥배 역, 『인카운터 이슬람』 (서울: 예수전도단, 2008), 354-356.

키고 기독교인들에 대한 의심과 적대감만 키워가도록 할뿐이다. 한국교회와 사역자가 이런 전처를 되풀이할 필요는 없다.

기독교인이 이슬람과 무슬림을 바라보는 관점의 문제는 무슬림 전도가 열매를 맺지 못하게 하는 첫 번째 요인에 해당되고 따라서 그러한 관점을 논의하는 것이 무슬림 전도를 위해 필수적이지만 본 논문에서 다루려고 하는 주제는 아니다. 본 논문은 앞에서 언급한 두 번째 요인인 무슬림 전도방법에 관심을 두지만, 무슬림 전도에 사용할 수 있는 구체적인 방법이 아니라 효과적인 '전도방법을 이끌어내기 위한 기본원리'를 연구하는 것을 목적으로 한다. 그 이유는 무슬림 선교에 경험이 있는 사람이라면 알고 있듯이 한 지역에 효과적인 전도방법에 대해서는 말할 수 있지만, 모든 무슬림들에게 적용될 수 있는 구체적인 전도방법에 대해 말하는 것은 상당히 어렵기 때문이다.

무슬림들은 그들이 처한 역사적 배경과 사회 문화적 환경에 따라 이슬람에 대한 해석에 차이를 보이고, 기독교와 복음에 대한 반응도 달리한다. 그래서 동남아의 한 무슬림 공동체에서 열매를 거둔 방법이 중동 지역에 적용되었을 때 동일한 결과를 얻지 못한다. 최근에도 계속 새로운 무슬림 전도방법들이 소개되고 있지만 대부분 실험적인 성격이 강하고 지역이나 복음에 대한 면역성의 정도에 따라 때로는 역반응을 일으키기도 한다.

본 논문은 다양한 상황 가운데서 구체적인 방법을 이끌어낼 수 있는 기본원리를 탐구하기 위해 역사적 사례와 경험적 사례 연구를 사용하였다. 역사적 사례 연구는 존 마크 테리(Dr. John Mark Terry)가 사용한 방법을 따랐으며,[3] 경험적 사례 연구를 위해서는 그리스도에게 나아온 무슬림들의 기

---

3) 존 마크 테리, "무슬림 전도에 대한 몇 가지 접근법," 키스 스와틀리 편저, 정옥배 역, 『인카운터 이슬람』 (서울: 예수전도단, 2008), 342-347.

록된 간증들과 현장 사역자들의 연구결과가 사용되었다. 경험적 사례 연구에는 필자가 국제단체 소속으로 19년간 무슬림들 가운데서 교회 개척을 하면서 경험한 내용들도 반영되었다.

II. 역사적 사례 연구

기독교가 이슬람과 조우한 이후 그리스도인들은 다양한 방법으로 무슬림들에게 복음을 전하려고 시도했다. 그러한 시도들은 다양한 동기에서 나왔고 다양한 방법을 가지고 있었다. 그리고 그에 따른 결과도 다양하였다. 역사적으로 사용되었던 그러한 시도들은 무슬림 전도를 위한 기본원리를 연구하는데 유용한 정보와 교훈을 제공한다. 문제는 어떠한 방법을 사용하여 역사적 사례를 살펴보는 것이 효과적일 것인가 하는 것인데, 본 논문에서는 존 마크 테리가 사용한 유형론을 따랐다. 존 마크 테리는 역사적으로 교회나 그리스도인들이 사용해 왔던 무슬림 전도방법을 다섯 가지 유형으로 나누어 평가하고 있다.[4] 유형론은 주제의 지나친 단순화와 인위적인 도식화라는 한계를 가지고 있고, 어느 개인이나 단체 혹은 방법이 일정한 한 유형에 꼭 들어맞지 않는다는 단점을 가지고 있다. 그럼에도 불구하고 이 방법을 사용하는 것은 유형론이 간단하면서도 전도방법과 같이 역사에서 반복적으로 나타나는 일들의 연속성과 의의를 파악하고 필요한 교훈을 얻는 데 도움이 되기 때문이다.

---

4) Ibid.

1. 대결적 유형

무슬림 선교 역사는 기독교가 이슬람과 처음으로 조우했던 7세기부터 공개토론, 논쟁 그리고 노방설교와 같은 방법을 통해 무슬림들에게 복음을 전파하려고 했던 시도들이 있었음을 보여 준다. 이 유형에는 8세기 칼리프의 고문으로 일했던 다메섹의 요한(John of Damascus)과 중세의 유명한 무슬림 전도자 레이몬드 룰(Raymond Lull)을 포함시킬 수 있다. 개신교 선교에 있어서는 주로 18세기와 19세기에 식민 정부의 보호 아래 무슬림 지역에서 활동했던 사역자들이 이 유형의 방법을 사용했다. 존 마크 테리는 헨리 마틴(Henry Martyn)과 칼 판더 그리고 성 크레어 티달과 같은 사람들을 이 범주에 포함시키지만,[5] 헨리 마틴의 경우는 앞으로 살펴볼 네 번째 범주에 더 가까운 인물로 여겨진다.[6] 이러한 방법은 열매를 거두는 경우가 거의 없고 오히려 무슬림들의 기독교에 대한 반감만 증가시키기 때문에 현대에 와서는 사용되지 않는다. 그러나 때때로 영적전쟁과 같이 형태를 달리하여 사용되기도 한다.[7] 사역자가 이 방법을 사용한다면 논쟁에서 이기거나 힘을 과시할 수 있을지는 모르지만 영혼을 구할 수는 없을 것이다.

---

5) Ibid., 342.

6) 헨리 마틴의 생애와 일기를 통해, 그가 때때로 논쟁을 하기도 했지만 일반적으로는 논쟁을 통한 변증보다 우정과 개인적인 대화를 통한 전도가 더 효과적이라 믿고 그러한 방법을 사용하였다는 것을 알 수 있다. 존 사전트, 원광연 역, 『헨리 마틴의 생애와 일기』 (서울, 크리스챤다이제스트, 2001).

7) 대표적인 예가 1999년 터키 에베소에서 있었던 모임이라고 할 수 있다. 피터 와그너(Peter Wagner)가 주축이 된 이 모임은 터키에서 복음 전도가 이루어지지 않는 것은 에베소에 머물며 터키를 영적으로 지배하는 여신 때문이라고 주장하며 고대 에베소 극장에서 만 명 이상이 참석하는 모임을 가졌다. 이 모임으로 터키 교회와 신자들은 한동안 상당한 어려움을 겪었다.

2. 전통적인 복음주의적 유형

전통적인 복음주의적 유형의 전도는 우정 전도, 성경 배포, 통신과정 등과 같은 방법을 사용한다. 이 방법은 오늘날 여러 지역에서 광범위하게 사용되고 있다. 이 방법을 사용한 대표적 인물로는 23년 동안 아라비아 반도에서 사역했고 '무슬림들의 사도' 또는 '불타는 선지자'라고 불렸던 사무엘 즈웸머를 꼽을 수 있다. 그는 초기에 대결적 유형의 방법을 사용하였지만, 사역의 후반기에는 일종의 '성취 이론'을 사용하여 무슬림들이 하나님을 추구하는 자들이지만 예수님만이 그들의 참된 필요를 만족시킬 수 있다고 주장하였다. 그는 "사역자들은 무슬림들에게 복음의 핵심 내용을 반드시 강조하고 회개하여 그리스도에게 복종하고 교회에 참석하라고 요구해야 한다."고 말했다.

이 방법은 광범위하게 복음을 전파하는 데 유용한 측면이 있고 열매를 거두기도 하지만 회심자들을 자신들이 속한 공동체와 단절시킨다는 문제점을 가지고 있다. 즈웸머는 무슬림들을 극진히 존중하면서 복음을 전했지만, 회심자들이 다른 무슬림들에게 영향을 미칠 수 있도록 이슬람 공동체에 남아 있어야 한다는 생각을 거부했다.[8] 이 모델을 따르는 사역자들은 그리스도에게 나아온 사람들이 무슬림과의 관계를 지속하기보다는 교회에 소속이 되기를 원하는 경향을 보인다. 그 결과 그리스도에게 나아온 무슬림들은 자신이 속한 공동체와 단절되어 외국 사람들과 결혼하여 나라를 떠나거나 무슬림 이웃들에게 전혀 영향력을 미치지 못하는 상태로 살아가게 된다. 이 방법은 어떤 지역들에서는 어느 정도 효과를 거두는 것처럼 보이지만 회심한 무슬림들을 공동체에서 뽑아내어 다른 무슬림들에게 복음을 전파할 수 있는 기회를 갖지 못하게 하는 단점을 가지고 있다. 닉 립켄

---

8) Samuel M. Zwemer, *The Cross Above the Crescent* (Grand Rapids: Zondervan, 1941), 261.

(Nik Ripken)은 이런 방법으로 그리스도에게 나아온 신자들의 5%만이 자기 문화권에서 가정을 꾸리고 복음을 증거하면서 살아가고 있다고 한탄하고 있다.[9] 이러한 방법을 통해서는 무슬림 배경을 가진 기독교인들로 이루어진 토착적인 교회의 형성과 그러한 교회들의 재생산을 기대할 수 없을 것이다.

3. 제도적 접근 유형

이 방법을 선호하는 단체들은 병원과 학교 그리고 고아원을 설립·운영하여 무슬림들에게 복음을 전하려고 시도한다. 이 방법을 사용하는 사역자들은 무슬림들에게 복음을 전하는 데 행동이 말보다 더 설득력이 있다고 생각한다. 확실히 이러한 방법은 무슬림들 가운데 합법적으로 살아가면서 그리스도인의 사랑과 동정 그리고 겸손함을 보여 줄 수 있고, 무슬림들이 가지고 있는 편견의 벽을 무너뜨려 복음에 마음을 열게 할 수 있는 장점을 가지고 있다. 본 논문에서 살펴본 경험적 사례 연구는 기독교 단체가 설립한 학교나 병원을 통해 복음을 접하고 그리스도에게 나아온 경우가 있음을 보여 준다. 현대에 와서는 NGO가 제도적 접근 유형의 한 형태로 사용되기도 한다. 제도적 접근은 편견을 극복하고 무슬림들에게 복음을 듣게 할 수 있는 좋은 방법이기는 하지만 과도한 경비와 국가의 간섭과 같은 극복해야 할 문제들이 항시 존재하기 때문에 일반적으로 사용하기는 힘들다.

4. 대화식 접근 유형

존 마크 테리는 대화식 전도 방법이 템플 게어드너(Temple Gairdner)에

9) 존 마크 테리 (2008), 343에서 재인용.

의해서 개척되었다고 말한다.[10] 템플 게어드너는 아랍 음악과 시 그리고 연극을 사용해 이집트 무슬림들에게 복음을 전하는 데 생을 바쳤던 인물이다. 대화식 전도방법은 우정에 기초하여 무슬림들이 이해할 수 있는 방식으로 복음을 전하려고 시도한다. 따라서 사역자들은 먼저 무슬림들이 신앙의 내용과 문화를 배워야 하고 그것을 인식하여야 할 뿐만 아니라, 그러한 이해를 기초로 무슬림들과 친밀한 관계를 발전시켜야 한다.

대화식 전도에서 중요한 것은 무슬림과 대화하는 것이 아니라 사역자들이 복음에 대한 확신이나 내용에 타협하지 않으면서 그것을 분명하게 전하는 것이다. 무슬림 친구들을 이해하고 그들과 우정을 쌓은 것은 바람직하지만, 우정을 통한 전도가 실제적인 결실로 나타나는지는 의문이다. 최근에 와서 많은 사역자들이 이 방법을 따르고 있지만 좋은 결과를 거두고 있다는 증거는 미약하다.

5. 상황화 유형

복음이 무슬림들에게 이질적으로 느껴지지 않도록 무슬림들에게 익숙한 종교적, 문화적 형태를 사용하여 복음을 전하는 방법이다. 이 방법은 사역자들에게 단순히 전도방법의 변화만을 요구하는 것이 아니라 생활방식에서부터 교회에 대한 전통적인 이해의 변화까지 요구한다. 이 유형은 내부자 운동이나 낙타 전도법 등과 같은 형태로 잘 알려져 있으므로 여기서는 더 이상 언급하지 않고, '상황화된 전도'를 다루는 부분에서 좀더 자세히 다루도록 하겠다.

---

10) 존 마크 테리 (2008), 344.

지금까지 살펴본 전도의 유형들은 각각 그 자체가 지니고 있는 장점들과 단점들이 있다. 근래에 와서 대화식 접근과 상황화 유형이 강조되는 경향을 보이지만, 지역이나 상황에 따라 전통적 방법이 효과를 거두기도 한다. 그리고 이러한 유형의 구분이 절대적인 것도 아니다. 유형론을 사용한 분석이 항상 그러하듯이 각각의 유형은 특정한 강조점을 가지고 있지만 다른 유형의 내용을 상당 부분 포함한다. 따라서 사역자가 현장에서 한 유형의 방법만 사용하는 경우는 드물다. 현대 무슬림 전도에서는 대결식 유형은 지양되면서 전통적 복음주의 유형과 제도적인 유형에 상황화 유형이 접목되는 경향을 보이는데, 선교사들이 그러한 방법을 사용하는 것은 그러한 형태가 무슬림 전도에 효과가 있기 때문이다. 이러한 사실은 어떤 한 특정한 유형보다는 상황에 따라 각각의 유형이 지니고 있는 장점들을 사용하는 것이 무슬림 전도에 더 효과적이라는 사실을 보여 준다. 바로 이것이 우리가 현장의 경험적 사례를 살펴보는 이유이다.

Ⅲ. 경험적 사례 연구

무슬림들 가운데 사역하는 사람들이 소개하는 무슬림 전도방법을 살펴보면 사역지의 상황에 따라 다소 차이가 난다는 것을 알 수 있다. 어떤 곳에서는 외국 사역자들의 역할이 부정적으로 언급되는 데 비하여, 어떤 곳에서는 긍정적으로 평가된다. 어떤 곳에서는 광범위하고 공개적인 복음 전파가 열매를 맺는다고 보고하지만, 다른 곳에서는 동일한 방법이 복음 전파에 치명적인 결과를 일으킨다고 주장한다. 능력 대결이 강조되는 곳이 있는가 하면, 진리 대결이 강조되는 곳도 있다. 이러한 사실은 사역하는 지역에 따라 효과적인 무슬림 선교방법에 대해 사역자들이 가지고 있는 견해가 다양하다는 것을 보여 준다. 이러한 사실은 모든 무슬림 사회에서 통용될 수 있는 구체적인 전도방법이나 전략에 대해 말하는 것이 어렵다는 것을 보여 준다.

그러나 무슬림들이 처한 사회적 환경이나 경험했던 전도방법의 다양성에도 불구하고 그들을 그리스도에게로 나아오게 만든 공통분모가 있다면, 우리는 그러한 공통분모를 무슬림 전도를 위한 기본 원리로 삼을 수 있을 것이다. 이러한 가정에서 출발하여 본 논문은 기독교로 회심한 무슬림들의 사례를 소개하는 네 가지 자료를 검토하였다. 터키 그리스도인의 간증을 모아놓은 *Neden Hiristiyan Oldular?* (왜 그리스도인이 되었는가?),[11] *Called from Islam to Christ*,[12] 『곧은 길에서 좁은 길로』[13] 그리고 "이주 노동자 무슬림의 회심 동기와 이유에 대한 사례"[14] 등이 그것이다.

터키 회심자들의 사례는 비교적 최근에 그리스도인이 된 17명의 간증을 편집자의 해석이나 분석 없이 그대로 전달하고 있다. *Called from Islam to Christ* 는 저자가 아프리카, 중동, 아시아 그리고 프랑스를 포함하는 광범위한 지역에서 기독교로 회심한 185명의 사례를 모아 그들의 그리스도를 향한 영적인 순례의 과정을 몇 가지 카테고리로 분류하여 분석한 내용을 담고 있다. 이 책은 무슬림들이 얼마나 다양한 방법으로 그리스도에게 나아오는지를 보여 주는 것을 목적으로 하기 때문에 구체적인 무슬림 전도방법이나 전략에 대해 언급하지 않는다. 한국어로 번역된 『곧은 길에서 좁은 길로』는 편집자가 2003년 인도에서 열렸던 'Coming to Faith in Christ

---

11) Davut Muratoğlu, *Neden Hiristiyan Oldular?* (İstanbul: Müjde yayincilik, 2002).
12) Jean-Marie Gaudeul, *Called from Islam to Christ* (Crowborough: Monarch Books, 1999).
13) 데이빗 그린리 편저, 김요한 역, 『곧은 길에서 좁은 길로』 (서울: 예영 커뮤니케이션, 2010).
14) 한유민, "이주 노동자 무슬림의 회심 동기와 이유에 대한 사례", 미출판.

Consultation'에서 무슬림들의 회심과정을 발표한 자료와 논문을 모아 편집한 책이다. 이 책은 다양한 배경의 무슬림들을 대상으로 복음을 전파하고 있는 사역자들이 스스로 경험하고 조사한 8개의 회심 과정에 대한 실제 사례들을 담고 있다. 그리고 마지막 자료는 경기도 광주에서 외국인 이주 노동자들을 대상으로 사역하는 서문선교센터에서 발표한 출판되지 않은 사례 연구이다.

앞에서 밝혔듯이 본 논문의 목적은 다양한 문화적, 사회적 배경과 개인적 동기의 차이들에도 불구하고 무슬림들을 그리스도에게 나아오게 한 공통분모를 찾아 그것을 무슬림 전도를 위한 기본적인 토대로 제시하는 것이기 때문에, 참고한 모든 사례들을 일정한 카테고리로 나누어 분석하지 않았다. 검토된 사례들은 죠슈아 메시(Joshua Massey)가 관찰한 것처럼 무슬림들은 아주 다양한 동기와 형태로 그리스도에게 나아오며,[15] 다양한 관계적, 지적 그리고 초자연적인 동기들에 반응하였다는 것을 보여 준다. 이러한 사실은 한 특정한 무슬림 사회에서 효과를 거둔 전도방법이 다른 상황 가운데 있는 무슬림 사회에서 동일하게 적용되기 어렵다는 것을 보여 준다. 그럼에도 불구하고 그리스도에게 나아온 무슬림들의 간증과 사례 연구는 그들을 회심으로 이끈 몇 가지 공통적인 요소가 있음을 보여 준다.

첫째는 '성숙한 그리스도인들의 태도와 삶이 미친 영향'이다. 우드베리(J. Dudley Woodberry)가 40개국 58개 인종그룹에서 그리스도에게로 나아온 650명의 무슬림들을 대상으로 '그들의 회심에 가장 큰 영향을 준 요소들'에 대해 조사한 결과는 무슬림들의 회심에 있어 그리스도인의 삶과 태도가 중요한 요인으로 작용하였음을 보여 준다. 우드베리는 가장 많은 사람

---

15) Joshua Massey, "God's Amazing Diversity in Drawing Muslims to Christ," *International Bullentin of Missionary Research*, 17 no. 1 (2000), 3-12.

이 자신들이 회심하는 데 '기독교인들의 삶의 방식'에 영향을 받았다고 대답했고, 두 번째로 '기도의 응답', 이어서 '기적들과 하나님의 능력', '치유', '이슬람에 대한 불만', '꿈과 환상' 등과 같은 대답이 그 뒤를 이었다고 보고한다.[16] 100%가 무슬림인 한 동남아의 미전도 종족 가운데 기독교로 회심한 118명을 대상으로 한 현장 연구 역시 무슬림 전도에서 기독교인의 삶의 증거가 가지는 중요성을 보여 준다.[17] 이러한 사실은 기독교인을 매도할 목적으로 신자로 위장해 교회로 잠입했다가 회심한 한 터키 언론인의 간증을 통해서도 확인할 수 있다. 그는 자신이 꾸며낸 거짓 기사로 큰 어려움을 겪고 있던 기독교인들이 자신들을 음해하는 사람이 누구인지도 모르면서 그를 용서하고 자비를 베풀어 달라는 기도를 하는 것을 보고 기독교의 가르침이 진리라는 확신을 가진 것이 그리스도에게 나아오게 된 동기가 되었다고 간증한다.[18] 대학원을 마치고 한국에 이주 노동자로 왔다가 회심한 서남아시아 출신의 한 무슬림은 기독교인의 삶과 봉사와 섬김에 감동을 받고 기독교의 진리에 대해 관심을 가지게 된 것이 그리스도에게 나아오게 된 계기가 되었다고 간증한다.[19]

둘째는 친숙하게 받아들일 수 있었던 복음의 내용이다. 무슬림들의 회심의 다양한 양상들에 대해 조사한 데이빗 그린리(David Greenlee)와 릭 러브(Rick Love)는 무슬림들이 그리스도에게 나아오는 각각의 상황은 다르지만 복음을 접하는 사람들의 문화적 가치들이 복음 전달의 수단들과 중대하게 조화되는 곳에서 더 많은 사람들이 그리스도에게 나아왔다고 결론을

---

16) J. Dudley Woodberry, "그리스도 안의 믿음으로 나아오는 무슬림들에 관한 세계적 전망," 데이빗 그린리 편저, 김요한 역, 『곧은 길에서 좁은 길로』 (서울: 예영 커뮤니케이션, 2010), 47-48.
17) P.I. Barnabas, "초대형 미전도 종족에서의 극소수," 데이빗 그린리 (2010), 262.
18) Davut Muratoğlu (2002), 35-59.
19) 한유민, "이주 노동자 무슬림의 회심 동기와 이유에 대한 사례," 미출판.

내린다.[20] 이런 사실은 터키 회심자들의 대부분이 꾸란을 잘 알고 있었으며 그리스도에게 나아오기까지 상당기간 꾸란과 성경의 내용을 비교했다는 간증을 통해서 뒷받침된다. 진 마리 고둘(Jean-Marie Gaudeul)이 소개하는 사례들 역시 무슬림들이 그리스도에게 나아오는 데 꾸란의 내용과 그들이 이슬람을 통해 배운 죄와 심판, 구원 그리고 알라와 예수님에 대한 지식이 중요한 역할을 했다는 것을 보여 준다.

셋째는 명확하고 분명하게 제시된 복음이다. 본 논문에서 살펴본 사례 연구들은 그리스도인들의 삶과 태도가 무슬림들을 그리스도에게 나아오게 하기는 하지만 그들에게 믿음의 결단을 내리게 한 것은 담대하고 분명하게 복음을 증거한 사람들이었다는 사실을 보여 준다. 크리스텔 에릭(Christel Eric)은 8명의 그리스도께 나아온 아프리카 무슬림들의 회심과정을 소개하는데, 그들이 기독교에 관심을 가지게 된 이유와 그리스도에게 나아오기까지의 과정은 서로 달랐지만 회심을 하게 된 주된 원인은 모두 주위 사람들의 담대하고 분명한 복음 증거였다.[21] 덴 맥베이(Dan Mcvey)가 아프리카 '지짐바' 무슬림 종족 가운데서 회심한 121명을 대상으로 한 조사에서도 69%가 공개적으로 제시된 복음을 듣고 믿게 되었다는 결과를 볼 수 있다.[22] 무슬림들에게 공개적이고 담대한 복음의 증거가 역반응을 일으킨다고 믿는 사람들은 이러한 결과를 회의적으로 받아들이겠지만 우리는 그러한 결과를 당연하게 받아들여야 할 것이다. 왜냐하면 성경은 "믿음은 들음에서 난다(롬 10:17)."고 말씀하고 있으며, 복음 증거를 통한 부르심이 없으면

---

20) David Greenlee and Rick Love, "거울을 통하여 보는 회심 : 무슬림들과 회심의 다양한 양상들," 데이빗 그린리 (2010), 84.

21) Christel Eric, "장애가 다리가 되어 : 아프리카인들이 믿음으로 나아오는 단계에 관한 설명," 데이빗 그린리 (2010), 197-219.

22) Dan Mcvey, "서아프리카 '지짐바' 종족의 무슬림 배경 신자 교회들 가운데 복음 전도적 성장의 장애들," 데이빗 그린리 (2010), 276.

회심이 일어나지 않기 때문이다.

무슬림들이 그리스도에게 회심한 경험적 사례 연구의 결과들은 사역자들이 사용하는 전도 방법이 중요하지만, 어떤 유형의 전도 방법을 사용하든지 위의 세 가지 요소가 함께 어우러졌을 때 가장 효과적인 전도가 이루어진다는 사실을 보여 준다. 그래서 본 논문은 이 세 가지 요소가 무슬림 전도의 기본 원리가 되어야 함을 주장하면서 그 이유를 좀더 자세히 설명하고자 한다.

IV. 효과적인 무슬림 전도를 위한 기본 원리

1. 사역자들의 경건한 삶과 태도

한 무슬림이 복음을 접하고 그리스도에게 나아와 회심하게 되는 것은 전적으로 하나님의 은혜이다. 구원은 오직 하나님께 속해 있기 때문이다. 그러나 이러한 사실이 복음을 전하는 사람의 중요성을 감소시키지 않는다. 하나님은 한 사람을 구원하실 때 전도를 사용하시며 전도는 사람을 통해 이루어진다. 이처럼 전도는 한 인격체가 다른 인격체와의 만남을 통해 일어나는 일이므로 전도의 방법과 내용 못지않게 전하는 사람의 삶과 태도가 결과에 중요한 영향을 미친다.

특별히 공개적으로 복음을 선포할 수 없고 기독교에 대해 잘못된 선입관과 경계심을 가지고 있는 무슬림들 가운데서 사역하는 사람들에게 있어서 삶과 태도는 더욱 중요하다. 그래서 게르하르드 넬스(Gerhard Nehls)는 그의 책 『무슬림 전도의 전제와 원리』에서 "우리의 태도가 무슬림과의 관계와 궁극적으로는 진실로 복음을 전하고자 하는 우리의 노력의 결과에 영향을 미친다."고 말한다.[23] 찰스 테버(Charles Taber)는 여기에서 더 나아가 "선교사들은 승리주의를 버리고 무슬림들과 그들의 신앙과 생활 방식을 진정으로 존중하고 감사하며 그들에게 민감해지라. 그렇지 않는 태도를 드러내는 선교는 복음을 무용지물로 만들며 잘못 전하게 된다."라고 권고한다.[24]

이러한 권고는 선교 역사에서 일어났던 일과 선교현장에서 반복적으로 나타나는 경험을 평가한 결과에서 나온 것이다. 무슬림 선교 역사는 열매를 맺지 못한 사역의 배후에는 사역자들의 부적절한 삶과 태도가 있음을 보여 준다. 그렉 리빙스턴은 헨리 마틴 이전에는 무슬림들을 회심시키기 위한 대부분의 노력이 그들을 사랑하고 그들의 운명에 관심이 있어서가 아니라 정치적 동기로 인한 것이었다고 평가한다.[25] 물론 오늘날 그러한 동기를 가지고 무슬림들에게 복음을 전하는 사람들은 더 이상 존재하지 않는다. 하지만 무슬림들의 문화와 신앙을 존중하면서 그들과 친구가 되고 이웃이 되어 살아가면서 담대히 복음을 전하는 사역자들은 흔치 않다. 여전히 많은 사역자들이 자민족, 자문화 중심주의에서 벗어나지 못하고 있다. 무슬림을 주님께로 이끄는 것은 복음이지 우월의식에 젖은 승리주의적인 태도가 아닌데도 말이다.

필자가 살펴본 사례 연구들은 사역자들의 삶과 태도가 무슬림들이 그리스도에게 나아오는 데 큰 영향을 미친다는 사실을 분명하게 보여 준다. 진 마리 고둘의 연구는 몰라(*Mullah*)나 이맘과 같이 이전에 기독교에 대해

---

23) Gerhard Nehls, *Premises and Principles of Muslim Evangelism* (Bombay: Life Challenge, 1991), 241.

24) Charles R. Taber, "Contextualization: Indigenization and/or Transformation," *The Gospel and Islam: A 1978 Compendium*, ed. Don M. Mccurry (Monrovia, CA: MARC, 1979), 150. 필 파샬, 채슬기 역, 『무슬림 전도의 새로운 방향』 (서울: 예루살렘, 2003), 156에서 재인용.

25) 그렉 리빙스턴 (2008), 355.

적대적인 태도를 가지고 있었던 무슬림 지도자들을 기독교로 회심하게 만든 것은 기독교인들의 삶을 통한 '빛나는 증거(radiant witness)'였음을 보여준다. 칼리파 알 가프시(Khalifa al Gafsi)라는 무슬림은 그가 만났던 한 기독교인 부부에게 큰 영향을 받고 '그들과 같이' 되기를 원했던 것이 회심의 계기가 되었고, 기독교인들을 끔찍이도 혐오했던 사에드 박사(Dr Sa'eed)라는 한 이란 물라는 그가 페르시아어를 교습했던 한 개신교 목사가 '원수들을 위해 기도하는 것'을 우연히 듣고 감동을 받은 것이 계기가 되어 그리스도에게 나아왔다.[26] 찰스 마쉬(Charles March)는 여선교사 앞에서 복음서를 찢고 모욕했던 시 무사(Si Musa)라는 꾸란 선생이 회심하게 된 내용을 소개하면서, 그를 변화시킨 것은 "선교사의 인격이었다. 그후 메시지가 전해질 수 있었다."라고 말하고 있다.[27]

이런 사례들을 소개하자면 끝이 없을 것이다. 바로 이런 이유 때문에 무슬림들을 전도하는 일에 생애를 바친 사람들은 한 목소리로 사랑과 겸손의 태도를 강조한다. 상대방을 존중하는 겸손의 태도가 무슬림들의 마음을 열리도록 하는 것은 무슬림들이 가지고 있는 참된 종교적 경건함의 척도 중의 하나가 겸손한 태도이기 때문이다. 터키 무슬림 친구들은 필자에게 이스탄불 블루 모스크의 입구에 걸려 있는 무쇠로 만들어진 체인을 가리키면서 "오스만 황제도 말을 타고 오다가도 여기에 오면 내려서 걸어갔다. 그리고 평범한 사람들 사이에 끼어 바닥에 엎드려 기도를 했다. 그것이 이슬람이다."라는 말을 자랑스럽게 하곤 했다.

우리가 무슬림들을 만날 때 진리에 대한 논쟁을 피할 수 없다. 왜냐하면 무슬림들은 성경의 변질과 예수님께서 십자가에서 죽으시고 부활하지

---

26) Jean-Marie Gaudeul (1999), 128-134.
27) 찰스 마쉬, 조은혜 역, 『사랑으로 가능한 길』 (서울: 죠이선교회출판부, 1995), 110.

않았다는 것과 같은 공격적인 질문을 던져오기 때문이다. 이러한 질문을 받고 논쟁하거나 토론을 할 때 진지하고 겸손한 태도를 견지하는 것은 중요하다. 필자의 경험으로 볼 때 그 주제가 아무리 중요하다고 해도 논쟁에서 이기려고 집착하다보면 무슬림들의 마음과 생각을 완고하게 해서 진리에 귀를 기울이지 못하게 한다. 논쟁에서는 이길 수 있을지는 모르지만 사람을 잃게 된다. 그리고 논쟁에서 무슬림의 입을 막고 승리해서 주님께로 인도했다는 경우를 한 번도 들어보지 못했다. 터키에서 만난 대부분의 무슬림들은 먼저 자신들의 주장에 관심을 가지고 귀를 기울여 들어 주었을 때 필자가 설명하는 복음에 귀를 기울여 주었다.

겸손과 함께 중요한 것은 사역자의 삶에서 그리스도의 사랑을 보여 주는 것이다. 기독교가 이슬람과 기독교의 하나님이 이슬람의 알라와 다른 점은 사랑이다. 하나님의 사랑이야말로 무슬림들에게 십자가의 복음이 진리임을 깨달을 수 있도록 한다. 찰스 마쉬는 그의 사역을 회고하면서 "그리스도의 사랑이 행동으로 보여질 때 그들의 의심은 점점 사라지고 광신적 무슬림의 고집은 우호적으로 바뀌어진다. 수백 개의 마을에서 나는 환영을 받았고 메시지가 받아들여졌다."[28]고 말하고 있다. 즈웸머 역시 "40년 경험 후에 내가 확신하는 것은 무슬림들의 마음에 가장 가까운 길은 하나님의 사랑의 길이며 십자가의 길이다."[29] 라고 말했다. 그러므로 무슬림 전도자들은 예의바르고 정중하게 실제적인 사랑을 표현하는 것을 사역의 우선순위에 두어야만 한다.

한 무슬림이 이슬람에서 기독교로 회심하는 것은 쉬운 일이 아니다. 회심한 무슬림들의 간증은 그들이 그리스도에게 나아오는 데 오랜 탐구의 시

28) Ibid., 97.
29) Samuel M. Zwemer (1941), 246.

간과 고통스러운 내면의 갈등을 겪었음을 보여 준다. 대부분의 회심자들은 내면적 갈등과 사회적 압력을 이겨내고 결단을 내리는 데 수년 이상의 시간이 필요했다고 말한다. 필자의 도움으로 세례를 받았던 한 형제는 오류를 찾아내고자 하는 목적으로 성경을 읽는 가운데 성경의 가르침이 진리라는 것을 발견하였지만 그리스도께 나아오는 데까지는 10년의 갈등과 고뇌의 시간을 필요로 했다. 그의 장인이 이맘이었기 때문이다. 교사로 일하는 또 다른 한 형제는 15년이 지났지만 여전히 고뇌 중이다. 사역자들은 당장 눈에 보이는 빠른 결단과 성과를 기대하기보다는 무슬림들의 이와 같은 고뇌를 이해하고 사랑으로 대하면서 함께 인내해야 한다. 무슬림들을 사랑하고 존중하는 마음과 태도를 가진 사역자만이 그리스도로 나아오는 그러한 순례의 과정을 함께할 수 있다.

2. 상황화된 전도

무슬림들을 진정으로 사랑하고 존중하는 사람이라면 그들의 문화를 이해하고 그들이 이해할 수 있는 방식으로 그리스도를 믿을 수 있도록 노력할 것이다. 서론에서 언급했듯이, 무슬림 전도의 열매가 빈약한 이유 중의 하나는 무슬림들 가운데 활동했던 사역자들의 효과적이지 못했던 접근 방법 때문이다. 무슬림 선교 역사는 논쟁이나 자문화 중심의 전도가 결실을 거두지 못했음을 보여 준다.

필자가 살펴본 사례 연구들은 정통 이슬람에서 신비주의 민속 이슬람에 이르기까지 다양한 배경 가운데서 그리스도에게 나아온 사람들은 복음의 내용을 자신들에게 익숙한 이슬람 용어들로 들었다는 사실을 보여 주었다. 그러한 사례들은 무슬림 전도에서 '상황화된 전도'가 중요하다는 것을 보여준다. 상황화된 전도는 무슬림 전도에 있어서 문화적인 장애가 제거되고 자신들이 이해할 수 있는 언어나 내용 그리고 형식으로 복음이 전달되는 것을 의미한다. 그래야만 무슬림들이 자신의 문화 내에서 회심을 하고 주님을 따르며 그리스도인으로서 살아갈 수 있게 할 수 있다.

상황화된 전도는 새로운 것이 아니다. 잘 알려져 있지 않지만 일찍부터 무슬림 선교 역사에서 상황화된 전도를 통하여 많은 무슬림들을 그리스도에게 인도했던 사람들이 있었다. 압둘 마시(Abdul Masih)와 사드락 수라프라나타(Sadrach Surapranata)이다. 압둘 마시는 헨리 마틴의 전도를 받고 이슬람에서 기독교로 회심한 인도 무슬림이었다. 그는 1820년에 루터파 목사 직임을 받았고, 1825년에는 이슬람에서 개종한 최초의 성공회 사제로 안수받았다. 약한 몸 때문에 그의 사역 기간은 짧았지만, 그는 탁월한 전도자였다. 아그라(Agra) 교회에서 사역하는 동안 40명 이상의 무슬림을 전도하기도 하였다. 그는 무슬림들에게 모세오경과 복음서를 설명해 줌으로써 이슬람의 뿌리가 성경에서 나온 것임을 보여 주는 방법을 사용하였고, 결코 이슬람 선지자들을 비방하지 않았다. 그러나 예수님과 비교할 만한 이가 있는지를 질문하였다. 또한 찬송가를 토착 음악으로 손수 작곡하기도 하였다.[30] 하지만 그의 방법은 1827년 그가 세상을 떠나자 곧 잊혀졌다. 필 파샬(Phil Parshall)은 19세기에 이슬람에서 기독교로 개종하여 교회의 지도자가 되었던 사드락 수라프라나타이라는 인도네시아인을 소개하는데, 그 역시 압둘 마시와 유사한 방법을 사용하여 7,500명의 MBB이 참석하는 교회를 일으켰다.[31] 그러나 네덜란드 선교사들은 그를 혼합주의적 이단으로 규정하고, 그의 방법을 배우려고 하지 않았기 때문에 그의 방법 역시 잊혀졌다.

---

30) 앤 쿠퍼, 『우리 형제 이스마엘』 (서울: 두란노, 1992), 170-171
31) 필 파샬 (2003), 68-69.

상황화된 전도가 무슬림들에게 어떤 영향을 미치는지는 죠셉 커밍(Jo-seph Cumming)이 경험한 두 가지 사례가 잘 보여 준다. 그는 9·11 사건이 일어나고 몇 달 후 이집트의 알 아즈하르(al-Azhar) 대학으로부터 '예수님께서 십자가에서 죽었는가?'라는 주제로 강의를 해달라고 초청을 받았다. 긴장된 상황에서 민감하고 논쟁적인 주제였지만, 그는 그 주제에 대한 무슬림 학자들의 견해를 소개하고 그러한 주장에 의하면 예수님께서 십자가에서 죽으시고 부활하셨다는 관점이 인정된다고 설명했다. 그러한 접근은 강당을 채운 학생들의 마음을 열게 만들었고, 마침 한 여학생이 예수님의 십자가의 죽음에 대해 꾸란이 어떻게 가르치는지와 무슬림들이 어떻게 믿는지에 대해서 강의했는데 그렇다면 그것이 당신에게 무슨 의미를 가지는지 알고 싶다는 질문을 던졌다. 죠셉 커밍은 그날 강당을 가득 채운 교수와 학생들에게 예수님께서 십자가의 죽음을 통해 어떻게 자신의 죄를 용서해 주시고 변화시켰는지를 설명했는데, 그들은 모두 눈물을 흘리면서 기립박수를 보내 주었다.[32]

죠셉 커밍은 그가 이슬람 무장 그룹인 헤즈볼라(Hezbollah)를 설립한 아야톨라 셰히 파들알라(Ayatollah Sheikh Fadlallah)와 나누었던 두 시간의 대화에 대해서도 들려 준다. 죠셉 커밍은 파들알라와 면담을 요청하고 5분의 시간을 허락받았지만, 후세인의 죽음이 갖는 의미를 통해 예수님의 죽음이 갖는 의미를 설명하자 파들알라는 다른 일정을 취소하고 두 시간이나 그 문제에 대해 자신과 대화를 나누었다.[33] 그가 예수님의 죽음이 가지

---

32) Joseph Cumming, "Toward Respectful Witness," in J. Dudley Woodberry ed., *From Seed to Fruit: Global Trends, Fruitful Practices, and Emerging Issues among Muslims* (Pasadena: William Carey Library, 2008), 312-314.
33) 시아파 무슬림들은 알라가 알리의 아들 후세인을 도와 원수들을 죽일 수 있었지만 그렇게 하지 않고 죽음을 당하게 함으로써 위대한 승리를 얻도록 했다고 믿는다.

는 의미에 대해 설명을 마쳤을 때 파들알라는 사무실에 함께 있던 직원들을 돌아보면서 "하나님의 사람인 이 그리스도인이 말한 모든 말에 동의한다."라고 말했다.[34]

이런 사례들은 적절히 상황화된 전도가 어떤 결과를 낳을 수 있는지를 보여 준다. 그러나 상황화된 전도가 문화적인 장애를 없애려고 너무 멀리 가거나 극단적인 형태를 취할 때는 오히려 복음에 장애가 될 수 있다. 압둘 마시와 사드락의 전도방법에 대해 서구 사역자들이 보인 반응이 서구의 우월적이고 자문화 중심주의의 위험성을 보여 준다면, 필 파샬이 제시하는 사례 연구는 지나친 상황화가 가져오는 위험성과 혼돈을 보여 준다.[35] 필 파샬이 소개하는 사례 연구는 C5 형식의 전도가 시행된 아시아의 한 무슬림 국가에서 4,500명의 무슬림 지도자들을 대상으로 이루어졌는데, 조사대상의 45%가 삼위일체를 인정하지 않고, 31%가 매일 한 번 이상 모스크에 가서 무함마드가 하나님의 선지자라는 기도를 하며, 66%가 성경보다 꾸란이 위대한 책이라고 인정했다고 밝히고 있다. C5 형태의 방법이 좋은 점을 가지고 있다는 것을 인정하지만 결과가 이러하다면 상황화라기보다는 혼합주의라고 말하는 것이 더 옳다. 상황화된 전도의 목적은 복음을 전하려는 무슬림들의 문화에 맞게 말씀을 적용시키는 것이지 복음을 이슬람과 혼합시켜 복음과 기독교인으로서의 정체성을 흐리게 하는 것이 아니다.[36]

과도한 내부자 운동은 혼합주의의 위험만 가지고 있는 것은 아니다. 안드리아스 마우러(Andreas Maurer)는 내부자 운동과 같이 과도하게 설정된

---

34) Joseph Cumming (2008), 315-317.
35) 필 파샬 (2003), 77-79.
36) C1-C6 스펙트럼은 존 트라비스(John Travis)의 의해서 제시된 것으로서, 무슬림 사회에서 볼 수 있는 그리스도인 공동체의 유형을 의미한다. 자세한 내용은 존 트라비스, "C1에서 C6 스펙트럼," 키스 스와틀리 편저, 정옥배 역, 『인카운터 이슬람』 (서울: 예수전도단, 2008), 402-405를 참조하라.

상황화는 오히려 오해를 만들어내 그것이 무슬림들을 개종시키기 위한 기만적 속임수나 스파이적인 행동으로 이해될 수 있다고 경고한다.[37] 터키와 같이 천 년 이상을 기독교와 공존하며 전통적인 교회와 기독교에 대한 명확한 인식을 가지고 있는 곳에서는 내부자 운동이 이슬람을 내부에서 와해시키려고 하는 위선적이고 새로운 속임수로 인식될 수 있다. 또한 교회가 무엇인지 오랫동안 보아오다가 이슬람에서 회심한 그리스도인들에게도 혼란을 일으킨다. 터키 개신교회가 내부자 운동의 일환으로 서구의 한 단체가 주도해서 번역한 마태복음을 두고 보인 반응은 그러한 사실을 보여 주는 한 예라고 하겠다. 2012년 초 터키 개신교 협회는(TEK) 신앙심이 깊은 무슬림들을 염두에 두고 번역된 마태복음이 복음의 내용을 왜곡시키고 변질시키고 있으므로 "절대로 수용할 수 없고 사용할 수 없으며 동의할 수 없다."는 성명서를 발표했다.[38]

'상황화된 전도'에서 의미하는 '상황'에는 이슬람적 요소뿐만 아니라 무슬림들이 이전부터 기독교나 교회 그리고 기독교인들에 대해서 가지고 있는 이미지, 지식, 정보 등도 포함되어야 한다. 이 말이 의미하는 것은 터키나 중동의 여러 이슬람 사회에서와 같이 이슬람 이전부터 기독교가 존재했고 무슬림과 그리스도인 그리고 모스크와 교회가 서로 나란히 1,000년 이상 공존해 오고 있는 곳에서 C5나 C6를 적용하는 것이 오히려 반상황적이라는 것이다. 이런 지역에서는 남아시아 지역에서 열매를 거두고 있는 CPM[39] 전

---

37) 안드레아스 마우러, 이승준·전병회 역, 『무슬림 전도학 개론』 (서울: 기독교문서선교회, 2011), 225.

38) 이 성명서는 터키 개신교 협회에 속한 모든 회원 교회뿐만 아니라 터키에서 활동하는 외국 선교단체 대표들에게도 전달되었다. 성명서 내용의 핵심은 새로 번역된 마태복음이 예수님을 '하나님의 아들' 대신 '하나님의 대리인'으로, 그리고 '하나님 아버지' 대신 '주인'이라고 번역하는 등 성경의 핵심적인 용어들을 이슬람에서 주장하는 것으로 바꾸어 복음의 진리를 왜곡시켰다는 것이다.

39) David Garrison, *Church Planting Movements* (Bangalore India: WIGTTake Resources, 2004).

략이나 CAMEL[40] 전도법 역시 잘 통하지 않는다. 그런 형태의 일방적인 적용은 오히려 상황화에 역행하는 것이다. 이런 지역에서는 C3의 형태를 적용하는 것이 더 효과적일 수 있다.

필자가 말하는 '상황화된 전도'는 지역이나 사회적 상황, 역사적 경험 그리고 무슬림들이 가지고 있는 신앙의 모습에 따라 복음이 거부감 없이 받아들일 수 있도록 적용되는 것을 의미한다. 그래서 상황화된 전도가 이루어지기 위해서는 이슬람에 대한 개론뿐만 아니라 지역에 따른 독특한 이슬람 이해와 문화를 이해할 수 있는 각론의 연구를 필요로 한다. 상황화에 대한 논의는 광범위한 주제이고, 본 논문의 한계를 벗어나는 것이기 때문에 여기에서는 더 이상 다루지 않겠다. 그러나 한 가지 분명한 것은 제대로 상황화된 전도는 무슬림들이 그리스도에게 나아오는 것을 쉽게 하고, 그들을 자신의 공동체에서 뿌리 뽑거나 파괴시키는 것이 아니라 변화시킨다는 사실이다.

3. 분명하고 담대한 복음 제시

무슬림들 가운데서 활동하는 사역자들은 "무슬림 전도는 전략이 아니라 삶으로 승부를 걸어야 한다."는 말을 자주 한다. 이 말은 분명 사실이다. 우리는 앞에서 그리스도인의 경건한 삶이 무슬림들에게 미치는 중요성을 살펴보았다. 그러나 이것만으로는 부족하다. 우리가 무슬림들을 사랑하고 존중하는 자세를 가지고, 그들이 이해할 수 있는 방식으로 복음을 전한다는 것이 복음을 소극적으로 전해야 한다는 것을 의미하지 않는다. 존중과

---

40) Kevin Greeson, *Camel Training Manual* (Bangalore India: WIGTTake Resources, 2004).

사랑은 소심함과 다르다. 무슬림들이 그리스도에게 나아오도록 하는 데 무례함과 무지만큼이나 소심함과 주저도 문제가 된다.

본 논문에서 살펴본 사례 연구들은 담대한 전도가 결정적으로 중요하다는 것을 분명하게 보여 준다. 앞에서 인용한 동남아 무슬림 미전도 종족의 사례는 100%의 무슬림 사회에서도 개인 전도는 모든 곳에서 자연스럽게 이루어질 수 있고, 강한 영향력을 미치고 있음을 보여 준다. 조사 대상이던 118명의 응답자 대부분이 개인 전도를 통해서 그리스도를 믿게 되었다고 말하고 있고,[41] 그들 가운데 36%가 믿음의 결단을 내리는 데 가장 중요한 역할을 한 사람이 가족이라고 대답하고 있고, 25%가 목사나 전도자라고 응답했다.[42] 물론 이러한 사례를 일반화해서 적용할 수는 없지만 담대하고 분명한 개인적인 전도가 영향력이 있다는 것은 분명하다. 진 마리 고둘 역시 그가 연구의 대상으로 삼은 대부분의 회심자들은 그들에게 성경을 분명하게 설명해 줄 수 있는 그리스도인의 필요성을 느꼈다고 말하고 있다. 그리스도에게 회심한 무슬림들은 다양하고 특별한 방법을 통해 예수님에 대한 관심을 갖게 되었지만, 그들을 그리스도에게 이끈 결정적인 순간은 누군가가 그들에게 복음을 분명하게 그리고 담대하게 선포하였을 때였다.[43]

이러한 사실은 무슬림 전도에 가장 일반적으로 사용되고 있는 '우정 전도법(friendship evangelism)'을 재고하게 한다. 많은 사역자들이 이 방법을 사용하고 있지만 효과를 거두는 경우는 아주 희박하다. 무슬림들 가운데 오랫동안 사역한 경험을 가지고 있는 사람들은 대부분 그러한 사실을 경험을 통해 알고 있다. 그럼에도 불구하고 사역자들이 우정 전도를 선호하

41) P.I. Barnabas (2010), 263.
42) Ibid., 266.
43) Jean-Marie Gaudeul (1999), 45.

는 이유는 쉽게 사용할 수 있고, 편안하고 안전한 사역이며, 사역자들이 바라는 생활양식에 잘 부합되기 때문이다. 무슬림 전도를 위한 효과적인 방법론에 대해 연구한 로랜드 뮬러(Roland Muller)는 "성공적으로 사역하고 있는 여러 복음 전도자들을 분석하고 발견한 가장 큰 공통점은 지금 중동에서 사역하는 자들이 흔히 사용하는 '우정 전도법'을 그 어느 누구도 사용하고 있지 않다."는 것이라고 말한다.[44] 그렉 리빙스톤은 여기에서 한걸음 더 나아가 우정 전도법이 무슬림 전도에서 가장 큰 걸림돌이라고까지 주장한다.[45] 필자 역시 이러한 주장에 동조하지 않을 수 없다. 인구 2백만 이상이나 되는 터키의 큰 도시에서 교회 개척에 주력한 우리 팀이 우정 전도나 이웃과의 좋은 관계를 통해 얻은 결실은 거의 없었다.

우정 전도가 결실을 맺지 못하는 것은 두 가지 이유 때문이다. 첫째는 친구를 잃어버릴 수 있다는 두려움 때문에 과감하게 복음을 전하지 못하기 때문이고, 둘째는 가까운 주위 사람들에게 선교사로서의 자신의 신분이 노출될지 모른다는 두려움 때문이다. 로랜드 뮬러는 우정 전도가 가지는 그러한 어려움 때문에 사역자들이 복음을 증거해야 된다는 사실을 포기해 버리고, 복음에 대한 건전한 대화를 나누는 것조차 하지 않게 되었다고 한탄한다.[46]

사역자가 무슬림들을 친구로 삼고 우정을 맺는 것은 바람직한 일이지만, 전도를 목적으로 우정을 쌓아 삶으로 승부를 거는 전도법에는 한계가 있다. 무슬림 친구들을 믿음의 결단으로 이끌어낼 수 있는 '삶의 수준'이라는 것이 분명하지 않고, 10년 이상 좋은 친구로 지속된 관계가 전도할 권리

44) 로랜드 뮬러, 임하나 역, 『모슬렘 선교를 위한 도구들』 (서울: WEC 출판부, 2002), 26.
45) Ibid., "추천의 글"에서 재인용.
46) Ibid., 29.

를 보장해 주는 것은 아니다. 애당초 복음을 전할 수 있는 자격을 갖출 정도의 우정이라는 것은 존재하지 않는다. 더구나 한 사역자가 맺을 수 있는 관계의 폭도 제한되어 있다. 필자의 경험으로 볼 때 몇 가정 이상과 지속적인 우정을 나누는 것은 쉽지 않다. 친밀하긴 하지만 복음에 관심이 없는 사람들과 관계를 지속하는 것은 시간낭비로 끝나는 경우가 대부분이다. 오히려 결실을 맺은 대부분의 전도는 처음 만나 보낸 짧은 순간에 그 성공 여부가 판가름 났다. 사역자가 무슬림 가운데 존재하는 목적은 우정을 나누기 위해서가 아니다. 그리스도인으로서 우리가 하나님의 사랑으로 무슬림을 만나고, 그들의 문화를 존중해야 하지만 복음의 메시지를 전하는 데 주저하지 말아야 한다. 복음을 분명하게 제시하는 것은 하나님에 대한 우리의 책임만큼이나 무슬림들에 대한 우리의 책임이다. 우리가 만나는 무슬림들이 거부감을 느끼고 공격당한다는 감정을 가지지 않도록 하면서 복음을 들을 수 있는 최대한의 기회를 제공해야 한다.

그래서 무슬림들 가운데 오랫동안 사역하면서 열매를 거둔 사역자들은 공통적으로 담대하고 분명한 복음 제시의 중요성을 강조한다. 로랜드 뮬러 (Roland H. Muller)는 무슬림 전도에 열매를 거두기 위해서는 사역자가 무슬림들에게 하나님의 사람이라는 평판을 받는 것과 자신이 영적인 진리와 지식을 나누는 역할을 하는 사람이라는 것을 인식하도록 하는 것,[47] 그리고 기회가 주어지는 대로 담대하고 분명한 태도를 가지고 기독교에 대해 납득할 수 있는 방식으로 복음을 전하는 것이 중요하다고 강조한다.[48] 안드리아

---

47) 찰스 마쉬는 의사였음에도 자신이 사역했던 무슬림들에게 '의사'로 알려지기보다, '선생님'으로 알려졌다고 말한다. 그 이유는 그에게 오는 무슬림들이 그가 단순히 병을 치료하는 의사가 아니라 그리스도를 선포하는 사람으로 거기에 있었다는 것을 알고 있었기 때문이다. (찰스 마쉬 (1995), 98).

48) 로랜드 뮬러 (2002), 31-35. 그는 자신의 방식을 '가르침을 기초로 한 전도'라고 정의하면서, 자신이 제시한 방식이 어디에 위치하는 지를 "일반적인 삶의 스타일을 통한 전도-우정전

스 마우러가 무슬림 전도를 위한 실제적인 지침으로 제시하는 '10가지 기본적인 규칙'에는 "자연스럽고 공개적으로 말하라"는 조항이 포함되어 있다.[49] 다니엘 싱클레어(Daniel Sinclair) 역시 자신의 경험을 토대로 '무슬림 전도를 위한 17가지 비결'을 말하는데 그 가운데 세 가지가 담대하고 분명한 복음 제시와 직접적으로 관련되어 있다.[50] 그는 이슬람 문화에서 영적인 일에 관해 이야기하는 것은 터부가 아니며,[51] 사람을 만났을 때 처음 삼십 분 안에 예수님 이야기를 꺼내야 하며, 보다 담대하고 보다 선지자적인 유형의 증인이 조심스럽고 간접적인 접근보다 효과적이므로 담대하게 복음을 전해야 한다고 말한다. 데이비드 그린리와 팜 윌슨(Pam Wilson)은 4년에 걸쳐 무슬림들 가운데 사역하고 있는 여러 단체들을 대상으로 '무슬림 전도에 열매를 맺게 하는 20가지 요소가 무엇인지를 질문하고 조사한 후, '상황화된 전도'와 '담대한 전도'가 가장 중요하다는 결론을 내렸다.[52] 신장 무슬림들 가운데 사역하는 한국 사역자들 역시 선교전략에 있어서 무엇보다 많은 현지인들을 만나 "담대하게 전하는 것"이 중요하다고 강조한다.[53]

성공적으로 무슬림들을 예수님께 인도했던 사람들에게서 발견할 수 있

도- 가르침을 기초로 한 전도-선포식 전도-대결식 전도"라는 도식을 통해 보여 준다.

49) 안드리아스 마우러 (2011), 232-235.

50) 다니엘 싱클레어, 채경락 역, 『열방이 주께 나아오다』 (서울: 좋은씨앗, 2008), 198-209.

51) 저자가 지적하는 것처럼, 무슬림 사회에서 종교적인 문제를 꺼내는 것은 지극히 자연스러운 것이다. 종교적 문제를 꺼내는 것을 거북하게 여기는 것은 서구나 서구의 영향을 받은 세속사회에서 일어나는 것이다. 필자 역시 어느 곳에서나 영적인 문제를 대화의 주제로 꺼낼 수 있었고 처음 대하는 사람이라고 할지라도 대부분의 경우 진지하게 반응해 왔다.

52) David Greenlee and Pam Wilson, "The Sowing of Witnessing," in J. Dudley Woodberry ed., *From Seed to Fruit: Global Trends, Fruitful Practices and Emerging Issues among Muslims* (Pasadena: William Carey Library, 2008), 111-124. 이 보고서는 2007년 태국에서 'Global Trends, Fruitful Practices and Emerging Issues among Muslims'이라는 주제로 무슬림들 가운데 사역하는 500명 이상의 베테랑 사역자들이 모인 협의회(consultation)에서 발표되었다.

53) 중국 신장 선교연구회, 『광야에 길을 사막에 강을』 (의왕: 캄인출판사, 2012), 85.

는 공통적인 요소는 모두가 다양한 상황 가운데서 다양한 방법으로 담대히 복음을 증거한 설교가요 교사였다는 것이다. 그들은 언제 어디에서나 복음에 대해 말할 준비가 갖추어져 있고 언제든지 말할 수 있었다. 그러한 방법이 결실을 맺는 것은 그것이 바로 성경이 가르치는 진리이기 때문이다. 어느 종교를 믿든, 어떠한 사람이든 그를 거듭나게 하는 것은 전적으로 성령의 사역이다. 성령께서는 선포된 복음을 통해서만 사람의 마음을 바꾸어 놓으신다. 선포가 없으면 회심도 없고 거듭남도 없다. 듣지 못한 이를 믿을 수 없다. 하나님께서 자신의 사역자에게 복음을 증거하도록 명령하셨고 그것에 순종할 때 성령께서 듣는 사람의 마음에 역사하신다.

V. 결론

무슬림들이 예수님을 구주로 믿고 나아오는 것을 보는 것은 막연한 기대나 꿈이 아니다. 무슬림 선교를 하는 사역자들은 언제까지나 땅을 갈거나 씨를 뿌리는 정도로 만족하고 지낼 수 없다. 무슬림들 가운데 교회가 세워지고 재생산해 나가는 것은 가능한 비전이다. 어떤 사역자는 빈손으로 돌아오지만, 어떤 사역자는 이전보다 나은 결실을 거두고 있다.

물론, 무슬림들을 대상으로 한 사역에서 하나님의 섭리와 지역적 차이들이 존재함을 인정해야 한다. 그럼에도 불구하고 그런 차이들이 사역자들에게 핑계거리가 되어서는 안 될 것이다. 부르심을 받은 자들은 열심히 최선을 다해야 하지만, 그러한 노력이 의미를 가지기 위해서는 좋은 열매도 거두어야 한다. 그러기 위해서는 방법이 중요하다.

이슬람은 하나라고 하지만 그 속을 들여다보면 다양함에 놀라게 된다.

무슬림들은 자신들이 처해 있는 환경에 따라 이슬람에 대한 이해와 해석을 달리한다. 그러한 차이가 어떤 지역에서는 미미하게 보이지만 지역에 따라서는 큰 차이를 보인다. 아프리카의 민속 이슬람을 신봉하는 무슬림과 아랍의 원리주의 무슬림 그리고 미국의 블랙 무슬림과 서남아 무슬림 사이에는 공통점과 함께 큰 차이점들도 존재한다. 그러한 차이점들은 무슬림 전도에서 중요하다. 그것들이 복음에 대한 서로 다른 반응을 만들어내기 때문이다. 그래서 어디서나 통용될 수 있는 구체적인 전도방법이나 접근법에 대해서 말하는 것은 상당히 어렵다. 이슬람권 사역자들 모임에 참석할 때마다 그러한 점을 확인하게 된다. 동일한 방법이나 접근법이 상황이나 토양에 따라 전혀 다른 결과를 만들어내기도 한다.

본 논문은 그러한 상황을 염두에 두고 다양한 문화적, 사회적 배경과 개인적 동기의 차이들에도 불구하고 무슬림들을 그리스도에게 나아오게 한 공통분모를 찾아 그것을 무슬림 전도를 위한 기본원리로 제시하는 것을 목적으로 하였다. 역사적 사례와 경험적 사례 연구를 통해 얻게 된 결과는 무슬림들은 아주 다양한 동기와 형태로 그리스도에게 나아오며, 다양한 관계적, 지적 그리고 초자연적인 동기들에 반응하였다는 것을 보여 준다. 이러한 결과는 한 특정한 무슬림 공동체에서 효과를 거둔 전도방법이 다른 상황 가운데 있는 무슬림 공동체에서 동일한 결과를 얻을 수 없음을 보여 준다. 그럼에도 불구하고 그리스도에게 나아온 무슬림들의 회심에서는 세 가지 공통적인 요소가 발견된다. 성숙한 그리스도인들의 태도와 삶이 미친 영향과 상황화된 전도방법 그리고 담대하고 분명하게 제시된 복음이다.

그러나 이 세 가지 요소가 각각 독립적으로 작용되었을 때 풍성한 결과를 기대할 수 없을 것이다. 사역자들의 삶과 태도가 훌륭하다 하더라고 무슬림들이 이해할 수 있는 친숙한 내용으로 분명하고 담대하게 복음을 전하지 않으면 좋은 결과를 얻을 수 없을 것이다. 또한 복음의 내용이 적절하게 상황화되었다고 하더라도 사랑과 존중이 동반되지 않은 담대한 선포는 거부감과 저항감만을 유발하게 될 것이다.

결론적으로, 본 연구는 무슬림들을 위한 전도는 위의 세 가지 요소 가운데 어느 하나가 강조되기보다 이 세 가지가 균형과 조화를 이루어야 효과적인 결과를 얻게 된다는 것을 보여 준다.

[참고문헌]

다니엘 싱클레어, 채경락 역. 『열방이 주께 나아오다』. 서울: 좋은씨앗, 2008.

데이빗 그린리, 김요한 역. 『곧은 길에서 좁은 길로』. 서울: 예영커뮤니케이션, 2010.

안드리아스 마우러, 이승준·전병희 역. 『무슬림 전도학 개론』. 서울: 기독교문서선교회, 2011.

앤 쿠퍼. 『우리 형제 이스마엘』. 서울: 두란노, 1992.

키스 스와틀리, 정옥배 역. 『인카운터 이슬람』, 서울: 예수전도단, 2008.

존 사전트, 원광연 역. 『헨리 마틴의 생애와 일기』, 서울: 크리스챤다이제스트, 2001.

중국 신장 선교연구회. 『광야에 길을 사막에 강을』, 의왕: 캄인출판사, 2012.

찰스 마쉬, 조은혜 역. 『사랑으로 가능한 길』, 서울: 죠이선교회출판부, 1995.

Cumming, Joseph. "Toward Respectful Witness," J. Dudley Woodberry ed. *From Seed to Fruit: Global Trends, Fruitful Practices, and Emerging Issues among Muslims.* Pasadena: William Carey Library, 2008.

Garrison, David. *Church Planting Movements.* Bangalore India: WIGTTake Resources, 2004.

Gaudeul, Jean-Marie. *Called from Islam to Christ.* Crowborough: Monarch Books, 1999.

Greenlee, David and Wilson, Pam. "The Sowing of Witnessing," J. Dudley Woodberry ed. *From Seed to Fruit: Global Trends, Fruitful Practices and Emerging Issues among Muslims.* Pasadena: William Carey Library, 2008.

Greeson, Kevin. Camel Training Manual. Bangalore India: WIGTTake Resources, 2004.

Massey, Joshua. "God's Amazing Diversity in Drawing Muslims to Christ," *International Bullentin of Missionary Research,* 17 no. 1 (2000), 3-12.

Muratoğlu, Davut. *Neden Hiristiyan Oldular?* İstanbul: Müjde yayincilik, 2002.

Nehls, Gerhard. *Premises and principles of Muslim Evangelism.* Bombay: Life Challenge, 1991.

Zwemer, M. Samuel. *The Cross Above the Crescent.* Grand Rapids: Zondervan, 1941.

이슬람 연구 1 저자 소개

김성운 : 고려신학대학원 선교학 교수

김아영 : 햇불트리니티신학대학원대학교 선교학 교수, 한국이슬람연구소 소장

김정년 : BEE Korea 중동, 아프리카지역 선교사, 한국이슬람연구소 연구원

박성은 : 백석문화대, 백석대 외래교수, 한국이슬람연구소 연구원

박형진 : 햇불트리니티신학대학원대학교 선교학 교수

서원모 : 장로회신학대학교 역사신학 교수

이현경 : 북아프리카 선교사, 한국이슬람연구소 연구원

이현모 : 침례신학대학교 선교학 교수

임스데반 : GMP 대표

정마태 : 합동신학원 선교학 교수, 이슬람파트너십 대표

크리스천 라타 : 햇불트리니티신학대학원대학교 구약학 교수

피터 리들 : 맬버른 신학대학교 부원장